LA

NORMANDIE MONUMENTALE

ET

PITTORESQUE

Publication de la Librairie LEMALE & Cie, au Havre.

LA NORMANDIE MONUMENTALE
ET
PITTORESQUE

ÉDIFICES PUBLICS, ÉGLISES, CHATEAUX, MANOIRS, ETC.

CINQ VOLUMES GRAND IN-FOLIO CONTENANT DE 400 A 500 PLANCHES

Héliogravures de P. DUJARDIN, d'après les Photographies de E. LETELLIER, Paul ROBERT, H. MAGRON et DOUTHWAITE

TEXTE PAR UNE SOCIÉTÉ D'ARCHÉOLOGUES ET DE LITTÉRATEURS

CONDITIONS DE LA SOUSCRIPTION

OUVRAGE COMPLET

L'ouvrage complet comprendra cinq volumes grand in-folio, et contiendra de 400 à 500 planches en héliogravure.

Il est publié en livraisons, contenant chacune 2 ou 3 planches et 12 pages de texte.

Prix de la livraison, pour les souscripteurs à l'ouvrage complet, F. 4.50.

Il paraît environ une livraison par semaine.
Les livraisons qui dépasseront le nombre de 200 seront remises gratuitement aux souscripteurs.
Le nom de tout souscripteur qui en fera la demande sera imprimé sur son exemplaire en face du titre.
La liste des souscripteurs sera publiée à la fin de chaque volume.

VOLUMES SÉPARÉS

Chacun des départements de l'ancienne province de Normandie (Seine-Inférieure, Calvados, Eure, Orne et Manche) sera l'objet d'un volume séparé formant un tout complet.

Chaque volume comprendra de 80 à 100 planches en héliogravure et environ 500 pages de texte.

Il sera publié par livraisons, au nombre de 40 environ, contenant chacune 2 ou 3 planches et 12 pages de texte.

Prix de la livraison, pour les souscripteurs aux volumes séparés, F. 5.—.

Les livraisons qui dépasseront le nombre de 40 seront remises gratuitement aux souscripteurs.

VOLUMES TERMINÉS

Prix : 180 fr. pour les Souscripteurs à l'ouvrage complet.
200 » pour les Acheteurs de volumes séparés.
En feuilles réunies dans un carton.

SEINE-INFÉRIEURE	476	pages de texte	et 91	planches.
CALVADOS.	642	»	» 85	»
EURE.	564	»	» 83	»
ORNE.	622	»	» 86	»

ÉDITIONS DE BIBLIOPHILES

Il est publié deux éditions de *La Normandie monumentale* spécialement destinées aux bibliophiles :

A.) L'une est tirée, texte et planches, sur le papier de l'ouvrage, avec une deuxième suite de planches sur papier des manufactures impériales du Japon, grand format (57 centimètres sur 40).

Prix de la livraison de cette édition, F. 5.—, plus F. 3. — par épreuve sur Japon.

Prix du volume de la Seine-Inférieure, et de la deuxième suite de planches sur papier du Japon, F. 475.—.

B.) L'autre, rigoureusement limitée à 25 exemplaires numérotés de 1 à 25, est tirée, le texte sur papier de Chine fort, les planches sur papier des manufactures impériales du Japon, extra-fort, le tout grand format (57 centimètres sur 40). Épreuves d'artistes.

Prix de la livraison de cette édition, F. 15.—.

Prix de chaque volume, F. 600.—.

Les numéros 1 et suivants sont réservés aux souscripteurs de l'édition complète; les numéros 25, 24, 23, 22, etc., aux souscripteurs des volumes séparés.

MONOGRAPHIES SÉPARÉES

Les livraisons dont la réunion pourra former une monographie distincte seront vendues séparément au prix de 6 francs la livraison.

ÉPREUVES D'ARTISTES

Il sera tiré quelques épreuves des principales planches, sur papier du Japon, grand format. Le prix de ces épreuves sera de 8 francs l'une.

LA

NORMANDIE MONUMENTALE

ET

PITTORESQUE

ÉDIFICES PUBLICS, ÉGLISES, CHATEAUX, MANOIRS, ETC.

HÉLIOGRAVURES DE P. DUJARDIN

D'APRÈS LES PHOTOGRAPHIES DE HENRI MAGRON

ORNE

DEUXIÈME PARTIE

TEXTE

Par MM. l'Abbé P. BARRET, Gustave Fabius de CHAMPVILLE, le Comte G. de CONTADES, Abel DECAUVILLE LACHÊNÉE, l'Abbé A. DESVAUX, Louis DUVAL, l'Abbé A.-P. GAULIER, J. GERMAIN-LACOUR, Ernest HAYES, le Comte LEFEBVRE des NOËTTES, Gustave LE VAVASSEUR, P. de LONGUEMARE, l'Abbé C. MACÉ, l'Abbé MALLET, Alfred MONOD, A. MONTIER, le Vicomte du MOTEY, le Comte de MOUCHERON, QUESNAY de BEAUREPAIRE, le Chanoine J. ROMBAULT, le Dr ROUYER, Adolphe VARD.

HAVRE

LEMALE & Cie, IMPRIMEURS, ÉDITEURS

1897

Cliché H. Magron — Héliog. P. Dujardin

PALAIS DE JUSTICE D'ARGENTAN

Pl. N° 56

LA

NORMANDIE MONUMENTALE

ET

PITTORESQUE

ORNE

ARRONDISSEMENT D'ARGENTAN

LE CHATEAU D'ARGENTAN

Pour se faire une idée des anciennes fortifications d'Argentan, il n'est pas nécessaire de savoir qu'on en a fait honneur à Magus, vivant « viron cinquante-cinq ans après le Déluge », suivant Bérose, ou simplement aux Gomérites, petits-neveux de Japhet, fils de Noé, qui, s'étant établis dans cette partie des Gaules, ont été les ancêtres des Montgommery, vicomtes d'Exmes (1). Nous ne voulons pas pousser nos recherches au delà de l'enceinte construite par le roi Henri Ier.

On sait qu'en 1135, Henri Ier s'étant saisi de tous les domaines possédés en Normandie par Robert de Bellême, héritier des Montgommery, entreprit de faire d'Argentan une place de premier ordre, sans prévoir ce qui en adviendrait et sans souci des maux dont cette construction serait la cause pour les habitants du pays d'alentour, dit un chroniqueur. Il fit venir d'Angleterre une grande quantité d'ouvriers et compléta le système de défense en creusant et en agrandissant l'enceinte des fossés (2).

La description que Lautour de Montfort, petit-neveu de Mézeray, nous a laissée du château d'Argentan et de ses deux enceintes, présente un véritable intérêt (3).

« Le polygone que formait cette fortification nouvelle était un carré irrégulier ou trapézoïde,

(1) Mannoury de Pertevilke. *Abrégé des choses mémorables de la ville et vicomté d'Argentan*, p. 309.
(2) Orderic Vital. *Éd. Le Prévost*, t. V, p. 47.
(3) *Mémoires et description de la ville d'Argentan*, 1745, Ms.

de 160 toises de longueur du nord-ouest au sud-est, compris les fossés. Sa largeur, de 130 toises du nord-est au sud-ouest.

« Sur l'un des angles, vers l'est, était appuyé le donjon qui commandait toute la ville et dont les murailles embrassaient un terrain de 25 toises de diamètre; sa figure était un octogone, dont les courtines flanquées étaient en angles obtus et saillants. La hauteur des murailles était d'environ 60 pieds; elles avaient 10 pieds d'épaisseur dans leur base, et l'intérieur était rempli de terre jusqu'à la hauteur de 40 pieds, ce qui faisait un terre-plein solide. De très larges et profonds fossés l'environnaient, remplis d'eau, qu'on tirait, dit-on, de la rivière d'Ure, par des canaux souterrains d'une lieue de longueur, depuis Say.

« Les autres murailles, qui formaient l'enceinte, n'avaient que 30 à 35 pieds de hauteur sur 6 à 7 pieds d'épaisseur, étaient couronnées par des parapets, la plupart crénelés, flanquées de onze tours, carrées et rondes, éloignées les unes des autres d'environ cent pieds, la plupart terminées par des mâchicoulis avec parapets : le tout sans compter le mur, avec ses quatre tours, qui faisait la séparation de la ville et du château.

Le Donjon du Connétable.

D'après une photographie de M. H. Magron.

« On entrait dans la ville par quatre portes, à peu près également distantes : la première au nord-est et proche l'église Saint-Germain, nommée la Porte d'Or; la seconde au sud-est, nommée la Porte du Château et ensuite de l'Horloge, parce que Marie d'Espagne, mère de Pierre II, comte d'Alençon, avait fait bâtir en 1378, sur la tour de cette porte, un édifice en charpente, couvert en ardoise et en plomb, qui était un assez beau morceau et fort élevé, dans lequel on avait placé l'horloge de la ville. Cette tour fut détruite en 1779, et l'horloge transportée dans la grosse tour de l'église Saint-Germain.

« La troisième, au sud-ouest, qui tendait à la rivière, nommée la Porte de la Chaussée; et la quatrième au nord-ouest, qui tendait au faubourg de Saint-Martin, nommée la Porte de Notre-Dame-de-Pitié, à cause d'une statue qu'on y fit placer en 1648. Ces portes étaient fortifiées de tours, de herses, de ponts-levis, défendues et couvertes de tourelles à la tête du pont, et le tout entouré de fossés pleins d'eau, larges de 70 à 80 pieds.

« Le château, environné de fortes murailles, joignait la ville et la citadelle, dont il n'était séparé que par un long et large fossé. On y entrait par cinq portes, l'une nommée des Bouteilles, ou de Saint-Germain, entre le château et le donjon; la deuxième, la Porte de l'Horloge, et la troisième qu'on nomme à présent la petite Porte du Cimetière, servait pour aller de la Porte des Bouteilles au Palais ducal; la quatrième était une fausse porte, à trois toises de la maison du duc, du côté de la Tour de Beurre, fermée par une grille de fer. Et la cinquième servait pour aller du milieu et du bas de la rue du Grand-Carrefour à la chapelle Saint-Nicolas-du-Château.

« La place du Château s'étendait en long depuis le donjon jusqu'à la ville, vers le sud-ouest, et en était séparée par un mur flanqué de quatre tours, dont l'une, en montant vers le donjon, servait de porte au château et soutenait la charpente du *Gros Horloge*. Les deux tours du côté du sud-ouest étaient rondes, celle proche le donjon, carrée, et servait de plate-forme. Cette dernière, avec le fossé, occupait presque tout le terrain du nouveau cimetière de Saint-Germain; l'ancien comprenait, dans ce temps-là, toute la place où est à présent la nef de l'église.

« Les fossés du château, du côté de la ville, occupaient les terrains qui sont le long et au nord-ouest de la Rue-Neuve, ouverte en 1728. La place des murailles et des fossés fut donnée par le roi, après la démolition ordonnée en 1618, à Luc Viel, pour récompense de ses services.

« Dans l'enceinte du château étaient plusieurs édifices dont le principal était le Palais ducal, qui a servi successivement de logement aux rois d'Angleterre, aux ducs de Normandie, aux comtes et aux ducs d'Alençon, quand ils venaient tenir leur cour ou leur échiquier à Argentan. Il servit ensuite au gouverneur de la ville, et enfin de tribunal pour les différentes juridictions d'Argentan. Il était construit totalement en pierre de taille et couvert en ardoises, fort élevé; les appartements, à double étage, en étaient vastes et d'une hauteur bien proportionnée. Cette maison royale ou ducale faisait saillie en dehors des murs d'enceinte de 20 pieds, et par conséquent flanquait les courtines de chaque côté; mais ce pignon saillant fut détruit par Pierre Rouxel, comte de Grancey, gouverneur d'Argentan, et rasé à la hauteur de 18 pieds, pour en faire une terrasse. Il y avait une chapelle dans un des pavillons, vers le nord, sous l'invocation de saint Cosme et saint Damien, fondée dans le même temps que le château, dont la dot fut annexée à celle de Saint-Nicolas.

« Depuis ce logis jusqu'à la Tour à la Reine, située à l'angle méridional du château, régnait une belle et large galerie couverte de plomb, détruite en 1563, par le sieur de Bélesbat, commandant sous les ordres de Coligny. Vis-à-vis cette galerie, de l'autre côté du jardin, était la cave du logis, et au-dessus, le logement des officiers et domestiques.

« Plus haut et du même côté se trouvait la chapelle de Saint-Nicolas. Derrière la Tour de Beurre, démolie en 1743, et au dedans du château, étaient les écuries et les habitations des officiers, qu'occupèrent dans la suite les lieutenants du roi. Près de la Tour de l'Horloge se trouvait l'ancien logement des capitaines ou gouverneurs.

« Mais depuis 1586, les gouverneurs prirent la maison royale pour leur logement et l'ont gardée jusqu'en 1727, que Louis XV l'accorda aux officiers de bailliage, de vicomté, d'élection et des eaux et forêts, pour y tenir leurs audiences.

« Il y avait, en outre, une très belle chapelle dans le donjon, dédiée à saint Feillet, détruite en 1618, avec la moitié des murailles.

« Au nouvel enclos on comptait quatre portes : celle du côté de l'orient, appelée Porte de Saint-Germain, était sous une tour carrée, couverte en forme de pavillon; l'autre, du côté de l'occident, défendue par une tour semblable, se nommait la Porte de la Chaussée; c'est dans cette tour que se tenait le corps de ville. Sur la Porte de Saint-Martin était une statue de Notre-Dame-de-Pitié, aumônée par des gens de bien en 1650. A ces trois portes il y avait des ponts. Sur les trois autres, par dehors, étaient également des statues de la Vierge, érigées en 1648, aux dépens de la ville, et sur la porte des Bouteilles une autre statue de la Sainte-Vierge, donnée en 1649 par le sieur Tellier, prêtre de Saint-Germain. »

A partir de 1135 le nom de ce château apparaît fréquemment dans les chroniques. A la mort de Henri Ier, Guigan Algazon en avait le commandement. L'impératrice Mathilde, sa fille, y fut alors reconnue et en confia la garde, au mois de décembre 1133, à Ingelger et à Alexandre de Bohon, qu'elle nomma vicomtes. En 1137, le roi Étienne fut sur le point d'assiéger cette place qui, l'année suivante, servit de refuge à Geoffroi Plantagenet, après la défaite que les Normands lui avaient infligée. Le roi Étienne en confia la garde à Juhel de Mayenne, quelque temps après.

Le 8 septembre 1137, Henri II, étant à Argentan, donna l'ordre de convoquer les barons normands à Avranches, pour la Saint-Michel. Au mois d'août de l'année suivante, nous le retrouvons dans le même château. Robert du Mont nous fait connaître encore qu'aux fêtes de Noël de 1167, le roi tint sa cour plénière à Argentan, dans une salle qu'il avait nouvellement fait construire (*in nová aulá suá*). C'est également, sans doute, dans cette même salle que, le lundi 17 novembre de cette année, il avait donné audience aux légats envoyés pour faire la paix entre lui et l'archevêque de Cantorbéry, Thomas Becket, car les chroniqueurs rapportent que le roi les reçut dans sa chambre, où tous les archevêques, évêques et abbés, en grand nombre à sa cour, avaient été convoqués. Le mercredi suivant, 29 novembre, ces prélats et ces abbés, après s'être réunis dans la chapelle du roi, c'est-à-dire probablement dans la chapelle Saint-Nicolas, mentionnée dans les comptes de l'Echiquier de 1184 comme entretenue par le roi, se rendirent à l'église près de laquelle les légats étaient logés. L'assemblée se tint dans cette église et la conférence se termina par un appel au pape fait au nom du roi et du clergé Henri II y reçut avis, le 15 août 1169, fête de l'Assomption, de l'arrivée prochaine de nouveaux légats, auxquels il donna audience à Domfront, le 23 août suivant.

Ce n'est pas de ce château que partirent les quatre chevaliers qui, le lendemain de la fête des Innocents 1170, assassinèrent l'archevêque de Cantorbéry dans sa cathédrale, comme l'ont cru nos chroniqueurs; mais c'est là que le roi, après l'accès de colère furieuse qui eut pour théâtre le château de Bures, et qui eut les conséquences que l'on sait, reçut la nouvelle du meurtre odieux commis par ses familiers. Il en éprouva un violent chagrin, dit l'abbé de Petersborough: « livré au désespoir, il fut trois jours sans manger, couvert d'un cilice et couché sur la cendre, ne voulant entendre ni voir personne. Il resta ainsi cinq semaines dans la solitude, les portes closes, menant la vie la plus triste et la plus digne de pitié, jusqu'à ce que Rotrou, archevêque de Rouen, et les autres évêques de Normandie fussent venus le consoler ».

Le 8 mars 1173, Henri au Court Mantel, fils de Henri II, était parti secrètement de Chinon et, après avoir couché, le lendemain, à Alençon, s'était rendu à Argentan. Le roi s'était mis à sa poursuite en toute hâte; mais pendant qu'il passait la nuit à Alençon, son fils, au chant du coq, s'échappait inopinément d'Argentan et se rendait auprès du roi de France, qui l'encourageait dans sa révolte.

Le roi passa les fêtes de Noël à Argentan l'année suivante et y séjourna jusqu'à la Chandeleur. On prétend même qu'il y bâtit, cette année, l'église Saint-Thomas, placée une des premières sous le vocable du martyr de Cantorbéry, ce qui s'accorde d'ailleurs avec ce qu'on a dit précédemment.

C'est à Argentan que fut conduit et gardé en prison le clerc de Roger, archevêque d'York, que Henri au Court Mantel avait fait battre de verges et mettre au pilori, comme traître. La même année ce prince, proclamé roi par Henri II, passa les fêtes de Noël à Argentan avec la reine son épouse, fille du roi de France.

TOUR MARGUERITE, À ARGENTAN

Le vieux roi s'étant réconcilié avec son fils, demanda à tous les barons de Normandie de se trouver à Argentan le 7 octobre 1177, jour de Saint-Denis, pour combattre ses ennemis.

Le compte rendu à l'Échiquier de 1180 par Herbert, fils de Bernard, des dépenses par lui faites sur le produit de la ferme de la forêt de Gouffern, montant à 100 livres, nous apprend qu'une partie de cette somme fut employée aux réparations des meutes (*mutis*) et des maisons d'Argentan, aux livraisons faites pour les écuyers et pour les chevaux du roi et au transport du harnais royal à Chinon. Au chapitre de la ferme de la vicomté et prévôté d'Alençon, montant à 500 livres, figure une somme de 77 livres pour le transport des vins du roi, d'Angers à Argentan, et pour deux tonneaux du même vin envoyés d'Argentan à Valognes. De plus, sur le produit de la ferme de la vicomté et prévôté d'Argentan, montant à 700 livres, Adam de la Gravelle avait payé, pour la réparation de l'hôtel du roi à Argentan, 9 livres 17 sous 3 deniers; pour le transport du trésor du roi de Falaise à Argentan, 10 sous; à Richard de Cardif, pour la garde du château, 140 livres; au guetteur et au portier, 60 livres; au chapelain de Saint-Nicolas, 40 sous. Le transport de 34 tonneaux de vin d'Anjou à Argentan, et la répartition de cet approvisionnement entre les châteaux de Bures, Caen, Valognes, Cherbourg, Tinchebray, Domfront, Mortain, Gorron et Falaise, avaient coûté 53 livres. Sur le produit de la prévôté de Caen, montant à 1.000 livres, il fut dépensé, la même année, 6 livres 3 sous 3 deniers, pour faire conduire 60 hommes d'armes à Argentan et autant à Bures. Ces détails prouvent l'importance qu'avait alors le château d'Argentan.

En 1182, ce château donna asile à Mathilde, fille de Henri II, et à Henri le Lion, son époux, duc de Saxe, mis au ban de l'Empire par Frédéric Ier. C'est là qu'elle accoucha d'un fils, qui devint empereur d'Allemagne sous le nom d'Othon IV.

Dans les rôles de l'Échiquier de 1184, il est fait mention d'une somme de cent sous donnée à Richard de Chiffreville pour la nourriture de l'enfant du maréchal du duc de Saxe, et de pareille somme à Ernaud, arbalétrier du même duc. Le compte de la prévôté d'Argentan fut alors rendu par Raoul, fils d'Herbert, qui dépensa 95 livres pour le transport des vins du roi, d'Angers à Caen, par Argentan. On fit encore cette année des réparations aux maisons royales pour une somme de 6 livres, et il en coûta la même somme pour faire porter la tente du roi (*papilio*) d'Argentan à Angers.

Sorti sain et sauf des aventures qui avaient marqué son retour de la Croisade, et au cours desquelles il avait éprouvé le dévouement de ses vassaux d'Argentan, Richard Cœur de Lion visita plusieurs fois ce château, notamment le 10 novembre 1194, où il expédia un diplôme qui en porte la date. C'est ainsi que dans les rôles de l'Échiquier pour 1195, on voit figurer une somme de 39 sous 2 deniers pour le transport de l'équipage de la reine, de Rouen à Argentan. On y trouve aussi, dans le compte de Raoul Labbé, pour la prévôté d'Argentan, une dépense de 40 livres pour travaux faits aux ponts d'Orne et à celui du château, pour la couverture de la salle royale (*aula*), et pour l'établissement d'un champ clos pour un duel judiciaire. Au même rôle est inscrite une dépense de 21 livres pour l'évêque de Frigie à Argentan, et 20 livres pour faire conduire le même évêque d'Argentan en Angleterre. Ce roi aimait à s'y livrer à l'exercice de la chasse aux environs, car il en coûta 50 sous pour faire transporter ses grues et sa venaison, de cette ville à Rouen. Il fit aussi conduire à Chinon deux des chiens avec lesquels il avait chassé à Argentan et fit faire des meutes à Argentan et à Chambois. Les gages de Henri de Weda, son fauconnier, de ses compagnons et l'entretien de ses oiseaux de proie, entraînèrent alors une dépense de 40 livres. Les gages de Raoul de Houville et l'entretien de ses gerfauts figurent dans le même compte pour une somme de 10 livres 12 sols.

Le même roi fit construire une maison sur la motte du château d'Argentan, comme on le voit par le compte de Raoul Labbé pour 1198, dans lequel figurent également les dépenses pour les fauconniers, depuis la Saint-Michel jusqu'à la Saint-Martin de l'année suivante.

Peu de temps après son avènement à la couronne, Jean sans Terre se rendit à Argentan, comme on le voit par une charte du 6 août 1199, en faveur des chanoines de Sainte-Barbe-en-Auge, et on le trouve dans le même château le 7 juin et les 8, 9 et 10 septembre 1200. Le 27 septembre 1201, il manda à ses barons et à ses chevaliers de rester à Argentan pour être passés en revue par Raoul Labbé. Il paraît même y être resté jusqu'à la fin de décembre, car le 3 novembre il leur manda d'Argentan d'avoir pleine confiance aux promesses faites en son nom par Guillaume des Roches, et le 23 il leur adressa, du même château, une invitation de lui faire connaître les malversations que ses baillis pouvaient avoir commises et dont il promettait de faire bonne justice. Le 27 décembre, nous le voyons encore faisant sceller des lettres de pardon pour Robert de Bouquetot.

Le 25 février 1202, Jean sans Terre partit d'Argentan pour se rendre à Falaise, et le 27 mars, il ajourna Arthur, son neveu, à Argentan dans l'octave de Pâques, pour lui rendre l'hommage qu'il lui devait. Le 12 août, il mandait d'Argentan à tous les clercs du diocèse de Sées, qu'il regarderait comme rebelles tous ceux qui suivraient le parti de Sylvestre, archidiacre de Sées, son ennemi. Le 26 décembre, il informait les barons de l'Échiquier que le mardi avant le 13 décembre, Pierre des Roches avait reçu à Argentan la somme de mille marcs, de la recette de la forêt royale, à lui remise par Alexis de Montfichet et par Hugues de Neuville.

Le 7 janvier 1203, il manda à tous ses chevaliers d'obéir à Richard de Vilekier, qui devait les réunir à Argentan. Le 9, il ordonna au sénéchal de Normandie de lui envoyer sous bonne escorte la somme de mille marcs pour le dimanche suivant, à Argentan, et d'y faire venir Raoul Labbé et Samson, abbé de Saint-Étienne de Caen. On le trouve à Argentan les 11 et 12 janvier, où il séjourna du 28 au 30. Le 28 il manda à Richard de la Tour, de mettre G., clerc de la chambre du roi, en possession de la terre de Geoffroi de Chament, un des chevaliers de Guillaume Talvas, frère de Robert, comte d'Alençon, passé au parti des rebelles. Le 1er février, étant à Falaise, il accorda à Guillaume de *Sancta Norma*, remise de la somme de 20 livres qu'il devait aux juifs, à condition de rester à son service, à Argentan, depuis le 2 février, jusqu'à ce qu'il en fût relevé. Le 13 et le 14 mars, il fit son dernier séjour à Argentan et de là se rendit à Chambois (20 mars) et à Saint-Évroult (22 mars).

On voit par un mandement du même roi, daté de Rouen, le 1er avril, qu'il avait fait conduire de Caen à Argentan et remettre à Richard de la Tour, des munitions et des approvisionnements pour une somme de 15 livres, consistant en 13 tonneaux de vin, 40 milliers de harengs, 1,207 toises de cordes de chanvre et pour des gantelets.

Malgré tout, Jean sans Terre fut obligé de s'enfuir en Angleterre et ne parvint pas à remettre les pieds en Normandie. Philippe-Auguste vint en personne, au mois de mai 1204 (1), prendre possession du château, qu'il donna, au mois de juin suivant, à Henri Clément, maréchal de France (2), bienfaiteur de l'Hôtel-Dieu.

A la mort de Henri Clément, en 1214, la seigneurie d'Argentan passa à Jean, son fils, également maréchal de France, qui se rendit, comme son père, recommandable par sa générosité envers l'Hôtel-Dieu. En 1262, Henri, fils de Jean, entra en possession du domaine d'Argentan, à la mort de Jean Clément, son père; mais il fut contraint de le vendre au roi Philippe le Hardi avec Chambois et Canivet, et Agnès, sa femme, ratifia cet acte le 13 mai 1280.

(1) et (2) *Catalogue des actes de Philippe-Auguste*, n° 813.

Après avoir été possédé directement quelque temps par le roi, le château d'Argentan fut donné à Mathieu de Montmorency, chambellan de France, par charte donnée à Guérardville, au mois d'août 1293, à charge d'offrir au roi, tous les ans, un éperon doré. Il fut maintenu, par arrêt rendu au parlement de la Toussaint 1299, en possession du patronage de la chapelle du château que lui contestaient les gens du roi. Mathieu et Jean de Montmorency, son successeur, firent des donations importantes aux Dominicains d'Argentan, qui furent confirmées par le roi Charles le Bel. Argentan fut ensuite possédé par Jean de Montmorency, évêque d'Orléans, puis par Charles, son frère, qui en rendit hommage au roi Jean en 1351. En 1364 et en 1366, Charles V lui accorda le dixième denier sur l'imposition de douze deniers pour livre ayant cours à Argentan pendant un an, « pour la fortification, tuition et garde de son chastel et ville d'Argentan ». L'année suivante le baron d'Ivry, époux de Marie de Montmorency, fille de Charles de Montmorency, fut chargé de la défense du même château, considéré alors comme place frontière. Il lui fut, en conséquence, accordé, le 21 octobre 1371, 2 deniers sur l'imposition de douze deniers pour livre sur les denrées et marchandises vendues en ville, ordonnée être levée pour la délivrance du roi Jean.

Sur ces entrefaites la châtellenie d'Argentan était passée des mains de Jean de Montmorency à Jean de Châtillon, par le mariage de ce dernier avec Isabeau, fille de Charles de Montmorency. Elle fut vendue en 1372, pour 6,000 livres d'or, à Pierre II, comte d'Alençon, qui la réunit plus tard à son domaine ainsi que celle d'Exmes. Toutes deux auparavant dépendaient de la vicomté de Falaise et du bailliage de Caen.

L'année précédente, au mois de février, le château d'Argentan fut visité par les commissaires nommés par Charles V, pour la mise en état de défense des forteresses du bailliage, en prévision d'une descente prochaine des Anglais. L'église d'Occagne, classée au nombre des forteresses et le château d'Aunon-le-Faucon, dont Robillart du Bec était capitaine, pour Monseigneur de Thibouville, furent inspectés, en même temps, par les commissaires du roi. Partis de Falaise le dimanche 22 février, ils arrivèrent à Argentan et donnèrent lecture de leur commission et des instructions dont ils étaient porteurs à Jean de Beleine, lieutenant de Jean de La Morissière, capitaine du château, et aux bourgeois de la ville. Il fut donné au capitaine jusqu'au 1er avril pour la mise en état et le ravitaillement de la forteresse.

Le 9 mars 1374, Charles V accorda au comte d'Alençon une somme de 300 francs d'or pour les travaux de la forteresse d'Argentan (1). Ce prince, disent les chroniqueurs, « se plaisoit fort dans la ville d'Argentan et y faisoit ordinairement son séjour, et on lui doit l'embellissement de plusieurs édifices, notamment de la chapelle de Saint-Nicolas, dans la grande vitre de laquelle étoient les portraits en effigie d'un prince d'Alençon, avec les armes mi-parties de la maison d'Alençon et les armes de Madame Chamaillars, épouse de ce comte Pierre ». Au mois de mai 1378, la comtesse d'Étampes et d'Alençon, sa mère, fut marraine de la cloche du beffroi ou « gros orloge » de la ville et lui donna son nom de Marie. Le même prince tint plusieurs fois la cour de l'Échiquier à Argentan.

En 1387, Pierre du Motay, vicomte d'Argentan et d'Exmes, fut chargé de faire l'assiette de l'aide ordonnée « pour le parfournissement du passage de la mer ». Il lui fut alloué, en récompense, une somme de 7 livres qui lui fut versée le 17 janvier (41), par Richard Buron, « receveur des aides de la guerre et terres de mons. le comte d'Alençon et du Perche (2) ».

(1) Léopold Delisle. *Mandements et actes divers de Charles V*, nos 44, 317, 415, 633, 1112.
(2) *Archives de l'Orne*, p. 407.

Pierre II, surnommé le Loyal ou le Bon Comte, mourut, le 20 septembre 1404, au château d'Argentan, où naquit Jean II, duc d'Alençon, son petit-fils, qui y fut élevé par Marie de Chamaillars, son aïeule, et par Marguerite et Jeanne de Valois, ses tantes, qui toutes trois se consacrèrent plus tard au service des pauvres, dans l'hôpital de cette ville et y moururent.

Le château d'Argentan, au début de l'invasion anglaise, avait paru offrir un asile assuré aux quatre-vingt-quinze émigrants de la petite ville de Touques, la première tombée au pouvoir de l'ennemi, qui vinrent avec leurs enfants, meubles et bijoux, chercher un refuge dans son enceinte, le 10 août 1417 ; mais il ne tarda pas à subir le sort des autres forteresses normandes. Guillaume l'Arconneur, qui le défendait, dut capituler le 5 octobre et le château fut rendu le 9. Dix-sept cents personnes sortirent alors d'Argentan. Les Anglais eurent soin de les diviser en trois bandes, dont une de cent personnes seulement, avec harnais et chevaux, sous la conduite du brave l'Arconneur.

Le roi d'Angleterre ne devait pas s'attendre à rester paisible possesseur de sa conquête. Aussi, le 20 janvier 1422, ordonna-t-il la levée à Argentan d'une aide appelée la maille, pour subvenir à plusieurs opérations et mises pour la garde de cette ville. Le commandement de la place fut confié à Jean de Montgommery, chevalier, remplacé bientôt par Thomas Rampston, chevalier banneret, à la charge de 14 hommes d'armes à cheval, 6 à pied et 60 archers. Parmi les tentatives les plus audacieuses qui vinrent troubler les capitaines du château, il faut citer celle d'Ambroise de Loré qui, parti de Saint-Cénery avec trente chevaliers, s'était avancé vers Argentan, dont la garnison vint l'attaquer à Rânes où eut lieu le fameux combat des Trente (1432). Richard Haryngton fut capitaine d'Argentan de cette époque à 1437. A cette date, il fut fait devant lui un inventaire des provisions existant dans le donjon. On y trouve mentionnées vingt-quatre côtes de lard « qui avaient esté mis en la chapelle du donjon, par défault d'aultre lieu possible », et trente-trois pipes de cidre, dont sept pipes avaient été perdues, par la force du grand hiver.

Les Anglais n'avaient rien négligé pour se concilier les sympathies des Argentanais. Ils avaient confirmé et amplifié leurs libertés municipales et leurs privilèges, et fait réparer les édifices dévastés pendant le siège de 1417. Ils avaient surtout eu soin de mettre les fortifications en état de résister au canon, en rendant plus étroites les meurtrières des tours. Dans la prévision d'une attaque prochaine du roi de France, Winington, nommé capitaine, avait fait construire de nouveaux forts pour couvrir les principales portes et un avant-fort dans le faubourg Saint-Jacques.

Le 4 octobre 1449, l'artillerie française, conduite par les comtes de Dunois et de Clermont, apparut en vue des murailles. La garnison effrayée demanda à capituler. Mais pendant que les Anglais essayaient de gagner du temps en négociations, les bourgeois arborèrent hardiment les couleurs françaises vis-à-vis d'une des portes laissée libre par les défenseurs de la place qui s'étaient portés d'un autre côté. C'est par cette porte que les Français entrèrent, et la garnison n'eut que le temps de se réfugier au château. Une grosse bombarde, appliquée aux murailles qui couvraient le donjon, y fit bientôt brèche, et le capitaine, Olivier de Corsalion, obligé de battre en retraite jusqu'au cœur de la forteresse, demanda à capituler avec les siens.

Au mois de mai 1450, Charles VII étant à Argentan, en reconnaissance « des grandes loyautés et bon vouloir » que les habitants lui avaient montrés en 1417 et en 1449, rétablit la foire au Chambellan, qui se tient encore aujourd'hui le lundi de la Pentecôte, et donna une belle statue de la Vierge à l'église Saint-Germain.

Jean II, duc d'Alençon, rentré enfin dans ses domaines, séjourna souvent à Argentan, où il était né en 1409. Il y employa deux orfèvres, l'un nommé Emery, originaire de Bordeaux, l'autre Colin

Durant d'Argentan, à la fabrication de monnaies au coin du roi, de vases et de chaînes d'alliage imitant parfaitement l'or et l'argent. On voit par là que l'art de l'orfèvrerie était alors pratiqué avec succès à Argentan.

Ces faits et d'autres plus graves encore, ne pouvaient manquer d'attirer sur l'ancien compagnon de Charles VII et de la Pucelle la colère de Louis XI qui, en 1466, dut se rendre à Argentan, à Exmes, à Falaise et à Caen pour s'assurer de ces places.

Le duc René, son fils, ne fut pas mieux traité par Louis XI, sans avoir donné lieu aux mêmes soupçons. Au temps de sa disgrâce, les bourgeois d'Argentan lui ouvrirent généreusement leur bourse. Il s'en souvint après qu'il fut sorti de la prison où Louis XI l'avait fait jeter, et c'est dans le château d'Argentan qu'il réunit pour la première fois son Échiquier, le 1er novembre 1484. Son mariage avec Marguerite de Lorraine, ouvrit pour Argentan une nouvelle ère de prospérité, et le nom de cette princesse, digne petite-fille du bon roi René, y est resté populaire. Il existe en effet, à Argentan, une tour dont la gravure est ci-contre, qu'on appelle la *Tour Marguerite*. Est-ce elle qui la fit construire, ou l'a-t-elle seulement habitée ? (1). Ce point historique n'a pu être élucidé jusqu'à présent.

Porche de la place Henri IV.

D'après une photographie de M. H. Magron.

On voyait souvent la reine Marguerite donnant l'aumône aux pauvres, assistant à leur dîner, ceinte d'un tablier et « portant de ses deux mains les couettes pour les servir, nourrissant les orphelins, acquittant les dettes des veuves nécessiteuses et dépensant, chaque année, des sommes considérables pour la délivrance des prisonniers » (2). Apprenait-elle que quelque jeune fille, à cause de son indigence, fût empêchée de contracter un honnête mariage, elle s'empressait de lui fournir la dot nécessaire. Les malheureux avaient accès auprès d'elle à toute heure, même pendant ses prières ou ses repas.

Un jour, à son arrivée à Argentan, avant même de se rendre au château, on lui apprend qu'une dame de la ville, prête d'accoucher et condamnée à subir une opération qui laissait peu d'espoir de lui conserver la vie, implorait son secours. Elle saute au bas de sa litière, court chez la malade, ranime son courage et ordonne au médecin de surseoir à l'opération. Ses soins furent si dévoués et si intelligents, qu'elle parvint à guérir complètement cette dame sans qu'il fût nécessaire de recourir à aucun remède violent. Les femmes en couches avaient des droits particuliers à sa tendresse. Elle les visitait elle-même et les faisait traiter par les plus habiles chirurgiens. Un jour, pendant qu'elle séjournait à Argentan, elle apprend qu'une femme en couches, atteinte d'une maladie contagieuse,

(1) C'est aussi de cette époque que datent les porches de la place Henri IV, dont on voit ici une reproduction. On trouvera à la page suivante une vue de la maison à tourelles qui borde la rivière et qu'on appelle les Bains Saint-Louis, du nom d'un ancien hôpital des Enfants Trouvés ou des *Jetés*.

(2) Yves Magistry. *Vie de Marguerite de Lorraine*, Ms., ch. V, et E. Laurent. *Histoire de Marguerite de Lorraine*, p. 131.

était abandonnée de tout le monde, de ses proches comme des médecins, qui même, dit-on, s'étaient cachés pour ne pas être obligés de pratiquer sur elle une opération dangereuse, qu'ils jugeaient sans doute inutile. Il nous est malheureusement impossible de reproduire ici le langage énergique par lequel Marguerite flétrit la lâcheté de cette conduite. « Eh bien, ajouta-t-elle, j'irai moi-même. » Ses serviteurs alarmés la suivent jusqu'à la maison de l'agonisante et les médecins, entraînés par cet exemple, arrivent à leur tour. La mère reçut aide et soulagement, l'enfant fut baptisé et aucun des assistants ne fut atteint par la contagion.

Marguerite de Lorraine, dont le cœur repose à Argentan, a été déclarée bienheureuse par l'Église ; sa mémoire est restée chère aux Argentanais ; son culte y est en honneur ; les détails biographiques dans lesquels nous sommes entrés ont donc ici leur raison d'être.

Maison du XVe siècle.

D'après une photographie de M. H. Magron.

Après le mariage de son fils, le duc Charles, avec la bonne Marguerite, sœur de François Ier, cette sainte princesse s'était retirée à Mortagne pour y soigner les malades de l'hôpital. Elle y fonda, en outre, un couvent de religieuses et dota d'établissements semblables les villes d'Alençon et d'Argentan, où le nom des sœurs de Sainte-Claire est encore en vénération. De Mortagne, le 24 mai 1516, elle fit écrire à ses « chers et bien aimés » les habitants d'Argentan, pour leur annoncer une grande nouvelle : le roi François Ier en personne devait, au cours du voyage qu'il fit alors en Normandie, venir visiter sa bonne ville d'Argentan.

François Ier s'y trouva si bien qu'il y revint au mois de mars 1532 et, pendant son séjour, y reçut la visite du légat du pape, qui y passa les fêtes de Pâques et ne partit que le 2 avril.

La mort de Marguerite, sœur de François Ier, amena la réunion à la couronne du domaine et du château d'Argentan, donnés ensuite en douaire à Catherine de Médicis, puis en apanage à François, son jeune fils, duc d'Alençon. Charles IX et la reine-mère y ont séjourné deux fois. Le 30 août 1563, accompagnée de ses enfants, elle y eut un entretien avec Matignon, auquel elle donna des instructions, de bouche et par écrit, pour poursuivre et arrêter Montgommery, qui, au mois de mars précédent, avec Coligny, avait pillé les églises et les monastères et s'était établi dans le château comme gouverneur. Au mois de septembre 1568, Montgommery revint à Argentan avec de nouvelles bandes, pilla et incendia l'église et le faubourg Saint-Martin ; mais les habitants, renfermés dans l'enceinte de la ville, aidés de M. de Rabodanges, de l'évêque de Sées, de MM. de Médavy, d'Ailly et d'Avesgo, firent une vigoureuse sortie et parvinrent à s'en débarrasser.

Pour rétablir l'ordre et relever les cœurs de ses fidèles sujets, à la fin de mai 1570, Charles IX, Catherine de Médicis et le duc d'Alençon, revenant du Mont-Saint-Michel, se rendirent à Argentan et y restèrent jusqu'au 20 juin. Le duc François y fit acte de souveraineté par l'expédition de chartes et d'ordonnances. Des fêtes brillantes eurent lieu, naturellement, à cette occasion. Un jour, par exemple, on vit le légat du pape Pie V, offrir au roi une bague et une épée enrichies de diamants.

Quelque temps après, Jacques Rouxel de Médavy fut nommé gouverneur du château, et son fils Pierre lui succéda; mais à la mort du duc d'Alençon, en 1584, le duc d'Elbeuf essaya de s'en emparer. Il en fut chassé par Odet de Matignon, qui y installa le sieur de Vieux-Pont. Le domaine lui-même fut alors engagé, d'abord à Christophe de Bassompierre, qui n'en jouit pas, puis, en 1386, à Marguerite de Lorraine, belle-sœur de Henri III et femme du duc de Joyeuse, amiral de France, qui a laissé à Argentan quelques marques de sa générosité. Elle y fonda un obit pour son mari, tué à Coutras, et contribua par ses dons à l'achèvement de l'église Saint-Germain.

Durant les années de son veuvage, Argentan eut sa part des troubles de la Ligue. Brissac y entra en 1589 et y établit comme gouverneur le sieur de Boisrosé; mais en décembre de la même année les habitants, royalistes quand même, se soulevèrent et s'emparèrent du château, dont Henri IV prit possession en personne, en 1590, et nomma gouverneur le sieur de Fontaine-Béranger qui, en 1592, fut remplacé par le baron de Courtomer, puis par Pierre de Rouxel de Médavy, qui reprit son ancien poste.

Ces temps difficiles passés, la duchesse de Joyeuse épousa en secondes noces, en 1599, François de Luxembourg, duc de Piney. Ce fut encore une occasion de réjouissances pour Argentan, et un poète du cru, Jacques Hérembert, sieur de la Rivière, se fit l'écho de l'allégresse générale, en composant les *Aventureuses et fortunées amours de Pandion et d'Yonice*, qu'il dédia à la duchesse, dame d'Argentan.

Le domaine d'Argentan passa alors à Philippe-Emmanuel de Lorraine, duc de Mercœur, puis à Françoise de Lorraine, duchesse de Mercœur et de Penthièvre, en faveur de son mariage avec César, duc de Vendôme et de Beaufort.

C'est à cette époque que fut commencée la démolition du donjon, à la demande des habitants. Charles de Valois, lieutenant du sieur de Courbezon, comte de Montgommery, gouverneur, fut chargé de cette opération. Le titre de gouverneur, devenu purement honorifique, fut alors porté par le maréchal de Médavy et successivement par quatre de ses descendants. La Fronde amena à Argentan comme ailleurs, quelques désordres. Guillaume Rouxel, comte de Marey, frère du maréchal, vint pour en prendre possession, au nom du roi, mais M. de Rosnevinen, seigneur de Chambois, lieutenant du duc de Longueville, réussit à l'en chasser et les Argentanais lui lancèrent ce brocard :

Mare vidit et fugit

Malheureusement, quelques jours après, Rosnevinen était, à son tour, obligé de battre en retraite devant Marcy et, comme d'ordinaire, ce furent les bourgeois qui payèrent les frais de cette guerre ridicule. Ils durent même avoir recours à M. de Rosnevinen, muni d'ordres de la cour, pour échapper aux contributions exorbitantes dont M. de Marcy prétendait les accabler. L'histoire héroïque de la vieille forteresse était bien finie et ces incidents en forment l'épilogue grotesque.

Quant au domaine d'Argentan, il fut possédé, après le duc de Beaufort, par Louis de Bourbon qui, en 1665, le transmit à son fils, le duc de Vendôme. Ce dernier, avant sa mort, en avait fait donation à Marie-Anne de Bourbon-Condé, son épouse, après laquelle il passa, en 1718, à Anne-Louise-Bénédictine de Bourbon-Condé, duchesse du Maine. En 1736, il échut en partage à Louis-Charles de Bourbon, comte d'Eu, qui le vendit, en 1767, au premier commis des finances, Jules-David

Cromot, seigneur du Bourg-Saint-Léonard. Ce seigneur de fraîche date fit son entrée à Argentan le 1er novembre 1768. Les nobles voisins en murmurèrent bien un peu, mais Cromot, qui avait ses vues, mit la dernière pierre à l'édifice de sa fortune en cédant ce domaine à Monsieur, apanagiste du duché d'Alençon, en échange de la forêt d'Argentan dont le revenu était de 80,000 livres. Le comté d'Argentan eut ainsi comme dernier possesseur le premier prince du sang appelé un jour à occuper le trône de France. Il est à peine besoin de donner les noms des deux derniers gouverneurs du château, Louis du Plessis-Châtillon, marquis de Nonant, lieutenant-général des armées du roi, et son fils, qui, en 1750, fut nommé à cette sinécure, pourvue encore de beaux revenus.

Le château d'Argentan, comme ceux d'Argouges, a sa légende. « Une jeune fille du nom d'Isabeau, qui y fut jadis enfermée par un méchant seigneur, meurtrier de son amant, et dans les fers duquel elle mourut elle-même, pure et fidèle, y fait de nocturnes apparitions sous différentes formes : on l'appelle la Demoiselle, et quelquefois la *Bête du château d'Argentan* » (1).

Louis Duval.

(1) Léon de La Sicotière. *Le Département de l'Orne archéologique et pittoresque*, p. 203.

Cliché H. Magron — Héliog. F. Dujardin

ÉGLISE SAINT-GERMAIN, À ARGENTAN

Côté Nord

L'ÉGLISE SAINT-GERMAIN

Certaines traditions donnent comme point de départ à la construction de l'église Saint-Germain, le passage à Argentan de l'évêque d'Auxerre, saint Germain. Ce monument aurait été bâti à la place d'un ancien temple druidique, à la suite d'une guérison miraculeuse d'une jeune fille par le saint évêque.

Ce fut tout d'abord une bâtisse assez informe, faite de cailloux et de terre glaise battue, quelque chose comme, de nos jours, certaines maisons de paysans dont les murs sont composés de *pisé*.

Aujourd'hui, Saint-Germain est une des principales églises du département. Elle mesure intérieurement 60 m. 35 cent. de longueur et 20 m. 75 cent. de largeur; les croisillons ont 33 m. 50 cent.

Ce fut Jean IV, comte d'Alençon, qui, en 1410, fit commencer la construction de l'église Saint-Germain actuelle, qui se trouve être justement élevée sur le point culminant de la ville.

Malheureusement la guerre des Anglais interrompit la construction. Les travaux ne furent repris que sur les ordres du duc René, qui fit faire les bas-côtés et le chœur; mais l'arrestation de ce dernier apportait un nouveau retard, le bâtiment restait incomplet.

En 1440, on se met courageusement au travail, la tour peu à peu s'élève; mais le donjon s'émeut, au château la jalousie s'éveille; si la tour de l'église allait commander la ville : ordre est donné de ne pas l'élever plus haut. Elle reste inachevée. En 1609, l'église était presque terminée; quant à la tour, c'est seulement en 1641 qu'elle fut au point où nous la voyons aujourd'hui.

Nous ne saurions mieux faire, pour donner par le menu la description de l'église Saint-Germain, que d'emprunter à un poète qui, à l'époque où le monument fut terminé, latinisait en vers d'assez bonne façon, les pages qu'il consacra au nouveau temple de la prière.

Nous en donnons une traduction aussi fidèle que possible, en regrettant d'ignorer le nom de l'écrivain. Mais laissons la parole à l'historiographe.

« La forme extérieure est celle d'une croix dans les bras de laquelle il y a deux chapelles, à la fois intérieures et extérieures. Celle de gauche est dédiée à sainte Anne et celle de droite à saint Jean. Au chevet de l'église, sous la voussure, est une figure de la Vierge Marie magnifiquement peinte, avec un Enfant Jésus dont la tête est au niveau de la sienne, et montrant les divers tributs apportés par la piété. Il y a en outre douze chapelles de chaque côté. Le chœur coupe l'église en deux et l'on y peut voir un nombreux clergé animant son enceinte. Au bas de l'église sont des orgues accompagnant les prières accoutumées, et intercalant leur harmonie dans le divin texte de la messe. Vingt autels dédiés à des patrons divers y réjouissent la vue des âmes pieuses. La masse de l'église, fruit d'un grand travail, est emportée dans les cieux par trentre-trois piliers. Le voyageur n'a rien vu de plus riche que cette nef ornée de chaque côté de nombre de fenêtres, dont les vitraux peints avec un art admirable et les meneaux attestant un travail presque divin, font l'étonnement de l'étranger. Les statues ne sont pas à mépriser. Il y a un vaste portail, chef-d'œuvre et modèle de sculpture inimitable. Une juste proportion distingue le faîte et une double tour envoie, s'il faut en croire les paysans, le son éclatant de ses cloches jusqu'à cinq lieues, dans les beaux jours. »

La description du poète n'est plus actuellement tout à fait exacte, car malheureusement la Vierge et une partie des vitraux n'existent plus.

De plus, à la place de saint Jean on a installé un saint Mansuet, dont les reliques, cadeaux des capucins, furent, en 1658, translatées en grande pompe, au milieu d'une énorme affluence de population, avec six cents prêtres, cent cinquante religieux et beaucoup de notabilités portant des cierges.

Vue générale de Saint-Germain, prise du Donjon.

D'après une photographie de M. H. Magron.

Le portail du nord, à double ouverture, présente un ensemble élégant avec ses frontons triangulaires, ses dais, ses pinacles, ses bouquets qui sont d'un excellent travail.

Les tours sont différentes d'abord comme hauteur : l'une mesure environ 50 mètres, l'autre 53 mètres d'élévation. L'une, à ogives, encore inachevée, bâtie au-dessus du chœur, est intéressante ; l'autre est plutôt lourde, c'est une massive construction du XVIIe siècle.

Si nous entrons dans l'intérieur, nous voyons une nef garnie de piliers sans chapiteaux, dont les nervures prismatiques vont chercher les arceaux de la voûte très simple. Aux points d'intersection de ces arceaux, des écussons, dont la peinture est presque effacée, rappellent le souvenir de quelques familles qui contribuèrent à la construction de l'église.

« Les trois arcades du milieu, dit un de ceux qui ont décrit cette église avant nous, sont plus larges que les autres. Les galeries à jour qui les surmontent offrent de jolies balustrades en forme de branches et de feuillages du dessin le plus contourné et le plus richement bizarre. »

Un âne bâté, ainsi que cela se voit assez communément dans les églises, comme à Chartres par exemple, est sculpté en plein relief sur l'un des piliers.

Il paraîtrait qu'autrefois, sur le pilier correspondant, un bœuf se trouvait également sculpté et qu'au milieu de la nef était suspendu un berceau.

La présence de ce berceau expliquerait d'une façon assez vraisemblable celle de ces deux sculptures.

Une autre version est également admissible : on a prétendu que l'âne ainsi sculpté dans l'église était destiné à rappeler celui qui, lors de la construction, transporta les matériaux. C'est de plus une

Cliché R. Magron — Lemale & Cie Phot. Havre — Héliog. P. Dujardin

ÉGLISE SAINT-GERMAIN, À ARGENTAN

Vue de l'Abside

de morale, montrant ce que l'aide infime qui permit d'élever un monument semblable peut ...d il s'agit pour l'homme de célébrer, d'honorer son créateur.

Sur l'un des piliers, nous avons relevé l'inscription suivante :

Mil quatre cent quatre vingt huit
Par Jean Lemoine bon maçon
Ce pilier icy construit :
Dieu pardonne la mal façon
Et le fist faire à Guy Pitard
Des biens que Dieu luy a donnez
Auxquels sa femme avait part
Du Paradis benoist guerdonnez
Par Jean Pitard a fondez
Grandes messes de la Passion.
Qui de cinq playes a été fondez
Dieu luy fasse rémission.

Le Pitard dont il est question dans l'inscription a sa petite place dans l'histoire d'Argentan. ...donna lieu à plusieurs légendes, et ...relations avérées avec Nostradamus, ...du passage de ce dernier dans la ...le, ne furent point sans donner plus ...poids aux racontars qui coururent ...son compte.

Dans la nef de l'église Saint-Ger... pas de vitraux peints. Les fenêtres ...transept gauche n'en conservent que ...ques fragments. Par contre, le tran... droit comporte un très beau vitrail, ...ment de croix, surmonté d'un ... d'Abraham. Comme date, on ...

Depuis quelques années, des dona... pieux offrent à l'église des vitraux ...ernes, si bien qu'avant la fin du ... on peut espérer voir toutes les ...es garnies de vitraux polychromes, ... l'effet sera des plus reposants dans ...grand vaisseau si bien fait pour le ...illement, la méditation et la prière.

Portail de Saint-Germain.

D'après une photographie de M. H. Magron.

Mais continuons notre promenade ... l'intérieur de l'église.

La première chapelle à gauche, en partant du bas de l'église, nous montre une épitaphe ... conçue :

« Ci-gît le coeur de la bienheureuse Marguerite de Lorraine, fondatrice du monastère de Sainte-Claire d'Argentan, petite fille de René de France : bisaïeule d'Henri IV, morte en odeur de sainteté en 1521. La translation de son corps fut faite icy en 1773, et le coeur placé par ses religieuses en 1803. Priez pour elle. »

Pour mieux perpétuer le souvenir de la sainte Marguerite de Lorraine, un portrait, dû certainement à un peintre plus religieux qu'artiste, est fixé sur l'un des côtés de l'autel de cette chapelle, autel assez intéressant par ses colonnes torses enguirlandées de chêne et de vigne.

Vue intérieure.

D'après une photographie de M. H. Magron.

Le chœur de l'église Saint-Germain est entouré de grilles d'un élégant dessin contourné. Les piliers sont flanqués de deux étages de colonnes à chapiteaux carrés, courtes et trapues.

De la voûte tombent des pendentifs arrondis en forme de culs-de-lampe. Les fenêtres à cintres ronds sont de l'époque de Louis XIII.

L'autel, sans distinction, est or et marbre. Quant aux stalles, elles n'offrent aucun intérêt artistique ni archéologique. Elles datent de 1637, époque à laquelle les prêtres s'asseyaient simplement sur des coffres renfermant leurs surplis.

Au temps où les « vilains anglais se faisaient bouter hors du beau pays de France » l'orgue existait déjà. On lui assigne une date d'installation antérieure à 1450. En 1546 on l'augmenta. Il fut détruit en 1563, lors des guerres de religion, par les protestants qui s'étaient emparés de Dieppe, Lisieux, Falaise et Argentan. Théodore de Bèze saccagea même l'église, brisa les statues, puis, pour couronner cette œuvre fanatique, monta en chaire et prononça un violent discours dans lequel il fulmina contre les papistes.

Trois années après, les orgues étaient rétablies et on les augmentait vers 1600. Sur de pieuses initiatives, en 1667, on apportait de nouveaux perfectionnements et on les établissait telles, ou à peu près, que nous les voyons aujourd'hui.

Gustave Fabius de Champville.

Cliché H. Magron — Héliog. P. Dujardin

ÉCLISE SAINT-MARTIN, À ARGENTAN

Orne — Pl. N° 40

L'ÉGLISE SAINT-MARTIN

L'église Saint-Martin, bâtie en souvenir de la visite que fit l'évêque de Tours, saint Martin, vers l'an 300, à Argentan, et où il manifesta son caractère sacré par des miracles, est le résultat hybride d'architectures dissemblables et d'époques diverses.

En dépit de la multiplicité des styles, cette église offre certaines parties qui frappent par leur élégance. La flèche du clocher, garnie de clochetons, de gargouilles, de galeries à jour, de lancettes, fut endommagée en 1701 par une tempête. Longtemps on laissa le clocher menaçant ruine. Ce n'est qu'en 1840 que l'on remit les choses en l'état où elles se trouvent actuellement.

Les contreforts sont couronnés de clochetons d'une exécution inégale; mais, avec les épis en plomb qui surmontent le toit de la sacristie et les galeries à jour qui règnent autour d'une partie de l'église, l'architecte a obtenu un heureux effet que complètent bien les arcs-boutants qui soutiennent le chœur.

Le style ogival se manifeste dans tout le détail de l'architecture intérieure, clochetons, choux frisés sur les corniches, pinacles chargés de crochets, dentelures et petits personnages.

On se rendra d'autant mieux compte des différentes époques qui ont présidé à la construction de l'église Saint-Martin, en examinant attentivement les détails du bâtiment.

Certes, s'il est vrai que l'église ait été bâtie à l'endroit même où saint Martin exorcisa et fit abattre un arbre dédié au Démon, il ne reste rien de la fin du IIIe siècle, ni du commencement du IVe.

C'est un bénitier en pierre blanche, portant la date de 1490, qui semble la partie la plus ancienne de l'église. On lit cette inscription : « *Aqua benedicta sit nobis salus et vita.* » Les voûtes du chœur sont de 1600 à 1610, plus exactement elles datent de 1603; quant à la porte principale, on peut lui donner une origine plus moderne.

La chapelle de la Vierge est décorée de bas-reliefs intéressants; mais on ne saurait trop regretter la destruction d'une partie du mobilier du chœur : les sièges entre autres, recouverts d'anciennes tapisseries dont les figures héraldiques, rois, dames et chevaliers, sont à peu près effacées, usées ou déchirées.

Une chose arrêtera plus longuement l'attention du visiteur dans l'église Saint-Martin : ce sont les vitraux. Ils datent de la magnifique époque où l'art de la peinture sur verre donnait des chefs-d'œuvre (1540-1550).

« Ces vitres sont très bien faites; elles sont ce qu'il y a de mieux dans l'église », écrivait le P. Marin Prouvère, dans le tome III de son histoire de la *Normandie*.

L'église Saint-Martin possède sept grandes fenêtres garnies de vitraux peints. Il existe en plus un superbe vitrail sur la porte d'entrée placée derrière le chœur. Enfin, on peut voir encore plusieurs morceaux détachés qui sont d'une grande beauté.

Nous ne pouvons mieux faire, pour donner une juste idée des choses existant encore, que d'emprunter la description qui fut faite des vitraux par un vicaire de Saint-Martin, en 1842.

Toutes les fenêtres, excepté une, contiennent deux sujets tout à fait distincts : le premier, qui est le principal, remplit les meneaux des fenêtres jusqu'aux compartiments; le second occupe la partie supérieure de la fenêtre. Dans celui-ci, le principal personnage est toujours encadré dans le compartiment du centre, vers lequel convergent tous les autres.

Abside de Saint-Martin.

D'après une photographie de M. H. Magron.

La première fenêtre (de 15 mètres de clair et 6 panneaux) contient dans le tableau principal douze figures, non compris le portrait du donateur, représenté à genoux dans l'un des panneaux; le peintre a pris pour sujet le passage de l'Évangile où il est dit que Jésus-Christ présente à Judas du pain trempé. Chaque figure a son expression particulière. Quatre personnages sont en scène. Jésus, avec une majesté pleine de douceur, présente du pain à Judas qui, malgré lui, frémit et semble exaspéré de la bonté de son Maître; saint Jean repose la tête sur le sein de Jésus, tandis que l'inquiet saint Pierre, que la seule pensée d'une trahison indigne, cherche à deviner dans les yeux du Maître, quel doit être le traître. Les autres apôtres causent entre eux. La nappe de la table est finement ouvrée, les convives boivent dans des vidrecomes. La maison où se fait la cène est d'ordre dorique. Il devait régner autour de la table un rang de colonnes coniques. Dans la partie supérieure de la fenêtre, on voit Jésus-Christ au Jardin des Oliviers, consolé par l'ange. Les apôtres endormis sont dans les langues de feu qui correspondent aux cintres. On distingue dans le lointain un massif d'oliviers.

La seconde fenêtre (9 mètres de clair et 4 panneaux) contient la condamnation de Jésus-Christ par Pilate; c'est peut-être la plus riche en couleur et la plus parfaite d'exécution. Pilate se lave les mains et va prononcer la sentence de mort; on voit sur sa figure la lutte de sa conscience et de l'intérêt. Cette composition contient douze figures. Rien de plus riche que les ornements de Pilate, rien de mieux rendu d'un côté que la figure presque attendrie des serviteurs du gouverneur, et de l'autre la pose indifférente et la figure ignoble des soldats chargés de l'exécution. Dans un des panneaux est François Ier avec la toque à panaches, sa barbe rousse et ses habits collants. Les médaillons de la partie supérieure contiennent deux saints qui doivent être saint Christophe et saint Jean; aux deux côtés sont deux images portant des écussons dont il est impossible de distinguer les armoiries.

La troisième fenêtre (8 mètres de clair et 3 panneaux) représente Jésus-Christ portant sa croix, au moment où une femme pieuse vient lui essuyer le visage. Dix-huit personnages. Sur le premier plan, la femme appelée par l'erreur populaire sainte Véronique; derrière elle, les femmes de Jérusalem qui accompagnent le Sauveur. Dans le lointain, les princes des prêtres, la foule, les soldats qui ferment la marche. Dans le second panneau, Jésus succombe sous le poids de sa croix; un soldat, armé d'un casse-tête à pointes d'ivoire ou d'acier poli, le frappe pour le forcer à se relever, tandis qu'un enfant de douze ans se glisse au-dessous de la croix, mettant les doigts des deux côtés de sa bouche pour insulter au Sauveur. Dans le dernier panneau est le centurion qui préside à l'exécution, monté sur un cheval et armé de toutes pièces. Un décurion à barbe grise ouvre la marche en marquant le pas; il tient à la main une corde qui prend le Sauveur au milieu du corps. Derrière lui, la Sainte-Vierge compatissant aux douleurs de son Fils. Dans le fond, la ville de Jérusalem dont on aperçoit les murailles et quelques-uns des principaux édifices.

Intérieur de l'église Saint-Martin.

D'après une photographie de M. H. Magron.

Dans le compartiment supérieur, le Sacrifice d'Abraham, l'ange arrête le bras du père. A droite, Élie expliquant les Écritures à Samuel. À gauche, sainte Anne. Ces trois fenêtres sont à peu près intactes.

La quatrième fenêtre qui fait le fond de l'abside (9 mètres de clair et 3 panneaux) représente Jésus-Christ en croix. Les personnages sont presque de grandeur naturelle, aussi n'en contient-elle que six. Dans le premier panneau la Sainte-Vierge; dans le deuxième Jésus-Christ en croix et la Madeleine embrassant la croix; dans le troisième saint Jean l'Évangéliste; dans le premier et dans le troisième deux figures modernes, probablement les donateurs. Dans les compartiments supérieurs le Père-Éternel tenant le globe du monde; d'un côté Moïse tenant les tables de la loi, de l'autre David jouant de la harpe.

La cinquième fenêtre (9 mètres de clair et 3 panneaux) est celle qui a le plus souffert : c'est une Descente de Croix. Ce qu'il y a de plus remarquable, ce sont les belles couleurs et les riches habits de trois soldats descendant le Christ et se détachant sur l'azur du ciel. Le principal médaillon a perdu ses vitraux. Les deux autres contiennent des sujets allégoriques. Cette fenêtre ne contient que dix personnages.

La sixième fenêtre (9 mètres de clair et 4 panneaux) est entièrement couverte d'un seul sujet : l'Ascension du Sauveur en présence des apôtres et des disciples; dix-huit personnages. Sur le premier plan une femme d'une beauté admirable, peut-être la Sainte-Vierge. Cette fenêtre est couverte en entier, mais des hommes sans goût y ont intercalé des morceaux détachés dont le bariolage rend l'aspect général de la scène confus. Le peintre a introduit dans son œuvre, pour le plaisir des yeux, quatre ou cinq soldats couverts d'admirables armures.

La septième fenêtre (7 mètres de clair et 5 panneaux) a pour principal sujet la Pentecôte, dix-huit personnages sans ceux des compartiments supérieurs qui représentent la Résurrection. Dans le principal médaillon Jésus-Christ sort du Tombeau; dans les deux autres sont des gardes renversés. Cette vitre porte à deux endroits la date de 1550. La salle du Cénacle est à plein cintre et soutenue par une riche colonnade conique. La Sainte-Vierge occupe le premier plan du tableau.

Les bas-côtés qui entourent étaient autrefois en verre de couleur où était peinte la Vie de saint Martin; ils ont été détruits en partie; cependant le principal morceau reste. C'était la contre-table du maître-autel avant qu'on eût remplacé l'autel gothique par un ridicule autel grec. Les contours des fenêtres étaient chargés d'admirables sculptures; mais les vandales ont passé par là.

Ce tableau, qui n'a que 3 ou 4 mètres de clair, fut donné à l'abbaye de Saint-Wandrille, qui avait le patronage de l'église d'Argentan. Il contient au moins trente-deux personnages. Il représente la Mort de saint Martin; le saint, étendu sur son lit, rend le dernier soupir. Un moine se précipite sur le corps du saint, un autre lève les yeux au ciel; un troisième se prosterne en fondant en larmes; un autre (et celui-là est vraiment admirable), vêtu d'une coule grise, est renversé en arrière; ses traits, amaigris par le jeûne et crispés par la douleur, sont la plus haute expression de la douleur unie à la résignation. Au-dessus un ange, écartant les rideaux du lit, laisse apercevoir du tableau la Vierge tenant l'Enfant-Jésus et venant assister à la mort de son serviteur. Des groupes d'anges harmonieusement jetés sur les côtés accompagnent la Reine des Cieux. La partie supérieure représente la Translation des reliques de saint Martin. La chappe de l'évêque, la pose et les figures des enfants de chœur sont au-dessus de tout éloge.

Aux deux côtés de cette fenêtre sont deux petites fenêtres lancéolées où l'on voit encore saint Martin exorcisant les possédés.

Ainsi, malgré les outrages du temps et des hommes, l'église Saint-Martin, dont on répare en ce moment certaines parties extérieures, en s'inspirant du style et des dessins, l'église Saint-Martin, disons-nous, mérite une visite.

Son développement, en tant que paroisse, a été très entravé par la suprématie de l'église Saint-Germain, qui pourtant lui devait bien quelque reconnaissance.

Gustave Fabius de Champville.

CHÂTEAU D'O — VUE D'ENSEMBLE

LE CHATEAU D'O

Situé non loin des rives de l'Orne, entre les confluents très rapprochés de la Sennevière et du ruisseau de Blanchelande, baigné de sources vives qui émergent de son sein, le territoire d'O rappelle le souvenir des anciennes habitations lacustres. Quelques étymologistes, se basant sur la forme extraordinaire de son nom, veulent y placer, dès le IIIe ou IVe siècle, l'établissement d'une colonie saxonne; mais un mot tout seul à l'orthographe mobile, qu'on trouve écrit *Oth, Od, Oo, O,* est insuffisant pour établir avec certitude une pareille assertion.

* * *

En réalité, l'histoire de cette localité ne commence qu'au XIe siècle. Elle figure en 1050, avec son église et ses moulins, au rang des aumônes que Robert, Hugues et Arnauld de Grand-ménil, restaurateurs de l'abbaye de Saint-Évroult, au pays d'Ouche, donnèrent au nouveau monastère, et que leur confirma par sa charte Guillaume le Bâtard. Son fils, Henri Ier, garantissait, en 1113, la possession des mêmes propriétés, et, un peu plus tard, la bulle d'Innocent III sanctionnait les droits et privilèges.

Un seigneur d'O, auquel Masseville donne le nom de Robert, figure dans la liste des chevaliers qui prirent part à la première Croisade. Vers 1157, il est question de Guillaume d'O, témoin aux assises de l'Échiquier de Caen (1). Après lui Robert d'O, chevalier, reconnaît, en présence du roi Henri II d'Angleterre, à l'abbé Robert de Saint-Évroult, le droit de patronage de l'église de Saint-Martin d'O, avec les décimes et autres revenus, et la possession de quelques terres à Mortrée. Il devait, à raison de ces dernières, héberger tous les ans, pour une fois, l'abbé de Saint-Évroult et ses gens. Il confesse en même temps que son frère Geoffroi, présenté par lui à l'abbé, a été nommé curé de Saint-Martin. L'évêque de Sées, Froger, lui a conféré l'investiture canonique. C'est très probablement ce Robert, chevalier, qui figure dans l'obituaire de Silly, à titre d'insigne bienfaiteur. Son corps fut enseveli dans la chapelle Sainte-Marguerite, en l'église de cette abbaye.

L'an 1184, Raoul, fils d'Herbert, rendait ses comptes pour une demi-année à raison de la terre d'O, qui était alors dans la main du roi. Quatorze ans après, un Rahier d'O s'était rendu plège et caution, dans je ne sais quelle affaire, de Foulques d'Aunou, et il fut obligé de verser au trésor royal une somme de 60 sols.

(1) *Mémoires de la Société des Antiquaires de Normandie*, t. XV, p. 197.

En 1211, Robert, archidiacre d'Avranches, sans doute de la famille d'O, fait remise entière à l'abbaye de Saint-Évroult de tout ce qu'il pouvait prétendre sur les dîmes d'O. Salomon d'O figure en qualité de témoin à l'Échiquier de l'an 1213. La possession du patronage de Saint-Martin d'O, est l'objet d'une nouvelle reconnaissance devant Jean des Vignes, bailli du roi, aux assises de Falaise. Robert d'O en faisait encore une fois l'abandon au même monastère; mais il paraît n'avoir consenti à ces concessions que contraint et mécontent. De nouvelles difficultés ne tardèrent pas à s'élever relativement à certaines dîmes, et ce nouveau différend fut terminé par un compromis, dont la charte se trouve avec celles qui nous ont fourni la plupart de nos renseignements, dans le cartulaire original de Saint-Évroult, conservé à la Bibliothèque nationale. Robert d'O abandonna ses prétentions sur les dîmes; les moines, de leur côté, renoncèrent au droit de se faire héberger une fois l'an par le seigneur.

En 1259, Geoffroi et Robert d'O assistaient aux assises de l'Échiquier, tenues à Falaise par Arnoul de Ville-Ferrand, bailli du roi. L'on trouve encore, à la date du mois de juillet 1260, un accord entre le couvent d'Aunai et frère Robert Paiard, commandeur des maisons du Temple en Normandie, où figure Raoul d'O (1).

Ensuite, pendant un siècle et demi, l'on ne voit plus trace de cette famille. Il nous faut arriver jusqu'aux plus tristes années de l'invasion anglaise pour relever un anneau de la chaîne brisée de ces annales domestiques. Au mois d'octobre 1417, l'un des détachements de l'armée de Henri V paraissait devant le château. Le pont-levis avait été levé; la garnison attendait derrière les fossés profonds et les murailles crénelées. La résistance fut-elle bien longue? La clémence du vainqueur permet d'en douter.

Le 10 octobre, le roi signait, au camp d'Argentan, un sauf-conduit valable jusqu'au 15 suivant, en vertu duquel Richard de la Motte, Jean de Cleresville, Jean de Raveton, Guillaume Torieul, Nicolas Le Saulnier, Jean Huëre, Jean Ameline, Clément Augerais, Jean Dugerie, Fleury Marigny, Jean Radigue, Robert Le Singuelais, Robert de Coudrey, Jean Le Clavier, Jourdain Gillet de Marigny, Guillaume Duval et Alexandre Jourdan, pouvaient sortir du château d'O et se retirer sur les terres du roi de France, où ils voudraient, avec leurs gens, biens, chevaux et harnais à eux appartenant (2).

Le 21 novembre suivant, le roi spoliateur donnait, à Alençon, des lettres à Guillaume Harry, par lesquelles il lui concédait, à lui et à ses hoirs mâles, *le manoir d'O,* qui avait appartenu à feu Robert d'O, chevalier, avec la clause de reversion à son frère Thomas fils-Harry, si lui-même n'avait pas de fils (3).

Après la bataille de Formigny (1449), le manoir fit retour à l'héritier de Robert d'O. Était-ce Jehan qui, en 1486, accompagnait Jehan du Vergier, lorsque celui-ci, porteur des lettres patentes du roi, vint signifier à Étienne Goupillon, se prétendant évêque de Sées, et au chapitre, d'ouvrir le fort Saint-Gervais où ils s'étaient retranchés? En tous cas, Jean, chevalier de l'Ordre du roi, seigneur d'O et de Maillebois, sénéchal du comté d'Eu, a laissé un testament qui recommande et honore sa mémoire. « Il ordonne que son corps soit enterré dans l'église de Silly et veut que treize pauvres y assistent, habillés d'une tunique et d'un capuce noir de deux aunes et demie de drap, tenant une cire à la main, et qu'on leur donne à chacun 5 deniers en argent ou en pain.

(1) *Mémoires de la Société des Antiquaires de Normandie*, t. XIV, p. 381.
(2) *Mémoires de la Société des Antiquaires de Normandie*, t. XV, p. 226.
(3) *Ibidem.*

Il lègue entre autres, à l'Hôtel-Dieu, 60 sous; à l'hôpital Saint-Antoine, 20 sous; au couvent des Cordeliers de Paris, 100 sous; pour doter des filles, 100 livres. Comme exécuteurs testamentaires, il désigne son épouse, Charles et Étienne d'O, ses fils (1503) » (1).

Jean, son petit-fils, « capitaine de la garde écossaise du roi François Ier, vaillant soldat, se distingua en 1537 dans la guerre de Picardie, aux sièges de Saint-Paul et de Saint-Venant, et fut l'un des défenseurs de Metz avec François de Guise (1552) » (2).

Dix ans après, lorsque l'armée royale eut repris Rouen à Montgommery et aux protestants, et que des représailles cruelles menaçaient d'ensanglanter la ville, il apporte la grâce de Valfessières et signifie au Parlement des ordres de la reine. Elle enjoignait de ne point frustrer les particuliers de la grâce que le roi avait accordée, et défendait de juger aucun des prisonniers sans un ordre exprès de Sa Majesté (3).

François d'O, l'aîné de ses fils, fut le personnage le plus fameux de sa famille. Seigneur de Maillebois et de Fresnes, maître de la garde-robe de Henri III et l'un de *ses mignons*, premier gentilhomme de la Chambre, surintendant des finances, gouverneur de Basse-Normandie et de Paris, etc., il a trouvé le moyen d'effacer l'éclat de ses titres par le scandale de ses débauches et de ses exactions financières. Digne produit de la Renaissance païenne, il semble avoir quintessencié dans sa vie scandaleuse les rêves luxurieux et les polissonneries du pantagruélisme rabelaisien. « Il surpassa en excès et en prodigalités, dit l'*Étoile*, les rois et les princes; car, jusqu'à ses soupers, il se faisait servir des tourtes composées de musc et d'ambre, qui revenaient à vingt-cinq écus.

On trouve l'histoire de sa vie dans les écrivains du temps et dans tous les dictionnaires biographiques : ce n'est pas le lieu de la refaire ici. Une des rares choses dont on puisse le louer, c'est d'avoir, en 1593, au nom de la noblesse catholique qui se rangea au parti de Henri IV, fortement conseillé à ce prince de se convertir à l'Église romaine, pour donner la paix à la France, et assurer ses droits au trône. D'O mourut le 24 octobre 1594. Cet homme, dit P. Faugère, qui avait une existence plus fastueuse que celle du roi, ne laissa après lui que des dettes; ses créanciers, ses parents et ses domestiques n'attendirent même pas qu'il eût rendu le dernier soupir pour faire main basse sur ses dépouilles, en sorte, rapporte encore Sully, qu'il n'y avait plus que les murailles nues dans la chambre où il expira. » Il n'eut pas d'enfants de sa femme Charlotte-Catherine de Villequier.

L'une de ses sœurs, Jeanne d'O, fut mariée à Louis, seigneur de Maintenon, baron de Meslay, etc., dont elle eut, entre autres enfants, deux fils qui furent nommés successivement à l'évêché d'Angers. Le premier, Jean, étant mort avant d'avoir reçu ses bulles, son frère Jacques fut présenté à sa place. Celui-ci était alors à l'armée d'Italie. Il se hâta d'échanger la cuirasse contre la robe épiscopale et fit son entrée à Angers, le 20 juillet 1608. Il mourut à Mouticrs-au-Perche, dont il était prieur, le 16 mai 1647, âgé de 73 ans, après 41 années d'un brillant épiscopat. Un autre frère de François d'O, Charles, fut abbé de Saint-Étienne de Caen et de Saint-Julien de Tours.

Après la mort de François, ses nombreux et impatients créanciers firent saisir ses biens. On trouve aux Archives de l'Orne, à la date de 1612, un extrait du décret de la terre d'O.

(1) *Inventaire des Archives de l'Orne*, par M. L. Duval, H. 1456.
(2) *Orne archéologique et pittoresque.*
(3) De Thou, t. II, p. 335.

* * *

« Cette seigneurie fut vendue et acquise par Jacques de la Guesle, procureur général au Parlement de Paris. Après son décès (janvier 1612), O passa à son frère, Alexandre de la Guesle, gentilhomme ordinaire de la Chambre du roi, conseiller en ses conseils d'État et privé, et mestre de camp du régiment de Champagne, en faveur duquel elle fut érigée en marquisat par lettres de mai 1616. Alexandre, mort sans alliance, eut pour héritière sa nièce, Marguerite de la Guesle, seconde fille du procureur général, mariée, en août 1612, à Pierre Séguier, seigneur de Sorel, qui décéda en 1638. Leur fille unique, Louise-Marie Séguier, marquise d'O, fut la première femme de Louis-Charles d'Albert, duc de Luynes; elle mourut le 13 septembre 1651, ayant vendu, le 3 août 1647, le marquisat d'O à Pierre de Montagu, seigneur de la Brière, conseiller au Parlement de Rouen, fils de Philippe Montagu, écuyer, seigneur de la Palu et de Nicole des Buarts. Pierre épousa, en 1612, Marie, fille de Pierre Chalon, écuyer et de Catherine de la Palme Carille, dont il eut, entre autres enfants, Pierre de Montagu II, marquis d'O, allié, le 13 août 1637, à Catherine, fille de Fernand Lopez-Romère et d'Agnès Chalon. Leur fils, Claude-Hugues de Montagu, marquis d'O, capitaine de vaisseau, épousa, le 11 février 1705, Marie-Camille, fille de Charles Brûlé des Jouys, seigneur de la Baudronnière et de Marie-Marguerite de Forcadel, dont il eut, le 25 février 1713, Marie-Joseph-François-Claude de Montagu, marquis d'O, page du roi » (1).

A l'époque où mourut François d'O, le château que, d'après toutes les probabilités, il avait lui-même fait construire, reflétait dans les eaux limpides la blancheur de ses tourelles encorbellées, de ses fenêtres et de ses lucarnes. Il dut être une demeure aimée, du moins aux jours de l'été, quand la fraîcheur des sources et les ombres verdoyantes où s'émoussaient les flèches brûlantes de la canicule, concouraient à en faire un paradis de repos et de retraite. Là n'arrivaient que les lointains échos du chant des moissonneurs, le mugissement des bœufs errant dans les prairies; le sommeil était bercé par le doux clapotement des petites vagues de l'étang sur le roc des murs, et le réveil se faisait aux chansons joyeuses et dansantes des oiselets cachés dans les bosquets.

Nous y trouvons, au mois de juin 1632, « très noble Louyse-Marie de Séguier, fille du très puissant seigneur Messire Pierre de Séguier et de très gracieuse dame Marguerite de la Guesle ». Suivant l'usage si profondément chrétien de cette époque, elle se fait honneur de servir de marraine à deux enfants d'humbles tenanciers.

Messire Pierre de Montagu, chevalier, seigneur marquis d'O, baron d'Aunou-le-Faulcon, etc. et vertueuse dame Marie-Anne de Rabodanges, femme de Messire Philippe de Montagu d'O, nomment aussi plusieurs filleuls, spécialement, aux mois de mai, septembre, novembre 1671. Durant les années 1673, 1674, les mêmes faits se reproduisent.

Des fêtes domestiques amenaient au château d'O brillante et nombreuse compagnie. Ainsi, le 21 juin 1716, Messire Dominique-Barnabé Turgot, évêque de Sées, conseiller du roi en tous ses conseils, et premier aumônier de feu Mgr le duc de Berry, suppléait, dans la petite église Saint-Martin d'O, les cérémonies du baptême à Dominique-Barnabé-Pierre, né le 31 janvier, de Messire Claude-Hugues de Montagu, chevalier, marquis d'O, et de dame Marie-Camille de Brûlé

(1) *Dictionnaire des Gaules.*

Cliché H. Magron — Héliog. F. Dujardin

CHÂTEAU D'O. — ENTRÉE

des Jouys. L'enfant avait été ondoyé dans l'église Notre-Dame de Mortagne, le 1er février. L'évêque fut son parrain; la marraine s'appelait dame Claude-Angélique de Monnerot, femme de Messire François-Charles de Brûlé des Jouys, chevalier, écuyer ordinaire du roi.

Son frère aîné, Marie-Joseph-François-Claude de Montagu, y avait pareillement été baptisé le 10 octobre 1713. Plus tard, le 7 juillet 1741, nouveau baptême dans l'église d'O, de Louis-César-Marie-Joseph de Montagu. Plusieurs filles de la même maison y furent aussi tenues sur les fonts par de nobles parrains et marraines.

Les actes de décès fourniront quelques autres renseignements. Le mardi 18 février 1727, Messire Hubert, curé d'O, après avoir fait la cérémonie funèbre de haut et puissant seigneur Messire Claude-Hugues de Montagu, chevalier, marquis d'O, baron d'Aunou-le-Faulcon, capitaine des vaisseaux du roi, conduisait son corps au couvent et abbaye de Silly, le remettait, aux portes du monastère, entre les mains du prieur; les religieux, après une nouvelle cérémonie religieuse, l'inhumaient dans la chapelle de la Madeleine, avec ses ancêtres.

Le droit de patronage avec sépulture, à cause de cette chapelle, avait jadis été l'objet de plusieurs négociations entre Pierre de Montagu et l'abbé de Silly (1656). La chapelle primitive, attenante à l'église, avait été détruite, et l'on avait transféré les restes des seigneurs d'O et leurs « tombes élevées avec figures », dans la chapelle de la Madeleine. Par un accord passé en 1669, il fut décidé que les droits des seigneurs d'O y seraient attachés, et qu'on mettrait « une plaque de cuivre armoriée des armes des marquis d'O, faisant mention du droit de sépulture » (1).

Le dernier seigneur d'O fut Louis-César-Marie-Joseph de Montagu, baptisé le 8 juillet 1741. La Révolution le dépouilla de ses titres de seigneur et de gouverneur des villes et châteaux de Honfleur, de Pont-l'Évêque et du Pays d'Auge. « Il mourut à Argentan, rue du Griffon, le 11 mars 1827, à l'âge de 85 ans » (2). Il avait vendu la terre d'O, le 24 mars 1792, pour le prix de 500,000 livres.

On me pardonnera de ne pas donner la généalogie complète des seigneurs d'O, de la maison de Montagu. Cela entraînerait des longueurs que ne comporte pas le cadre de ce travail.

* * *

Le nouveau propriétaire, M. Charles-Valentin Roques, « ouvrit plusieurs avenues dans le parc et en régularisa les plantations. La plus importante de ses acquisitions fut celle du Moulin-Neuf, situé sur la commune de Macé, avec quelques prairies voisines, faisant partie des biens confisqués sur M. Thiroux de Monregard, comte de Médavy, lors de son émigration » (3). Il possédait aussi les terres de Marigny et du Mesnil.

Par son testament en date du 14 juillet 1810, il institua pour héritier son cousin germain, Claude-Ernest Denormandie, maître des requêtes au Conseil de Monsieur, frère du roi, et secrétaire général de l'administration des Eaux et Forêts. Le légataire, mort en 1815, quelques mois

(1) *Archives de l'Orne*, R. 1456.

(2) *Notes manuscrites* de M. le Dr GALLOT, de Mortrée. J'ai emprunté à ce document, qui m'a été communiqué avec une gracieuse bienveillance, plusieurs détails curieux et inédits.

(3) *Notes* de M. le Dr GALLOT.

après le testateur, ne put entrer en possession. Sa veuve et ses héritiers mirent sa succession aux enchères.

Le domaine d'O, avec son mobilier et les terres, fermes, bestiaux, instruments de culture, etc., situés dans la paroisse d'O, fut adjugé à M. Antoine Versepuy, de Paris, le 7 septembre 1816, pour la somme totale de 470,770 francs 64 centimes.

Il le revendit en 1825 à M. Martin Duval, propriétaire des Forges de Breteuil-sur-Iton, moyennant la somme de 750,000 francs. Celui-ci se trouva dès lors un des plus riches propriétaires du département, où il possédait encore la petite forêt de Silly et la terre de Coupigny. Il mourut en 1834, laissant pour héritiers deux fils et une fille qui devint comtesse d'Albon.

Dans les partages, le domaine d'O échut à Guillaume-Martin-Gustave Duval. Mais, prodigue et dissipateur, il fut bientôt obligé de le vendre : sa sœur, qui était l'une de ses principales créancières, lui acheta, par acte du 5 avril 1841, la terre d'O et ses dépendances pour le prix de 900,000 francs.

La marquise d'Albon mourut au château d'O, le 17 août 1866. Son mari, par une transaction avec M. Édouard Duval, devint l'héritier de ses biens.

Il mourut lui-même, le 26 novembre 1878, laissant, faute d'héritiers directs, ses immenses domaines à Abel-Christophe-Raoul d'Albon, son frère, et à sa nièce Suzanne-Joséphine-Marie-Gabrielle d'Albon, fille unique d'un autre frère nommé Léon d'Albon. L'oncle et la nièce, en prévision des riches espérances qu'ils entrevoyaient et pour ne pas diviser leur fortune, s'étaient mariés ensemble.

Le marquis Raoul d'Albon mourut à Paris le 28 juin 1879; sa veuve lui survécut jusqu'au 3 décembre 1883; elle laissait deux fils.

L'aîné, Guigues, Léon-Anne-Marie-Jacques, eut dans son lot la terre d'O. Il ne prit possession de cette belle et historique propriété que pour la mettre aux enchères. Dans le chartrier du manoir aux antiques souvenirs, s'étaient conservés des monceaux de parchemins et de titres que les gloires ou les douleurs de toutes les générations d'hôtes successifs y avaient entassés. On les fit transporter dans la cour, et, pendant deux jours, ils alimentèrent la flamme d'un sinistre foyer, destructeur de l'histoire.

Chacun des riverains se jeta avec ardeur sur le lopin de grasse terre longtemps convoité. Les magnifiques futaies, l'avenue légendaire de grands hêtres, qui conduisait du bourg de Mortrée aux douves du château, tombèrent sous la hache. Dans le compte rendu de la visite faite par les membres de l'Association Normande (1889), M. l'abbé Desvaux a retracé la désolation de ces tristes journées.

« La *Bande noire* est revenue exercer ses ravages. Les pelouses boueuses et piétinées par les chevaux sont transformées en de vraies fondrières, sous le roulis des pesantes charrettes qui viennent enlever les plus beaux arbres, que la spéculation débite en stères de bois. Maintenant le vieux château est dépouillé de ces ombrages mystérieux, qui encadraient si bien ses sombres légendes; on dirait que sa merveilleuse végétation de pierre va s'étioler sous les rayons trop ardents d'un soleil qu'elle connaissait à peine. Il avait résisté pendant plus de trois siècles aux injures du temps; et voilà que tout d'un coup il a revêtu l'aspect d'une ruine. »

M. le général d'Aubigny fut l'acquéreur des bâtiments du château, d'une partie du parc et de quelques prairies adjacentes. Il n'y fait avec sa famille que de rares apparitions; O n'est plus qu'un pied-à-terre. Les orangers séculaires eux-mêmes, comme s'ils avaient le pressentiment qu'ils n'auront plus de jeunes fronts à embaumer, semblent se hâter vers leur déclin.

*
* *

Ce serait pourtant une perte irréparable que la disparition du château. Au point de vue de l'art de l'architecture à l'époque de la Renaissance, il est, chez nous, une perle unique. Les artistes restent en contemplation devant la délicatesse achevée de ses sculptures; les simples touristes ne se peuvent empêcher d'admirer la séduction de ses lignes et de sa disposition. Les dessinateurs, les graveurs et lithographes en ont popularisé les aspects divers; la photographie, par les brillants clichés de M. Magron, vient aujourd'hui assurer la conservation de ces œuvres d'art.

Le château offre, par terre, un plan rectangulaire. Ouvert du côté du nord sur les jardins, fermé partout ailleurs par un système ininterrompu de constructions, il fut bâti sur pilotis au milieu d'un étang qui se développe librement au nord et à l'ouest et ne conserve, au midi et à l'est, que la largeur de fossés toujours pleins d'une eau vive. On y suit jusqu'au fond les ébats des poissons, et les cygnes y promènent la blancheur de leurs ailes gonflées par le vent.

Galerie intérieure.

D'après une photographie de M. l'abbé [illegible].

Malheureusement, l'unité du style, qui faisait autrefois de ce château une œuvre merveilleuse, rivale des splendides demeures des bords de la Loire, a été brisée et déformée par des restaurations exécutées aux XVIIe et XVIIIe siècles. Du côté de l'ouest, il ne reste de l'époque que la gracieuse tourelle d'escalier, à l'angle de la cour, et quelques médaillons, hélas ! très frustes, qui furent plaqués dans la muraille au moment de la restauration.

Les deux tours qui flanquent les angles extérieurs ont « été relevées par Valentin-Charles Roques », ainsi qu'en témoignait une inscription sur cuivre.

La grande façade du midi ne présente plus, sur le parc et vis-à-vis de la grande avenue de Mortrée, qu'un alignement de fenêtres rectangulaires couronnées, à la naissance du toit, par une galerie de balustres en pierre, aux faces rectilignes et aux arêtes vives. C'était du grand style. Mais, à l'intérieur de la cour, demeure fort heureusement une superbe galerie ou promenoir, ouverte au rez-de-chaussée par des arcades surbaissées que soutiennent des colonnes octogones. Seule la dernière, joignant la grande tourelle de l'est, est cylindrique et frettée.

Les artistes de la Renaissance aimaient les surfaces planes, où ils pouvaient développer à loisir et avec symétrie leurs rinceaux de feuillages. Les faces des colonnes sont couvertes de bas en haut de ces délicats ornements, traités avec le fini le plus achevé. On y rencontre aussi fréquemment les hermines, qui paraissent rappeler les armes de la première maison d'O, « d'hermines au chef denché de gueules » (1).

Porte d'entrée.

D'après une photographie de M. H. Magron.

Des rosettes de fleurs, fouillées avec la plus scrupuleuse imitation, sont fichées dans les gorges des archivoltes. Les chapiteaux ne sont pas moins élégants.

M. Léon Palustre lui-même, si délicat en ce qui touche cette partie de l'architecture française, a été séduit par le fini de cette œuvre, et l'a fait graver pour son magnifique ouvrage de *La Renaissance en France*, tout en signalant, avec regret, les lourdes fenêtres du premier étage, de style si disparate.

La partie la mieux conservée du travail primitif est l'ensemble de constructions qui ferment le côté de l'est. Tout d'abord se présente, à l'intérieur de la cour, la grosse tourelle polygonale avec sa merveilleuse porte. Ouverte dans toute la largeur d'un côté, qui a été diminué à cette intention, elle est encadrée par deux légers contreforts s'élevant jusqu'au deuxième étage, avec trois retraites successives agrémentées de pinacles. La baie rectangulaire s'ébrase par de légères nervures prismatiques; le linteau est légèrement courbé aux angles par un quart de rond. Dans les gorges de l'archivolte, court une guirlande de feuillage. Une arcade ogivale à redents intérieurs, reçoit, sur les côtés de l'extrados, un gable triangulaire en accolade, garni de choux frisés, couronné au sommet d'un bouquet de semblable feuillage, où le ciseau du sculpteur a voulu lutter de caprice avec la nature elle-même. Des meneaux prismatiques, supportant une balustrade, forment guipure entre les contreforts.

Au-dessus s'étagent deux fenêtres et une lucarne, de même dessin général que la porte elle-même, mais qui vont en diminuant de grandeur de bas en haut. Des gables de forme variée les surmontent. On voit aussi sur les autres côtés de cette tourelle d'autres fenêtres de dessin Renaissance, moins riches pourtant dans les détails.

(1) *Notes manuscrites* de M. le Dr GALLOT.

*
* *

Maintenant franchissons le porche, et allons nous placer à quelques mètres en avant de la façade extérieure. De ce côté se trouvait, dès l'origine, l'entrée du château. Aussi l'architecte y a-t-il déployé plus qu'ailleurs la science de ses lignes gracieuses, et le sculpteur, promené sur toutes les surfaces la fantaisie de son ciseau. Là, par exemple, ne cherchez plus la ligne droite. L'enchevêtrement de plans polygonaux, les pavillons aux toits pointus, les tourelles et les encorbellements sur un angle de maçonnerie, dénotent la curieuse extravagance de ce temps.

Les fenêtres, les lucarnes sont de grandeurs et formes diverses, géminées ou simples, surmontées d'enroulements arrondis, de gables en accolade ou de frontons Renaissance. Les lucarnes qui sont restées, présentent surtout, en ce dernier genre, des modèles remarquables.

Le porche, assez étroit, s'ouvrait par une haute arcade ogivale, derrière laquelle on voit encore, sur le mur de fond, les rainures où se logeaient les bras du pont-levis, aujourd'hui remplacé par un pont de pierre.

Sur la face des tourelles, en regardant l'entrée, deux niches portées sur de riches culs-de-lampe, couronnées de pinacles, abritaient des statues. Une autre niche semblable se voit sous le porche même, à l'angle gauche.

Cour intérieure. — Vue du Porche.

D'après une photographie de M. l'abbé Barret.

Il faut examiner de près les détails de ces sculptures; on y constate un effort de réalisme qui ne fut peut-être jamais poussé à un tel excès. Voyez, par exemple, ce vulgaire colimaçon qui ronge, sur le cul-de-lampe de droite, je ne sais quel feuillage. Ne semble-t-il pas être monté de terre ? Tout y est fouillé tellement à fond, que les moineaux ont jugé commode d'installer leurs nids dans le creux de ces buissons de pierre.

A cette partie du château se rattachent tout naturellement les souvenirs légendaires. C'est l'une des chambres de ces tourelles que l'on dit avoir servi de prison à la reine Isabeau. Tous les historiens du château d'O ont crié à la fausseté du fait, mais aucun, jusqu'à ce jour (et je ne ferai pas exception), n'a pu assigner une date à la formation de cette légende : elle doit pourtant se rapporter à quelque étrange événement.

Tout près se trouve la chambre du revenant. J'y suis allé de jour; à ma question, l'on a répondu que le revenant c'était la Dame au tricorne. Et dans le cadre en bois de la cheminée, l'on montrait une vieille toile, non sans valeur, offrant le portrait d'une femme élégante et jeune encore, vêtue d'une tunique de velours noir, coiffée et poudrée à la Marie-Antoinette, portant crânement sur l'édifice de ses cheveux un léger chapeau tricorne. Sa main droite était armée de l'éventail, de l'autre elle tenait son loup ou masque de velours noir. Elle l'a probablement remis aujourd'hui, car je ne puis vous dire qui elle est.

Tous les appartements intérieurs ont été remaniés depuis la construction première et n'offrent rien de bien remarquable. On pourra passer dans le salon des Muses, peintes sur les panneaux des murs ; mais je doute que l'on y trouve de bien idéales inspirations. La pièce la plus remarquable est la galerie élevée sur le promenoir de la cour intérieure. De grandes scènes, inspirées des monuments égyptiens ou des sites de la campagne romaine, couvrent les murs; ces peintures ne semblent pas sans mérite. Une scène de chasse au milieu des futaies les plus magnifiques du château d'O, que l'on aperçoit dans le lointain, rappelle, paraît-il, un épisode de l'histoire de cette maison.

Les charpentes magnifiquement ouvrées qui soutiennent les combles, sont à visiter par ceux qui s'intéressent à cette partie de l'art du XVIe siècle. En fait d'autres boiseries, il ne reste, à ma connaissance, qu'une porte en chêne, à six panneaux ornés de fines sculptures Henri III. Elle donne entrée dans un grenier et mériterait une meilleure destination.

La paroisse de Saint-Martin d'O a disparu. Mortrée, qui était déjà un centre aggloméré dès le XIIIe siècle, l'a absorbée, ainsi que deux paroisses voisines, Bray et Marigny. Le vieux château lui-même, malgré tant d'anciens et artistiques souvenirs, semble entrer dans une ère de décadence. Mais ce qui ne passera pas, c'est la délicieuse fraîcheur du lieu, la verdure des bois, la végétation des herbages, la fécondité des champs.

Le vieux dicton restera :

Batilli, Treize-Saints
Pour le bon poiré :
Bray et O
Passent co.

P. Barret,
Curé de N.-D. de la Place.

L'ÉGLISE D'ALMENÈCHES

D'après l'opinion de tous les historiens locaux, saint Évroult, le fondateur de la célèbre abbaye d'Ouche et le grand propagateur de la vie religieuse dans tout l'Hyermois, établit au VIIe siècle un petit monastère (1) (*monasteriolum*) de femmes, à Almenèches. Un siècle plus tard, sainte Opportune, fille du comte d'Exmes et sœur de saint Godegrand, évêque de Sées, vint prendre le voile dans ce monastère, dont elle eut bientôt l'administration en qualité d'abbesse (2). Lorsqu'elle mourut en 776, la communauté était devenue entre ses mains nombreuse et florissante; mais, en 870, l'invasion normande disperse les religieuses, détruit toutes les constructions. L'emplacement du monastère, confisqué par les ducs de Normandie, est donné, en 1026, aux moines de Fécamp (3).

Quarante ans plus tard, Roger de Montgommery, seigneur de Bellesme, après avoir indemnisé ces religieux, rétablit l'ancienne abbaye, qu'il place sous la direction de sa fille Emma (4). Pendant deux siècles, les moniales, en dignes filles de sainte Opportune, sont par leur piété l'édification du peuple et des grands, qui enrichirent la maison de nombreuses fondations. Dans une bulle de 1178, signée de huit cardinaux, le pape Alexandre III confirme, en les énumérant, toutes ces fondations, et fait le plus bel éloge de la régularité qui régnait dans la maison (5). Au XIIIe siècle, lorsqu'Eudes Rigaud, archevêque de Rouen, visita les monastères de la region, il trouva Almenèches en pleine décadence (6). Malgré l'autorité des évêques de Sées, et les efforts généreux de plusieurs abbesses, le relâchement allait toujours en empirant, lorsqu'en 1599, Louise de Médavy fut revêtue de la dignité abbatiale. Par son zèle, sa prudence et sa fermeté, la nouvelle abbesse ramena peu à peu dans la maison l'amour de l'observance, et, en 1620, elle eut la consolation de pouvoir rétablir la clôture monastique. Son œuvre fut continuée par Marie-Louise et Marie-Madeleine de Médavy, qui lui succédèrent (7).

En ce temps-là, le monastère s'acquit bientôt un tel renom d'austérité, que Scarron lui-même choisit Almenèches comme l'endroit le plus propre à mettre en relief la sincérité de la conversion et la rigoureuse pénitence de l'une des héroïnes du *Roman comique*, la *du Lac*, dont les antécédents demandaient impérieusement ces édifiantes dispositions (8).

(1) *Gallia Christiana*, p. 735. — L'abbé Blin. *Vie des SS. du diocèse de Séez. Vie de saint Évroult.* — L'abbé M. Durand. *Vie et culte de sainte Opportune.*

(2) *Ibid.*

(3) H. Fisquet. *La France pontificale*. Diocèse de Sées, p. 131.

(4) Orderic Vital, t. II, p. 412-430. Éd. Lelisle, D.

(5) *Monasterion Anglicanum*, t. I, p. 606.

(6) *Regestum visitationum archiepiscopi Rothomagensis*. Rouen, 1832.

(7) L'abbé Albert Desvaux. *L'abbaye d'Almenèches et le château d'O.* Caen, Henri Delesques, 1890. *Extrait de l'Annuaire Normand, pour 1889.*

(8) Scarron. *Le Roman comique*, t. III, p. 201. Édit. de 1730. M. E. David, Paris.

En 1736, malgré une vive opposition de l'abbesse Hélène de Chambray et des religieuses, vigoureusement soutenues par les gens du pays, la communauté fut transférée à Notre-Dame de la Place, à Argentan, en exécution d'une ordonnance du Conseil, rendue sur la proposition de l'évêque de Sées, Jacques Lallemant (1). Les décrets de l'Assemblée nationale en 1790, et le vandalisme de la Terreur, achevèrent l'œuvre de destruction.

* * *

Les murailles de clôture, quelques constructions insignifiantes, avec l'église abbatiale, voilà tout ce qui subsiste aujourd'hui de la riche et puissante abbaye illustrée par sainte Opportune, comblée de faveurs par les papes et les rois; mais ce dernier reste est un monument du plus haut intérêt.

Vue d'ensemble et portail latéral.

D'après des photographies de M. H. Magron.

Parce qu'elle était devenue église paroissiale dès 1753 (2), la basilique bénédictine n'a pas trop souffert des outrages de la Révolution, et les injures du temps se sont trouvées réparées à heure convenable.

Elle a toutefois subi bien des remaniements depuis l'époque de sa construction première. Brûlée le jour de Pâques 1308, elle fut remplacée par un édifice ayant la forme d'une croix latine. Cette nouvelle église, bâtie sur des fondations calcinées par l'incendie, fut de peu de durée, car en 1534, nous voyons l'abbesse Louise de Silly commencer la reconstruction de la nef, qui déjà menaçait ruine. Cette nef, ainsi que le constate l'*Orne archéologique*, ne brille point par la profusion d'ornements qui distinguent la plupart des monuments du XVIe siècle. Son mérite consiste dans l'harmonie des proportions, dans l'heureuse disposition des fenêtres où l'ogive et le plein cintre s'allient par de légers meneaux, dans l'élégante simplicité des voûtes dont les clefs seules s'abaissent en de gracieux pendentifs.

A l'extrémité de cette nef, se trouvent deux chapelles. L'une d'elles est surmontée d'une tour

(1) L'abbé A. Desvaux. *Ut supra*, p. 17.

(2) La paroisse d'Almenèches comprenait autrefois deux cures ou portions, l'une sous le titre de Saint-Pierre, l'autre sous celui de la Sainte-Vierge, qui avaient toutes deux pour siège l'église Saint-Pierre, détruite en 1733, et située dans le cimetière, au coin de la place du village, à gauche de l'église abbatiale. Cette dernière, ainsi que le monastère, ont été de tout temps sous le vocable de *Notre-Dame-d'Almenèches;* c'est pourquoi on s'explique difficilement, au point de vue de l'histoire et du droit canonique, comment l'*Ordo* diocésain indique Sainte-Opportune comme titulaire de l'église d'Almenèches. — Cfr. Pouillé de Sées. — Archives de l'Orne, série H, *Abbaye d'Almenèches*. — Gallia Christiana, etc.

massive, reste d'une construction antérieure à la nef, mais dont la décoration semble avoir été ajoutée à la même époque. Jusqu'à ces dernières années, une porte qui s'ouvre au pied de cette tour donnait le principal accès à l'église (1). Cette porte, l'une des parties les plus remarquables de l'édifice, représente une baie à plein cintre avec pilastres dans le style de la Renaissance. Elle se rattache à une fenêtre ogivale par une ornementation comprenant trois niches accompagnées de consoles, d'enroulements, de palmettes, de chimères et de rinceaux, avec l'inscription : RESTAVRATVM È HOC TEMPLVM A RVINA EX VETVSTATE SVBSECVTA 1534. Cette tour, qui ne s'élève pas au-dessus des combles de l'église, est coiffée d'un dôme en charpente de l'aspect le plus disgracieux.

Sur le mur en face, une autre inscription indique que le travail, commencé en 1534, fut terminé en 1550. Au-dessous de l'inscription, on voit au pied de la muraille une excavation par laquelle s'aperçoivent, en contre-bas du sol, les restes de la porte et de l'escalier conduisant à la crypte du tombeau de saint Godegrand. Cette crypte fut détruite en 1674, lorsque l'abbesse Marie-Louise de Médavy commença le chœur actuel de l'église.

* * *

Conçu dans le goût architectural de l'époque, le chœur d'Almenèches est une construction lourde. Il est flanqué de deux petites chapelles écrasées, n'ayant pour voûte qu'un vulgaire plancher de bois, de l'effet le plus mesquin. Ces chapelles renferment, par contre, des autels du XVIIe siècle, avec rétables et bas-reliefs en pierre sculptée du plus grand mérite. L'un d'eux porte la signature d'un artiste falaisien, dont les œuvres étaient alors très recherchées dans le pays : « *Chauvel fecit*, 1679 » (2).

Celui de la chapelle dédiée à sainte Opportune représente l'apothéose de la sainte abbesse ; l'autre, d'un travail encore plus achevé, nous montre la Sainte-Vierge présentant l'Enfant-Jésus aux adorations des anges.

Le maître-autel, œuvre du même artiste et exécuté dans le même genre que ceux des chapelles, est un travail fort remarquable. Le rétable, en pierre et en marbre noir, encadre un tableau signé : *E. Charp.* (Charpentier), et représentant l'Adoration des Bergers. Des statuettes et des bas-reliefs en terre cuite, décorent le tabernacle et les gradins de l'autel. On y reconnaît saint Étienne, saint Laurent, Abraham, Melchisédech, les quatre évangélistes, les scènes de la Flagellation et de la Mise au tombeau. Ces petits chefs-d'œuvre, d'une finesse exquise d'expression, sont malheureusement empâtés d'ors et de peinture. Trois grandes statues de la même époque, le Sauveur, saint Évroult et sainte Opportune, décorent le rétable.

Faut-il signaler un autre monument bizarre, placé dans la chapelle de gauche ? C'est un fac-similé de tombeau en marbre scellé dans le mur, et d'où semblent sortir d'une façon très étrange les bustes de saint Godegrand et de sainte Opportune, avec une légende explicative très nécessaire :

(1) Une autre porte, se rapprochant de celle-ci par la décoration générale, a été ouverte en 1889 dans le pignon occidental de l'église.

(2) François Chauvel, sieur de Cantepie, bourgeois de Falaise, venait d'achever, à l'abbaye de Belle-Étoile de Cerisy, un tabernacle accompagné de nombreuses statuettes avec trois grandes statues pour le grand rétable. Ce grand travail avait justement attiré sur lui l'attention et les commandes du clergé et des maisons religieuses. D'après une légende locale, l'*Orne archéologique* donne à Chauvel la qualité de moine de Silly.
Cfr. LOUIS DUVAL. *Recherches sur Guillaume Gougeon* (Bulletin de la Société scientifique d'Argentan), t. VI, p. 13. — CH. BLANC. *L'amateur d'estampes*. — MÉRIEL. *Doyenné de Falaise*.

Ce tombeau a été faist en mil six cent quatre-vingt-douze, pour conserver la mémoire de (celui de) *saint Godegrand et de sainte Opportune, lequel fut destruit en mil six cent soixante et quatre,* quand *ceste église fut reddifiée.*

Il y a quelques années, d'importants travaux de restauration ont été entrepris dans l'église d'Almenèches, par feu M. l'abbé Durand, l'historien de Sainte-Opportune. En général, ils ont été conduits avec science et tout le respect que mérite ce vénérable monument. Il faut pourtant ajouter que plusieurs verrières, certaines peintures murales et surtout les échantillons de statuaire polychromée, sont loin d'accuser un progrès dans l'art religieux contemporain, comparé aux œuvres remarquables que nous venons de signaler.

L'abbé ALBERT DESVAUX.

Cliché H. Magron — Héliog. P. Dujardin

CHÂTEAU DE MÉDAVY

Pl. N° 48

LE CHATEAU DE MÉDAVY

L'illustration des seigneurs de Médavy se reflète sur les restes encore imposants du château qu'ils ont bâti et qu'on aperçoit du chemin de fer, non loin d'Almenèches, sur les bords de l'Orne. De l'ancienne forteresse, il est vrai, il ne subsiste aujourd'hui que deux belles tours et de larges fossés alimentés par les eaux vives de la rivière qui l'environne d'un côté. Des parapets avec balustrades et deux rangées d'arbres séculaires en garnissent les bords. Rebâti à la fin du règne de Louis XIV, ce château et ses dépendances ont conservé quelque chose de la majesté qui caractérise les constructions du grand siècle. C'est l'œuvre des derniers représentants de cette race illustre, de Jacques-Léonor, maréchal de Médavy et de François Rouxel, marquis de Grancey, son frère, mort en 1728.

C'est bien ici le cas de rappeler, avec M. Victor des Diguères, qui a consacré une notice si remarquable aux Rouxel de Médavy de Grancey, le néant des grandeurs humaines. Une succession non interrompue d'hommes de la plus haute valeur commençant à Guillaume l'Arçonneur, écuyer du duc d'Alençon, tué à ses pieds à la bataille de Verneuil en 1424; une vigueur héréditaire dont le souvenir est resté dans le pays, une fécondité merveilleuse, semblaient promettre aux Rouxel la perpétuité de leur race. Pierre Rouxel, premier du nom, avait eu dix-sept enfants. Le premier maréchal de Médavy en eut vingt-un. Pierre, son fils aîné, lieutenant-général des armées du roi, en eut treize. Après avoir versé un sang généreux sur tous les champs de bataille, dans les guerres de la fin du règne de Louis XIV, cette lignée héroïque, participant aux maux de l'État et épuisée par l'excès des dépenses de luxe que le roi avait trop encouragées par son exemple, s'éteint au moment même où elle semblait toucher à l'apogée de sa grandeur. Leur mémoire du moins est restée glorieuse et ennoblit encore les lieux qu'ils ont habités.

Une véritable catastrophe financière, comme il s'en produisit tant à l'époque fatale de la Régence, suivit cette extinction subite et complète de la tige masculine des Rouxel. Il fallut en venir à une liquidation désastreuse, qui ne fut terminée que longtemps après la mort du maréchal de Médavy, dont la veuve, Marie-Thérèse Colbert de Maulévrier, s'était réservée à ses droits. La baronnie de Médavy fut alors adjugée, par décret, à Marie-Joseph d'Hostun, duc de Tallard, pair de France, gouverneur et lieutenant-général du comté de Bourgogne, qui la vendit, le 27 juin 1754, à Pierre Thiroux de Mauregard, en faveur duquel elle fut érigée en comté en 1768. Ce dernier ayant émigré, mourut à Rastadt le 11 avril 1792 et ses biens furent en partie vendus. Ses enfants, Charles Thiroux de Mauregard, comte de Médavy, plus tard élevé au grade de général, ayant obtenu sa radiation de la liste des émigrés, Anne-Catherine Thiroux, veuve d'Arnoult Fracontal, et Madeleine Thiroux, veuve de François-Martial de Choiseul, réclamèrent, en l'an VIII, la liquidation et le partage de sa succession indivise avec la République.

Le château de Médavy eut pendant la Révolution le sort de toutes les maisons d'émigrés. La galerie des personnages qui ont illustré le nom de Rouxel, ne comptait pas moins de deux cents portraits, dont une trentaine seulement existent encore. On ne fit pas grâce davantage au magnifique mausolée que Charlotte de Hautemer, fille du maréchal de Fervaques et mère du premier maréchal de Grancey, avait fait élever à la mémoire de son époux, le comte Pierre Ier de Grancey, mort à Rouen, le 31 décembre 1617, pendant la tenue des États de la province, où il avait été député par le bailliage d'Alençon. Son corps avait été rapporté dans le caveau que les Rouxel avaient fait construire dans le sous-sol de l'église de Médavy. Sa veuve lui fit élever un monument, composé d'un sarcophage surmonté d'une statue en marbre blanc, avec colonnes et entablement ou baldaquin en marbre noir, de 15 pieds de hauteur. Le personnage était représenté de grandeur naturelle, à genoux sur un prie-Dieu, botté et cuirassé, son casque et ses gantelets à ses côtés. Ce tombeau fut violé pendant la Révolution; mais la statue fut transportée à Argentan et déposée à la bibliothèque du district. Elle paraît avoir été plus tard, ainsi que tous les marbres du tombeau, remise à M. d'Étampes qui la fit placer au château de la Motte (commune de Joué-du-Plain, près Écouché). On ignore ce qu'elle est devenue (1).

Château de Médavy.

D'après une photographie de M. H. Magron.

LOUIS DUVAL.

(1) V. DES DIGUÈRES. *Familles illustres de Normandie. Étude historique sur les Rouxel de Médavy-Grancey*, p. 7. — L. DUVAL. *Les Bibliothèques et les Musées du département de l'Orne pendant la Révolution*, p. 5, n. (Lettre de T. Le Dangereux au sous-préfet d'Argentan, sur les châteaux d'O, de Médavy et de Vrigny, p. 10.)

Héliog. P. Dujardin

CHÂTEAU DE SASSI

Pl. N° 44

LE CHATEAU DE SASSY

D'après des titres du XVIIe siècle encore existants, la paroisse de Saint-Christophe-le-Jajolet, où est situé le château de Sassy, possédait sur son territoire trois fiefs principaux : celui de l'If, celui simplement nommé de Saint-Christophe et celui de Sacy (dans tous les titres on ne trouve que cette orthographe), le plus important des trois.

Fief de l'If. — En 1621, c'est Salomon Touchard qui est sieur de l'If. De 1639 à 1661, il est remplacé par Jacques de Nollet et par son fils Richard de Nollet, qui, d'ailleurs, figure beaucoup plus souvent dans les actes que son père ; tous deux portent les mêmes titres : sieur de l'If et patron de Saint-Christophe.

Près du château de l'If, au bord de la fontaine du village de l'If, s'élevait autrefois une chapelle ou oratoire, que saint Évroult, fondateur de l'abbaye d'Ouche (dite plus tard de Saint-Évroult), fit construire au VIe siècle, pour le service de quelques solitaires qu'il avait établis en cet endroit. Les moines disparus, on ne sait trop en quelle année ni pour quelle cause, cette chapelle fut cependant conservée comme succursale de l'église paroissiale de Saint-Christophe ; elle devint même un lieu de pèlerinage très fréquenté jusqu'au milieu du VIIe siècle, époque où elle se trouvait en partie ruinée. Restaurée peu de temps après, elle fut, environ cent ans plus tard, entièrement démolie. En 1744, Jacques Raoul de Tirmois, seigneur de l'If, ainsi que de Saint-Christophe et de Sacy, la rebâtit dans la cour de son château. On voit encore la fontaine de l'If, appelée maintenant : « fontaine de Saint-Évroult », au pied des terrasses du château actuel de Sassy ; elle est la source de la petite rivière de la Baize, qui se jette dans l'Orne.

Fief de Saint-Christophe. — Dès le commencement du XVIIe siècle, le titre de sieur de Saint-Christophe, tout en étant alternativement ou simultanément porté par Rolland de Nollet et René de Tirmois, sieur de Sacy (dont nous allons parler tout à l'heure), était plus spécialement attribué à Jean de Droullin, en même temps seigneur et patron de Vrigny, qui le conserva durant sa longue vie : capitaine en 1621, il signait encore un acte soixante et onze ans plus tard, en 1692. Ce fut en cette année que, lui et ses deux fils, François et Joseph de Droullin, renoncèrent à tout droit sur le fief de Saint-Christophe.

Fief de Sacy. — Le premier sieur de Sacy, mentionné dans les actes, à propos d'un contrat de vente passé en 1588, est Jean du Hayes. Mais, si l'on s'en rapporte à certains historiens locaux, la terre de Sacy aurait été en la possession de la famille du Hayes, dès le XIVe siècle.

Quoi qu'il en soit, elle passa, en 1638, dans les mains de Gratien de Tirmois, qui la garda au moins jusqu'à 1652. Durant l'année 1665, nous y trouvons René de Tirmois, qui parvint, en 1688, par des échanges et des achats successifs, à réunir sur sa tête les trois fiefs de l'If, de Saint-Christophe et de Sacy. A sa mort, arrivée en 1692, il la laissa à son fils, Jacques de Tirmois, qui mourut lui-même en 1724. Celui-ci y fut remplacé, à son tour, par son fils Jacques de Tirmois, conseiller au Parlement de Rouen, jusque vers 1758. A dater de cette époque, en effet, nous la voyons propriété d'Antoine le Bègue, comte de Germiny, capitaine au 1er régiment du colonel général dragons, petit-fils par sa mère de Jacques-Raoul de Tirmois, et neveu du précédent, relevant dans tous les cas, comme ses aïeux, du cardinal de Luynes, archevêque de Sens, baron de Marcey, abbé commendataire de l'abbaye de Saint-Vigor de Cerisy, de laquelle dépendait la baronnie de Marcey.

Ce fut celui-ci qui fit construire le château actuel de Sassy, probablement sur l'emplacement de celui de l'If. Commencé vers 1760, il n'était pas encore achevé en 1817. Du reste, les dernières années si tourmentées de la fin du XVIIIe siècle et du commencement du XIXe, étaient peu favorables aux constructions de quelque importance. Sans parler des proscriptions de la Convention, qui avait forcé la noblesse à s'expatrier, il faut constater que les fortunes s'étaient considérablement amoindries, autant par les guerres continuelles de l'Empire que par les exactions de la Révolution.

Vendu en 1817, par le comte de Germiny à Mademoiselle Charlotte-Marguerite-Stéphanie de Chennevières de Pointel, épouse de René-Charles-Alexandre de la Haye, marquis d'Ommoy, il put être enfin terminé par ses nouveaux propriétaires.

Les Terrasses.

D'après une photographie de M. H. Magron.

Acheté, en 1847, par M. Duval, qui en agrandit les dépendances par l'acquisition d'une partie du domaine du marquis Vauquelin de Vrigny, en particulier de ses bois et de ses magnifiques étangs, il devint finalement, en 1850, la propriété de M. le duc d'Audiffret-Pasquier.

Extérieurement, le château de Sassy n'a rien de précisément architectural : il se compose d'un principal corps de bâtiment, à un seul étage mansardé, régulier dans ses grandes lignes, et flanqué de deux ailes de très faible saillie. Un fronton, sculpté aux armes des d'Audiffret-Pasquier, placé au-dessus de la porte d'entrée, est son seul ornement. En revanche, les futaies qui l'encadrent au midi, et plus encore les trois belles terrasses, garnies de balustrades en pierre, sur lesquelles il est construit, lui donnent, au nord, un aspect vraiment monumental. Surtout, lorsque, après avoir quitté la route nationale de Sées à Argentan pour entrer sur le chemin vicinal de Saint-Christophe, on l'aperçoit tout à coup ainsi solidement posé sur ces terrasses, on éprouve une impression, sinon de pittoresque, du moins de grandiose et d'imposant. Mais bientôt une chapelle, toute tapissée de lierre, isolée au milieu des grands arbres et des pelouses, que l'on rencontre à une centaine de pas de la cour d'honneur, ajoute à cette première impression un sentiment de calme solitaire et de douce rêverie.

L'intérieur du château, lui, témoigne, avant tout, du haut goût littéraire et artistique de ses habitants. On remarque, en premier lieu, un large escalier en pierre, auquel sa rampe de fer forgé et trois vastes compositions picturales, appendues à ses parois, donnent grand air. Puis, si l'on pénètre dans la salle de billard et dans le salon, qui se commandent par une large baie en arc surbaissé, on a tout spécialement à admirer de vieilles tapisseries des Gobelins du XVIIe siècle, en parfait état de conservation. L'une d'elles, celle de la salle de billard, est absolument hors de pair. Elle est une des douze de la fameuse collection, dite « *des Mois* », où encore « *des Maisons royales* », parce que, à l'arrière-plan de scènes figurant des promenades champêtres, des chasses ou des bals, scènes encadrées par des motifs d'architecture très variés, on y a représenté un des châteaux du roi Louis XIV. — Six de ces tapisseries sont actuellement au Musée du Luxembourg.

Voici, d'ailleurs, pour plus amples renseignements, ce qu'en a écrit M. Alfred Darcel (1) :

« Charles Le Brun donna la composition de cette suite, dont les modèles furent exécutés en peinture par la pléiade d'artistes qui était alors assemblée aux Gobelins.

« L'architecture, qui forme une partie si importante de la décoration, fut dévolue à Guillaume Anguier, le frère des sculpteurs, tandis que Yvart, le père, eut à s'occuper des grandes figures, qui dans quelques compositions s'y appuient, ainsi que des tentures et des tapis qui, jetés sur l'architecture de marbre, en rompent les lignes et y jettent une note si brillante. Les animaux, qui y piétinent avec tant de naturel sur les dallages, où ils doivent être étonnés de se trouver cependant, appartiennent à Boële, dont les études sont conservées dans les collections du Musée du Louvre.

« Les fleurs, qui s'accrochent en festons aux nœuds des draperies et qui enguirlandent les fûts des colonnes, et les plantes qui sortent des vases d'orfèvrerie placés en avant des soubassements, furent confiés à Baptiste Monnoyer. Que les vases soient ou non de sa main, ils doivent reproduire les modèles des magnifiques orfèvreries que les frères Villiers fondaient, martelaient et ciselaient aux Gobelins pour le roi.

« Enfin, le paysage et les petites figures qui les animent, furent exécutés par Van der Meulen, le plus illustre et le plus personnel des collaborateurs de Charles Le Brun, aidé en outre par les peintres de paysage, Génoëls et Baudouin. »

La tapisserie de la salle de billard de Sassy, représente une promenade du roi et de la reine, entourés des hauts personnages de la Cour. Le château, figuré au fond, est celui de Saint-Germain-en-Laye.

Les autres, celles du grand salon, au nombre de quatre, appartiennent à une autre série, connue sous le nom de « *Jardins d'Armide* ». Quoiqu'elles soient moins belles de dessin et surtout moins riches de couleurs que la précédente, l'œil s'y arrête encore avec le plus grand plaisir.

Toutefois, la pièce qui mérite davantage l'attention est un vaste cabinet de travail, s'ouvrant sur le salon. Le mur du fond est occupé, au-dessus de la cheminée, par un magnifique tableau d'Horace Vernet, représentant en pied et de grandeur naturelle le duc Étienne Pasquier, chancelier de France au commencement de ce siècle, dans l'éclatant costume de sa dignité. C'est là un véritable chef-d'œuvre de composition, de ressemblance et de coloris. Pour être moins souvent mentionné que le célèbre portrait du frère Philippe et que ceux de plusieurs autres du même peintre, il n'en est pas moins digne de l'admiration, non seulement des simples visiteurs, mais aussi des plus grands artistes.

Les trois autres murs sont complètement couverts par les rayons d'une immense bibliothèque

(1) *Tapisseries décoratives du Garde-meuble ou mobilier national.*

à galerie, composée de 26,000 volumes, réunis par M. le duc d'Audiffret-Pasquier et par ses ancêtres, choisis et classés avec le plus grand soin. On remarque tout spécialement un certain nombre de livres très rares du XVIe siècle, entre autres le *Livre d'heures* de Henri III, avec la tête de mort, le « *spes mea Deus* » et les fleurs de lis; le *Catéchisme des Jésuites*, que l'illustre Étienne Pasquier, député, en 1588, aux États-Généraux de Blois, remit au roi Henri IV; le *Monophile*, aux armes de Sully, ouvrage du même Étienne Pasquier et annoté de sa main. En outre, sans parler des plus belles éditions des classiques anciens et modernes, de riches collections d'historiens et de poètes, elle contient plus de deux cents volumes manuscrits inédits, relatifs à la Révolution, au premier Empire, à la Restauration et à la Monarchie de Juillet, qui ont servi à la rédaction des « *Mémoires du Chancelier Pasquier* », publiés, ces derniers temps, par son fils, M. le duc d'Audiffret-Pasquier, de l'Académie Française.

Un très beau pupitre en fer forgé, de deux mètres environ de hauteur, servant à la lecture des in-folio, mérite d'être ici mentionné. Peut-être est-il l'œuvre d'un de nos habiles ferronniers du XVIIe siècle.

Mais si M. le duc Pasquier est parvenu à se faire une bibliothèque si riche et si précieuse, Madame la duchesse en possède une personnelle, qui ne laisse pas d'être fort intéressante : elle se compose exclusivement d'ouvrages écrits par des femmes, ou sur les femmes célèbres.

On doit encore signaler dans la chapelle, d'abord sept précieuses reliques, données par le Pape Pie IX à M. de Corcelle, ancien ambassadeur de France au Vatican, et par celui-ci à Madame la duchesse Pasquier, lors du baptême de la grosse cloche de la cathédrale de Sées, dont elle était la marraine; ensuite six tableaux du célèbre Joseph-Marie Crespi, surnommé l'*Espagnol*, peints, si l'on en croit Dangeville, pour la chapelle particulière du cardinal Ottobini : ces tableaux, au dessin correct, aux figures lumineuses et saillantes, représentent six de nos Sacrements, le Sacrement de Confirmation manque seul à la série; enfin un beau rétable en bois de chêne sculpté et historié, provenant de la chapelle souterraine du monastère de Saint-Bavon, à Gand. Ce rétable, probablement du XVe siècle, est de tout point remarquable, et par le nombre de ses personnages, et par la manière dont ces personnages sont traités et mis en scène, et par sa décoration architecturale. Il est partagé dans le sens de sa largeur en trois parties; celle du milieu, plus élevée que les deux autres, se termine par un plein-cintre surhaussé; puis, une ligne horizontale traverse, à mi-hauteur, ces trois divisions verticales, de manière à former en tout six compartiments, lesquels contiennent les six principaux épisodes de la Passion de Notre-Seigneur Jésus-Christ, sa flagellation, Barabas en prison acclamé par les Juifs à son détriment, son couronnement d'épines, sa rencontre avec sainte Véronique sur la voie douloureuse, sa crucifixion sur le sommet du Calvaire et son ensevelissement. L'épisode de la crucifixion, le plus largement traité, occupe le panneau du milieu et du haut, de telle sorte que la croix domine le rétable et l'autel en même temps.

Faut-il encore, avant de terminer, faire remarquer la parole si étonnante de Notre-Seigneur : « *Beati qui lugent* », inscrite au-dessus de la porte? Observons du moins, que, placée à l'entrée de cette chapelle seigneuriale, elle est plus touchante et plus éloquente que partout ailleurs.

L'abbé Mallet.

LE CHATEAU DE VRIGNY

Le château de Vrigny, auquel le souvenir de la maison de Vauquelin reste à jamais attaché, s'élève dans une pittoresque vallée, au milieu de vastes herbages. Il appartint, jusqu'aux dernières années du XVIIe siècle, à la famille de Droullin, qui établissait sa filiation depuis Jean Droullin, seigneur de Montfort, vivant vers l'an 1350 (1). Le domaine de Vrigny fut apporté par Madeleine de Droullin à Jean de Vauquelin, fils de Jacques de Vauquelin, seigneur de la Fresnaye-au-Sauvage, Boisscy, la Lande-Terrée et Saint-Mâlo. La terre de Vrigny passa, après lui, à Jean-Jacques de Vauquelin, son fils, « jeune homme bien fait, — disait en 1700 un généalogiste (2), — et sur lequel est fondée l'espérance de la continuation de la branche aînée de la Fresnaye (3) ». Cette espérance ne fut pas déçue. En 1713, Jean-Jacques de Vauquelin épousa Anne-Louise d'Amphernet, et, en 1722, le roi érigea en marquisat la terre de Vrigny. La maison de Vauquelin en possédait déjà deux : celui des Yveteaux et celui d'Hermanville. Le 22 juillet 1722, et l'année même de cette faveur royale, naquit René de Vauquelin, qui devait être le célèbre marquis de Vrigny, et l'une des figures les plus curieuses d'une famille particulièrement féconde en originaux.

Château de Vrigny.

D'après une photographie de M. H. Magron.

(1) Armoiries de la maison de Droullin : *d'argent au chevron de gueules, accompagné de trois quintefeuilles de pourpre.*

(2) *Histoire de la maison de Vauquelin, par* Jean Vauquelin, *seigneur des Yveteaux.* Armoiries de la maison de Vauquelin : *d'azur au sautoir engrêlé d'argent, cantonné de quatre croissants d'or.*

(3) V. sur le marquis de Vrigny : L. Duval. *Les Députés de l'Orne de 1789 à 1815.* — M. de Courtilloles. *Recueil de documents relatifs à la tenue des États généraux du grand Bailliage d'Alençon.* — L. de La Sicotière. *Documents pour servir à l'histoire des élections aux États généraux de 1789 dans la généralité d'Alençon.*

Le marquis de Vrigny, capitaine de cavalerie, avait, de bonne heure, quitté le service. Valeureux et spirituel, mais hautain et chicanier, il avait ensuite consacré sa vie à lutter contre ses vassaux. Et cela, non seulement pour le maintien, mais encore pour l'extension de privilèges qui allaient être prochainement et pour jamais abolis. Il avait épousé, en 1761, Antoinette-Hélène de Verduc, dame de Soisy-sous-Étioles, veuve de Claude Mérault, vicomte de Châteaufort. Nommé, en 1771, grand bailli d'épée au siège du bailliage d'Alençon, il ne devait être installé dans cette place que le 12 février 1789, pour présider l'assemblée générale des trois ordres, qui avaient à élire des députés aux États généraux. Il ne fut nommé qu'avec peine député par la noblesse, que son intransigeance inquiétait, et, le 1er août 1791, il donna sa démission de membre de l'Assemblée constituante. Épargné par une sorte de miracle au commencement de la Terreur, le marquis de Vrigny, qui était comme l'incarnation de la féodalité en ce qu'elle avait de plus impopulaire, fut arrêté en 1794 et envoyé à l'échafaud sur la dernière charrette.

Il ne laissait qu'un fils, Antoine de Vauquelin, pauvre idiot interné pendant de longues années dans le château de Soisy, où il mourut en 1829. La race des Vauquelin finissait dans la folie. Pour qui sait l'histoire de Nicolas des Yveteaux, ne semble-t-elle pas avoir commencé par là ?

Le château de Vrigny, épargné pendant la Révolution, en dépit de l'impopularité de son maître, fut, après la mort du dernier marquis, vendu à la bande noire. Il fut ensuite acheté par M. Hellouin de Cénival et presque entièrement démoli par lui. En 1854, M. Leger, le propriétaire actuel, acquit la terre de Vrigny et transforma les communs, seuls restes de l'ancien château, en une habitation élégante et confortable. M. Leger était déjà possesseur du petit manoir de la Lande-Terrée (1), que les Vauquelin avaient habité. Soucieux des souvenirs de la vieille maison normande, dont il se trouvait être deux fois le successeur, M. Leger a recherché et recueilli à Vrigny tout ce qui lui paraissait provenir des Vauquelin. Un curieux panneau, retrouvé et replacé par lui dans le salon, donne le portrait du marquis en habit de cour et, plus bas, dans un médaillon, celui de la marquise, costumée en Bellone et armée d'un javelot. N'est-il pas le symbole exact de cette race très singulière de courtisans, de gens de guerre et de poètes, faite pour des temps lointains, pour le Louvre ou pour l'Olympe, et morte à l'heure opportune, au début des jours nouveaux?

Comte G. de Contades.

(1) Le manoir de la Lande-Terrée est situé dans la paroisse de Sérans. Il avait été apporté à la maison de Vauquelin par Madeleine Terrée, femme de Jean-Jacques Vauquelin, seigneur de la Fresnaye-au-Sauvage, père du célèbre Nicolas des Yveteaux.

LE CHATEAU DE NONANT-LE-PIN

Quand le voyageur sort de la gare de Nonant-le-Pin, il voit devant lui, gracieusement groupé autour de l'église, le bourg de Nonant devant lequel serpente, au milieu des prés, la rivière de Dieuge. Sur la gauche, des arbres magnifiques ombragent un château moderne de bel aspect, près duquel s'élève une chapelle du XVe siècle, qui n'est pas sans mérite.

Là demeurait, au VIIIe siècle, Grodebert, comte d'Exmes, qui fit assassiner, sur le territoire même de Nonant, son parent Godegrand, évêque de Séez, le 3 septembre 775.

Vue de la façade.

D'après une photographie de M. H. Magron.

Là, dès l'aube du moyen âge, s'éleva une redoutable forteresse, siège d'une baronnie érigée en marquisat en 1622.

Cette terre très importante appartint successivement à cinq familles d'origine chevaleresque.

La première maison de Nonant apparait avec le XIe siècle. Cette vaillante race, casquée et mitrée, sachant frapper fort et prier beaucoup, emportée par les passions de l'époque et se condamnant rudement pour expier, appartient à l'histoire.

Renault Ier, sire et baron de Nonant, vivait en 1086. Jean Ier se croisa en 1096. Hugues Ier, vicomte d'Exmes, membre de l'Échiquier de Normandie, favori de Robert Courte-Heuse, laissa : Jean II, sire et baron de Nonant; Hugues II, évêque de Coventry, Chester et Lichtfield, qui porta sous la chape le cœur d'un soldat et se fit imposer, comme pénitence, à son heure dernière, de rester en purgatoire jusqu'à la fin du monde, et Robert, qui mourut prisonnier d'État au château de Douvres.

Renault II, sire de Nonant, fils de Jean et d'Erneisie, mourut vers 1224, et sa postérité appauvrie conserva Nonant jusqu'au début du XIVe siècle.

La baronnie passa alors aux Le Gris, qui eurent beaucoup à souffrir de la guerre de Cent ans. Les Anglais détruisirent de fond en comble leur château, et leur terre confisquée fut donnée successivement à sirs Lancelot Lisle et Hennequin Valier dit Balrer.

Raoulette Le Gris, dame de Nonant, dernière de sa branche, mariée à Guillaume le Conte, écuyer, rentra, en 1449, en possession de la baronnie.

Son petit-fils, Robert le Conte, baron de Nonant, commença, à la fin du XVe siècle, la réédification du château et fit construire un grand corps de logis flanqué de deux tours et la chapelle encore debout aujourd'hui.

A partir de cette époque, la fortune déjà importante de la maison le Conte grandit tous les jours; les alliances illustres s'y succèdent et les fiefs s'ajoutent aux fiefs. Alors aussi le château s'anime d'une vie nouvelle et les plus grands personnages deviennent ses hôtes : les Amfreville, les Aché, les Dauvet, les Épinay-Saint-Luc, les Béthune-Rosny, les Montmorency-Laval, et bien d'autres.

La chapelle.

D'après une photographie de M. R. Magron.

En 1654, mourait, à 20 ans, haut et puissant seigneur François-Pomponne le Conte, marquis de Nonant, baron de Beaumesnil, lieutenant pour le roi au Gouvernement des bailliages d'Alençon et Évreux, mestre de camp d'un régiment de cavalerie, l'un des plus distingués gentilshommes de la cour.

« Ayant sans en rabattre rien
Sept cent mille livres de bien. »

La branche aînée de son illustre famille n'était plus alors représentée que par ses deux sœurs, Renée, dame de Nonant, mariée à André, marquis du Plessis-Chastillon, vicomte de Rugles et de Bois-Berranger, et Catherine, dame de Beaumesnil, qui épousa Hérard Bouton, comte de Chamilly.

Marie-Félicité du Plessis-Chastillon, dame de Nonant, née le 7 octobre 1723, héritière de sa maison, épousa, en premières noces, François-Antoine, comte de Chabannes-Curton-la-Palisse, dont elle n'eut pas d'enfants, et, en secondes noces, Bernard-Martial, comte de Narbonne-Pelet.

Le comte de Narbonne, aïeul du duc actuel de Narbonne, fut le dernier marquis de Nonant.

A la suite de partages de famille, la magnifique terre de Nonant fut divisée au début de notre siècle.

Le lot comprenant l'ancien château fut mis en vente et acheté par M. Valentin, qui fit construire le château moderne. Ses héritiers le cédèrent à un enfant du pays, M. Jacques-Léonard Lepetit, dont la générosité n'est point oubliée dans la région.

A la mort de ce dernier, il est devenu la propriété de sa fille, Madame Corbière.

Vicomte du Motey.

LE MERLERAULT — ÉCHAUFFOUR

Le Merlerault, primitivement le Merle ou le Mesle, tire son nom de Raoul du Merle, l'un de ses premiers seigneurs. Dès le Xe siècle, il devint le centre d'une baronnie qui fournit une longue suite de guerriers et d'hommes d'église.

Guillaume du Merle, moine de Saint-Évroult, au XIe siècle, a laissé des homélies dont le manuscrit se voit à la bibliothèque d'Alençon. Orderic Vital le loue comme écrivain et orateur : *eloquentia et honestate vigens.*

En 1202, un Raoul du Merle fut élu évêque de Sées, et mourut avant d'avoir reçu la consécration épiscopale.

Guy du Merle, d'abord archidiacre de Coutances et grand-chantre de Notre-Dame de Rouen, devint évêque de Lisieux, en 1267. Il fut, lisait-on sur son épitaphe, « un trésor de science et de sagesse ».

Les du Merle figurent, au moyen âge, dans nos expéditions guerrières : à Hastings aux côtés de Guillaume le Conquérant ; à la première croisade, où ils illustrent leur blason *de gueules à trois quintefeuilles d'argent ;* on les trouve avec les fils de Tancrède, à Naples et en Sicile.

Joinville mentionne la bravoure de Foucaud du Merle, gouverneur de Robert d'Artois, frère de saint Louis. Il avait su communiquer à son élève la bouillante ardeur qui l'animait. Il le suivit à la croisade et périt au combat de la Massoure.

Le plus considérable des barons du Merle, par ses actions d'éclat et par sa fortune, porte aussi le nom de Foucaud. Suivant l'histoire des *Grands Officiers* de la Couronne, il fut le vingt-deuxième maréchal de France et figure sous ce titre dans les fastes du règne de Philippe le Bel.

Les du Merle avaient leur château féodal à un kilomètre environ du bourg actuel du Merlerault. Il fut détruit dans les dernières années de la guerre de Cent ans. Les débris de cette forteresse, recouverts de terrasses, en dessinent encore l'enceinte. A peu de distance, ils bâtirent une église collégiale qu'ils dédièrent à saint Nicolas et qu'ils enrichirent de sept prébendes (1).

Le Merlerault est un des centres connus de l'élevage normand. Ses chevaux, dès le moyen âge, avaient de la célébrité. En 1356, pendant la trêve qui suivit la bataille de Poitiers, ils attirèrent dans le Merlerault les aventuriers anglais et navarrais qui formaient les grandes compagnies.

« Ce pays de verts pâturages, dit M. Siméon Luce (2), fournissait, dès ce temps-là, des chevaux magnifiques dont les hommes des compagnies étaient grands amateurs; ils en firent leur repaire de prédilection. »

(1) Voir notre Étude sur « la Collégiale de Merlerault ». *Bulletin de la Société historique de l'Orne,* année 1886.
(2) *La Jeunesse de Duguesclin.*

Le Merlerault, si bien pourvu du côté de la beauté des sites et de la richesse des prairies qui l'entourent, possède peu de monuments.

Signalons néanmoins dans la bourgade si gracieusement alignée sur la route de Paris à Granville : les constructions du haras créé au Merlerault par les ducs de Valois-Alençon. L'hôtel *Sainte-Barbe,* sur la place des Halles, et une maison qui lui est contiguë, faisaient partie de cet établissement. Plusieurs des fenêtres encadrées dans des cannelures prismatiques sont du plus pur XVIe siècle.

La même architecture se remarque au presbytère et dans une maison voisine, que nous croyons avoir été le pied-à-terre où logeaient les moines de Saint-Évroult, quand ils venaient percevoir la grosse dîme du Merlerault. Cette dîme leur avait été donnée, en 1113, par une charte de Henri Ier, roi d'Angleterre et duc de Normandie.

Signalons pareillement deux demeures situées aux environs du Merlerault : le château des Authieux et le manoir des *Rouges-Terres.*

1° Le château des Authieux fut construit, en 1667, par la famille Labbey. Les Labbey, après avoir pratiqué l'élevage, où ils se firent un nom, arrivèrent à l'anoblissement. Leur blason est : *d'argent au chevron d'azur, accompagné en chef de deux molettes d'éperon de sable et en pointe d'une rose de gueules.*

2° Le manoir des *Rouges-Terres,* en Saint-Léonard-des-Parcs, fut bâti au XVIe siècle, par Jacques de Silly, évêque de Sées. Il a été visité, en ce siècle, par plusieurs princes et officiers des cours de France, d'Italie et d'Allemagne, qui venaient y acheter, chez les éleveurs Forcinal, des sujets d'élite pour remonter leurs haras.

Le Merlerault est la patrie de François Pouqueville, membre de l'Institut, ami de Châteaubriand. La Grèce, dont il désirait l'affranchissement, et dont il entendait et parlait la langue, lui fournit la matière de ses principaux ouvrages. Il mourut le 20 septembre 1838 et fut inhumé dans le cimetière Montparnasse. Au revers de la pierre tombale, on voit, dans un médaillon, la tête de Pouqueville sculptée, en demi-bosse, par David d'Angers.

Son épitaphe se termine par ces deux vers de l'*Odyssée :*

Ὣς σὺ μὲν οὐδὲ θανὼν ὄνομ' ὤλεσας, ἀλλά τοι αἰεὶ
Πάντας ἐπ' ἀνθρώπους κλέος ἔσσεται ἐσθλὸν Πουχεὺιλλε.

* * *

Le château et l'église sont, à Échauffour, le centre de deux agglomérations. Celle qui entoure le château s'appelle simplement Échauffour. C'est l'*Escalfum* ou l'*Escalfoium* d'Orderic Vital.

Le *Bourg* qui avoisine l'église porte le nom du patron de la paroisse, *Saint-André.*

Helgon et Giroie figurent, au XIe siècle, parmi les seigneurs d'Échauffour. Un des restaurateurs de l'abbaye de Saint-Évroult, l'abbé Meinier, sortait aussi d'Échauffour. Dans une épître manuscrite qui se trouve à la bibliothèque d'Alençon, n° 149, il est appelé : *Magister illustris, fons inventionis, lux judicii, religionis apex.*

Au moyen âge, Échauffour et Montreuil-l'Argillé ont formé une baronnie, dont le titulaire siégeait à l'Échiquier d'Alençon. L'ancienne famille d'Érard-le-Grix avait possédé cette baronnie. « Elle passa, dit M. de La Sicotière, dans la maison du marquis de Pont-Saint-Pierre qui la vendit, en 1740, à M. Cordier de Launay. »

La famille d'Érard-le-Grix avait obtenu l'érection de la baronnie en marquisat. M. Cordier de Launay porta le titre de marquis de Montreuil.

Le château d'Échauffour, donné en dot à son arrière-petite-fille, est encore aujourd'hui la propriété de la famille de Ménildurand.

Château d'Échauffour.

D'après une photographie de M. H. Magron.

L'église Saint-André appartient, dans sa meilleure partie, à la dernière période du style ogival. Sa tour est imposante, comme une forteresse. C'est à ses pieds que, en l'année mil huit cent seize, M. l'abbé Lafosse, curé d'Échauffour, fonda un couvent qui a été le berceau de la Congrégation des *Sœurs de l'Éducation Chrétienne*. La *maison-mère* de cette Congrégation a été transportée à Argentan.

Le corps du fondateur repose dans la chapelle du couvent d'Échauffour. On y voit son portrait parfaitement ressemblant dans une des verrières de l'édifice.

Les murs du couvent sont contigus à la maison où a grandi le poète Paul Harel. Lui-même, succédant à ses ancêtres maternels, y a tenu auberge, à l'enseigne de *Saint-André*, qu'il a chantée en beaux vers.

M. G. Le Vavasseur, qu'il appelle son maître, lui écrivait :

Vous savez mieux qu'un autre, ô mon très cher disciple,
Comment on satisfait un appétit multiple;
Au Parnasse normand, savant maître-d'hôtel,
Vous êtes à la fois Benserade et Vatel

Les archéologues visitent à Échauffour, dans le milieu d'un herbage, deux menhirs qui s'élèvent, chacun, à une hauteur de dix pieds au-dessus du sol.

Le chanoine J. ROMBAULT.

L'ÉGLISE DE SAINT-GERMAIN-DE-CLAIREFEUILLE

Il est, en Normandie, peu d'aussi charmantes paroisses que Saint-Germain-de-Clairefeuille, situé entre Exmes et Nonant et à peu de distance du Merlerault. Petite Suisse, son territoire, traversé par une chaîne de collines et arrosé par la Dieuge, présente des aspects aussi riants que pittoresques. Les chemins couverts, serpentant au milieu des herbages, sont autant de charmilles que les rayons du soleil, comme des diamants sur un lit de velours vert, piquent de points lumineux. Çà et là, une ferme, un manoir évoquent de nombreux souvenirs et les hauteurs des Orgeries et de Montchauvel dessinent leurs sommets sur l'horizon et forment le fond du tableau.

Deux agglomérations principales y existent : l'une, assez considérable, entourant l'église, l'autre à la *Corbette*. Les autres maisons sont disséminées au milieu des herbages, soit isolément, soit groupées en petits villages. L'église paroissiale, avec ses boiseries et ses peintures remarquables, suffit à captiver et à retenir longtemps l'attention. En considérant les nombreuses dalles funéraires qui la pavent, dalles aujourd'hui frustes pour la plupart, le désir vient naturellement de connaître l'histoire de ceux qui vécurent et qui moururent là.

Le nom de Saint-Germain-de-Clairefeuille est composé du vocable du saint auquel l'église est dédiée, et du mot Clairefeuille qui désignait autrefois l'ensemble du territoire de la paroisse. Il est certain, en effet, qu'à une époque très reculée, tout ce territoire fut couvert de bois qui formaient le prolongement de la Haie-d'Exmes. C'est dans une *clairière* de ces bois que se groupèrent les premiers habitants. Ils défrichèrent peu à peu le pays, et le sol défriché produisit des herbages excellents.

La paroisse dut être créée au VIe siècle, à l'époque qui suivit le passage de l'évêque Germain, d'Auxerre, à travers l'Hiémois.

Sous les Carolingiens, elle fit partie du domaine du *senior* bénéficier de Nonant et, après la conquête de Rollon et la constitution de la féodalité, elle releva des sires de Nonant, qui donnèrent à la Normandie des guerriers remarquables, des hommes d'État et de hauts dignitaires du clergé. Depuis le XIe siècle jusqu'au milieu du XIIIe, Renault Ier, Hugues Ier, Jean II, Renault II, sires de Nonant, se succédèrent comme seigneurs et patrons de Saint-Germain.

En 1218, Renault II de Nonant donna aux chanoines de la collégiale de Toussaint de Mortagne une partie notable du fief de Saint-Germain, avec le patronage et le droit de présentation à la cure. Les barons de Nonant qui, après la disparition de la première maison féodale de ce nom, appartinrent aux illustres familles Le Gris, Le Conte de Nonant, du Plessis-Chastillon et de Narbonne-Pelet, ne furent plus dès lors que patrons honoraires de la paroisse, mais ils restèrent suzerains de la plupart des terres.

Du XIIIe siècle à 1789, cependant, les seigneurs de la Boutonnière, à l'histoire desquels nous consacrerons des développements spéciaux, jouèrent un rôle prépondérant à Saint-Germain, qui possédait, du reste, un nombre considérable de fiefs. Nous nous bornerons à citer ici : *Clairefeuille*, qui appartint aux sires de Clairefeuille, aux La Pallu, aux Leleu, puis aux du Mesnil, aujourd'hui représentés par les du Hays; *Boisgeffroy*, qui eut pour maîtres les Petitfumey, les Patry et les Beauvoisin; *Montchauvel*, qui passa des Chauvin aux Renault du Motey, issus, d'après une tradition constante, de la première maison de Nonant, et d'eux aux Guerpel; enfin, *la Renaudière et les Orgeries* qui, après avoir appartenu aux Renault du Motey et aux Le Prieur dit Chausson, furent réunis, au XVIIIe siècle, pour constituer la noble terre des Orgeries.

Saint-Germain eut beaucoup à souffrir de la guerre de Cent ans, les Anglais n'y épargnèrent ni les gentilshommes ni les simples habitants. En 1438, à la suite d'une panique causée, croyons-nous, par des représailles, l'antique église paroissiale fut incendiée et entièrement détruite avec tout ce qu'elle contenait : autel et ornements; les cloches mêmes furent fondues.

L'ère de paix et de sécurité qui suivit les malheurs de la guerre de Cent ans, favorisa singulièrement la reconstruction de l'église de Saint-Germain. Elle devint l'une des plus grandes et des mieux ornées de nos campagnes. Cet édifice a traversé les siècles et, malgré les restaurations qu'il a subies, il est encore, à peu de chose près, ce qu'il était à la fin du XVe siècle.

Son vaisseau forme un vaste rectangle flanqué, à gauche du portail, d'une massive tour carrée qui s'élève à peine, aujourd'hui, à la hauteur du faîte de l'édifice, mais qui fut plus élevée autrefois.

A notre avis, cette tour est romane et a appartenu à l'église incendiée en 1438. Ses ouvertures supérieures sont en effet en plein cintre, et l'épaisseur considérable de ses murs aussi bien que l'existence de sortes de meurtrières, extérieurement très étroites, qui vont en s'évasant à l'intérieur, semble indiquer qu'elle fut une tour de défense. La seule objection qu'on puisse nous faire est l'existence de sa jolie voûte ogivale qui date du XVe siècle. Cette objection tombe si l'on réfléchit que l'incendie détruisit complètement les charpentes et les planchers de la tour, puisque les cloches furent fondues, et ne laissa debout que les quatre murs, qu'on utilisa pour rétablir le clocher. C'est alors qu'on y construisit une voûte élégante dans le style de l'époque.

Entrons dans l'église. Près du portail, sur un socle et dans une enveloppe de pierre, se trouve une antique cuvette baptismale en plomb, relique sauvée sans doute de l'incendie. La nef, voûtée en bois de châtaignier peint et éclairée par des verrières de couleur, est aujourd'hui couverte d'un plafond à caissons. Une magnifique boiserie sculptée surmontée de panneaux peints forme clôture entre le *chancel* et la nef.

Cette boiserie offre plusieurs rangs superposés de légers panneaux de chêne, tantôt découpés à jour, tantôt fouillés à moitié bois, présentant, au-dessus d'une petite arcature à ogives trifoliées, les motifs les plus variés, les arabesques les plus compliquées du style ogival, des rosaces, des trèfles, des nœuds, des cœurs, mille et mille fantaisies enroulées, contournées, découpées à l'infini, mille et mille broderies diverses dont les dessins ne se répètent jamais. Des pilastres tantôt carrés et tantôt prismatiques, terminés par de petites pyramides à crochet, séparent les panneaux.

Au-dessus de ces sculptures, treize tableaux sur bois, peints dans le style de la vieille école flamande, formant caissons, supportent une délicieuse petite galerie coupée çà et là d'élégants clochetons. Les peintures représentent : *l'Annonciation, la Nativité, l'Adoration des Mages, la Résurrection de Lazare, la Flagellation, le Portement de la Croix, le Crucifiement, l'Ensevelissement, la Descente aux Limbes, la Résurrection, l'Apparition de Notre-Seigneur aux Saintes Femmes*, enfin, *le Martyre de saint Étienne.* Ce sujet occupe les trois derniers panneaux. Le prince des p[illegible] appuyé aux deux lévites, préside au supplice, et Saül, assis sur une pierre, encourage du ges[illegible] bourreaux pendant que le martyr à genoux, la tête ceinte d'une auréole, prie pour les Juifs q[illegible] lapident.

Quel est le sculpteur, quel est le peintre ? Une famille de sculpteurs sur bois a long[illegible] habité la paroisse d'Argentelles, à une faible distance de Saint-Germain. Maître Guillaume Go[illegible] qui sculptait à Argentan au XVIIe siècle, lui appartenait. Si l'on remarque que les professions éta[illegible] autrefois, le plus souvent héréditaires et que le manoir d'Argentelles renfermait un fort [illegible] spécimen de sculpture sur bois, travail plus fini, mais paraissant de la même main et de la mê[illegible]

Vue intérieure.

D'après une photographie de M. H. Marton.

époque que les boiseries de Saint-Germain, on pensera avec nous que, depuis plusieurs générati[illegible] les ancêtres de Guillaume Goujon étaient *imagiers.*

C'est donc à l'un d'eux que nous attribuons à la fois les boiseries de Saint-Germain e[illegible] baldaquin d'Argentelles.

Les tableaux rappellent singulièrement la manière de Jean van Eyck ou Jean de Bruges. E[illegible] inadmissible qu'un de ses élèves, voyageant comme les peintres le faisaient, ou chassé de la Flan[illegible] au moment du soulèvement de Liège contre Charles le Téméraire, ait été appelé dans le pays [illegible] s'y soit fortuitement arrêté ? Les personnages de ces tableaux sont, à notre avis, des portraits [illegible] notabilités marquantes de Saint-Germain.

Au XVIIe siècle, on a appuyé contre la boiserie deux autels d'ordre composite, dédiés [illegible] Sainte-Vierge et à saint Étienne et, pour les édifier, on a masqué et peut-être détruit deux gr[illegible] portions de sculpture.

Pénétrons maintenant dans le sanctuaire, autrefois éclairé par trois verrières de couleur, [illegible] l'une dominait l'autel appuyé au mur du fond. Ce mur était couvert de peintures à fresque, [illegible] médiocres du reste, représentant notamment sainte Geneviève et sainte Radegonde.

Accolée au chœur du côté de l'Évangile, se trouve une chapelle éclairée par deux fenêtres appartenant au dernier style ogival; elle sert maintenant de sacristie. C'était la chapelle de la maison du Bouillonney. On y remarque un élégant autel dont la table repose sur un massif triangulaire et sur deux colonnettes complètement dégagées. En face s'élevait un tombeau armorié, sur lequel se trouvaient deux grandes statues, l'une d'*un chevalier armé en guerre*, l'autre d'*une dame en habit à l'antique*. C'étaient les effigies de Richard du Bouillonney et de Jeanne du Mesnil-Froger, à genoux sur l'ossuaire de leurs descendants. Une énorme pierre, servant de degré entre le chœur de l'église et la chapelle, recouvre l'escalier donnant accès au caveau funéraire.

L'église que nous venons de décrire a vu les plus touchantes comme les plus pompeuses cérémonies, et elle compte une longue lignée de curés, aussi recommandables par leurs vertus que par la noblesse de leur origine. Qu'il nous suffise d'évoquer les noms de Raoul Vauquelin au XIIIe siècle, de Jehan Davy au XVe, de Mathurin Hiret, sieur du Drut qui, au XVIe, préserva sa paroisse de l'hérésie, de Messires François des Moutis, Jacques Le Conte de Nonant, François du Quesne, parent de l'amiral, Jacques de Godet des Marais, cousin et tuteur de l'évêque de Chartres de ce nom.

Nous avons raconté ailleurs, en détails, l'histoire de Saint-Germain. Nous nous contenterons de redire ici que cette paroisse constitua, jusqu'en 1789, une grande famille dont le curé fut le chef toujours aimé et dont les aînés, gentilshommes de vieille race, ont illustré l'histoire en en teignant les pages de leur sang, généreusement versé pour la patrie.

Vicomte du Motey.

LA BOUTONNIÈRE

Le voyageur qui va de Nonant à Gacé, en suivant la grande route, s'arrête souvent, dans une muette admiration, au sommet de la côte de la Boutonnière, à Saint-Germain-de-Clairefeuille.

La vue est, en effet, enchanteresse. Au pied de la colline s'étendent de magnifiques herbages encadrant l'antique futaie d'où émerge une tourelle seigneuriale et, sur un plan rapproché, la butte du Mesnil-Froger, coupée à pic et dominée par son église, s'avance comme un cap sur une mer verdoyante.

Ouvrons la barrière qui donne sur la route et descendons une avenue ombragée par des chênes et des hêtres séculaires. Nous sommes au centre du fief de la Boutonnière et, après avoir pénétré dans une vaste cour, entourée en partie de douves et de bâtiments d'exploitation, nous apercevons un manoir flanqué d'une haute tourelle.

Ce logis, construit au XIVe siècle, sur l'emplacement d'un autre beaucoup plus ancien, est communément appelé la *Vieille Boutonnière*, parce que, trop étroit et insuffisant pour ses maîtres, devenus de grands seigneurs, deux châteaux furent successivement élevés à côté aux XVIe et XVIIe siècles. De l'un comme de l'autre, il ne reste plus rien et l'antique logis contemporain de la guerre de Cent ans, qui rappelle les plus glorieux souvenirs, est toujours debout, relique infiniment précieuse, enchâssée dans les herbages comme dans une colossale émeraude.

La terre de la Boutonnière, plein fief de haubert souvent qualifié baronnie au XVIIe siècle, ne comprenait pas moins de six cents acres de domaine avec logis, fossés, chapelle, colombier féodal et moulin. Elle avait pris son nom de ses seigneurs primitifs, appartenant à une famille Bouton, qui en avait reçu originairement l'investiture. Richard de Malnoyer qui, dès 1198, reconnaissait devoir 100 sols, comme caution de Robert le Vicomte, en était seigneur en 1204. Son fils, Olivier, qui donnait, en 1216, une attestation en faveur de Durand du Pin, en hérita. De lui, elle passa, par mariage probablement, à la maison féodale du Mesnil-Froger.

Jehan du Mesnil-Froger, écuyer, seigneur du lieu et de la Boutonnière, lieutenant-général du vicomte d'Exmes, épousa, vers le milieu du XIVe siècle, Clessingette de la Boullaye de Croisilles, issue de Foulques de la Boullaye, chevalier, vivant en 1286, et d'une fille de Guy de Gonnor, comte de Beaumont et de Leycester, en Angleterre. Damoiselle Jehanne du Mesnil-Froger, dame de la Boutonnière, née de ce mariage, contracta alliance, avant 1380, avec un gentilhomme appartenant à une des familles les plus antiques du pays. Ce dernier, Richard du Bouillonney, seigneur du Bouillonney et du Boisroger, frère de Laurent du Bouillonney, curé de Saint-Ouen de Sées et neveu de Laurent des Orgeries, descendait d'une maison chevaleresque illustrée, dès le XIe siècle, par Serlon du Bouillonney d'Orgères, évêque de Sées.

Le nouveau seigneur abandonna sa terre familiale et vint se fixer à la Boutonnière, où il vivait encore avec sa femme et ses cinq enfants en 1400.

Son fils cadet Richard se souleva, en 1437, contre l'Angleterre, réunit un certain nombre de patriotes et, après maints combats, fut fait prisonnier. Sur l'ordre du comte de Salisbury, il fut conduit à Falaise par James Abandon, capitaine de Gacé, et condamné à mort comme *traistre, larron, meurdrier et adversaire* des Anglais. En exécution de cette sentence, ce fidèle de Charles VII et de la France fut décapité au mois de mai 1437.

Le frère aîné de Richard, Jean du Bouillonney, sur lequel la Boutonnière avait été saisie en 1417, par ordre de Henri V d'Angleterre, continua la filiation. Il avait épousé, en 1413, Chardine de Morell, de la maison des seigneurs de Putanges, qui mourut en 1453. Leur fils aîné, Guyon, seigneur de la Boutonnière, Orgères, le Vivier et autres lieux, s'allia à Olive Brouchard, dame de Malnoyer, fit son testament en latin, en 1488, et mourut peu après. Son *premier-né*, Marc, contracta une très noble alliance en épousant, en 1491, Jeanne de Hautemer de Fervaques, propre grand'tante de Guillaume de Hautemer-Fervaques, comte, puis duc de Grancey, chevalier des ordres du Roi, maréchal de France.

Logis de la Boutonnière.

D'après une photographie de M. H. Magron.

Alors la Boutonnière se transforma. A côté du *logis* on construisit un château dont, comme nous l'avons dit, il ne reste rien. Nous savons pourtant que, *dans l'une des salles, sur une cheminée de pierre, étaient sculptées les armes des maisons du Bouillonney et de Fervaques*, qu'on retrouvait aussi *sur le haut d'une tour servant de pigeonnier féodal*. Cette demeure devait être vaste, car on y trouve, au XVIe siècle, *un gentilhomme servant, une damoiselle suivante*, des hommes d'armes et de nombreux domestiques.

Dans les grandes réceptions de fête, la soutane violette de l'évêque de Lisieux, plus tard celle de l'archevêque-primat de Normandie, y chatoyèrent à côté des robes de brocard des comtesses de Médavy et de Fervaques, des baronnes de Nonant et de Marcy.

Là le ligueur se rencontra à côté du royaliste, et les pourpoints de pourpre à crevés de satin blanc firent contraste auprès des armures.

Au moment où les châteaux seront partout démantelés, la Boutonnière verra augmenter ses défenses, s'enserrera dans une enceinte fortifiée et un homme d'armes, la hallebarde à la main, montera la garde sur son pont-levis.

* * *

Honoré seigneur Guy du Bouillonney, fils de Marc, contribua autant par ses services militaires que par son alliance à l'élévation de sa famille. Créé, le 1er mai 1537, chevalier de l'Ordre de

Saint-Michel, il épousa, le 29 octobre 1563, Anne de Rouxel de Médavy, fille de Jacques, baron de Médavy et de Françoise de Pierrefitte, sœur du baron de Médavy, lieutenant-général pour le roi aux duché d'Alençon et comté du Perche, et de Denis de Rouxel, ambassadeur de France en Écosse, auprès de Marie Stuart, puis évêque-comte de Lisieux. Ce seigneur de la Boutonnière mourut en soldat, *à l'armée du Roi,* le 4 avril 1578.

Son fils, *haut et puissant seigneur* Jacques du Bouillonney, gentilhomme ordinaire de la chambre du Roi, enseigne de la compagnie du maréchal de Fervaques, continua dignement la tradition familiale. Il épousa, le 1er novembre 1592, Catherine du Mesnildot, dame et baronne de Mirville-en-Caux et de Gaullières, fille de feu Michel et de Jeanne de Cornet-d'Aignerville. En considération de ses services, Henri IV, par lettres-patentes de 1596, l'autorisa *à fortifier son château* et à le munir de fossés et de pont-levis.

Ce gentilhomme mourut jeune, avant le 20 juillet 1599. Son fils aîné, Jacques du Bouillonney, chevalier, baron de la Boutonnière, de Mirville-en-Caux et de Gaullières, seigneur du Bouillonney, Malnoyer, Montchauvel, Orgères, le Vivier, Saint-Bazile, Cropus, le Mesnil-d'Occaigne et Apremont, chevalier des ordres du Roi, capitaine de cinquante hommes d'armes, conseiller du Roi en ses conseils, devait porter à son apogée la fortune de sa famille. Il épousa, en juin 1618, au château de Malou, Marie le Conte de Nonant, fille de Louis, chevalier, et de Catherine Férey de Dur-Escu, issue, par les maisons de Dreux et de Courtenay, des Capétiens et des Carolingiens. Il mourut au Mans, le 3 janvier 1638, laissant cinq fils. Charles, qui suit, continua la branche de la Boutonnière; François, le second, fut l'auteur de la branche des seigneurs de Champaubert, seule représentée aujourd'hui.

Charles du Bouillonney de la Boutonnière, baron puis marquis de Mirville-en-Caux, gentilhomme de la chambre du Roi, épousa, en premières noces, Madeleine du Fay de Maulévrier, fille du comte de Maulévrier, chevalier de Saint-Michel, et de Judith Aux-Épaules, dame de Licurey, et en secondes noces, le 20 juillet 1662, Renée de Bourdeille, fille de Henry, vicomte de Bourdeille, comte de Martas, et de Claude de Roault.

Ce seigneur voulut transformer la Boutonnière, et faire du château fortifié une résidence d'agrément. Il laissa donc seulement subsister la partie la plus ancienne, qui servit de demeure à son fermier-général et construisit, à une petite distance, une vaste et belle demeure dans le style froid et correct de l'époque, et la meubla somptueusement. Nous avons pu encore la visiter, il y a quelques années, à un moment où, faute des plus élémentaires réparations d'entretien, elle menaçait ruine. Elle a été démolie, il y a quatre ans.

De Madeleine du Fay qui, dit le curé de Saint-Germain, pouvait s'appeler, à bon droit, *mère des pauvres, à raison de la grande charité qu'elle faisait,* était né Henry du Bouillonney, chevalier, marquis de Mirville-en-Caux, baron de la Boutonnière et autres lieux, capitaine au régiment de Toulouse-Lautrec, dernier représentant de sa branche. Il épousa Marie de Pernelle, et mourut en 1719. Sa succession fut recueillie par ses petits-neveux, issus de Jacques-Eudes de Catteville, chevalier, et de Marie-Anne du Bouillonney.

Après avoir appartenu quatre cents ans à la guerrière et chevaleresque descendance de Jeanne du Mesnil-Froger, la Boutonnière ne devait plus avoir pour maîtres que des acquéreurs d'occasion, ayant peu ou point d'attaches dans le pays et n'y venant qu'à de rares intervalles.

Elle fut achetée par Dominique-Claude de Barberie de Saint-Contest, conseiller d'État, ancien intendant de Metz, ambassadeur à la paix de Bade et plénipotentiaire au congrès de Cambrai. Il mourut en 1737, et son fils François-Dominique, marié à Jeanne-Monique des Vieux, fille d'un fermier-général, lui succéda. Ce dernier mourut à Versailles, le 24 juillet 1754, laissant Henry-Louis de Barberie de Saint-Contest, conseiller du Roi en ses conseils, maître des requêtes de son hôtel, intendant de la généralité de Champagne.

Ce seigneur de la Boutonnière n'eut pas d'héritiers directs et ses terres passèrent, après lui, à un cousin, Claude-François de Barberie, marquis de Saint-Contest, mestre de camp de cavalerie.

En 1785, après son décès, la Boutonnière fut mise en vente et adjugée pour deux cent vingt-quatre mille livres, par sentence du Châtelet de Paris, à René-Sébastien Desdouits, baron de Ray. Ce dernier seigneur de la Boutonnière était parvenu à la fortune et à la noblesse par ses attaches avec la compagnie des Indes.

Nous ne quitterons pas l'antique fief dont nous venons d'esquisser l'histoire, sans exprimer le regret d'avoir vu tomber pierre à pierre son joli château du XVIIe siècle et jeter bas tant de ses vieux arbres, et sans exprimer le vœu que le *logis* sur lequel plane encore le glorieux souvenir de Richard du Bouillonney, le contemporain de Jeanne d'Arc, mort comme elle pour la France, soit au moins pieusement conservé.

Vicomte du Motey.

LE CHATEAU DE LA GENEVRAYE

Après avoir franchi le Don, affluent de l'Orne, et traversé la riche vallée de Talonney, où une grosse touffe de chênes abrite le logis du Mesnil-Hurel, on aperçoit, en montant, de grands coteaux boisés sur lesquels s'élève, au milieu de la verdure d'un beau parc, le château de la Genevraye.

La grille d'honneur, sommée des armes des Périer, donne accès dans une avenue que termine une vaste construction d'un harmonieux aspect. C'est le château de la Genevraye, relativement moderne, puisque toute la façade en fut reconstruite en 1768.

Il a été édifié sur l'emplacement d'une maison forte, chef d'un plein fief de haubert relevant du Merlerault.

Après avoir appartenu à une famille féodale dont le membre le plus connu est Guillaume de la Genevraye, chevalier, vivant en 1250, nous trouvons cette terre, en 1452, aux mains de Robert de Launay, chevalier, et, en 1479, dans celles de Michel de la Haye. Guy de Cintray en était seigneur en 1480.

Au XVIe siècle, la Genevraye passa à la maison d'Érard et d'elle aux Périer qui, dès 1272, possédaient le manoir de la Bacoë, au pays d'Exmes. En 1579, noble homme Philippe Périer, l'un des cent gentilshommes de la maison du roi, était seigneur de la Genevraye.

Sa descendance se perpétua dans cette paroisse, en s'alliant aux familles d'Irlande, des Essarts, Got, de Billard, de la Haye, de Surmont, d'Avesgo de Coulonges, Guéroult de Freuville, etc.

M. le chanoine Rombault a donné, d'après un ancien curé du lieu, l'abbé Lorieul, le portrait suivant de Charles-François Périer, seigneur de la Genevraye, celui-là même qui fit reconstruire la façade du château en 1768 :

« Il était doux, affable, poli, humain, bienfaisant, aimant la religion et toujours appliqué à maintenir le bon ordre dans la paroisse. Il aimait la paix et la maintenait parmi ses voisins. Sa conversation charmait, son entretien était plein de sens et de justesse. »

Le petit-fils de ce bon gentilhomme se distingua pendant les dernières guerres du premier Empire, et fut cruellement défiguré par les Cosaques.

Le fils de ce dernier, le comte Louis de la Genevraye, ancien conseiller général, est mort le 18 mai 1892, ne laissant qu'une fille, Madame de Gasté.

Modèle de toutes les vertus familiales, bon et généreux, il a dignement clos la lignée des Périer.

Vicomte du Motey.

Cliché ri Hagron.

ÉGLISE SAINT-ANDRÉ, À EXMES

Orne

Pl. 8

EXMES

Exmes, dont le nom antique est *Oxma* ou *Oxuma*, est sans conteste, la ville la plus ancienne de l'ancien duché d'Alençon; son origine est exclusivement militaire. Situé sur le point culminant d'une colline, dans une position inexpugnable, entouré d'épaisses forêts, Exmes fut, avant César, une ville gauloise, capitale primitive des *Sesuvii*.

Les Romains s'en emparèrent après une vigoureuse résistance, l'occupèrent fortement et construisirent un important établissement, à peu de distance, dans un endroit appelé depuis *la Briquetière*. Les vainqueurs, on le sait, enlevèrent souvent aux cités gauloises leur titre de capitale pour le donner à des localités où l'élément romain prédominait; d'une façon générale ils préféraient, du reste, la plaine aux hauteurs. C'est ainsi que, sous Auguste probablement, le siège du gouvernement fut transporté d'*Oxma* à une bourgade dont on ignore le nom ancien, mais qui devint la *civitas Sesuviorum* et, plus tard, *Sées*. Saint Latuin, qui évangélisa notre région, en fonda l'évêché dans cette dernière ville.

Lors de l'irruption des barbares et de la chute de l'empire romain, au début du Ve siècle, la hiérarchie politique et administrative fut nécessairement détruite et, revenant à leur vieille coutume nationale, les habitants de la contrée redonnèrent à *Oxma* sa suprématie politique et judiciaire, tout en laissant à Sées le siège de l'évêché. Il est, toutefois, hors de doute que, pendant la période mérovingienne tout au moins, les évêques de Sées résidèrent souvent à Exmes, où ils trouvaient plus de sécurité que dans leur ville épiscopale.

Exmes était alors, en effet, la capitale du vaste *pagus Oximensis*, qui s'étendait jusqu'à Caen et à la mer et comprenait, dans sa dépendance, Sées, Falaise et Alençon. Un *comes*, de race royale, y résidait et son bénéfice, d'abord viager, se transmit à sa famille, qui donna naissance à Saint-Godegrand et à Sainte-Opportune. Charlemagne et Charles le Chauve envoyèrent des *missi* dans cette ville qui, en 912, fut cédée, comme toute la Neustrie, par Charles le Simple à Rollon.

Le comté d'Exmes devint alors l'apanage des fils puinés des ducs de Normandie, qui y établirent, avec la qualité de vicomtes, des lieutenants appartenant aux familles les plus puissantes. Cet état de choses dura jusqu'à la conquête de Philippe-Auguste sur Jean sans Terre. En 1370, Charles V donna Exmes à la maison d'Alençon et, de cette maison, le comté passa successivement à celles de Luxembourg, de Vendôme, de Condé, puis au comte d'Eu et enfin à *Monsieur*, comte de Provence, qui le possédait en 1789. A cette époque la ville était encore le siège d'un bailliage, d'une vicomté, d'un grenier à sel et, au point de vue religieux, de l'archidiaconé et doyenné d'Exmois et d'un prieuré des Bénédictines, fondé en 1625 par Catherine du Bouillonney de la Boutonnière.

* * *

A toute époque, la possession d'Exmes fut très vivement disputée et il est peu de places fortes qui aient subi des assauts aussi répétés : en 994, Louis d'Outremer fait attaquer cette ville, sous la minorité de Richard, duc de Normandie, par Hugues le Grand, comte de Paris; en 998 elle tient bon pour le comte Guillaume contre le duc Richard II. En 1060, le roi Henri de France et le comte Geoffroy d'Anjou, avec une armée de cent mille hommes, ne peuvent s'en emparer. Nouveaux sièges en 1094 et en 1103. En 1136, Gilbert de Claire l'attaque et brûle le faubourg. En 1356, le duc de Lancastre, débarqué au mois de juin dans le Cotentin, s'avance vers Exmes, qui résiste victorieusement. A la fin du XIVe siècle la forteresse qui, depuis qu'elle s'était donnée à Philippe-Auguste, était restée fidèle et inviolée, ferme ses portes aux compagnies anglo-navarraises qui occupent le Merlerault, Silly et une partie notable du pays. Son gouverneur était, en 1417, le chevalier Jean de Courcy. Dans les premiers jours d'octobre, les Anglais mirent le siège devant la place qui se rendit le 17, après une énergique résistance. Le 30 septembre 1449, les comtes de Dunois, de Clermont et de Nevers forçaient le capitaine anglais à capituler et rendaient le comté d'Exmes à la mère-patrie. En 1465, Louis XI reprit Exmes sur son frère, le duc de Berry et de Normandie et, pendant les guerres de religion, en mars 1563, un lieutenant de Montgommery occupa, pendant quelques jours, la ville et le château.

L'importance d'Exmes n'est plus qu'un souvenir; la cité n'a conservé de ses monuments anciens que l'église Saint-André et les débris de son prieuré de Bénédictines. Nous sommes heureux, grâce à des documents authentiques, de pouvoir au moins reconstituer et décrire la petite ville du XVe siècle.

Exmes est, nous l'avons dit, bâti sur un vallon des collines de Normandie, à 257 mètres d'altitude, dans une des positions les plus fortes, dominant la vallée de la Dive et les plaines où l'Orne prend naissance. De trois côtés, au nord, au sud et à l'ouest, faisant face à Argentan, au Pin et au Bourg-Saint-Léonard, la colline se termine par des escarpements à pic et la partie nord-est est de plus protégée par une gorge profonde qui, de son état marécageux primitif, a conservé le nom de *fanguier*. Dans presque tout son périmètre, la place était couverte par la *Haie d'Exmes*, forêt de plus de deux lieues de tour qui n'a disparu que dans les premières années du XVIIIe siècle.

Le côté le moins protégé par la nature était le front est de la ville : une série de pentes relativement douces, s'étageant depuis Gisnay et la Briquetière, en rendait l'accès plus facile. C'est là que s'étendait, en avant de la ville et hors l'enceinte, protégé et enclos par des *palis* ou *barrières*, le faubourg ou bourg neuf, réuni à Exmes par Henri Ier, duc de Normandie, et possédant une église dédiée à *Notre-Dame*.

Le faubourg traversé, on se trouvait en face de la porte *du Buot*, souvent appelée *porte de Paris*. Elle était protégée par un large et profond fossé et par plusieurs tours. L'entrée, très étroite, donnait accès dans la rue principale et presque unique d'Exmes qui, longue de trois cents pas, divise la ville en deux parties et allait aboutir à la porte *Malza* ou *d'Argentan* qui portait, dit la légende, cette inscription : *Iul. Cæsar me fecit.*

Exmes ne présentait que deux ou trois rues secondaires, dont l'une conduisait à l'antique église Saint-André. Ce monument quelque peu bizarre, par le mélange des styles, présentait le même aspect qu'aujourd'hui : une nef romane avec bas-côtés du XIVe ou du XVe siècle, un chœur élégant avec galerie extérieure, contreforts à clochetons et fenêtres gothiques, sous lequel existe, dit-on, une crypte. Cette église avait pour patron l'abbé de Saint-Wandrille, et on y remarquait une chapelle de Saint-Michel, fondée en 1272, pour l'inhumation d'Étienne le Bouchier et de sa femme Alethie.

En résumé, la cité comprenait une église paroissiale, *intra muros*, Saint-André et une autre, *extra muros*, Notre-Dame. Hors l'enceinte se trouvaient, de plus, la léproserie de Sainte-Marguerite et sa chapelle, puis la chapelle de Sainte-Madeleine-des-Fangeais ou de Sainte-Véronique, bâtie, en 1257, par saint Louis, pour quatre religieux du Val-des-Choux.

* * *

Au nord de la ville et faisant corps avec elle, se voit une sorte de plate-forme, vaste et élevée, qui s'avance en éperon dans la direction d'Argentelles. Elle est encore entourée de larges fossés, transformés en jardins, où se rencontrent sur le flanc de l'escarpement des débris informes d'une maçonnerie épaisse et résistante. Ce sont les seuls restes du fameux château d'Exmes qui, de son donjon colossal, commandait toute la contrée. Vers 1835, on a découvert sur son emplacement des puits, des pierres de taille, des armes et même des vases d'airain contenant des pièces de monnaie.

Nous pouvons relever par la pensée ces murailles à jamais disparues et réédifier la forteresse dont nous n'avons même pas les ruines. Des réparations y ayant été pratiquées, en 1409, par la France, et, en 1437, 1445 et 1446, par l'Angleterre, permettent, en effet, au moyen des devis de ces travaux, de la reconstituer.

Pour pénétrer de la ville dans le château, ou plutôt dans la première enceinte appelée *baile* ou *basse-cour*, il fallait franchir, sur un pont-levis, un fossé très profond. On rencontrait alors une ligne de murailles flanquée de tours dont la principale s'appelait tour de *Radepont*, protégeant les écuries, les magasins et la chapelle dédiée à saint Nicolas. La *grande maison des étables* avait 65 pieds de long et 45 pieds de haut. On franchissait ensuite un second pont-levis et une nouvelle enceinte dominée par de hautes tours, et on se trouvait alors dans le château proprement dit, commandé encore par la *tour du guet* et par le donjon.

La tour du guet était située à l'ouest; elle avait *cinquante-huit chevronnées* de circonférence et était surmontée d'une toiture aiguë couverte en tuiles, terminée par une aiguille en plomb où flottait l'étendard du château. Autour de cette toiture régnait un couronnement muni de créneaux et d'échauguettes auquel deux lucarnes donnaient accès.

Nous ne connaissons qu'approximativement la hauteur du donjon par celle des cheminées. Elles s'élevaient à quatre-vingts pieds de haut, à prendre depuis la fondation jusqu'au *coupeau ;* les murs avaient quatre pieds d'épaisseur. C'est là, en la *grande maison*, qu'étaient situées les chambres où les capitaines du *chastel* demeuraient ainsi que les officiers du roi.

La destruction du château d'Exmes se place entre 1620 et 1629. Une partie des matériaux en provenant fut employée à construire l'auditoire du bailliage, sur le fronton duquel étaient sculptées les *levriers héraldiques* de la vieille cité; une autre servit à l'édification du prieuré des Bénédictines.

Aujourd'hui une verdure luxuriante recouvre les ruines de l'antique forteresse, et une chapelle élégante, dédiée à saint Godegrand et à sainte Opportune, s'élève presque sur l'emplacement de la chapelle Saint-Nicolas.

Le château est tombé, les générations se sont éteintes, l'oubli s'est fait, la croix seule est demeurée, symbole irrécusable de la fragilité des œuvres de ce monde en présence des œuvres de Dieu. Œuvre de Dieu aussi cette vue admirable dont on jouit là. Œuvre de Dieu, cet air vivifiant qu'on y respire et qui fait songer à ces vers charmants du XVIe siècle :

L'air du pays et demeurance heureuse
A ne sais quoi de douceur amoureuse
Qui laisse au cœur un joyeux souvenir
Et l'appétit d'y vouloir revenir.

Vicomte du Motey.

CHÂTEAU D'ARGENTELLES

LE CHATEAU D'ARGENTELLES

En quittant Exmes dans la direction d'Argentan, on aperçoit, au pied de la colline, au milieu des herbages et des frondaisons touffues, le charmant *logis* d'Argentelles, dominé par une haute tourelle du plus pittoresque effet.

Ce manoir, depuis longtemps dans un complet état d'abandon, inspire je ne sais quels sentiments de poésie mélancolique. Son histoire a laissé dans le pays des souvenirs profonds travestis par la légende. On voit, dit-on, parfois ses fenêtres s'illuminer la nuit comme si ses hôtes d'antan venaient tenir en la grande salle une assemblée mystérieuse. Aucun lieu ne peut être plus favorable aux gracieuses apparitions et si quelque dame blanche forme transparente et lumineuse, hante encore le pays, elle revient de préférence là où elle peut toujours arrêter ses beaux yeux sur la tendre et touchante devise des Lefranc : AYME et sur l'écusson symbolique aux *trois cœurs*.

Le château d'Argentelles est d'un aspect harmonieux bien qu'il appartienne aux époques et aux styles les plus divers. Sa construction remonte seulement à la fin du XIVe siècle ou au commencement du XVe. Sa restauration dernière date de 1632, mais il a été élevé sur les soubassements et sur les ruines d'une antique forteresse féodale.

Le manoir, dont la façade est éclairée par des fenêtres à meneaux, est flanqué de quatre tourelles dont l'une portait le nom de *Mare-Coulisse*. Une tourelle plus élevée, surmontée d'une sorte de belvédère communiquant avec la chapelle, en défendait l'entrée.

La porte du logis est surmontée d'un tympan ogival chargé au centre d'un écusson. Ses solides battants de chêne étaient, pour mieux assurer la défense, renforcés à l'intérieur par des traverses de bois, de même que les fenêtres du rez-de-chaussée étaient munies de robustes barreaux de fer.

Un vestibule donne accès à la cuisine et à la grande salle. A l'étage on remarque surtout deux vastes chambres, à cheminées monumentales, dont l'une ne mesure pas moins de cinquante mètres carrés de superficie. C'est là que se trouvait, il y a peu d'années encore, un merveilleux spécimen de la sculpture sur bois au XVe siècle, connu par erreur sous le nom de *lit de justice* d'Argentelles. C'était une sorte de dais destiné à surmonter un lit, comme on en rencontre beaucoup au moyen âge. Le travail plus fini, plus ornementé, paraissait de la même main que les boiseries de l'église de Saint-Germain-de-Clairefeuille et nous l'attribuons, sans aucune hésitation, à un *imagier* de la famille Goujon, originaire d'Argentelles. Hélas ! ce chef-d'œuvre si précieux, dont nos lecteurs pourront voir la reproduction dans l'*Orne Pittoresque*, a disparu ; il a été vendu à un riche étranger.

Sous le château s'étendent de vastes caves, et un beau pigeonnier féodal, élevé sur une motte entourée de douves, s'élève à peu de distance. Un étang et de larges fossés enserraient de toutes parts le manoir et le mettaient à l'abri d'un coup de main.

Le fief d'Argentelles relevait du roi sous la vicomté d'Exmes, et s'étendait dans les paroisses d'Argentelles, Fel, Omméel, Avenelles et Grebert. Son possesseur était tenu en vingt jours de garde, en temps de guerre, à la porte *Malza* d'Exmes et devait chaque année, à son suzerain, un septier de froment et deux septiers d'avoine.

Là demeurait, au début du XIIIe siècle, Guillaume d'Argentelles, chevalier et sa femme Osmoïde, qui aumônèrent, en 1237, à l'abbaye de Saint-Wandrille l'église et les dixmes d'Argentelles. Jean d'Argentelles, fils du précédent, confirma solennellement cette donation, par charte d'avril 1247. Guillebert d'Argentelles, *premier-né* de Jean, fit de même en 1284. Ce seigneur ne paraît avoir eu qu'une fille, Colette et, dès le début du XIVe siècle, le fief est entre les mains d'une famille d'Ouilly. Gilles, Guillaume, Jehan et Guillot d'Ouilly, s'y succèdent jusqu'en 1417, époque de l'invasion anglaise (1).

Château d'Argentelles.

D'après une photographie de M. G. Magron.

Le seigneur d'Argentelles n'ayant pas voulu se soumettre à Henri V d'Angleterre, fut frappé d'une confiscation immédiate. Sa terre fut donnée à *sir* Rolland Leyntall, chevalier, seigneur de Herford, époux de Marguerite d'Arundel. Une disgrâce enleva Argentelles à Leyntall en 1420, et un autre Anglais, *sir* Jehan Lanrock, en devint possesseur.

En 1449, au moment de l'expulsion des envahisseurs par Dunois, Richard d'Escalles, héritier de Guillot d'Ouilly, rentra en possession de son fief. Durand d'Escalles, fils du précédent, époux de damoiselle Isabeau de Thieuville, lui succéda. Ce seigneur avait, tant par lui que par sa femme, une fortune considérable et son époque fut certainement l'une des plus brillantes pour le château d'Argentelles. C'est dans le manoir actuel que fut célébré, le 4 août 1458, le mariage de sa fille, Catherine d'Escalles, dame du Crocq, avec Georges Rouxel, écuyer, seigneur de Médavy, capitaine des francs-archers du duché d'Alençon, qui fut tué à la bataille de Guinegate, le 16 août 1513. Cette alliance appartient à l'histoire, car le seigneur de Médavy fut l'auteur d'une illustre lignée, qui brilla dans l'Église comme dans les armes.

Jean d'Escalles, fils de Durand, allié à Jeanne Levoyer, mourut le 3 août 1538, laissant un fils, Maurice, qui épousa Antoinette de Guéry. A sa mort, survenue en 1561, la maison d'Escalles tomba en quenouille : cinq filles mariées aux sieurs d'Orval, de la Heurtaudière, de Bérout, du Plessis et de la Bornerie la représentaient.

(1) M. Albert Chollet a consacré, dans le *Bulletin de la Société historique et archéologique de l'Orne*, une très intéressante notice aux fiefs et paroisse d'Argentelles. Nous avons largement puisé dans ce travail.

Le noble fief d'Argentelles fut donc divisé et le premier lot, devant constituer la *seigneurie en chef* et comprenant le manoir, finit par écheoir, en 1572, après divers arrangements de famille, à Jean Lefranc, écuyer, sieur de Bérou, fils de Jean, sieur du lieu, et de Françoise d'Escalles.

M. de Bérou eut comme successeur, son fils, Pierre Lefranc, sieur de Villeraye, qui avait épousé, avant 1598, Louise de Saint-Denys, veuve de Nicolas de Champin de Gisnay, sœur d'Odet de Saint-Denys, chevalier de l'Ordre du Roi, baron de Hertrey, Fresne et la Tournerie, capitaine des château et ville d'Alençon. A la mort de M. de Villeraye, son frère, Bonaventure Lefranc, sieur du Désert, acheta le château de ses enfants mineurs.

Le nouveau seigneur d'Argentelles avait épousé, avant 1624, Marguerite de Louvigny, dont il laissa François Lefranc, marié à Charlotte Lestendart. Le fils de ce dernier, Pierre, mis en possession de son fief par la démission de son père, à titre d'avancement d'hoirie, le 5 mai 1679, contracta trois mariages : le premier avec Claude de Droullin, le second avec Anne-Renée de la Pallu, dont il eut dix enfants, notamment Louis-René-Pierre Lefranc qui suit, le troisième avec Jeanne-Élisabeth d'Ouesy.

Louis-René-Pierre Lefranc, écuyer, seigneur d'Argentelles, garde-du-corps du roi, vendit sa terre, le 26 août 1752, pour trente mille livres.

L'acquéreur, Ange-Hyacinthe de la Motte-Ango, comte de Flers, baron de Larchamps, châtelain de la Lande-Patry, seigneur de la Fresnaye, baron et seigneur haut justicier de Messei, réunit la seigneurie d'Argentelles au fief de Villebadin. Il les vendit, le 6 août 1757, à Louis-Paul de la Motte-Ango, chevalier de Flers, mestre de camp, exempt des gardes du roi et chevalier de Saint-Louis. La maison de Flers a possédé le château d'Argentelles jusqu'en 1888.

Quant aux autres démembrements de la seigneurie formés à la mort de Maurice d'Escalles, ils ont appartenu successivement aux familles Billard, de Guerpel et du Mesnil. Ils ont été acquis peu à peu par MM. de la Motte-Ango, qui en possèdent encore une partie.

Telle est l'histoire, trop rapidement esquissée, du château d'Argentelles, qui a eu ses moments de splendeur et a connu le bruit des armes. Si on ne remédie à son état de délabrement, le temps et l'abandon en feront bientôt une ruine et, dans quelque vingts ans, peut-être en trouvera-t-on à peine quelques vestiges sous l'herbe et la mousse.

Vicomte DU MOTEY.

LE HARAS DU PIN

Il est impossible, dans un volume aussi complet que celui-ci, de passer sous silence cet établissement, qui pour ne pas remonter à une date éloignée, n'en présente pas moins un véritable intérêt.

L'exemple de Sully, dont Colbert était un admirateur, la pénurie et la dégénérescence de la race chevaline, causées par le départ aux armées des poulinières, déterminèrent l'habile ministre à faire un règlement sur l'élevage du cheval.

On réorganisa les haras sur une grande échelle, et le roi Louis XIV décida de créer un établissement modèle.

Une province était toute désignée : la Normandie.

On choisit le Pin, qui se trouve au centre de la production chevaline, et le domaine de M. Béchameil, marquis de Nointel, conseiller d'État, fut acheté. Pour permettre de faire grand, on adjoignit une partie de la forêt d'Exmes, et, sur les plans de Colbert, en 1714, on commençait le haras du Pin.

En 1725, il était à peu près terminé, et les chevaux y furent installés vers 1730 ou 1731.

M. de Garsault, écuyer du roi, fut le premier directeur; puis ce fut, vers 1750, M. d'Armaillé, et, en 1755, le marquis de Briges.

En 1765, le marquis de Lambesc, qui avait la direction de tous les haras de France, fut nommé directeur du haras du Pin. Il y resta jusqu'en 1790. Il eut pour successeurs, de 1791 à 1806, MM. de Wagner et de Grimoult.

Malheureusement, le haras n'échappa pas au bouleversement général et ses propriétés furent vendues comme biens nationaux pendant que les chevaux étaient dispersés au hasard des réquisitions.

Le décret du 4 juillet 1806 qui réorganisa les haras, les dépôts d'étalons et les écoles vétérinaires d'Alfort et de Lyon, redonna au haras du Pin sa suprématie.

On racheta tout ce qui avait été vendu et on dépensa plus de quatre-vingt mille francs à remettre les bâtiments en état.

Les directeurs qui se succédèrent au haras du Pin depuis 1806 jusqu'en 1825, date à laquelle les votes de la Chambre vinrent arrêter l'amélioration de nos races de chevaux, furent les suivants :

M. d'Avogour (1807-1811), le chevalier d'Abzac (1811-1818), baron de Bonneval (1818).

Après nous relevons les noms de MM. le comte de Bony (1832), baron de Coëtdihuel (1833), Perrot de Thannberg (1835), Strubberg (1839), Gayot (1840), de Lespinats (1843), Houël (1847).

Vers 1825, le haras du Pin possédait une très belle jumenterie dont les produits étaient renommés et furent donnés comme les premiers reproducteurs du monde pendant plus de vingt ans. En 1852 cette jumenterie fut supprimée.

Mais laissons le haras, sur lequel, au point de vue de l'œuvre que nous poursuivons ici, nous nous sommes un peu trop étendu.

Le château du Pin n'a pas d'autre mérite architectural que d'avoir été construit sur les plans acceptés par le Roi Soleil.

Rien n'attirerait l'attention sur ce monument, qui est tout simplement de son époque, si le site n'était lui-même absolument magnifique. Le domaine contient 1,129 hectares, dont 748 hectares en prés ou herbages, 85 en terres labourables, 251 en futaies et taillis et 45 environ en bâtiments, avenues, servitudes diverses et pièces d'eau.

L'établissement se compose d'une cour d'honneur entourée de grandes écuries contenant chacune 30 chevaux. A l'une des extrémités de cette cour, en face de la grille d'entrée, s'élève le château, bâti sur un coteau qui domine de riches vallées, et dont la vue s'étend au loin jusqu'à la vallée de Sées et l'immense forêt d'Écouves, à l'ouest d'Alençon.

Vue d'ensemble.

D'après une photographie de M. H. Magron.

De la cour d'honneur on pénètre par deux larges voûtes dans plusieurs cours secondaires : les deux premières, la cour d'Aure et la cour Garsault, situées à l'ouest, contiennent tous les services de l'école, salles d'études et de conférences, bibliothèque, salle de dessin, logement des élèves, officiers, dortoirs et réfectoires des élèves palefreniers, manège, remises, selleries, écuries des chevaux de l'école.

Derrière le manège est une vaste carrière découverte pour les écuries du dehors

A l'est de la cour d'honneur se trouvent la cour Lambesc, entourée d'écuries et de boxes pour quarante chevaux, puis la cour d'Abzac, qui donne accès aux divers bureaux (sous-directeur, surveillants, brigadiers, archives, télégraphe, etc.), enfin la cour Montel, où sont situés quelques logements de palefreniers.

De la cour d'Abzac on passe dans la cour des remises et dans une cour nouvelle, où trois écuries de vingt chevaux chacune et un pavillon couvert pour le service de la monte ont été ajoutés depuis quelques années pour suffire au développement du haras.

Trois larges et belles avenues, bordées de magnifiques futaies, s'étendent en face de la cour d'honneur, rayonnant à partir de la grille d'entrée, l'une dans la direction de l'ouest, celle du milieu (l'avenue Louis XIV) dans la direction du nord-est, et la troisième dans la direction du nord.

En face de l'établissement on trouve, d'un côté, l'Hôtel du Haras du Pin, ouvert à tous les voyageurs et situé sur le bord de la route nationale de Paris à Granville, et, d'un autre côté, les bâtiments consacrés aux fourrages, aux services vétérinaires et aux forges.

Plusieurs succursales ou écuries auxiliaires sont établies sur le domaine du Pin.

Sur la route qui conduit à l'hippodrome et qui est bordée à droite et à gauche de deux pistes gazonnées de 20 mètres de large sur trois kilomètres de long, l'une plate, l'autre parsemée d'obstacles, on trouve successivement : la succursale de Borculo, occupée par 8 chevaux ; celle des Charmettes (8 chevaux également) ; la grande jumenterie, qui contient 40 chevaux, dont 16 en boxes et 24 en stalles (cette succursale est spécialement affectée aux étalons du Norfolk et aux chevaux de trait) ; enfin celle de l'hippodrome, comprenant 27 boxes pour les étalons trotteurs les plus remarquables de race française.

Toutes ces succursales, consacrées autrefois à l'élevage, ne contiennent plus aujourd'hui que des étalons. Comme on l'a dit plus haut, la jumenterie du Pin a été supprimée en 1852.

Du côté opposé de l'établissement central, une avenue conduit à la succursale de l'Église (11 chevaux), à celle du Gazobiel (7 chevaux) et enfin à celle du Vieux-Pin, où sont placés dans de vastes boxes, précédés de paddocks, les étalons les plus précieux de pur-sang anglais.

L'effectif du dépôt du Pin se composait, il y a quelques années, lors de notre dernière visite, de 16 étalons de pur-sang anglais ; 16 étalons de Norfolk ; 20 étalons de trait, de race percheronne ou boulonnaise, et 156 étalons de demi-sang, de selle, carrossiers légers et forts carrossiers.

En tout 208 étalons, non compris 30 chevaux d'école, 3 chevaux de service de route, 7 chevaux de service de domaine et divers étalons en subsistance. Aujourd'hui, ce nombre a été considérablement augmenté : les nécessités de la monte dans toute la région de l'ouest, le perfectionnement de la race chevaline, de plus en plus à l'ordre du jour, les demandes multiples des agriculteurs et éleveurs qui, plus soucieux de leurs intérêts, ont recours aux étalons de l'État, tout cela a forcé le ministère de l'Agriculture à accroître ses reproducteurs.

On compte au haras du Pin environ quatre cents chevaux alors que tous les étalons sont rentrés des dépôts.

Le dépôt du Pin est de plus chargé de recevoir, temporairement, tous les étalons provenant de remontes annuelles faites en Normandie, à Paris et en Angleterre.

Les directeurs qui ont successivement commandé le haras du Pin depuis 1850, sont MM. de Cormette (1850-1862), de la Houssaye (1863-1870), le comte de Pardieu (1870-1879), Delanney, de la Fargue-Tauzia, Delaunay, Olivier, et enfin M. du Pontavice de Heuzey, directeur actuel.

Il faut, pour terminer, dire que notre haras du Pin reste, dans ces temps où l'élevage du cheval est en grand progrès, le plus bel établissement officiel non seulement de France, mais aussi de l'étranger, encore que la Russie et la Hongrie soient en ce moment dans une voie de perfectionnement remarquable.

Gustave Fabius de Champville.

LE CHATEAU DU BOURG [1]

Nos collines normandes des bois d'Auge et du Bourg n'offrent point la grandeur pittoresque des vraies montagnes. De même, la plaine qui se déroule des bois d'Auge au pied des bois du Bourg n'a ni l'étendue ni la fertilité de certaines plaines de la Brie ou de la Beauce. Pourtant qu'elles résument bien, nos collines, ce que réclame de pittoresque une âme tempérée! Et comme nos champs, animés de maisons blanches, sont plus vivants que ces riches solitudes! Puis le passé, chez nous, ajoute du charme aux beautés naturelles. De sa plaine, le donjon de Chambois fait signe au château du Bourg qui rêve au bord de sa forêt.

A moins d'un kilomètre du Bourg-Saint-Léonard, à gauche de la route qui, par une pente rapide, descend vers Chambois, s'élève le château du Bourg. La grille franchie, — elle vient, paraît-il, de Trianon, — le château apparaît mieux dans sa masse imposante. Certes il manque de grâce, en sa régularité rectangulaire. S'il était bâti au milieu d'un paysage nu et sauvage, qu'il semblerait froid et triste! Mais l'onduleuse élégance du parc qui l'entoure; mais, à l'intérieur, les trouvailles de l'art ancien et les recherches de l'art moderne corrigent ce que l'aspect présente d'abord de trop grave, et, quand on entre dans le boudoir célèbre dont les peintures sont attribuées à Boucher, on oublie tout à fait l'impression sévère du premier moment.

Le château actuel fut construit entre 1763 et 1767, par Jules-David Cromot, conseiller du roi, contrôleur général du marc d'or, secrétaire du cabinet du roi, premier commis du contrôle général, surintendant des finances du comte de Provence. C'est en 1756 que la terre du Bourg-Saint-Léonard, dépendant de la vicomté d'Exmes et formant un plein fief de haubert, fut vendue par le marquis de Breffey et la dame de Vassy, son épouse, à Jules-David Cromot et à son épouse, la dame Rose-Joseph-Sophie Baudon. Suivant lettres patentes du mois de décembre 1765, la terre du Bourg fut érigée en baronnie par Louis XV et les Cromot créés barons.

Les Cromot étaient originaires de la Bourgogne. Jules-David Cromot, né en 1725, avait amassé une fortune considérable par de hardies spéculations. Les Baudon étaient fermiers généraux à Rouen. Leur fille, quand elle fut châtelaine, fit du Bourg un centre de réunion des plus animés. On y chassait beaucoup; elle était elle-même une intrépide amazone. Dans un tout autre ordre d'idées, elle attira au Bourg un cercle de beaux esprits. Florian (2) y vint à plusieurs reprises, vers l'époque où il composa *Jean et Colin* (1780) et son roman pastoral *Galatée* (1783); on croit qu'il prit au Bourg des notes pour écrire *Estelle* (1788).

(1) Cette notice doit beaucoup, pour ne pas dire tout, aux précieuses recherches de M. l'abbé Gatry et de M. Pichon-Grandprey, ancien notaire au Bourg-Saint-Léonard. Il serait injuste de ne pas remercier également M. Victor du Dignères. Son intéressant volume : *La Vie de nos pères en Basse-Normandie* est un guide sûr à travers le passé de notre coin normand.

(2) Ces dates ont été précisées par le vicomte du Motey, qui les a recueillies à la suite d'entretiens avec notre maître si regretté, M. Léon de La Sicotière. *Defunctus adhuc loquitur!*

Avant le château actuel du Bourg, il en existait un autre. Dans ses intéressants mémoires (1), le comte de Cheverny compare l'un et l'autre château :

« On nous attendait au château du Bourg, habité par M. et Madame la marquise de Vassy, qui en avaient hérité..... Il n'était pas alors (1748) ce qu'il est devenu depuis entre les mains du fameux Cromot, qui en avait fait une habitation magnifique. Il avait tous les caractères de l'antiquité, les cheminées étaient à l'ancienne mode, avec des manteaux tellement élevés qu'un homme de cinq pieds pouvait y entrer sans se baisser. »

Château du Bourg.

D'après une photographie de M. H. Magron

Le Bourg-Saint-Léonard s'appelait autrefois, et avant l'érection en baronnie aux mains de M. de Cromot, le Bourg-Barquet. Ce nom était le nom patronymique de la famille du Barquet. On trouve, en 1460, Olivier du Barquet, seigneur du Bourg; en 1512, Jehan du Barquet. En 1550, François du Barquet épouse Stévenotte d'Oilliamson.

Mais le nom le plus ancien est le Bourg-Saint-Léonard. On trouve les seigneurs de Saint-Léonard cités en 1212 et en 1219 dans le chartrier de l'abbaye de Silly.

M. de Cromot, baron du Bourg, mourut peu avant la Révolution. Il laissait deux fils, qui émigrèrent vers 1790. Leurs biens furent confisqués; mais ils rentrèrent dans leurs propriétés en exécution de la loi du 5 décembre 1814. Ils ne les conservèrent pas longtemps et le château du Bourg fut vendu par eux, le 28 mai 1824, à M. de Tamisier. Celui-ci le revendit, le 15 décembre 1835, à M. de Tourdonnet, qui, à son tour, le céda à M. le marquis de Chasseloup-Laubat, ancien ministre de la marine, à la date du 14 décembre 1841. Enfin le château du Bourg a été acheté en 1879 par M. Jules de Forceville. Son fils, M. Constant de Forceville, en a hérité. Lui-même est mort en 1895, et le château du Bourg appartient aujourd'hui à sa veuve, Madame de Forceville, née Duruflé, et à ses enfants mineurs, Robert et Élisabeth de Forceville.

J. Germain-Lacour.

(1) *Mémoires sur les règnes de Louis XV et Louis XVI et sur la Révolution*, par J.-N. Dufort, comte de Cheverny (1731-1802), introducteur des ambassadeurs et gouverneur du Blaisois, publiés par H. Robert de Crèvecœur. — Plon, Nourrit et Cie, 1886, t. II, p. 48 et suiv.

LA PIERRE-LEVÉE DE GOUFFERN

Sur le territoire de la commune de Silly-en-Gouffern, à quelques pas de la route qui va du Bourg-Saint-Léonard à Almenèches, s'élève le menhir de la *Pierre-Levée,* classé parmi les monuments historiques du département de l'Orne. On ne l'aperçoit pas de la route, il est masqué par des arbres. Il est là pourtant, tout près d'une maison de garde et à deux cents mètres environ de l'élégant pavillon de Gouffern. Ce pavillon, récemment construit par M. Prempain, architecte à Sées, sur l'emplacement de l'ancien château de Gouffern, appartient à la famille Renouard, comme d'ailleurs le terrain sur lequel s'élève le menhir.

Menhir de la Pierre-Levée.

D'après une photographie de M. H. Magron.

Le Département de l'Orne archéologique et pittoresque (1) en donne une description très exacte :

« Dans cette forêt (de Gouffern), se trouve le beau menhir connu sous le nom de Pierre-Levée de la Vente ou de Gouffern. Il n'a pas moins de 6 mètres de hauteur sur 0 m. 80 environ d'épaisseur et 4 m. 33 de largeur à sa base. La partie supérieure semble avoir été brisée. Une des faces regarde le S.-E. et l'autre le N.-O. Sur le menhir, d'un beau grès rouge veiné, on remarque, du côté N., quelques enfoncements de forme ronde. Ce sont des géants, assurent les bûcherons, qui ont élevé cette masse, et l'empreinte de leurs têtes et de leurs épaules est ainsi restée gravée sur le monument en témoignage du grand effort qu'ils durent faire pour le poser à sa base. »

Géants, disent ceux-ci ; d'autres affirment : ce sont les fées. — Ni géants, ni fées, répliquent les savants ; c'est l'œuvre des druides qui jadis s'assemblaient à *Oxma* (Exmes), chef-lieu des *Sessuvii.*

(1) *Le Département de l'Orne archéologique et pittoresque,* par MM. de La Sicotière et Auguste Poulet-Malassis et par une Société d'antiquaires et d'archéologues, chez J.-F. Beuzelin, Laigle, 1845.

Les pierres druidiques doivent bien s'étonner de certains voisinages! Certes, les druides, lorsqu'ils élevaient cette pierre, ne prévoyaient pas l'avenir! Au lieu du grand silence de la forêt, la route toute proche avec ses bruits familiers. Même le menhir, ô ironie! est devenu l'ornement d'un parc! Certes non, les druides n'avaient pas prévu le voisinage du gentil *cottage* qu'on aperçoit tout près, et qui, si moderne et si confortable, présente une antithèse vraiment trop forte avec cette grosse pierre nue et triste!

Un sceptique veut m'inquiéter : « N'évoquez pas les druides. Je soupçonne qu'il n'y a pas de druides en cette affaire. Réfléchissez seulement à tout ce que la nature nous présente de surprises et de bizarreries. Tandis qu'elle a enfoui çà et là des rochers qui d'abord apparaissaient, elle a très bien pu, par je ne sais quels déblaiements, et sans le secours des hommes, faire sourdre ailleurs, en des attitudes singulières, des pierres qui se cachaient sous le sol... »

Alors, on ne sait plus! En l'absence de certitude, les savants font des hypothèses, les poètes font des vers. Des vers, sont-ils bien à leur place dans cette œuvre d'érudition et d'archéologie? Mais qui empêchera jamais les oiseaux d'entrer dans la cathédrale, et d'y voleter, et d'y chanter?

A la Pierre-Levée.

Sœur des rochers rampants, avoue
Ton orgueil d'éviter l'affront.
Tu n'as que les pieds dans la boue!
Plus haut ton cœur! plus haut ton front!

Triomphe! car ta masse élude
La loi de son poids colossal!
Vante-nous ta fière attitude
Et ton geste paradoxal!...

Voici ce que répond la pierre :
« Rien n'est nouveau sous le soleil ;
Dans l'Amour et dans la Prière,
L'Ame offre un miracle pareil. »

J. Germain-Lacour.

Héliog. P. Dujardin

ÉGLISE DE SILLI-EN-GOUFFERN

Pl. N° 47

L'ABBAYE DE SILLY

Silly, à gauche de la route de Paris à Argentan, sur la rivière d'Ure, entre la grande et la petite forêt de Gouffern, est d'origine romaine, comme l'indique son nom *Siliacum* (habitation de Silius). Dans la petite forêt, se voit la *Pierre-Levée*, à gauche du chemin d'Almenèches à Silly; l'autre partie de la forêt, vers Sainte-Eugénie, renferme les deux camps nommés le Châtellier, où l'on découvrit, en 1830, un trésor renfermant environ 5,000 médailles depuis l'époque gauloise jusqu'au règne de Commode.

Nul doute que Silly, dès les temps les plus anciens, ait été habité. Les sources nombreuses

Le Château de Silly.

D'après une photographie de M. H. Magron.

jaillissant à flanc de coteau à près de 20 mètres en contre-haut de la rivière d'Ure, qui coule au fond de la vallée, durent particulièrement attirer l'attention des Romains. Ces eaux d'ailleurs ont la réputation de posséder certaines vertus. La source de Saint-Laurent, qui fait partie du domaine actuel du château de Silly, est regardée comme souveraine pour la guérison de certaines affections, le feu ardent, l'eczéma et autres maladies de la peau. Au cours des travaux exécutés pour l'assainissement de l'école des filles, M. Eugène Gelée, a mis à découvert la margelle d'une fontaine qui paraît remonter à une très haute antiquité. Le long usage qui en a été fait est attesté par l'arrondissement des pierres vers les angles. Le seuil en liais est recreusé et c'est par ce recreusement que passait le trop-plein de l'eau de la source. L'eau de cette fontaine est d'une limpidité remarquable. On peut la faire monter jusqu'à une altitude de 60 centimètres. La fontaine de Saint-Laurent a dû remplacer celle-ci au moyen âge.

Vers le milieu du XIIe siècle, la situation avantageuse du lieu de Silly, la facilité d'en rendre l'accès impossible à l'ennemi en retenant les eaux qui coulent des flancs du coteau, au moyen de digues et de fossés larges et profonds, déterminèrent un noble chevalier, d'origine angevine, nommé Drogon, à fonder un monastère de l'ordre des chanoines dits de Prémontré, dont il avait pu admirer la règle à Magdebourg, dans le séjour qu'il fit en Allemagne à la suite de l'impératrice Mathilde, dame d'Argentan, et dont il prit lui-même l'habit. Les libéralités de l'impératrice et celles du roi d'Angleterre Henri II, lui facilitèrent l'exécution de ce pieux dessein. Leurs chartes sont conservées dans le cartulaire de Silly que possède la Bibliothèque nationale et dans le riche chartrier dont une portion considérable est entrée aux archives de l'Orne. Entre autres avantages qui furent concédés aux religieux, outre les droits seigneuriaux et forestiers les plus étendus, on cite le droit de *bigrage*, consistant dans une part du produit des mouches à miel trouvées dans la forêt de Gouffern. De là le nom de bigres donné souvent aux riverains de cette forêt.

Pendant la guerre de Cent ans, en 1346, l'abbaye fut détruite par les Anglais. En 1386, Jean Chaupin, abbé de Silly depuis 1379 (1), aidé par Grégoire Langlois, évêque de Sées, entreprit de réédifier l'église et les bâtiments conventuels. En 1406, les enfants de Jean Ier, duc d'Alençon, y furent inhumés, et leurs tombeaux s'y voyaient encore avant la Révolution. Maurice de Magny, qui gouverna l'abbaye pendant quarante-cinq ou six ans, de 1454 à 1500, acheva les constructions commencées au siècle précédent. Jean Lefort, qui lui succéda, laissa, comme souvenir de son administration, un superbe Christ en bois, qu'on admirait dans l'église.

Après Guillaume Paris, mort en 1543, commença la série des commendataires. Parmi eux on cite Saint-Jean, frère de Montgommery, et Corberan de Cardaillac, sire de Sarlabous ou Sarlabos, gouverneur du Havre.

La réforme, introduite en 1614 par Jean Le Veneur, fut continuée par Jacques, son frère, et par François Le Veneur.

Henri du Mont, maître de la chapelle du roi, réformateur du plain-chant et auteur des *Messes* qui portent son nom, eut ensuite le titre d'abbé jusqu'en 1684, époque de sa mort. Sa présence à Silly est attestée par plusieurs signatures apposées au bas d'actes relatifs à l'administration de l'abbaye.

Les derniers abbés de Silly furent Bertrand de Bortaris de Tournefort, vicaire général de l'archevêque de Paris, Barnabé Turgot, Néel de Christot, évêques de Sées, et enfin M. Hennebert, sous lequel eut lieu la fermeture du monastère, en 1790.

Le logis abbatial et les bâtiments conventuels, reconstruits au XVIIe siècle, étaient assez remarquables. L'église elle-même, qui datait du même siècle, fut en partie écrasée par la chute du clocher, en 1806. Elle renfermait plusieurs œuvres d'art, sans compter ce Christ, du commencement du XVIe siècle, dont on a parlé. Jean Bodo, peintre d'Argentan, avait été chargé, en 1623, de l'exécution d'un tableau destiné au maître-autel et de quelques autres travaux.

On fit venir de Caen, à la même époque, un sculpteur nommé Jean Lefebvre, qui travailla à la façon du tabernacle.

(1) *Archives de l'Orne*, H. 1224.

Jacques Restout, de la famille des peintres normands de ce nom, religieux de Silly, donna en 1684 le dessin du maître-autel, qui fut exécuté, sous sa direction, par Léonard Roger, sculpteur du roi. On y remarque deux statues colossales en terre cuite, représentant l'une saint Augustin, l'autre saint Norbert. Au-dessous sont deux jolis médaillons; dans l'un, on voit saint Augustin remettant à saint Norbert la règle des chanoines réguliers qu'il avait institués; dans l'autre, un moine en prière devant la Sainte-Vierge.

Les deux petits autels sont également d'un très beau style et de la même époque.

Dans la nef, on remarque encore plusieurs épitaphes des religieux, dont quelques-unes, de très petite dimension, inscrites sur des pierres carrées. Les archives de l'Orne possèdent, en outre, l'Obituaire de Silly, document du plus haut prix (1).

Église paroissiale de Silly-en-Gouffern.

D'après une photographie de M. H. Magron.

Les chanoines de Silly possédaient une belle bibliothèque dont on a le catalogue, dressé par un des anciens religieux. On y remarquait quelques beaux manuscrits, dont une bonne partie est conservée à la Bibliothèque d'Alençon, et plusieurs spécimens des premières éditions du XVe siècle. Ces religieux n'en avaient pas moins la réputation d'aimer la bonne chère. On peut s'assurer si elle était justifiée en examinant le règlement des pitances fait en 1317 (2) et plusieurs articles de leurs livres de dépense (3), qui renferment, en outre, de curieux détails sur la vie privée du XVe au XVIIIe siècle.

La chute du clocher de l'église abbatiale, survenue le 4 novembre 1806, entraîna la ruine de presque tout l'édifice. Dès 1684 les religieux avaient fait constater dans un procès-verbal de visite que la construction manquait de solidité et que les eaux pluviales tombant du toit minaient les fondations et pénétraient même, à travers les murs, jusque dans la nef. Les plans et devis de la reconstruction de l'église furent dressés le 7 juin 1807, mais ce n'est que plusieurs années plus tard que ces travaux purent être exécutés. Il faut savoir gré au conseil municipal de Silly d'avoir fait faire une modification au plan primitif, afin de conserver le rétable, et d'avoir voté une somme de 1,200 francs à cet effet (20 août 1814 et 23 juin 1823). C'est ainsi que l'on s'explique les imperfections que l'on remarque dans certaines parties de l'œuvre de Jacques Restout et de Léonard Roger.

Quant aux bâtiments conventuels et au domaine de Silly proprement dit, bois, fermes, moulins à blé et à tan, y compris les deux étangs qui en dépendaient, ils furent adjugés, comme biens natio-

(1) H. 1069.
(2) H. 1068.
(3) H. 1167 (an 1622); H. 1213 (an 1700-1710).

naux, le 16 mai 1791, au prix de 190,000 livres, à Louis-Denis Nau, caissier des tontines, domicilié à Paris, rue des Blancs-Manteaux. Dans l'adjudication furent compris les matériaux préparés pour être employés à la bâtisse de la nouvelle maison de Silly, actuellement en construction, pierres de taille et de toute espèce, tuiles, croisées, portes et autres bois travaillés pour la menuiserie, à l'exception des bois de charpente. L'ancienne maison abbatiale, située à gauche de l'église, fut réservée pour servir de logement au curé. Pendant la Terreur, l'exercice du culte ayant été interrompu, le presbytère fut converti en maison d'école.

Après la mort de Louis-Denis Nau, survenue le 13 juillet 1842, le château et le domaine de Silly furent vendus par ses héritiers (1) à M. Crestey.

Ce dernier fit démolir une partie du château dont il ne conserva, en les modifiant, que l'aile droite et un reste de corps de logis, formant avant-corps. M. le baron de Quetteville, qui acheta ensuite cette propriété, n'a pas laissé de traces à Silly, mais M. Eugène Gelée, propriétaire actuel, a fait exécuter les jolies terrasses construites au midi du château, la serre et d'importants travaux de canalisation.

Louis Duval.

(1) Alphonse-Louis Nau, inspecteur des finances, conseiller général de l'Orne, riche propriétaire à Saint-Évroult-Notre-Dame-du-Bois, fut candidat aux élections pour la nomination de députés à l'Assemblée législative. Il est décédé en 1853 ou 1854.

Cliché E. Magron — Héliog. P. Dujardin

CHÂTEAU DE GACÉ

Orne — Pl. N° 48

LE CHATEAU DE GACÉ

Gracieusement bâtie aux flancs d'un coteau qui domine la riche vallée de la Touque, la petite ville de Gacé est l'une des plus agréables du département de l'Orne.

Plusieurs de ses seigneurs ont noblement figuré dans l'histoire, mais les hauts faits d'armes qui les ont signalés n'ont pas eu Gacé comme théâtre.

L'un d'eux, Raoul *Tête-d'Ane*, fut le tuteur de Guillaume le Conquérant, dont il protégea les domaines contre les entreprises du roi de France, Henri Ier. Le titre de connétable de Normandie récompensa plus tard ses brillants services.

La seigneurie de Gacé passa, au XVIe siècle, dans la maison de Matignon, dont les plus illustres représentants, Jacques II de Matignon et Charles-Auguste, comte de Gacé, conquirent sur les champs de bataille le bâton de maréchal de France. Cette famille règne maintenant sur la principauté de Monaco.

D'après une photographie de M. H. Magron

Le château actuel de Gacé fut rebâti par parties au XVIe et au XVIIIe siècle, pour remplacer la vieille forteresse édifiée au XIIe siècle et qui tombait en ruines. Vu de loin, il présente une noble apparence avec sa toiture allongée, ses épaisses murailles, aux assises alternées de pierre et de briques brunies par le temps, ses hautes fenêtres grillées dont quelques-unes sont encore divisées par des meneaux sculptés.

Trois grosses tours, terminées par une toiture conique, sont accolées à la façade du midi, et lui conservent l'aspect d'un donjon féodal. Le château de Gacé était complètement entouré de larges fossés. C'est dans ces fossés, qu'en 1792, quatre malheureux prêtres furent noyés après avoir été mutilés et assommés par une populace en délire. Ils ont fait place depuis à des jardins et à une promenade publique.

L'intérieur du château, qui sert maintenant de mairie et d'habitation pour les gendarmes, ne présente rien de curieux à signaler.

L'abbé A. Desvaux.

LE SAP — LE SAP-ANDRÉ — L'ERMITAGE DE LA ROCHE

Deux communes du département de l'Orne portent le nom singulier de *Sap*.

L'une, désignée sous le nom de *le Sap,* sans addition, appartient au canton de Vimoutiers; l'autre, nommée *le Sap-André,* fait partie du canton de Gacé. On a beaucoup disserté sur la signification du mot Sap. Quelques-uns y ont vu un radical celtique dont le sens restait à déterminer; d'autres ont cru que ces deux communes ont pris leur nom des sapins qui y étaient plantés. En faveur de cette dernière opinion, on peut faire remarquer que le sapin est en effet appelé *sap* dans les anciens textes; on peut aussi invoquer l'autorité du vieil annaliste normand, Orderic Vital.

Le Sap, nous dit-il, tirait son nom d'un grand sapin qui s'élevait auprès de l'église. Cette opinion est adoptée par M. Édouard Le Héricher qui, au tome troisième de son *Histoire et glossaire du normand, de l'anglais et de la langue française d'après la méthode historique, naturelle et étymologique*, s'exprime en ces termes :

« Sap, bois de sapin, en v. all. Sapinus, Sapin, en vieux français Sap, mot qui est dans le *Roman des aventures de Fregus*, p. 230 :

> « Li rois Artus s'assit ou bout
> « D'une taule d'un Sap dormant. »

« Il y a en Normandie la commune le Sap (Orne), Sapinette, espèce de petit sapin, en français *Sapine, Sapinière* (1). »

M. Le Héricher indique en outre, à l'appui de son interprétation, qu'un autre arbre résineux, le *Pin*, a également donné son nom à une commune du département de l'Orne (2).

* *
*

Le Grand-Sap, appelé maintenant plus communément le Sap, après avoir été le chef-lieu d'une sergenterie, puis d'une vicomté sous l'ancien régime, le centre d'un canton sous la Révolution, n'est plus maintenant qu'une simple commune du canton de Vimoutiers.

Au XIe siècle, il faisait partie du domaine seigneurial de Gilbert Crespin, comte d'Eu et de Brionne. Ce personnage eut à soutenir de longues luttes avec la famille des Giroie d'Échauffour,

(1) *Glossaire normand*, t. III. Dernière partie, *Origines germaniques*, p. 47.
(2) *Id.*, p. 327.

l'une des plus puissantes de l'époque, qui s'empara de la forteresse du Sap, appelée le *Montpellier*, dont il subsiste encore quelques débris.

En 1136, le duc d'Anjou Geoffroy Plantagenet vint assiéger le Sap, qui tenait pour son compétiteur Étienne de Boulogne. Après avoir essuyé une vigoureuse résistance, les Angevins entrèrent dans la place, et la livrèrent aux flammes. La bourgade sortit peu à peu de ses ruines. Au siècle suivant une nouvelle église s'éleva sous le vocable de Saint-Pierre, construite avec la grandeur et le cachet des édifices religieux de cette époque. Elle fut en partie incendiée et détruite, en 1562, par les bandes de huguenots qui couvrirent alors le pays de sang et de ruines sous la conduite de Coligny (1). Une restauration totale exécutée au XVIIe et au XVIIIe siècle, avec d'autres améliorations apportées à notre époque, lui ont enlevé presque tout son caractère. Plusieurs fois l'église du Sap a été décrite par le menu, et cependant, jusqu'ici, personne n'y a signalé une œuvre d'art qui eût dû, ce semble, attirer par-dessus tout l'attention. Au-dessus du maître-autel, encadrée dans le rétable, une toile de grandes proportions représente l'*Adoration des Bergers*. Au coin du tableau se lit l'inscription : *Retout pinxit, anno* 1711 (2). L'auteur de ce tableau n'est autre que Jean Restout (2), directeur, puis chancelier de l'Académie de peinture, dont les œuvres d'art religieux surtout eurent en son temps, une très grande renommée, et figurent encore avec honneur aux musées du Louvre, de Versailles et de Berlin. Il était fils d'un peintre plus célèbre encore, et se trouvait être par sa mère, le neveu de Jouvenet (3).

* * *

Le Sap-André est une petite commune du canton de Gacé. L'on visite avec intérêt, sur son territoire, une vieille maison normande du XVe siècle, au hameau du Val-aux-Clercs, et le château, plus moderne, résidence des anciens seigneurs du lieu et présentement habité par des membres de la famille de Charlotte Corday. Cette construction pittoresque se cache au milieu d'une superbe futaie, dont quelques arbres ont été signalés parmi les plus remarquables de la région (4).

Entre le Sap et le Sap-André, la vieille église du Douet-Arthus a droit à la visite de l'archéologue et de l'artiste. Au milieu d'un ensemble des plus pittoresques, ils y trouveront des rétables de bois du XVIe siècle, surmontés de dais que décorent de très curieuses peintures, des colonnes torses et des encadrements de tableaux ornés de feuillages et d'animaux merveilleusement fouillés.

* * *

Outre les monuments qui ont été ici l'objet d'une notice spéciale, les principales curiosités des

(1) Un manuscrit conservé dans un reliquaire de l'église de la Trinité-des-Laitiers donne de curieux détails sur la prise du Sap et l'incendie de l'église. Cfr. l'abbé A. Desvaux. *Les dix mille Martyrs du Mont-Ararat, leur culte et leurs reliques au pays d'Ouche*. Bellême, imp. Levayer, 1890.

(2) Tous les actes anciens relatifs à la famille des Restout donnent l'orthographe *Retout*, plus conforme d'ailleurs à la prononciation.

(3) Près du Sap, dans l'église de Ticheville, on trouve au maître-autel un tableau représentant la Trinité et signé de Jouvenet. Cette œuvre du grand peintre normand semble cependant très inférieure comme dessin et coloris à celle de son neveu.

(4) L'abbé Letacq. *Bulletin de la Société d'horticulture de l'Orne*, 1894, p. 81.

environs sont des pierres celtiques connues sous le nom de *Crouptes d'Échauffour*, et situées dans un champ près de cette dernière localité ; le magnifique château de la famille de Montaut, à la Ferté-Fresnel, entouré d'un très beau parc et décoré d'objets d'art anciens et modernes de la plus grande richesse ; à la Trinité des Laitiers, le manoir de Fortmantel, l'un des plus anciens fiefs du pays, reconstruit, en 1860, dans le style de la Renaissance ; le château des Laitiers, vaste édifice de briques bâti comme son voisin du Vert-Bois, au milieu du XVIIIe siècle, sans style et sans élégance. Pendant la Révolution, on le regardait dans le pays comme un repaire où se rassemblaient des bandes de chouans, effroi de la contrée. A cause de ces soupçons, il fut attaqué, le 22 janvier 1800, par les troupes du futur maréchal Lefèvre, qui commencèrent à l'incendier (1).

Près de ce château, dans l'escarpement abrupt d'une gorge profonde et sauvage, un hêtre plusieurs fois séculaire enfonce dans le tuf ses énormes racines, et couvre de ses rameaux une excavation que dans le pays l'on désigne sous le nom de *bove*. D'accord avec la légende locale, faut-il retrouver dans cette grotte l'un de ces nombreux ermitages établis par saint Evroul, dans les bois qui recouvraient alors tout le pays ? Toujours est-il que, à quelques pas de là, nous avons pu découvrir l'existence au XIIe siècle, d'une véritable communauté, portant toujours le nom d'*ermitage*, *heremitagium*, avec une chapelle dédiée à saint Jean-Baptiste. Les documents de l'époque nous montrent cette communauté protégée par les comtes de Gacé, dotée à l'envi par les seigneurs et les fidèles du pays, honorée d'exemptions et de privilèges par le pape Alexandre III. Mainier (2), prieur de Sainte-Barbe-en-Auge, ayant voulu étendre sa juridiction sur l'ermitage de la Roche, au préjudice de l'abbaye de Saint-Évroult, le pape Lucius III chargea les archidiacres d'Évreux, Hugues et Richard, de trancher le différend. Les moines de Saint-Évroult furent maintenus dans leur antique possession, à condition toutefois que chaque année, à la Saint-Michel, ils prendraient dans leur grange du Noyer-Ménard quatre setiers de froment, autant d'orge et d'avoine, et les enverraient à titre d'aumône au couvent de Sainte-Barbe.

Après l'invasion anglaise, on ne trouve plus trace de l'ermitage de la Roche. Ce ne fut dans la suite qu'une simple *aînesse* ou *vavassorerie* mouvante du comté de Cisay (3).

L'abbé A. Desvaux.

(1) L. de La Sicotière. *Frotté et les insurrections normandes*, II. p. 448.

(2) Ce prieur de Sainte-Barbe, dont le nom est peut-être cité ici pour la première fois, a été omis par les auteurs du *Gallia Christiana*. Il doit prendre rang, dans le catalogue des prieurs, entre Geoffroy et Gautier.

(3) Tous ces détails, complètement inédits, ont été relevés par nous dans le précieux cartulaire de Saint-Evroult, que l'éminent directeur de la Bibliothèque Nationale, M. Léopold Delisle, a bien voulu mettre à notre disposition et nous en permettre ainsi une étude plus minutieuse. — *Cartulaire de Saint-Évroult*, tome I, nos 160, 234 *et passim*. (Cfr. l'abbé Albert Desvaux et l'abbé A.-L. Letacq : *Essai sur la bibliographie de l'abbaye de Saint-Évroult*. Alençon, Renaut de Broise, 1890.)

ÉGLISE DE SAINT-EVROULT-DE-MONTFORT

L'ÉGLISE DE SAINT-ÉVROULT-DE-MONTFORT

Selon que le raconte Orderic Vital, lorsque saint Évroult quitta la Cour pour embrasser la vie religieuse, il se fixa d'abord aux environs de Gacé, près d'une fontaine, où l'on a depuis construit une chapelle en son honneur, au pied d'une colline que l'on appelait le Mont-Fort (*Mons Fortis*). Quelques fidèles vinrent se mettre sous sa conduite; tel fut le commencement du prieuré, origine lui-même de la paroisse de Saint-Évroult-de-Montfort.

L'église primitive, bâtie peu après la mort du saint, pour perpétuer le souvenir de son passage, était sans doute bien modeste, et lorsque le moine Restold vint se fixer dans cette Thébaïde abandonnée, vers l'an 1030, on la regardait déjà comme très ancienne (1). Quelques années plus tard, le seigneur du lieu, Gaston de Montfort, s'étant procuré, au cours d'une expédition à Orléans, le chef vénéré du saint patron du lieu (2), entreprit de rebâtir son église.

Eut-il la joie de parfaire son œuvre ? L'examen de l'église actuelle ne permet pas de le penser, et la généralité des archéologues la fait remonter tout au plus à la fin du XIe siècle. Malgré les mutilations qu'elle a dû subir à différentes époques, il est facile de reconnaître le plan primitif conçu pour les besoins d'une communauté religieuse : croix latine dont le chevet servait de chœur aux religieux. Au-dessus de la croisée et à l'entrée du chœur, la tour des cloches, maintenant détruite, sans doute parce que son poids était une menace pour l'église chancelante, et remplacée, sous la Restauration, par l'informe construction qui tient lieu de clocher. La nef destinée au peuple était flanquée de bas-côtés se terminant aux transepts. En même temps que la tour, ces transepts ont été démolis vers le XVIIe siècle ou le commencement du XVIIIe, et remplacés par une simple muraille de clôture, percée d'une fenêtre à large baie (3). Par économie de matériaux, sans doute, plutôt que par respect pour ces débris de l'art antique, plusieurs motifs de la décoration primitive ont repris place dans la construction nouvelle.

Le chœur est éclairé par de hautes fenêtres à lancettes, réunies trois à trois. Au-dessus des arcades de la nef règne une série de petites fenêtres très étroites à l'extérieur, comme toutes celles de l'époque, et dont les ébrasements se touchent à l'intérieur. Plusieurs portes présentent des restes d'une ornementation très sobre mais très caractéristique, tels que le sont également ces modillons curieux et variés qui soutiennent extérieurement la toiture.

Si l'on en juge par quelques précieux débris échappés à l'action du temps et à un vandalisme plus destructeur, cette église avait connu autrefois un certain luxe de décoration. Çà et là, des restes

(1) Orderic Vital. VI, p. 498.
(2) Cette relique est encore conservée dans l'église de Montfort.
(3) En 1893, la grande fenêtre du XVIIIe siècle a été remplacée par trois fenêtres à lancettes semblables aux fenêtres primitives du chœur.

de peinture murale apparaissent sous le badigeon. Des bas-reliefs d'albâtre du plus haut intérêt, et que l'on qualifiait improprement du nom de *Chemin de Croix*, ont été cédés à des amateurs par suite d'une incurie inconcevable. Il y a une quinzaine d'années, l'auteur de cette notice a pu en admirer encore quelques-uns dans le pays. Ils représentaient différentes scènes de la Passion. Autant qu'il lui en souvient, le modelé des draperies, l'expression des figures, la naïveté des détails semblaient indiquer le XIVe siècle comme date d'origine. Ils avaient quelque analogie avec les spécimens de sculpture sur albâtre conservés précieusement dans l'église de Pervenchères.

Mais ce qu'offre de plus curieux l'église de Saint-Évroult-de-Montfort, ce sont les fonts baptismaux, classés comme monument historique et propriété nationale. Ils consistent en une cuve de plomb, portée sur un socle de pierre cylindrique, flanquée de quatre colonnettes appartenant au XIIIe siècle. La cuve serait plus ancienne et remonterait, d'après M. de Caumont (1), au XIIe siècle. Quelques-uns ont prétendu leur assigner une origine encore plus ancienne, opinion que réprouvait d'une façon très catégorique M. de La Sicotière, bon appréciateur.

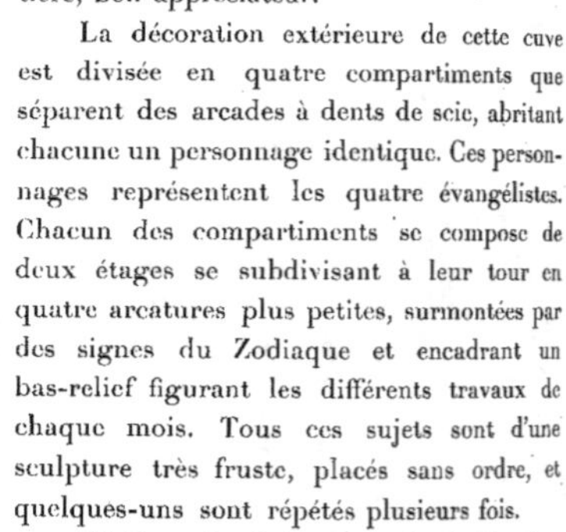

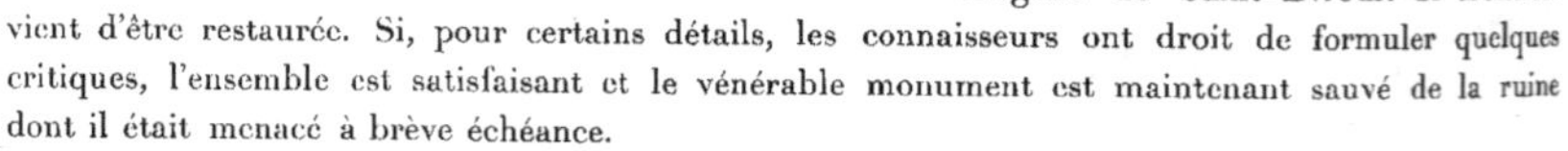

Fonts baptismaux.

D'après une photographie de M. H. Magron.

La décoration extérieure de cette cuve est divisée en quatre compartiments que séparent des arcades à dents de scie, abritant chacune un personnage identique. Ces personnages représentent les quatre évangélistes. Chacun des compartiments se compose de deux étages se subdivisant à leur tour en quatre arcatures plus petites, surmontées par des signes du Zodiaque et encadrant un bas-relief figurant les différents travaux de chaque mois. Tous ces sujets sont d'une sculpture très fruste, placés sans ordre, et quelques-uns sont répétés plusieurs fois.

L'église de Saint-Évroult-de-Montfort vient d'être restaurée. Si, pour certains détails, les connaisseurs ont droit de formuler quelques critiques, l'ensemble est satisfaisant et le vénérable monument est maintenant sauvé de la ruine dont il était menacé à brève échéance.

Au cours des travaux de terrassements qu'a nécessités cette restauration, les ouvriers ont découvert une crypte funéraire, s'étendant sous une grande partie de l'église. Cette crypte a été malheureusement obstruée et murée, avant qu'il en ait pu être fait une description et un examen compétents.

L'abbé A. Desvaux.

(1) De Caumont. *Abécédaire d'archéologie*, p. 307.

Héliog. P. Dujardin

CHÂTEAU DE CISAI-SAINT-AUBIN

Pl. N° 49

LE CHATEAU DE CISAI

A quelques kilomètres de Gacé, près d'une bourgade aux ruelles étroites et tortueuses, à demi caché par de grands arbres, baignant toujours dans ses fossés qu'alimentent des sources d'eau vive, le vieux château de Cisai offre aux visiteurs le charme particulier que présente l'aspect des ruines.

Tenu depuis le XIe siècle par les Erard le Grix, aux sombres légendes, qui prirent plus tard les titres de marquis de Montreuil et d'Échauffour, comtes de Cisay, etc., le fief de Cisai, en 1702, passa par mariage à Michel de Roncherolles, marquis de Pont-Saint-Pierre, dont la famille le posséda jusqu'à la fin du siècle dernier.

Le château de Cisai, comme ses seigneurs, ne tient aucune place dans l'histoire provinciale. Il offre peu d'intérêt à l'archéologue. C'est une construction du XVIe siècle plutôt pittoresque que monumentale.

Les hautes toitures reposent sur des corniches que soutiennent des modillons largement sculptés. Quelques fenêtres ont encore des meneaux et des frontons assez heureusement exécutés. De tout cela toutefois il ne résulterait qu'un ensemble assez banal, sans quatre tourelles de formes disparates, coiffées de dômes moscovites ou de poivrières à demi effondrées et terminées par des épis, curieux échantillons de la céramique normande, qui donnent au vieux manoir un aspect très original.

Près de l'entrée du parc, et tout à côté de la tour trapue de l'église du XIIIe siècle, s'élève le colombier seigneurial. C'est une tour ronde, complètement isolée, terminée par une corniche à modillons, que surmonte un dôme en charpente avec lanternon dans le même style.

L'intérieur du château est dénué d'intérêt.

L'abbé A. Desvaux.

LE CHATEAU DE CASTELNAU-SAINT-HUBERT

Le château de Castelnau-Saint-Hubert, qui appartient à M. le baron de l'Espée, est situé dans l'un des coins les plus riants et les plus retirés de la Basse-Normandie. Si cette petite contrée a une histoire, cette histoire n'est pas parvenue jusqu'à nous. Bien que la chose ne soit pas positivement sûre, nous aimons à penser que les habitants de cette région fortunée ont vécu toujours dans la tranquillité et que le bruit des armes n'est jamais venu troubler leur bonheur. Dans tous les cas, nous pouvons affirmer qu'ils n'ont pas été visités souvent par les épidémies. Au dire des gens du pays, l'air est vif et salubre, propre à entretenir tout à la fois la santé et la bonne humeur.

Le château de M. le baron de l'Espée est moderne ; il date à peine d'une cinquantaine d'années. C'est un grand rendez-vous de chasse, comme l'indique le patronage sous lequel il est placé : *Castelnau-Saint-Hubert,* d'aspect très confortable, composé de deux étages surmontés d'un troisième étage mansardé. La construction, où les teintes rouges de la brique se mêlent agréablement aux tons plus sombres de la pierre de granit, appartient au style Louis XIII.

Le château s'élève non loin de la célèbre fontaine Saint-Évroult, source de la Charentonne; les habitations les plus rapprochées sont au moins à deux kilomètres. Le domaine qui l'entoure, composé de terres arables, de bois et de prairies, est fort considérable.

Près du château sont deux étangs, l'un qui confine à la fontaine Saint-Évroult et qui n'a que des proportions restreintes; l'autre, situé au centre de la propriété et qu'alimentent deux ruisseaux venant de la forêt, a plusieurs hectares d'étendue. De toutes parts la vue s'étend sur des paysages accidentés, pittoresques et quelquefois d'un aspect sauvage.

Nos anciens historiens, gens éminemment pratiques, n'auraient pas manqué d'observer que la forêt était abondante en gibier de toute espèce et que l'on pouvait pêcher dans les ruisseaux l'écrevisse en train de disparaître de notre pays et la truite, si commune autrefois et qui, si on n'y prend garde, aura inévitablement le même sort. Nous nous permettons d'ajouter que ce château prend du voisinage des bois et des eaux, de la solitude qui l'enveloppe et de la beauté des sites qui l'entourent, un caractère de charme tout particulier. Les chasseurs doivent s'y trouver en *pays d'élection;* les rêveurs et les poètes aussi n'y seraient pas à plaindre.

Cliché H. Magron — Héliog. P. Dujardin

RUINES DU MONASTÈRE DE SAINT-ÉVROULT

SAINT-ÉVROULT-NOTRE-DAME-DU-BOIS

Saint Évroult, fondateur de l'abbaye bénédictine qui porte son nom, appartenait à la plus haute noblesse du pays de Bayeux. Ses parents lui firent donner une éducation digne de son rang. Ses progrès dans les sciences tiennent du prodige. Avant même d'être parvenu à l'adolescence, il surpassait ses maîtres par l'étendue de son savoir.

Clovis II, qui régnait alors en Neustrie, appela Évroult à sa cour et lui confia une charge importante dans l'administration de son royaume. Mais ni les dignités, ni la fortune ne purent le retenir dans le monde. Un jour qu'il assistait à l'office divin, il entendit ces paroles de l'Évangile : « Si quelqu'un veut venir après moi, qu'il se renonce lui-même, qu'il porte sa croix et qu'il me suive. » Il obéit à cette sentence, vendit son bien et le donna aux pauvres. Son épouse, avertie de son dessein, le précéda dans la voie du renoncement, en recevant le voile.

Évroult, libre de tout engagement, selon le siècle, prit avec lui trois religieux et s'avança dans la direction de la forêt d'Ouche (*sylva Uticensis*). Il s'arrêta d'abord en un lieu planté de grands arbres, nommé Montfort (1) ; mais craignant que la proximité des villes de Gacé et d'Exmes ne troublât ses méditations, il pénétra plus avant dans la forêt.

Le premier homme qu'Évroult et ses compagnons rencontrèrent, était un voleur armé d'une lance.

— Que venez-vous faire ici, cria-t-il ?

— Prier et pleurer, répondit Évroult.

— L'endroit est mal choisi, car nous sommes, dans cette forêt, une troupe que vos larmes n'attendriront pas.

— Mon enfant, reprit Évroult d'une voix douce, en s'approchant du bandit, le Christ, notre Seigneur et notre Dieu, ne se détourne jamais de ceux qui se confient en lui.

Tant de calme et une fermeté si étrange frappèrent cet homme. Il amena sa troupe à Évroult, qui persuada à ces voleurs d'embrasser les maximes de l'Évangile. Il en fit les imitateurs de son genre de vie.

A ces premiers disciples d'autres s'ajoutèrent, venant de tous les rangs de la société, au point que, dans l'espace de 22 ans, Évroult érigea quinze monastères, tant d'hommes que de femmes. Il mourut à la fin du VIe ou au commencement du VIIe siècle, suivant quelques auteurs ; d'autres placent sa mort en l'année 707.

Le monastère d'Ouche fut épargné lors des invasions normandes. A la fin du Xe siècle des bandes gallo-franques le pillèrent : chartes, vases sacrés, reliques et reliquaires, les restes eux-mêmes de saint Évroult, tout ce qui avait du prix fut emporté. La plupart des moines se mirent à la suite du corps de leur bienheureux père, dans l'espérance de le recouvrer.

(1) Aujourd'hui Saint-Évroult-de-Montfort.

Quelques religieux seulement, entre autres le prieur Ascelin et Guibert de Gacé, demeurèrent parmi les ruines du monastère, qu'ils tentèrent en vain de relever. Ils moururent à la peine.

Cette restauration s'effectua vers le milieu du XIe siècle. Un contemporain, Guillaume de Jumièges, l'a racontée. Nous empruntons quelques traits à son récit :

Robert de Grentménil ayant été tué dans les guerres qui troublèrent le duché de Normandie, pendant la minorité de Guillaume le Conquérant, ses deux fils, Hugues et Robert, songèrent à bâtir un couvent de moines à Norrei, près de Falaise, où leur père avait reçu la sépulture. Ils en furent détournés par leur oncle Guillaume II Giroie qui, après s'être distingué dans la guerre et l'administration, s'était retiré à l'abbaye du Bec.

« Mes chers neveux, leur dit-il, vous désirez bâtir un couvent de moines; je m'en réjouis. Mais, si vous voulez écouter mes avis, je vous indiquerai un lieu plus convenable que Norrei.

« Il y a, dans le pays d'Ouche, une solitude où autrefois habita un ami de Dieu, le bienheureux abbé Évroult. Il y rassembla des moines et, après avoir fait de nombreux miracles, il passa heureusement de cette vie dans le sein du Christ. Restaurez donc son couvent, qui a été détruit; vous trouverez là de l'eau en abondance. Je possède dans le voisinage une forêt d'où vous tirerez du bois propre à la construction. Venez et voyez ce lieu. S'il répond à votre dessein, élevons-y en commun une maison à Dieu, réunissons-y des hommes fidèles qui intercèdent pour nous. »

Ce projet plut aux deux frères, qui le firent agréer de Guillaume, duc de Normandie. La construction s'éleva sous les abbés Thierry, Robert de Grentménil, Osbern, Meinier, Roger du Sap. Elle ne tarda pas à abriter une famille où fleurirent la piété et la science. La restauration de Saint-Évroult avait d'abord été confiée au célèbre Lanfranc, devenu plus tard abbé de Saint-Étienne de Caen et archevêque de Cantorbéry. Sous l'impulsion de Thierry de Mathonville, qui, avant d'être mis à la tête de l'abbaye d'Ouche, avait exercé la charge d'écolâtre à Jumièges, les moines de Saint-Évroult s'adonnèrent à l'étude de la grammaire, de la rhétorique, de la philosophie, de la théologie. Plusieurs d'entre eux passèrent en Angleterre, où ils ouvrirent une école. Ils expliquaient à de nombreux disciples Cicéron, Quintillien, les sciences sacrées.

L'abbé Thierry s'occupait des commençants. On le représente entouré de jeunes enfants heureusement doués auxquels il enseignait la lecture, le chant, l'écriture, et qu'il formait « aux bonnes études qui servent à acquérir la vraie science ».

Parmi les moines lettrés, on voit alors à Saint-Évroult : Orderic Vital, l'une de nos gloires normandes; Raoul Male-Couronne, mathématicien, physicien, musicien; Serlon, qui devint évêque de Séez; Jean, plus tard écolâtre de Reims.

Les manuscrits de l'abbaye d'Ouche, reconnus par Mabillon au XVIIe siècle, attestent qu'une longue suite de calligraphes illustrèrent Saint-Évroult au meilleur temps du moyen âge.

Comme d'autres institutions, où l'homme se rencontre, l'ordre monastique eut ses jours de décadence. Saint-Évroult eut les siens, surtout à partir de la fin du XVe siècle. Cette pieuse et docte abbaye fut alors assujettie à la commende. Les écrits, comme les vertus, y devinrent plus rares.

Citons cependant Charles-François Rosting, prieur en 1684, auteur d'hymnes en l'honneur de saint Évroult et d'une histoire de l'abbaye, en latin, restée manuscrite.

L'église abbatiale de Saint-Évroult a subsisté jusqu'en 1802, époque où elle s'est écroulée sous la pression de la tour centrale. Au grand regret des archéologues, ses ruines tendent à disparaître. Nous en reproduisons un spécimen.

Le Chanoine J. ROMBAULT.

SAINT-ÉVROULT-NOTRE-DAME-DU-BOIS

L'héliogravure placée en regard de la page 81 ne donne qu'une idée incomplète de l'importance et de la majesté des ruines de l'ancienne abbaye de Saint-Évroult. Les quelques gravures qui suivent permettront au lecteur de s'en rendre un compte plus exact.

Tout délabrés qu'ils soient, ces restes ont plus d'une fois attiré les âmes qui cherchent la solitude.

Le R. P. Lacordaire, au moment où il restaurait l'Ordre de Saint-Dominique, en France, tourna ses regards vers Saint-Évroult. Le 17 décembre 1839, il écrivait à Madame Swetchine :

Entrée principale de l'Abbatiale.

D'après une photographie de M. H. Magron.

« Si c'est la volonté de Dieu que nous venions à Paris, tout s'arrangera, malgré les apparences contraires... Si nous n'allons pas à Paris, nous irons à Saint-Évroult. Savez-vous ce que c'est que Saint-Évroult? C'est un pays où l'on offre aux Dominicains, s'ils veulent y venir, des pierres, du bois de charpente, des reliques, des tableaux... Nous irons donc à Saint-Évroult, si Mgr l'évêque de Sées le permet, et si nous n'allons pas à Paris. » Les Dominicains vinrent à Paris.

Pilier de la grosse tour centrale du côté de l'Épître.

D'après une photographie de M. H. Magron.

Quatorze ans plus tard, une société de missionnaires diocésains s'établit à Saint-Évroult. On espéra voir surgir, du milieu de tant de débris, sinon les magnificences grandioses du passé, du moins une œuvre qui ferait revivre de précieux et utiles souvenirs. Le projet, après un commencement d'exécution, n'aboutit pas.

Nous souhaitons meilleur succès aux aspirations du pretre zélé chargé, en ce moment, de la paroisse de Saint-Évroult (1).

(1) *Vie populaire de saint Évroult*, par l'abbé CHENU, curé de Saint-Évroult-Notre-Dame.

« Au Xe siècle, écrit-il, notre abbaye est restée cent ans dans l'oubli ; aujourd'hui, il y a près d'un siècle que les pierres de son église jonchent le sol recouvert d'herbes et de broussailles.

Entrée sous la tour du côté de l'Épître.

D'après une photographie de M. H. Magron.

Ces pierres seront-elles toujours là, pêle-mêle ?... Nous nous plaisons à espérer qu'un jour viendra où une église sortira de ces ruines et s'élèvera dans cette enceinte rendue à la vie. »

Le chanoine J. Rombault.

Cliché H. Magron — Héliog. P. Dujardin

ANCIENNE MAISON, À VIMOUTIERS

VIEILLES MAISONS, A VIMOUTIERS

Cette verdoyante vallée de la *Vie*, dont les gras pâturages nourrissent les vaches laitières qui nous donnent le délicieux *Livarot*, et dont les coteaux plantés de pommiers fournissent un cidre moelleux et parfumé, a, de tout temps, été réputée pour la fertilité inépuisable de son sol. C'est un coin délicieux où il fait bon vivre. Au Xe siècle, quand Rollon réunit au territoire qui lui avait été cédé par le traité de Saint-Clair-sur-Epte, tout le pays qui depuis a formé le diocèse de Lisieux, il prit pour lui, et conserva à titre de domaine personnel, la région s'étendant de la rive droite de la Dive et de l'Odon à la rive gauche de la Charentonne, dans les cantons actuels de Bernay, Broglie, Thiberville, Vimoutiers, Livarot et Saint-Pierre-sur-Dives.

Ce domaine immense formait ainsi une sorte de réserve à même laquelle les ducs pouvaient constituer de nouveaux fiefs, au fur et à mesure qu'ils avaient des services à récompenser, ou de nouveaux guerriers à attacher à leur fortune par les liens d'une étroite vassalité.

Richard Ier, petit-fils de Rollon, avait dû appeler à son secours contre des barons révoltés, les troupes de Harald, roi de Danemark. Parmi les chefs militaires qui répondirent à l'appel de notre duc, figura Osmund Gelth. La victoire une fois acquise, Richard voulut récompenser ses auxiliaires, et Osmund reçut, à Vimoutiers et aux environs, d'importants domaines prélevés à même l'apanage personnel au duc.

Plus tard, en 994, en témoignage de la grande affection qu'il portait aux moines de Jumièges, le même Richard Ier se dessaisit, en faveur de leur abbaye, de tous les domaines qui lui restaient dans ces parages. Il leur abandonnait ainsi :

1° Le domaine de Vimoutiers avec l'église et toutes les dépendances du domaine ;

2° Tout ce qu'il possédait en terres et en forêts depuis le dit lieu de Vimoutiers jusqu'au chemin des Anes ;

3° Son domaine de *Crouptes*, avec l'église et les dépendances du domaine, sauf deux vavassoreries ;

4° La quatrième partie du domaine du Mesnil-Renard (aujourd'hui Renouard) ;

5° Le bois existant entre Crouptes et Vimoutiers. (Ce bois existe encore aujourd'hui en grande partie) ;

6° Enfin tout ce qu'il possédait en terre depuis le dit lieu de Vimoutiers jusqu'à Pont-de-Vie, terre que divise, ajoute la charte ducale, le chemin qui va au Mont-Saint-Michel.

Le cadeau en valait la peine, et les moines se hâtèrent de mettre en valeur les terres qui provenaient de cette générosité du duc. Deux ans plus tard, Osmund Gelth, peut-être à l'article de la mort, peut-être aussi à la sollicitation de Richard Ier, abandonna à ses voisins les moines tout ce qu'il possédait à Vimoutiers et aux environs.

Ces donations furent confirmées en 1024 par Richard II, qui, voulant achever l'œuvre pieuse commencée par son père, donna à l'abbaye le *manoir* de Vimoutiers (1).

Désormais les moines de Jumièges étaient à la fois seigneurs temporels et spirituels de Vimoutiers ; ils donnèrent à fief, moyennant redevance, la plus grande partie de leur domaine aux vilains attachés à la glèbe et n'en conservèrent qu'une partie qui fut bientôt érigée en baronnie.

* * *

A cette époque Vimoutiers s'appelait *Viæ monasterium*, le monastère des bords de la Vie. Plus tard on le désigna sous le nom de *Vie-Moustier*, *Vie-Moutier*, et la carte du diocèse de Lisieux, dressée pour Mgr de Brancas par d'Anville, figure cette localité sous le nom de Viémontier. Sous cette forme on pourrait croire que son nom signifie *Vieil moustier* (vieux monastère). Ce serait une erreur ; il est juste de rendre à la *Vie* l'honneur de donner son nom au pays qu'elle arrose, et qui a été défriché et aménagé par les féconds travaux des Bénédictins de Jumièges.

Vieille église de Vimoutiers.

D'après une photographie de M. H. Magron.

C'est dans le manoir de Vimoutiers qu'Alain III de Bretagne, dit le *Rebru*, tuteur du jeune duc Guillaume le Bâtard, fut empoisonné au moment où il allait, au nom de son pupille, mettre le siège devant le château de Montgommery. Le château du XIe siècle est depuis longtemps détruit; mais au XVIe siècle, fut élevée, par les moines de Jumièges, une nouvelle construction qui devint, paraît-il, l'habitation des moines desservant l'église. Ce manoir en bois sculpté, aujourd'hui occupé par l'*Hôtel de la Poste*, forme la principale curiosité architecturale de Vimoutiers (2).

Il est construit en façade sur la place de l'ancienne église, nommée encore *Cour aux Moines*, non loin de la très belle église neuve qui s'élève en ce moment sur les plans de M. Frangeul, architecte à Saint-Malo. Le rez-de-chaussée sert de cuisine et de salle à manger à l'auberge, et sous ces plafonds aux poutres saillantes, le

(1) On ne sait où était bâti ce manoir ; tout porte à croire cependant qu'il était placé dans l'espace compris entre la *Vie* et le bras de cette rivière nommé le *Biez*. On y a trouvé, au commencement du siècle, des débris d'armes et d'armures. Détruit à la fin de la guerrre de Cent ans, le château fut remplacé par une ferme nommée le Prieuré. Ce renseignement m'a été fourni par M. Adrien Mellion, qui prépare une histoire de la ville de Vimoutiers, sa ville natale, et à l'obligeance duquel je suis heureux de pouvoir ici rendre hommage.

(2) Cette maison fut vendue, en 1745, par le prieur de Jumièges à un sieur François Manoury. En 1812, on la désignait encore dans le public sous le nom de *maison ou manoir*. (Renseignement fourni par M. Mellion.)

touriste qui aura visité cette curieuse maison pourra, en se reposant, goûter aux fromages du pays et savourer le pichet de cidre normand. Le cru est excellent : *experto crede Roberto.*

Le corps de bâtiment consiste en un rez-de-chaussée élevé d'un étage et surmonté d'un haut grenier couvert en tuiles, au milieu duquel l'étroit pignon formant lucarne est percé de deux fenêtres carrées.

Toute la façade est en pan de bois : elle se divise en six parties, séparées l'une de l'autre par des poteaux de refend ou poutres verticales appuyées sur la sole recouvrant le socle de maçonnerie du rez-de-chaussée. Ces pièces de bois sont ornées, au rez-de-chaussée, de bustes engainés de personnages de fantaisie, dont la partie inférieure disparaît sous des pentes de fleurs et de fruits. Sous l'un de ces bustes se voit encore la tête d'un bélier munie de ses deux cornes recourbées. Quatre fenêtres et une porte d'entrée ont été pratiquées, à une époque récente, dans la façade; et pour donner plus de hauteur aux fenêtres, on a coupé la poutre horizontale qui servait d'appui aux ouvertures primitives. Cette poutre est couverte de godrons, et le colombage qui remplit l'intervalle entre les montants principaux de la charpente, est formé de potelets disposés en forme de pilastres cannelés et couronnés de chapiteaux à crochet. Au-dessous de l'appui des fenêtres, le colombage figure d'élégantes consoles dont les reliefs de feuillage sont peu saillants.

Ancienne maison. — Le pont porcé.

D'après des photographies de M. H. Magron.

La poutre qui supporte le léger encorbellement du premier étage, mérite de fixer l'attention par l'effet puissant de ses moulures chargées d'entrelacs et de godrons. Au-dessous de ces ornements un ruban s'enroule gracieusement autour d'un bâton écoté. Cette riche corniche est coupée, à la hauteur des poutres verticales principales, par la tête des sommiers que l'architecte a ornés de médaillons circulaires chargés de têtes d'homme ou de femme de style Henri II.

Dans l'élévation de la façade comprise entre le plancher du premier étage et la poutre horizontale servant d'appui aux fenêtres de cet étage, les poteaux de refend sont évidés en pilastres cannelés, et les colombages sont taillés en colonnettes également cannelées, avec de légers chapiteaux corinthiens. Dans leur partie supérieure, ces mêmes poutres de refend revêtent une grande richesse de décor : en haut, des mascarons grotesques forment la tête de consoles fortement saillantes, au-dessous desquelles descendent, sculptées en haut-relief, des trophées de fleurs et de fruits. Dans les intervalles, les potelets figurent des demi-colonnettes octogones, avec base prismatique, couronnées d'un clocheton pyramidal, mais peu élevé. Cette décoration, très fréquente au XVe siècle, comme on peut le voir dans les maisons de Lisieux qui participent encore du style gothique, est tout à fait rare dans les édifices qui, comme celui de Vimoutiers, s'inspirent franchement du nouveau style de la Renaissance.

La corniche supérieure, quoique moins ornée, moins ouvragée que la sablière du rez-de-chaussée, en reproduit cependant l'aspect général et même ses godrons vivement accusés.

Tous les éléments de cette décoration sculptée en plein bois se font valoir réciproquement, et donnent à l'ensemble de cet édifice un caractère de simplicité élégante et du meilleur goût. Ce manoir est certainement le plus curieux et le plus original du département de l'Orne (1). Il s'inspire du style que nous trouvons dans les maisons construites à Lisieux, aux n°s 22, 48 et 52, de la rue de la Boucherie : il est de cette école de charpentiers-sculpteurs bas-normands qui, sous Henri II, donnèrent satisfaction aux goûts artistiques de la classe aisée, en élevant dans les domaines ruraux, et aussi dans les cités, ces manoirs en pan de bois si différents des châteaux de la noblesse, mais si bien accommodés aux goûts de luxe et de bien-être du clergé et des riches bourgeois du XVIe siècle.

* * *

Les rues de Vimoutiers sont bordées par quelques-unes de ces maisons originales. Une surtout, située à gauche, au haut de la rue du Perré, est à citer spécialement. Elle est élevée sur un rez-de-chaussée bâti en pierres blanches, et présente un étage en pan de bois reposant sur une filière formant encorbellement et décorée de godrons. La poutre sur laquelle s'appuient les fenêtres est également ornée d'un galon feuillagé, et le remplissage entre colombes est formé par des tuiles disposées en feuilles de fougère. Une large lucarne, dont le toit se projette et s'avance en forme de proue triangulaire en dehors du nu du mur, et que reproduit fidèlement la gravure ci-contre, donne à cette construction grise et mélancolique, un aspect bizarre dans son originalité.

Ancienne maison, rue du Perré.

D'après une photographie de M. H. Magron.

(1) Il a été construit certainement avant l'ordonnance de 1560, qui prohibait les encorbellements le long des voies publiques. Il faut donc en faire remonter la construction à la première moitié du XVIe siècle.

Tout le pâté de maisons contiguës à celle-ci paraît remonter au commencement du XVIIe siècle et constituer une sorte de cité, à l'intérieur de laquelle on pénétrait par une vaste porte encore munie de ses vantaux ferrés de gros clous à pointe de diamant, et que domine une sorte de loggia en charpente.

Cette agglomération porte le nom de *Vieux Couvent.* Elle fut occupée par une communauté de Bénédictines fondée en 1651 et dont la première prieure fut Madame Catherine de James. Dans son volume de 1885, l'*Association Normande* a publié une gravure représentant cet ancien débris de notre architecture augeronne.

Au sein de cette pittoresque ville, la rue du Perré est celle qui a conservé le plus fidèlement les restes du vieux Vimoutiers.

A. Montier.

LE CHATEAU D'OSMOND [1]

Le château d'Osmond est situé dans une échancrure profonde de la vallée de la Vie, sur le territoire de la commune d'Aubri-le-Panthou, à une dizaine de kilomètres de Vimoutiers.

« Ce château, dit M. Dallet, un des plus beaux du département de l'Orne, fut construit dans les années 1858-1859 et 1860, par les ordres et aux frais de M. Charles-Eustache-Gabriel, marquis d'Osmond, sous la direction de M. Caron, architecte à Paris.

« Le plan présente un parallèlogramme de 38 mètres de longueur sur 16 m. 30 de largeur. La façade principale est tournée au nord, vers la vallée de la Vie; le corps du logis se compose d'un entre-sol, d'un rez-de-chaussée, d'un premier étage et d'un second en mansardes, avec des combles au-dessus. Les matériaux employés sont la pierre blanche pour les angles et la bordure des ouvertures. Toutes les fenêtres sont surmontées d'archivoltes et divisées en quatre compartiments par des meneaux en pierre formant la croix.

Château d'Osmond.

D'après une photographie de M. H. Magron.

(1) M. Dallet a publié dans le *Bulletin de la Société historique et archéologique de l'Orne*, t. IX, 3e bulletin, année 1890, p. 328 et suivantes, une étude très complète sur Aubri-le-Panthou (Osmond), son église, son château et ses seigneurs. On n'a fait que résumer ici les développements beaucoup plus complets qui se trouvent dans l'étude de M. Dallet.

« Le centre de la façade nord forme une saillie de peu d'étendue. La large porte d'entrée à deux vantaux, qui s'ouvre dans cette partie de l'édifice, est accompagnée de tourelles polygonales. Ces tourelles, qui ne partent que du premier, sont bâties en encorbellement, et forment de riches culs-de-lampe ; elles se terminent à leur sommet par une plate-forme munie d'un parapet découpé à jour, et communiquent entre elles par une galerie également ajourée en forme de *X*.

« Le perron est précédé par un escalier en pierre blanche de onze marches. Sur le fronton on voit les armes de la famille d'Osmond : *De gueules au vol d'argent, semé d'hermines*. Couronne de marquis, supports, deux lionnes ; puis la légende : *Nihil obstat*, inscrite sur une sorte de banderolle.

« Aux extrémités, les ailes ne forment qu'une faible saillie, sur toute la hauteur de l'édifice ; mais les pavillons qui les accompagnent, et qui du reste sont moins élevés que l'ensemble de la construction, forment une avance assez prononcée vers le nord.

« La façade méridionale est flanquée de trois tourelles d'inégale grosseur, celle du milieu étant plus considérable. Ces tourelles, qui sont ajourées par d'étroites fenêtres surmontées d'archivoltes en forme d'accent circonflexe, se terminent par des plates-formes où les créneaux tiennent lieu de parapet. »

La vue est très limitée au midi, où elle est bornée par une côte abrupte. De même au nord-est, une pente élevée empêche de découvrir le paysage. Mais, au nord-ouest, la vue s'étend à une vingtaine de kilomètres sur la vallée de la Vie, vers Vimoutiers et Livarot.

Il existait un ancien château ; il sert aujourd'hui de communs.

Voici, telle qu'elle peut être établie, la suite des seigneurs d'Aubri-le-Panthou et d'Osmond et des propriétaires du château d'Osmond (1).

Le premier seigneur dont on retrouve la trace est Guillaume, surnommé Pantol ou Panthou, lequel fit, en 1074, de nombreuses donations à diverses abbayes.

Au XIIIe siècle, le fief d'Aubri-le-Panthou appartenait à l'illustre maison de Bailleul, qui en fit don à l'abbaye de Silly.

Au commencement du XVe siècle, Guillaume Larçonneur était seigneur de Roiville, Brétel et Aubri-le-Panthou. En 1430, Aubri-le-Panthou appartenait à Marie Larçonneur, qui avait épousé en premières noces le chevalier Alain de Vieuxville.

Alain de Vieuxville étant mort sans postérité, sa veuve épousa Jean Rouxel, écuyer du duc de Bretagne. Elle eut, de Jean Rouxel, sept enfants. L'aîné, Alain, eut Aubri-le-Panthou. Mais, vers 1470, les Rouxel vendirent cette terre à Jean Belin.

La famille Belin ne dut posséder Aubri-le-Panthou que bien peu de temps, car, en 1520, cette terre appartenait à Jacques Rouxel, seigneur de Médavy.

Jacques Rouxel avait épousé, en 1523, Françoise de Pierrefitte. Son cinquième fils, René Rouxel, mourut à la suite de blessures reçues à la bataille de Saint-Quentin. Comme il mourait sans postérité légitime, ses biens furent partagés. Son frère, Frédéric Rouxel, eut dans son lot Aubri-le-Panthou. Il épousa, le 22 mai 1571, Marguerite Labbé, dame de la Rozière. Une fille unique, née de ce mariage, Françoise Rouxel, épousa, le 7 janvier 1598, Antoine Osmond, seigneur de Beuvilliers et du Ménil-Tison, auquel elle apporta en dot Aubri-le-Panthou.

La famille d'Osmond était établie en Normandie dès le Xe siècle. Les anciennes chroniques la font descendre d'Osmond des Centvilles, gouverneur de Richard Ier, duc de Normandie.

(1) Le nom le plus ancien est Aubri-le-Panthou (Aubri-le-Pantol au XIIIe siècle). Osmond est le nom donné en 1719 à la paroisse d'Aubri-le-Panthou, lorsque la terre d'Osmond fut érigée en marquisat. L'administration civile a repris l'ancienne dénomination.

Antoine Osmond eut, de Françoise Rouxel, dix enfants. L'aîné, Guillaume, épousa, le 8 juin 1632, Charlotte de Laval-Montmorency et en eut dix-sept enfants. L'aîné, Jean, eut, de son premier mariage avec Anne de Saint-Pierre, René-Henri, qui fut le premier marquis d'Osmond par lettres patentes en date du mois de mars 1719.

René-Henri, premier marquis d'Osmond, avait épousé, en 1691, Françoise d'Osmond, sa cousine germaine. Il laissa comme héritier de la seigneurie d'Osmond, Jean-René, second marquis d'Osmond, lequel mourut sans enfants.

A la mort de Jean-René, second marquis d'Osmond, le domaine d'Aubri-le-Panthou passa à la famille des Corches de Sainte-Croix du Ménil-Gonfroy, en la personne de Henri des Corches, seigneur de Sainte-Croix, qui avait épousé, en 1733, Louise-Aimée-Jeanne d'Osmond, fille de René-Henri, marquis d'Osmond, et de Françoise d'Osmond.

De ce mariage naquit Louis-Henri des Corches, marquis de Sainte-Croix, seigneur d'Aubri-le-Panthou, gentilhomme de la Chambre de S. A. R. Mgr le duc d'Angoulême. Il mourut à Sainte-Croix, le 2 octobre 1830. Il avait épousé, le 6 février 1775, Marie-Victoire Talon, dont il eut un fils et une fille. Celle-ci, Cécile-Augustine-Euphémie des Corches de Sainte-Croix, épousa John de Montagu Humphris. Après la mort de son père, elle hérita du domaine d'Aubri-le-Panthou. Mais, en 1856, elle le vendit à Charles-Eustache-Gabriel, marquis d'Osmond, qui fit construire le château actuel.

Charles-Eustache-Gabriel, marquis d'Osmond, ayant légué Osmond à son petit-fils, Auguste-Désiré-Eustache d'Osmond, ce dernier se trouva, en 1862, héritier de ce domaine, qui, après avoir passé par les mains des hommes d'affaires, a été racheté par M. Rainulphe-Eustache d'Osmond, père du précédent.

Le château d'Osmond est aujourd'hui la propriété de M. Henri Laniel, député du Calvados, qui porte un des noms les plus honorablement connus de notre grande industrie régionale.

J. Germain-Lacour.

Cliché E. Magron — Lemale & Cie, graveurs — Héliog. E. Dujardin

LE RONCERAY

Maison natale de Charlotte Corday

Orne — Pl. N° 58

LE RONCERAY — CORDAY — GLATIGNY

LIEU DE NAISSANCE ET HABITATIONS DE CHARLOTTE CORDAY

Sur les confins des départements de l'Orne et du Calvados, dans les cantons de Trun et de Vimoutiers, les noms du Renouard, du Mesnil-Imbert, des Champeaux, du Ronceray, de Saint-Gervais-des-Sablons et de Glatigny, rapprochés sur la carte, frappent immédiatement l'œil de quiconque s'est occupé des faits historiques qui se déroulèrent à la fin du XVIIIe siècle, aux jours tourmentés de 1793. C'est que ces noms rappellent le souvenir d'une femme, dont l'acte, qui la rendit célèbre, fut diversement apprécié et donna lieu à des polémiques passionnées souvent empreintes d'exagérations. En effet, ces lieux qui n'ont aucune importance au point de vue politique, remarquables peut-être par leur situation pittoresque, ont été fréquentés par Marie-Anne-Charlotte de Corday d'Armont. Dans une de ces communes elle a vu le jour; c'est dans les autres que s'écoulèrent, en partie, les premières années de son enfance. A ce titre elles méritent un instant d'attention et quelques mots de description.

La famille dont est issue Charlotte Corday était de noble origine, remontant à une époque très éloignée, puisqu'il en est question dans les vieilles chartes, dès l'année 1077 et qu'elle fut maintenue lorsdes recherches de 1468 et de 1597. Ses armes sont *d'azur à trois chevrons brisés d'or*, avec cette devise : *corde et ore*.

Comme on le voit, c'était une noble et antique famille, mais rarement ses membres avaient exercé dans les armes, la magistrature, ou le clergé, les trois grandes carrières ouvertes à la noblesse, des fonctions importantes. Sa situation était moyenne, et malgré son authenticité et son honorabilité, elle avait eu peu d'éclat; mais en 1701, son alliance avec la famille du grand Corneille acquit aux de Corday une gloire dont ils durent être fiers. Ce fut l'alliance de la noblesse de race et de celle du génie!

Longtemps on a cru que Charlotte Corday était arrière-petite-nièce de notre grand poète, et moi-même j'ai suivi la tradition, dans une étude récente sur Charlotte Corday et ses portraits. Je n'avais pas encore eu la bonne fortune de lire le travail si documenté que M. le chanoine Rombault fit paraître en 1884 dans le *Bulletin de la Société historique et archéologique de l'Orne*. On donnait comme aïeule à Charlotte Corday une sœur de Corneille nommée Marie, qui aurait épousé en premières noces M. du Buat, de la paroisse des Ligneries, et en deuxièmes M. Jacques de Farcy, trésorier de France, au bureau des finances d'Alençon. De cette dernière union serait née Marie de Farcy qui épousa Adrien de Corday, arrière-grand-père de Charlotte. Or, comme le démontre victorieusement M. Rombault, Françoise était née en 1684 et Marie Corneille, sœur du glorieux poète, en 1609; celle-ci aurait donc eu 75 ans lors de la naissance de sa fille, ce qui est inadmissible.

Or, M. Rombault a trouvé, dans la riche collection de M. de La Sicotière, un document concluant, après lequel toute discussion serait superflue. C'est le contrat de mariage de Marie, fille aînée du grand Corneille, célébré à Alençon, signé de notre illustre tragique, de Marie de Lampérière, sa femme, de Thomas Corneille, son frère, et de Marguerite de Lampérière, épouse de ce dernier. De ce contrat il résulte que Marie Corneille, qui épousa en 1662 Félix Guénébaut de Bois-le-Comte, sieur du Buat et se maria en deuxièmes noces avec Jacques de Farcy, était la fille et non la sœur de Pierre Corneille. Françoise de Farcy, issue de ce mariage et qui épousa Adrien de Corday, fut donc l'arrière-grand'mère de Charlotte Corday. On doit en ce cas rétablir la généalogie de l'héroïne normande de la façon suivante, en prenant comme tête de ligne le grand Corneille :

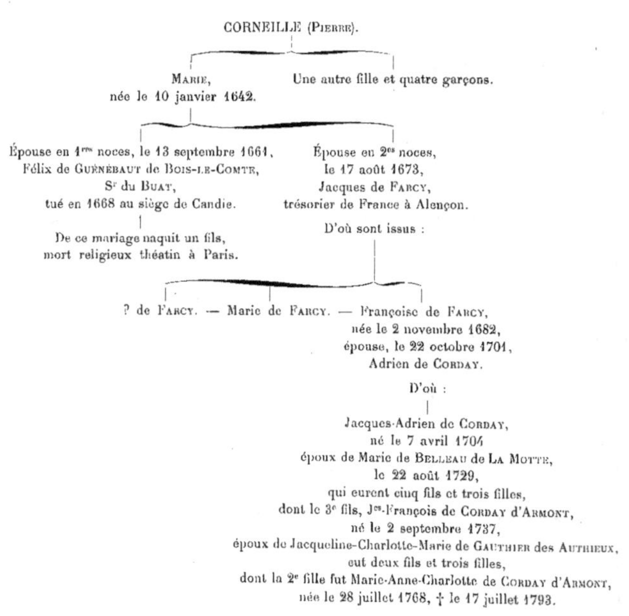

Charlotte Corday est donc indiscutablement la petite-fille de notre grand poète tragique; mais Marthe Corneille, la sœur de Pierre et de Thomas, ayant épousé F. Le Bouyer, et de ce mariage étant issu Bernard Le Bouyer de Fontenelle, notre héroïne se trouvait donc également petite-nièce du célèbre Fontenelle.

D'un autre côté, la famille de Farcy remontait à une haute antiquité, et, si nous consultons les recherches de noblesse faites par Chamillard en 1666, nous trouvons qu'un Jean de Corday épousa, en 1548, demoiselle Marguerite Le Doulcet; d'où il résulte qu'il existait des liens de parenté, éloignés, il est vrai, et peut-être ignorés d'eux, entre Charlotte Corday et Le Doulcet de Pontécoulant, qu'elle choisit pour son défenseur, lors de son procès, et auquel elle écrivit cette lettre si dure et bien imméritée, si l'on se rappelle que Le Doulcet de Pontécoulant ne reçut sa lettre que quatre jours après le procès et l'exécution.

* * *

Le nom des Champeaux que j'ai cité en commençant ne retrace, au premier abord, rien à la mémoire. Mais c'est dans cette commune que se trouve aujourd'hui englobée partie de l'ancienne commune de Saint-Saturnin-des-Lignerits ou Ligneries, dont les deux autres fractions appartiennent à Écorches et à Neauphe-sur-Dives, canton de Trun.

C'est dans le manoir du Ronceray, situé dans la portion de Saint-Saturnin-des-Ligneries rattachée aux Champeaux, que naquit, le 27 juillet 1768, la Judith normande. Manoir! le titre est peut-être bien prétentieux, car c'est à peine si on pourrait lui donner le nom de maison; celui de chaumière lui conviendrait mieux, si nous nous en rapportons à ce qui en subsiste aujourd'hui. Il est vrai qu'au moment de la naissance de Charlotte Corday, il existait un étage, détruit depuis. Mais jadis la couverture était, dit-on, en chaume et maintenant elle est en tuiles.

Quelle que soit l'importance de l'accroissement que l'on puisse donner fictivement à cette demeure, elle n'a dû jamais être qu'une bien modeste habitation.

Comment se fait-il que M. Jacques-François de Corday d'Armont, appartenant à une famille aisée, ait été réduit à habiter un si modeste logis? C'est que plus riche en titres qu'en propriétés, troisième de huit enfants, lorsqu'il épousa demoiselle Jacqueline-Marie-Charlotte de Gauthier des Authieux, sa situation était fort précaire; ses parents vivaient encore, et fussent-ils morts, son état eût été médiocrement amélioré, car le droit d'aînesse était dans toute sa vigueur, et c'est bien ce qui irritait le bon gentilhomme; il s'insurgea toujours contre cette loi, qu'il considérait comme injuste et donna naissance à de nombreuses protestations de sa part, qu'il manifesta dans plusieurs écrits.

Sa vie était celle des petits propriétaires cultivant eux-mêmes leurs terres et en vivant tant bien que mal, plutôt mal que bien, et qu'une mauvaise année de récoltes mettait dans la gêne. La fortune de M. de Corday s'élevait à environ quinze cents livres de rente. Il n'est donc pas extraordinaire qu'accablé de charges, lui qui, avant son mariage, avait vécu chez ses parents possédant une certaine aisance, se trouvât meurtri par la loi de primogéniture, qui l'étreignait et ne lui laissait aucun espoir pour l'avenir.

Il suffit de lire l'inventaire fait au Ronceray par le commissaire du directoire du district d'Argentan, le 4 février 1794, pour se rendre compte de la médiocrité du mobilier garnissant cet immeuble. J'ajoute cependant que le Ronceray n'était plus alors qu'une ferme; mais le logis de Corday, devenu depuis la demeure de la famille, avait déjà été l'objet d'un inventaire fait le 15 janvier précédent, et il est à croire que dans ce manoir avait été réuni tout ce que la famille d'Armont possédait.

Or, si l'on examine attentivement ces deux inventaires, on constate un mobilier identique à ceux qui garnissent, non pas nos grandes fermes actuelles, mais bien les moyennes, à part quelques fauteuils, un secrétaire, une commode et quelques portraits que l'expertise constate en médiocre état.

*
* *

Le logis ou manoir de Corday, dépendant du Mesnil-Imbert, réuni aujourd'hui à la commune du Renouard et dont la vue accompagne cette notice, est construit en briques et colombage. D'après l'inventaire, nous trouvons au rez-de-chaussée, une salle à manger, une cuisine, une laverie, une autre salle et un office; à l'étage unique se trouvaient deux chambres à droite, avec un cabinet; à gauche une autre chambre, avec un cabinet également. Au fond du corridor existait une autre chambre, dont l'unique fenêtre laissait voir le splendide panorama que forme le commencement de la vallée d'Auge. Dans cette chambre, on constatait, suivant le procès-verbal, trois chaises, dont deux fourrées, une mauvaise table, une petite glace, plus un lit monté. Telle fut, si l'on en croit la tradition, la chambre occupée par Charlotte Corday lors de son retour de l'Abbaye aux Dames de Caen et avant son départ définitif pour cette ville, lorsqu'elle vint demeurer chez sa vieille parente Madame de Bretteville-Gouville. Le lit qui fut celui de Charlotte et qui était accompagné de ses tentures et d'un couvre-pieds en soie bleue, fut retrouvé et acquis par M. Vatel, qui le donna au Musée de Versailles.

Manoir ou logis de Corday.

D'après une photographie de M. H. Magron.

La salle du rez-de-chaussée, dont il a été parlé plus haut, contenait un lit; un autre se trouvait également dans un petit cabinet contigu à la salle.

Il ne reste plus aucun meuble du temps de Charlotte Corday, tout ayant été vendu par la Nation. Dans la vaste cuisine, une grande cheminée est supportée par deux colonnes en pierre. La pièce au-dessus, chambre de Madame de Corday d'Armont, est traversée par une poutre peinte et dans un petit cabinet (derrière une ancienne cheminée) se trouvait l'oratoire de cette dame. Une autre chambre possède encore son ancienne tapisserie en papier de l'époque; le reste est généralement blanchi à la chaux.

Comme on le voit, la simplicité la plus grande régnait dans ce logis, suffisant du reste pour abriter une assez nombreuse famille. Les alentours étaient boisés et, si aujourd'hui un grand nombre des arbres séculaires a disparu, il reste encore une avenue d'ormes avec contre-allées sous les ombrages de laquelle Charlotte Corday vint, sans doute, maintes et maintes fois, se promener et rêver aux grands projets qui l'obsédaient. Possédé, après la Révolution, par un petit-neveu de Charlotte, qui épousa une

Cliché H. Magron — Héliog. P. Dujardin

Orne

CHÂTEAU DE GLATIGNY

qui a été habité par Charlotte Corday

Pl. N° 64

demoiselle de Bonnechose, ce manoir, par suite du décès de celui-ci, mort après ses enfants, revint dans la famille de sa femme, qui le vendit à M. de Brasdefer et, plus tard, il fut acquis par M. Lecointe, son propriétaire actuel.

* * *

A quelques centaines de mètres du logis de Corday s'élève, dans la commune de Saint-Gervais-des-Sablons, canton de Trun, le château de Glatigny, qui était la demeure de la branche aînée des de Corday.

Primitivement pavillon de chasse au milieu des bois, Glatigny a subi maintes transformations. Ses fondations, cinq fois séculaires, ont vu s'élever sur leurs antiques pierres, des constructions de styles divers, dont l'ensemble présente aujourd'hui une réelle originalité. Composé d'un corps principal de logis accompagné de deux ailes ou pavillons en colombage revêtus de lames en cœur de chêne, communément nommées bardeaux ou essentes, ce logis (car tel est le nom que l'on donne habituellement dans le pays aux grandes demeures ou châteaux, souvenir sans doute de l'habitation principale des châteaux fortifiés, dite *logis seigneurial*) est entouré de tous côtés de douves larges et profondes et s'accède par un pont. Jadis un autre pont, dont quelques vestiges subsistent encore, reliait la cour intérieure au jardin transformé aujourd'hui en herbage planté de pommiers. Des bois, devenus de gras pâturages, entouraient cet ensemble. On remarque encore un puits à toiture en forme de ruche.

Château ou logis de Glatigny (intérieur).

D'après deux photographies de M. H. Magron.

On connaît de cette singulière demeure un dessin ancien portant, à tort et d'une vieille écriture, la mention : « Manoir de Corday » et qui, trouvé dans le pays par M. Vatel, fut donné par lui au Musée de Versailles.

Depuis la mort de Charlotte Corday, ce château a été peu modifié. Sans doute le mobilier a disparu, dispersé par les ventes ordonnées par la Révolution, et c'est à peine si l'on peut y retrouver une vieille chaise de bois sans valeur et une table de cuisine formée d'une seule planche de chêne de 3m,60 de longueur sur 0m,65 de largeur et d'une épaisseur de 9 centimètres; mais l'intérieur du château n'a pas changé. On y remarque les tentures en papier des chambres, la belle boiserie du salon, contemporaines de Charlotte Corday; la gravure ci-jointe permet de s'en rendre compte.

Corday et Glatigny sont, comme je l'ai dit plus haut, peu distants l'un de l'autre ; on peut se voir et presque se faire entendre d'un logis à l'autre. Jadis une avenue les reliait, où pendant l'hiver les domestiques balayaient la neige, afin d'assurer les communications entre les deux familles de Glatigny et d'Armont fort unies. Les rendez-vous, entre les habitants des deux demeures, se donnaient à son de trompe.

Aujourd'hui Glatigny appartient à une descendante de la branche aînée des de Corday, Mademoiselle de Chancel, à l'obligeance inépuisable de laquelle je dois, en partie, les renseignements qui concernent les habitations de Charlotte Corday. Je suis heureux de lui adresser ici mes remerciements, tout en regrettant que le cadre de cette étude et la place qui m'est octroyée ne m'ait pas permis d'utiliser tous les documents qu'elle a bien voulu me fournir. Mais j'espère un jour, avec son bienveillant appui, si elle veut bien me le continuer, publier une étude plus considérable, qui complètera celle déjà parue sur la physionomie et les portraits de la célèbre normande.

* * *

Jusqu'ici je n'ai pas parlé du Renouard, qui fut habité par la branche aînée des de Corday qui en prit le nom.

Cette terre, achetée en 1752 par M. de Corday de Saint-Gervais, chef de la famille, et située à une lieue environ de Glatigny, renfermait les ruines d'un ancien château, dont quelques-unes subsistent encore. C'est ce M. de Corday qui fit élever la belle habitation que nous voyons aujourd'hui. Il la donna à son second fils, et laissa Glatigny à l'aîné qui, dès lors, s'appela de Corday de Glatigny.

Le Renouard resta entre les mains de la famille jusqu'en 1865, époque où il fut vendu par M. Jules de Corday du Renouard à M. Renouard, et c'est à M. Fromageot, gendre de celui-ci, qu'il appartient maintenant.

* * *

Telles sont, je pense, les différentes habitations où s'écoula l'enfance de Charlotte Corday. Née, comme je l'ai dit, le 27 juillet 1768, elle fut baptisée le lendemain dans l'église de Saint-Saturnin-des-Ligneries, qui conserve encore ses anciens fonts baptismaux, par J. Pollard, curé de cette paroisse. Elle eut pour parrain Messire Jean-Baptiste de Gauthier, écuyer, seigneur de Mesnilval, et pour marraine Françoise-Marie-Anne Levaillant de Corday et reçut les prénoms de Marie-Anne-Charlotte.

Il est à remarquer que ce dernier nom, sous lequel elle est connue uniquement, ne fut jamais porté par elle, qui ne signa et ne fut appelée que Marie. Dans le cours du procès où elle fut condamnée, après le meurtre de Marat, elle ne fut qualifiée que du nom de Charlotte, et, comme ce n'est que de ce moment qu'elle conquit la célébrité, c'est sous ce seul nom que l'histoire la connaît.

Charlotte Corday a-t-elle beaucoup habité les différents logis que je viens d'énumérer? Il est permis d'en douter. En effet, chacun venant en aide au père de famille, s'empressait d'alléger les charges qui lui incombaient; Marie fut envoyée chez son oncle, M. François-Charles-Amédée de Corday, curé de Vicques, entre Morteaux et Jort. Combien de temps resta-t-elle auprès de ce parent, qui prenait soin de son éducation et lui apprenait à lire, dans un vieil exemplaire des œuvres de leur illustre aïeul Corneille? Les renseignements font défaut, mais il est probable que la situation de fortune de

M. de Corday ne s'étant pas améliorée, elle dut rester à Vicques jusqu'au moment où son père vint habiter Caen, pour suivre un procès pendant entre lui et MM. de Gauthier ses beaux-frères. Elle fut bientôt rappelée pour venir en aide à sa mère dans les soins du ménage. A cette époque elle avait entre 11 et 12 ans. Par conséquent, il règne une complète obscurité sur les dates de son départ pour Vicques et de son retour à Caen. Madame de Corday mourut en 1782 et Charlotte n'avait pas encore 14 ans. C'est alors que, par la protection de Madame de Belzunce, abbesse de Sainte-Trinité de Caen, elle fut reçue avec la sœur qui lui restait, l'aînée ayant précédé leur mère dans la tombe, dans cette abbaye pour y partager l'éducation donnée à Mademoiselle de Forbin d'Oppède, nièce de leur protectrice.

Néanmoins Vicques étant à peu de distance de Corday et de Glatigny, il est à supposer qu'elle vint souvent au sein de sa famille et que parfois son séjour se prolongea au foyer de ses parents et grands-parents.

M. de Corday, n'ayant plus avec lui qu'un de ses fils, l'autre étant à l'École Militaire et cette situation l'obligeant à une lourde dépense, dut, par motifs d'économie, retourner au Mesnil-Imbert. Là, vinrent le rejoindre ses filles, après la fermeture des communautés religieuses, c'est-à-dire vers le milieu de mars 1790. Par suite de dissentiments politiques avec son père, c'est au mois de juin de 1791 que Charlotte quitta le Mesnil-Imbert et non Argentan, rue du Bègle, comme on l'a dit à tort, car ce dernier domicile n'a été habité par M. de Corday qu'à partir du 31 janvier 1793, moment où il revint avec sa fille Éléonore y rejoindre son père, sa mère et sa sœur. Cela résulte de ses réponses aux commissaires envoyés vers lui le 20 juillet 1793, dans lesquelles il déclare qu'avant ce temps, il habitait le Mesnil-Imbert, canton de Vimoutiers, où il était resté jusqu'au 12 mai 1792, lorsque, par suite d'une tentative d'assassinat commise sur lui, il avait dû quitter ce lieu pour poursuivre, devant le district de Lisieux, son assassin et que pendant cet intervalle, il était logé à Caen, venelle aux Chevaux (aujourd'hui rue de Strasbourg), à l'hôtel de la Coupe d'Or (1).

Il faudrait donc conclure de ce qui précède que ce ne fut que dans sa plus tendre enfance que Charlotte habita Le Ronceray et Corday, à l'époque où les traditions la représentent jouant sous les pommiers près de la route et dirigeant dans leurs jeux ces bandes d'enfants. Plus tard lorsque, au dire des contemporains, une grande et belle jeune fille, les cheveux au vent, les bras nus, et vêtue d'une robe de toile rouge, se promenait d'un air grave et mélancolique sous les grands arbres de Glatigny ou tricotait à la fenêtre de sa chambre, il ne peut être question que des quelques mois qui s'écoulèrent entre son retour à Corday et son départ définitif pour Caen. En ce qui concerne son rôle de fermière, de maîtresse d'école, etc., c'est une légende à laquelle on ne doit ajouter aucune créance.

Ce qu'il y a de certain, c'est qu'elle a vécu dans ces lieux, qu'elle y a médité ses projets et que son souvenir est encore vibrant dans les différentes demeures qui lui servirent de séjour. Qui sait, peut-être une autre légende la représentera-t-elle plus tard comme revenant parfois, dame rouge, visiter les lieux qu'elle fréquenta.

Il me faut terminer ici cette notice. Il reste beaucoup à dire sur Charlotte Corday, et si je voulais entamer quelques autres points de son histoire, le sujet m'entraînerait beaucoup plus loin que ne le comporte cette étude.

ABEL DECAUVILLE LACHÈNÉE.

(1) Cf. M. le chanoine ROMBAULT. *Loc. cit.*

LE CHATEAU DU RENOUARD

Le canton de Vimoutiers où se trouve la commune du Renouard ou du Mesnil-Renouard, comme on disait autrefois, est l'un de ceux qui ont le plus changé de physionomie depuis quelques années. Par suite des modifications économiques qui se sont produites dans notre régime intérieur, les céréales, dont la culture était peu rémunératrice, ont presque entièrement disparu et ont fait place à la pâture. C'est maintenant le pays par excellence de l'herbe et du pommier, du cidre, du beurre et du fromage. Que de toits de chaume j'y ai vus disparaissant aux regards au milieu d'une épaisse forêt de pommiers dont les frondaisons exubérantes s'étendaient jusqu'au seuil du logis. Notre grand poète normand, Gustave Le Vavasseur, le chantre attitré des vergers normands, a décrit de main de maître, dans l'un de ses romans, ces campagnes si riches et si tranquilles dont tous les aspects lui étaient familiers.

« Dans ce petit coin de Normandie heureuse qui a gardé une partie des immunités du paradis terrestre, écrit-il, la terre donne ses fruits sans que l'homme l'arrose de ses sueurs. En cet Éden plantureux la pomme fleurit, se noue et mûrit en abondance chaque année pour le plaisir des yeux et le soulas des gosiers altérés. Rien que de l'herbe et des pommiers. Vert sur vert (1). »

Un peu partout dans la région c'est la même chose; il y a des degrés dans la fertilité, il n'y a guère de différence dans l'aspect.

Le château du Renouard, qui nous offre les caractères du style de la Renaissance, paraît avoir été édifié, à la fin du XVIe siècle, sur l'emplacement d'une habitation beaucoup plus ancienne mais dont il serait difficile de fixer même approximativement la date. Il reste encore quelques parties de murs qui lui appartiennent.

Dans une des salles du château se trouvent aussi des vestiges de peintures murales, malheureusement bien incomplètes et bien effacées. Ce genre de décoration, qui se rencontrait dans les grandes habitations seigneuriales, s'observe également dans des manoirs de moindre importance. M. de Caumont l'a signalé notamment dans certaines maisons bourgeoises de la ville de Caen. Presque toujours tout cela s'est très détérioré, si bien qu'il est impossible de reconnaître le sujet que l'artiste avait été chargé de représenter. Au Renouard, on voit distinctement des fleurs de lis et un personnage armé de toutes pièces, tenant en main une épée. Le reste de la scène a disparu. Plus loin, on aperçoit un groupe de femmes debout; l'une d'elles tient un enfant dans ses bras.

Six grandes cheminées, par leur masse et leur appareil régulier, rappellent les cheminées des constructions de la Renaissance.

Dans les bâtiments de la ferme voisine, une porte d'entrée, en manière de porche, semble dater

(1) *Dans les herbages*, p. 1.

du XIIIe ou du XIVe siècle; ses fenêtres en lancette sont aussi de la même époque. Le chemin de l'église longe des terrassements qui remontent à une époque ancienne, mais que rien ne permet de déterminer avec certitude. Ils constituaient probablement des travaux de défense.

On peut reconstituer la suite des seigneurs du Renouard sans interruption depuis 1069 jusqu'en 1789.

Les Bailleul apparaissent comme les premiers possesseurs du Renouard et le conservent pendant douze générations jusqu'en l'année 1595.

Aux Bailleul succèdent les Souvré, de 1595 à 1691. Le château leur avait été apporté par le mariage de Françoise de Bailleul avec Gilles de Souvré.

En 1691, le mariage d'Anne de Souvré avec Le Tellier, marquis de Louvois, fait passer la seigneurie dans cette dernière famille, qui la transmet à son tour aux de Corday par le mariage de Marie-Anne-Philippe de la Chesnaie-Beaumont, arrière-petite-fille de Louvois, avec Pierre-Charles de Corday, en 1752. C'est en 1786 que le château Renaissance dont nous avons signalé quelques détails fut démoli. Le château moderne a été construit par P.-J.-B.-H. de Corday.

La propriété a été achetée en 1865 par M. Renouard, qui dans le vieux castel réparé par ses soins a établi un musée archéologique.

On y voit un bas-relief en albâtre, autrefois placé dans l'église du Renouard, à l'occasion de la mort tragique de Madeleine de Bailleul.

Cette jeune fille, ainsi qu'une de ses amies, Mademoiselle de la Moricière, fut brûlée vive à Rouen dans un terrible incendie qui se déclara le 4 mai 1569, lors d'un bal qui suivait un grand festin de noces.

Le poète Vauquelin de la Fresnaye consacra à Madeleine un *Tombeau* de soixante-quatorze vers précédé de trente-trois sonnets réunis sous ce titre : *Sonets sur la mort infortunée de D. Madeleine de Bailleul, fille du s^r du Renouart avenue l'an* 1569.

Les de Corday, originaires de Saint-André-de-Corday, au doyenné d'Aubigny, portaient *d'azur à trois chevrons brisés d'or*, avec la devise : *corde et ore.* Leur noblesse avait été reconnue authentiquement, et à plusieurs reprises, ainsi qu'on peut le voir en se reportant aux Recherches de 1463, de 1599 et de 1666.

On sait que Charlotte Corday naquit dans une commune voisine, à Saint-Saturnin-des-Ligneries, mais son souvenir se rattache à toutes les communes du voisinage et notamment à celle du Renouard, dont le tabellionnage reçut plusieurs actes concernant sa famille. Elle séjourna d'ailleurs assez souvent dans l'habitation de son père, au Mesnil-Imbert, commune aujourd'hui réunie au Renouard.

Quand M. de La Sicotière recueillit, sur les lieux, des renseignements pour la notice qu'il devait insérer dans la *Mosaïque de l'Ouest,* dirigée alors par Émile Souvestre, il remarqua que le nom de l'héroïne de la Gironde était sur toutes les lèvres. On pourrait encore aujourd'hui constater la persistance étrange de ce souvenir.

L'ÉGLISE DE TICHEVILLE

Nous donnons ici deux vues de l'église de Ticheville, intérieur et extérieur, ainsi qu'une vue de l'ancien prieuré. Elles nous renseignent suffisamment sur ces constructions dont la valeur archéologique est assez mince et qui ne demandent pas une ample description. Il convient cependant de remarquer, au côté nord de l'église, une belle porte romane dont la décoration supérieure est formée d'un rang d'étoiles et qui est précédée d'un curieux porche en bois. L'intérieur de cet édifice ne mériterait pas de retenir l'attention si la contre-table de l'autel du chœur, d'une ornementation riche, mais lourde, ne nous offrait pas un très beau tableau de la Trinité. C'est l'œuvre du grand peintre normand Jean Jouvenet, ainsi que l'indique la signature suivante :

Jouvenet pinxit, Rouen.

Prieuré de Ticheville.

D'après une photographie de M. H. Magron.

Le prieuré de Tigeville ou Ticheville, dépendait depuis un temps immémorial de l'abbaye de Saint-Wandrille : il était compris dans la baronnie de Pontchardon, l'une des baronnies du monastère.

On le trouve désigné tantôt sous le nom de prieuré de Saint-Vulfranc, tantôt sous celui de Saint-Pierre-de-Ticheville.

En 1518, un acte authentique le désigne ainsi : *Prieuré de Saint-Pierre de Tiegeville*, mais en 1596, un autre acte non moins authentique, le qualifie : *Prieuré de Saint-Vulfranc de Tiegeville.*

Aux termes d'une convention de l'année 1496, on voit que le prieuré de Tigeville était tenu de payer aux religieux de Saint-Wandrille, chaque année, le jour Saint-Vulfranc, *pour un past de festin*, la somme de quinze livres tournois.

Une autre pièce nous apprend que le prieur n'avait pas de chapelle distincte de l'église paroissiale, qu'il touchait les deux parts des dîmes, la troisième part appartenant au curé, enfin qu'il fournissait des secours fort importants à tous les pauvres qui affluaient au prieuré. Cet acte, de 1528, nous renseigne sur les charges du prieuré ; il établit en même temps que le bâtiment qui subsiste encore n'est pas une chapelle, puisque le prieuré n'en comportait pas, mais bien une grange dîmale, ou toute autre annexe de l'habitation.

Dans le courant du XVe siècle, on résolut, dans la plupart des grandes abbayes, d'envoyer dans les prieurés des religieux pour y vivre en communauté avec le prieur et l'assister de leurs avis dans les circonstances importantes. Ces compagnons furent en général assez mal reçus par les dignitaires ecclésiastiques auxquels on les imposait. En 1507, François le Gray, qui avait été pourvu du prieuré de Tigeville, protesta formellement contre cette innovation et eut même de graves difficultés avec les deux religieux qui lui avaient été envoyés.

Dans une requête très développée, il exposait « que son prieuré valait à peine seize vingt livres par an, sur quoi il avait de lourdes charges : réparations, gages d'officiers, nourriture et entretien de ces religieux. Il ajoutait qu'ils menaient une vie dissolue, partaient hors de la maison, l'un ayant une arbalète et chacun d'eux une épée, vivant à leur volonté, allant de nuit ainsi embastonnés, conversant comme séculiers aux foires, marchés, tavernes, plaids, nourrissant lévriers et épagneuls ».

Si ces allégations sont exactes, il faut convenir que le prieur de Tigeville était fort à plaindre et que les compagnons qu'on lui avait ainsi imposés, n'étaient en état ni de le satisfaire, ni d'édifier les habitants de la paroisse.

L'Église de Ticheville. — Intérieur et extérieur.

D'après deux photographies de M. H. Magron.

En vertu d'un arrêt du Parlement, le prieur et les religieux n'avaient d'autre charge envers l'église de Tigeville que celle d'y dire la messe une fois par semaine.

Dans les premières années du XVIIe siècle, une contestation des plus vives s'éleva entre « Dom Jacques Riberot, prieur du prieuré de Tigeville, et maître Alexandre Droullin, soi-disant prieur commendataire du dit prieuré ». Une sentence des requêtes du 4 avril 1612, repoussa les prétentions de maître Droullin, en maintenant Dom Riberot dans la pleine possession du prieuré.

Au nombre des prieurs de Tigeville figure Guillaume Laveille, qui fut nommé le 15 décembre 1508, par l'abbé de Saint-Wandrille, Jacques Hommet, à l'effet de régir le prieuré de Saint-Pierre de Tigeville, vacant par le décès de Guillaume Canterel. C'est pendant qu'il était à Tigeville, que Dom Guillaume Laveille eut l'idée de composer une vie de Saint-Vulfranc. Ce travail, qui était resté manuscrit, a été publié en 1870 par M. l'abbé Sauvage, sous ce titre : *Abrégé de la vie et miracles de Saint-Vulfranc, de Dom Guillaume La Veille, publié pour la première fois avec introduction et notes.*

Guillaume Laveille était un homme distingué auquel dans son introduction, le savant abbé Sauvage a rendu justice : son nom se rattache intimement à ce petit prieuré de Ticheville qu'il a honoré par sa vie recueillie et par ses travaux littéraires.

LE PRIEURÉ DE CROUTTES

La paroisse de Crouttes, près Vimoutiers, qu'il ne faut pas confondre, comme on la fait très souvent, avec la paroisse de Crouple, près Orbec, département du Calvados, est désignée dans le pouillé de l'Évêché de Lisieux sous les noms de *Crustæ*, *Crotæ*, *Crutæ*, *Cruptæ*.

Le prieuré, qui dépendait de l'abbaye de Jumièges, remonte aux premières années du XIe siècle. C'est ce que nous apprend l'auteur anonyme d'une Histoire de la royale abbaye de Saint-Pierre de Jumièges, éditée récemment par l'abbé Julien Loth.

« Gautier, nous dit-il, prouva sa vénération à l'abbaye en lui donnant, avec l'église de Croupte, tout le domaine de la dite paroisse, la quatrième partie du Mesnil-Renouard en dixmes, prés et bois, avec la forêt d'entre Vimoutiers et Croupte jusqu'au chemin du Mont-Saint-Michel. »

Cette donation importante eut lieu sous le gouvernement de Robert Hispaque, vingt-cinquième abbé.

A partir de ce moment il est souvent question du prieuré dans l'histoire de la célèbre abbaye.

Le 17 novembre 1208, un règlement avait été arrêté entre Robert, archevêque de Rouen, et Alexandre, quarante-sixième abbé, portant que les prieurs et les baillis des juridictions plus éloignées ne demeureraient point seuls, mais qu'on leur donnerait un ou deux confrères sans l'avis desquels ils ne pourraient rien entreprendre. En vertu de ces prescriptions des religieux furent envoyés dans divers prieurés dépendants de Jumièges. Saint-Michel de Croupte n'eut pas à en recevoir, parce qu'il fut alors constaté qu'il était desservi par un nombre suffisant de moines.

La baisse qui survint plus tard dans la valeur de l'argent réduisit si considérablement les revenus de ce petit établissement qu'il fut décidé, en 1499, que désormais le prieur de Croupte n'aurait plus de compagnon.

Parmi les prieurs dont les noms sont cités dans les annales de Jumièges ou dans les pièces relatives à cette abbaye déposées aux Archives de la Seine-Inférieure, nous mentionnerons : Renaud du Bost, à qui l'abbé Jean IV donna procuration pour comparaître en son nom *ès plaids de pasnage des forêts de Gouffers et de la place d'Exmes* (24 septembre 1377).

Au XVIIIe siècle, nous notons les noms de Charles de Parde, prieur en 1701 ; de Denis Le Sueur, 1735 ; de Pierre Thibaud, 1744 ; de Dom Omer Delville, en 1746 ; de Dom Ignace Piot, religieux profès de l'ordre de Saint-Benoît, demeurant en l'abbaye de Saint-Quentin-en-Isle, prieur de Saint-Michel de Croupte par la démission de Dom Omer Delville en 1769.

Mais de tous, le prieur le plus connu est Renaud Buquet.

D'une famille noble de Normandie, Renaud Buquet, lisons-nous dans les annales de Jumièges, se distingua d'abord dans l'étude du droit canon et il prit le degré de docteur dans la Faculté de

Paris. Il fut ensuite prieur d'Hellingen en Angleterre, puis de Crouttes et enfin cellerier de l'abbaye. Il ne se fit pas seulement aimer de ses confrères, il s'acquit encore leur estime par sa douceur, sa modération, sa sagesse et son zèle. Il donna au monastère, de son vivant, 58 livres 10 sols de rente pour faire célébrer divers offices religieux longuement énumérés dans l'acte de fondation. C'est aussi à lui que l'on doit les magnifiques sculptures du jubé.

Renaud Buquet, qui était honoré de la confiance de l'abbé Jacques d'Amboise, frère du cardinal Georges d'Amboise, mourut au mois de décembre 1491.

Au siècle suivant, nous rencontrons les noms de Jacques Gaudin, et de Thomas Guiffard, qui lui succéda en 1590. En 1600 des actes de procédure nous révèlent celui de Toussaint de Marseilles.

Ce bénéfice de Crouttes, largement organisé au moment de sa fondation, avait chaque jour perdu de son importance.

Dans un extrait du dénombrement baillé à François, duc d'Anjou, le 25 mai 1584, par frère Thomas Gessard, religieux de Jumièges et prieur de Saint-Michel de Croupte, il est spécifié ainsi qu'il suit :

Prieuré de Crouttes.

D'après deux photographies de M. H. Magron.

« Le fief terre noble et seigneurie du dit prieuré,... lesquels s'extendent tant audit lieu de Croupte, Vimoutiers, Le Renouard, Lignerils, Escorches, qui ès environ de Caen, desquels fief terre prieuré avons droit de percevoir toutes les grosses dixmes des blés,... droit de prendre les deux parts des ablutions par chacun an ès églises de Crouptes et de Lignerils aux festes Saint-Michel et Chandeleur.

« ... Avons une pièce de terre close de murailles contenant 3 vergées huit perches, les maysons du manoir avec une chapelle en laquelle est dite et célébrée la Sainte-Messe deux fois la semaine... »

Il ne faudrait pas s'illusionner sur la portée de ces énonciations, un mandement du roi Louis XI, du 20 mai 1470, nous apprend que, dès cette époque, le prieuré était *un petit prieuré et de très petite valeur*.

Si la succession des prieurs s'est continuée régulièrement sans interruption jusqu'à la fin, il convient cependant de reconnaître que l'établissement ne valait guère qu'au point de vue de la perception des revenus, n'exerçait aucune action religieuse utile et était dépourvu tout à la fois de clientèle et d'autorité. Auprès de cet établissement, relativement bien renté, la cure de la paroisse végétait, et l'église, malgré les liens qui la rattachaient à l'abbaye de Jumièges, était livrée au plus honteux abandon.

A la fin du XVIIIe siècle, non seulement, faute de ressources, la sacristie est mal tenue, mais les ornements ecclésiastiques tombent en lambeaux. Il y a là une situation lamentable sur laquelle nous éclaire une lettre très curieuse dont nous devons la communication au savant archiviste de la Seine-Inférieure. Elle est adressée de Paris, le 4 décembre 1781, par Dom Vernet au prieur de Jumièges, Dom de Courdemanche. La voici :

« Je crois devoir m'adresser à vous pour vous faire les représentations que vient de me faire depuis deux heures le supérieur des Eudistes, homme d'esprit, sage, aimant le bien. Ce Monsieur a eu occasion de passer à Crouttes, lieu de sa naissance. Il a voulu y dire messe, il s'en est abstenu lorsqu'il a vu les ornements qu'on lui présentait. Cela lui a donné occasion d'examiner la sacristie de l'église. Il a vu tous les ornements tombant en lambeaux, ayant des morceaux attachés avec des épingles, point de linge, les vases sacrés en mauvais étain, pas une armoire pour renfermer les vieux ornements qui subsistent. Point de table de communion, des marches d'un pied de haut pour monter à l'autel, enfin tout délabré, tout malpropre, tout indécent. Il a été surpris de ce que ces ornements n'étaient pas interdits depuis longtemps. Ce Monsieur m'a paru touché et pénétré de douleur de ce qu'il a vu dans cette église; il a dit que le curé lui a assuré qu'il avait écrit plusieurs fois à Jumièges pour faire des représentations et qu'il n'avait point eu de réponse. Ce curé est à portion congrue. M. le supérieur des Eudistes m'en dit que si vous vouliez mettre une certaine somme non pour réparer ces ornements qui n'en valent pas la peine, mais pour en fournir de nouveaux, il se ferait un vrai plaisir de contribuer pour la moitié. Enfin qu'il partagerait par moitié la dépense que ferait l'abbaye de Jumièges pour mettre cette sacristie dans un état convenable et décent et que le tout passerait sous le nom de l'abbaye de Jumièges, ne voulant pas avoir le mérite d'y avoir contribué. Il m'a ajouté qu'il était actuellement en état de pouvoir faire cette dépense et que peut-être dans quelque temps il n'en aurait pas le moyen; qu'au surplus l'on connaît les bénédictins et leur amour pour la décence du Service divin et qu'il faut que l'abbé de Jumièges n'ait pas été instruit du délabrement de la sacristie de l'église de Croupte dont ils sont décimateurs. » (Frend de Jumièges, Archives de la Seine-Inférieure.)

Nous ignorons quel accueil reçut à Jumièges cette réclamation, hélas trop justifiée, du curé de Croupte. L'église de cette paroisse est toujours aussi insignifiante, mais la décence du culte y est assurée et la sacristie et les ornements ne présentent pas cet aspect de délabrement qui affligeait les regards du visiteur de 1781.

Les bâtiments du prieuré sont encore debout. La partie la plus intéressante consiste dans un pignon percé d'une porte ogivale à double ouverture, dont les formes obtuses accusent le XIVe siècle.

Le prieuré appartient à Madame des Fonds. Cette famille, dont plusieurs membres ont exercé les fonctions de receveurs des dîmes pour l'abbaye de Jumièges, est fort ancienne dans le pays. Elle y possédait sous l'ancien régime de nombreux domaines, tant à Crouttes que dans les communes voisines.

L'ÉGLISE DE TRUN

Trun, dont l'église ne présente à proprement parler aucun intérêt, est un joli petit bourg sur la Dives.

Son origine remonte à une date assez éloignée, puisque au XIe siècle ce bourg formait déjà une agglomération respectable.

On devait cultiver la vigne dans les environs, sur une assez large échelle, car la dîme sur le vin était l'un des revenus les plus sûrs des seigneurs qui comptaient Trun dans leur domaine.

Église de Trun.

D'après une photographie de M. H. Magron.

Ce n'est du reste une surprise pour personne que d'entendre parler de vin produit par la Normandie. Longtemps dans cette contrée de l'Orne, la vigne offrit un jus délicat et réputé.

Les compagnons du Vau de Vire, dont le plus célèbre fut le chansonnier et patriote Olivier Basselin, tué pense-t-on à la bataille de Formigny, en 1450, buvaient du vin de pays.

Mais, pour revenir à Trun, nous fixerons mieux son histoire et conséquemment celle de son église, en donnant quelques dates.

En 1066 Roger de Montgommery faisait don à l'abbaye de Saint-Étienne de Caen, du bourg de Trun avec ses dépendances, en retenant seulement les moulins et dîmes concédés à d'autres et en se réservant, sa vie durant, le droit domanial, ajoutant que ce même droit serait également réservé, sa vie durant, en faveur de Guillaume, duc de Normandie, comte du Maine.

Onze années après, le duc de Normandie, comte du Maine, Guillaume, roi d'Angleterre, confirmait à l'abbé de Saint-Étienne de Caen, la donation de 1066.

De plus, « comme témoignage de sa munificence », le roi d'Angleterre autorisait la ville à faire passer au milieu de Trun le chemin qui contournait son enceinte.

Le cardinal de Mazarin, qui sut si bien se réserver les meilleures prébendes, pendant son long séjour au ministère, s'était fait donner l'abbaye de Saint-Étienne de Caen, et à ce titre avait des droits de coutume sur Trun.

C'est quatorze ans après la mort du cardinal, que son successeur à l'abbaye de Caen, Charles-Maurice Le Tellier, archevêque de Reims, premier pair de France, grand-maître de la chapelle de Sa Majesté, obtenait (1676) la création de quatre foires au bourg de Trun.

L'église de Trun a suivi les fluctuations de son bourg. Certainement construite tout d'abord d'une façon informe, avec des murs protecteurs, pour éviter les injures de ceux qui combattaient contre les barons Trunois, elle subit dans les siècles suivants des réparations qui la transformèrent sans lui imprimer aucun cachet d'époque, sans lui donner un genre architectural bien défini.

C'est du reste le cas de nombre d'églises de cette contrée qui vit les premières incursions des Normands. Elles furent généralement et comme point de départ, des chapelles de château. Après la conquête des Normands, ou mieux quand l'ère des croisades (1270), fut définitivement close, les chapelles devinrent plus importantes. Bientôt elles devenaient églises communales, ou alors, les communes, qui depuis Louis le Gros s'organisaient peu à peu, en faisaient construire à leurs frais. Une autre cause d'émulation dans la construction des édifices religieux, fut la campagne menée par le clergé vers la fin du XVe siècle, époque de mœurs dissolues.

Jamais on ne fit tant commerce des indulgences. Et comme l'homme, créature assez faible, voulait préserver son âme des flammes de l'enfer, tout en continuant à laisser la bride sur le cou à ses passions, l'argent tombait facilement dans la caisse ecclésiastique pour faire élever des églises.

Au commencement du XVIe siècle une autre cause surgit, ce fut l'apparition de la Réforme. Le clergé se sentant menacé y mit du sien, et les églises s'élevèrent rapidement en Normandie, où l'écho affaibli des prédications de Luther pénétrait à peine.

Ce sont ces causes différentes qui expliquent que tant d'églises soient, en Normandie comme dans beaucoup d'autres provinces, du début du XVIe siècle.

Nous ne saurions nous étendre davantage sur l'église de Trun qui ne présente, nous le répétons, d'autre intérêt que celui d'avoir été longtemps desservie par un prêtre envoyé par l'abbaye de Saint-Étienne de Caen, et d'avoir pendant une époque servi de tombeau à quelques seigneurs trunois, dont les pierres tombales ont été peu à peu polies au point qu'il est difficile d'y lire aucune inscription.

Gustave Fabius de Champville.

LE CHATEAU D'AUBRY-EN-EXMES

Dans cette splendide plaine qui semble le fond de l'auge que bordent les collines dites du pays d'Auge, dans ce coin ravissant où la Dives et quelques petites rivières courent en méandres verdoyants, grâce aux longues théories de peupliers qui les enserrent sur chaque rive, on aperçoit de loin une touffe d'un vert sombre, en avant et à trois kilomètres environ du vieux donjon de Chambois.

En cette touffe se cache un coin délicieux, et on y trouve à côté d'un château moderne, la tour d'Aubry-en-Exmes.

Là se trouve comme la limite morale des anciennes possessions des seigneurs d'Exmes, et de celles des seigneurs de Falaise.

On comprendra que la tour d'Aubry avait été construite vers le début du XIe siècle, afin de pouvoir opposer aux incursions des seigneurs de Falaise, un obstacle où les seigneurs d'Exmes accumulaient les forces afin d'empêcher l'intrusion sur leurs fiefs de leurs perpétuels ennemis.

Le Château d'Aubry-en-Exmes.

D'après une photographie de M. M. Magron.

Cette tour d'Aubry fut tout d'abord un simple fortin, établi devant une plaine où se campaient les soldats et domestiques des seigneurs de Falaise. La plaine a conservé le nom et est assez communément appelée le Carreau de Falaise. Plus tard, on érigea sur ses fondations une construction habitable qui date de la minorité de Louis XIII.

La tour était complètement entourée d'eau, et ce coin ravissant semblait un nid fortifié où l'on pouvait attendre en sûreté les plus terribles adversaires.

On voit encore dans la salle du rez-de-chaussée, datant, comme nous l'avons déjà dit, du XIe siècle, les anneaux qui servaient à attacher les chevaux, un puits et une immense cheminée de trois mètres de large. La voûte de la pièce est demi-sphérique.

Le haut de la tour, qui comprend trois étages, est distribué à chaque étage de la même façon : une série de petites chambres entourent une pièce centrale très spacieuse.

On voit parfaitement l'emplacement de la herse dans l'escalier. Les ouvertures qui servaient à jeter des projectiles dans cet escalier, au cas où la porte d'entrée aurait été forcée, sont également visibles.

Extérieurement, au premier étage, les créneaux sont assez bien conservés.

On a prétendu que Montgommery, fuyant la colère de Catherine de Médicis, vint se cacher au donjon de Chambois; de là il aurait gagné la tour d'Aubry et enfin serait parvenu à s'échapper par le petit port de Dives et à toucher dans un port d'Angleterre.

C'était le salut pour lui.

Le château d'Aubry-en-Exmes que l'on voit de nos jours, complètement indépendant des anciens bâtiments, est de construction récente.

Quant au vieux manoir d'Aubry, il n'en reste à l'heure actuelle qu'une tourelle enlierrée, garnie de créneaux.

Dire la succession des propriétaires du château d'Aubry nous entraînerait trop loin. Ce serait reconstituer l'histoire de la plaine qui s'étend entre Villedieu, Trun, Montmilcent, Chambois et le Prieuré de Saint-Benoît.

Aubry-en-Exmes a compté de nombreux habitants et le château plusieurs châtelains, qui firent donation à l'abbaye de Saint-Étienne de Caen, à l'église d'Aubry et à certaines communautés religieuses de dîmes, de terres et de revenus. La preuve nous en est fournie par les archives de l'Orne, qui enregistrent les prébendes de ce temps.

Un habitant du pays, navré de ne pouvoir épouser celle qu'il aimait, fit don au curé d'une rente annuelle pour que ce dernier dise des messes en faveur de la demoiselle dont la possession lui échappait. Elle avait été enlevée par un seigneur de Caen qui l'épousa.

Les derniers propriétaires du château d'Aubry-en-Exmes, au siècle dernier, sont les Manoury d'Ectot, une famille très connue dans notre beau coin du pays normand.

Ces châtelains portèrent, jusqu'à la Révolution, le titre de marquis d'Aubry.

Les propriétaires actuels du château appartiennent à une vieille famille également, celle des de Costart.

Gustave Fabius de Champville.

Cliché H. Magron — Lemale & Cie Édit. Havre — Héliog. P. Dujardin

CHÂTEAU DE CHAMBOIS

Pl. N° 55

LE CHATEAU DE CHAMBOIS

Le donjon de Chambois, qui s'élève dans la riante vallée de la Dives, est l'un des plus curieux spécimens de l'architecture militaire au XIIe siècle et l'un des plus importants monuments historiques classés dans le département de l'Orne (1). Le rare état de conservation de cette imposante forteresse, à laquelle manquent seuls quelques créneaux écroulés, permet à la pensée de la restituer telle qu'elle était autrefois, à l'imagination de la repeupler d'archers et d'hommes d'armes. M. de Caumont qui, dans la *Statistique routière de Basse-Normandie*, a décrit le donjon de Chambois, le présente comme un des mieux conservés qu'il ait jamais rencontrés en France. Nous ne saurions mieux faire, que de transcrire les pages consacrées à ce très curieux reste des temps féodaux par le célèbre archéologue normand.

D'après une photographie de M. H. Magron.

La superbe tour de Chambois « est en forme de carré long; elle est garnie aux quatre angles de larges contreforts couronnés par quatre guérites en pierre. Le grand côté, tourné vers le sud, est en partie masqué par une tour appliquée », comme il s'en trouve souvent dans d'autres forteresses; « un contrefort central garnit le côté nord.

« Une galerie crénelée et saillante, portée sur des modillons, couronne l'édifice entre les quatre guérites et fait le tour du toit.

« La porte d'entrée se trouvait à 18 pieds au-dessus du sol, dans la tour appliquée contre la façade méridionale. Rien n'annonce qu'on y accédât par un escalier, et les habitants de Chambois rapportent, avec quelque vraisemblance, qu'on se servait d'une échelle en fer pour y monter.

(1) Voy. au sujet du donjon de Chambois, L. de La Sicotière et A. Poulet-Malassis, *Le Département de l'Orne archéologique et pittoresque*, p. 140-142; Germain, *Notice historique sur le château ou forteresse de Chambois-en-Exmes*, reproduite en partie dans *la Mosaïque de l'Ouest* (février 1848); *le Magasin pittoresque*, t. XVI, p. 571; M. de Caumont, *Statistiques routières de Basse-Normandie*, p. 292-294, et *Abécédaire d'archéologie* (*architecture civile et militaire*), p. 433, etc., etc.

« Un vestibule étroit, éclairé par une fenêtre légèrement pointue et divisée en deux par un meneau, succédait à cette porte, et précédait un vaste appartement qui occupait à lui seul tout le diamètre du donjon, au premier étage au-dessus du rez-de-chaussée. Une corniche à modillons règne tout autour de ce salon; elle devait supporter les solives du plafond. Une vaste cheminée, dont le manteau est couvert de moulures en losanges, attire les regards dans le mur du nord, au milieu de ce bel appartement. Deux autres étages, dont les planchers

Cheminée du château de Chambois.

D'après une photographie de M. Alfred Monod.

n'existent plus, n'offraient pas, dans leurs décors, le même soin que la grande salle du premier. Il est facile de voir que celle-ci était le lieu de réception, le salon du baron de Chambois et de sa famille.

« L'intérieur des tourelles carrées, placées aux angles, avait été utilisé de différentes manières; un oratoire se trouvait dans la tour du nord-est; celle qui est orientée au sud-est, renfermait à sa base un cachot ou prison, dans lequel on descendait par une trappe; enfin, la partie supérieure de la tourelle était disposée pour servir de colombier. »

Nous ne pouvons que rappeler, en cette courte notice, quelques faits saillants de l'histoire de Chambois. Il y avait dans ce bourg, dès le Xe siècle, et antérieurement à la construction de la forteresse, une habitation qui fut concédée, en 1024, au comte de Péronne, par Richard II, duc de Normandie. Mais le donjon, selon l'opinion de M. de Caumont, doit avoir été bâti au XIIe siècle. Confisqué par Henri d'Angleterre, en 1113, Chambois fut compris, en 1204, dans la confiscation et la réunion de la Normandie à la couronne de France.

La seigneurie de Chambois, qui était, en 1210, un fief du bailliage d'Exmes, resta unie au domaine de l'État jusqu'au moment où le complice des Anglais, Charles le Mauvais, roi de Navarre, s'en empara; mais, battu par Duguesclin à Cocherel, en 1364, il dut prendre l'engagement de restituer le vieux donjon. Le château de Chambois fut-il alors compris dans la récompense accordée à Duguesclin en raison de ses services? La tradition le veut, mais l'histoire n'autorise pas à attacher à la forteresse anglo-normande le souvenir de l'illustre connétable.

Pendant les guerres du XVe siècle, Chambois retomba aux mains des Anglais, mais ce fut pour peu de temps, et la maison de Tilly, sur qui la confiscation en avait été opérée, rentra promptement en possession de son domaine. Il passa peu après, à la suite d'une alliance, à la maison de Rosnevinen.

En 1568, la forteresse de Chambois fut occupée par les troupes de Montgommery. Gaspard de Saulx-Tavannes, qui brûla le bourg, tenta vainement de réduire le donjon. Il n'en put venir à bout et fut contraint de lever le siège (1).

Puis le château de Chambois disparaît de l'histoire. Dans la première moitié du XVIIIe siècle, le domaine appartenait à M. de Graverond, qui l'avait acquis ou en avait hérité. L'ancienne habitation menaçait alors ruine; il la fit démolir et construisit à la place un château dans le style moderne.

Le 7 juin 1771, la terre de Chambois fut vendue à M. Demeuve. Le nouveau propriétaire fit aussitôt construire des pavillons qui formèrent les ailes du château. Le 20 janvier 1787, il vendit la nue propriété de son domaine à M. Delessart, trésorier de France, qui la rétrocéda, le 21 juillet 1793, à M. Pierre-Nicolas Collombel. M. Demeuve s'était, par une clause assez singulière, réservé l'usufruit de sa terre et de son château, où il continuait à résider.

Cet usufruit, d'ailleurs, faillit être, pendant la Révolution, troublé d'une façon fort dramatique. Les patriotes de Chambois, offensés par l'aspect de Bastille provinciale que présentait le vieux donjon, se rendirent au château pour arrêter M. Demeuve; mais le châtelain était doué d'à-propos et de philosophie. Il avait fait sculpter, à la place de ses armes, sur le fronton du château, un enfant ouvrant à un oiseau la porte d'une cage et la légende : HIC LIBERTAS ITAQUE FELICITAS. Il montra aux envahisseurs cet emblème patriotique et leur fit entendre que le rôle de l'enfant était fort beau et que le leur serait assurément fort vilain s'ils emprisonnaient un ami de la liberté. Et les paysans, entrés en septembriseurs, se retirèrent attendris comme des bergers de Florian.

Ils se félicitèrent d'ailleurs de n'avoir point abattu la forteresse féodale, lorsque, quelques années après, les chouans menacèrent Chambois. Les habitants du bourg transportèrent en hâte, sur les créneaux, des pierres et des poutres pour écraser les assaillants, et retirèrent l'échelle qui conduisait au premier étage. Les femmes s'étaient réfugiées dans la grande salle seigneuriale; les hommes, armés de mauvais fusils, entendaient soutenir un siège, comme les protestants l'avaient fait en 1568; mais les chouans, dont une bande parcourait véritablement les environs de Chambois, n'apparurent pas sous les murs du donjon. Toutefois, comme, en ces salles vastes et sonores, l'on éveillait l'écho des anciens bruits de guerre et que les grands mots venaient à la bouche, l'on appela ce jour de petites angoisses *la journée de l'épouvante* et le nom lui en est resté dans la chronique populaire.

M. Collombel, qui avait réuni l'usufruit de Chambois à la nue propriété à la mort de M. Demeuve, transmit cet héritage à ses enfants qui le partagèrent. Le château fut attribué à M. Pierre-Louis Collombel, son fils aîné (2). En 1829, le domaine fut vendu, par autorisation de justice, au marquis de Tamisier, attaché à l'ambassade de France à Londres. Le nouveau propriétaire divisa la terre, la vendit par fractions et fit démolir le château construit par M. de Graverond et augmenté par M. Demeuve.

(1) Ces notes historiques sont empruntées pour la plupart à M. DE LA SICOTIÈRE (*Le Département de l'Orne archéologique et pittoresque*, p. 140).

(2) M. Collombel fit ouvrir une porte dans la tourelle adossée à l'est au donjon, sous l'escalier en pierre, qui dessert les différents étages à partir du premier, et on découvrit alors, dans une pièce voûtée, une certaine quantité d'ossements. Cette pièce fut aussitôt nommée *les oubliettes* par les habitants de Chambois.

M. Renault, maire de Chambois et notaire, acheta le donjon, le jardin du château et plusieurs pièces de terre. Il y fit construire, en 1843, une charmante habitation qui, entourée de fleurs et d'arbres verts, rappelle, par une décoration artistique, les plus élégantes villas italiennes.

Elle est aujourd'hui, ainsi que le donjon, la propriété de M. Auguste Canivet, membre du Conseil général de l'Orne, membre de la Société française d'archéologie et de la Société historique et archéologique de l'Orne. M. Canivet a donc qualité pour veiller à la conservation de la forteresse anglo-normande (1). Il le fait avec un soin pieux et, grâce à lui, le vieux donjon s'élève toujours intact près de la gracieuse villa qui a remplacé le *bon maneir de Canbai* des *cuntes de Perune* (2), le castel du sire *de Ferires-Chamboys*, le compagnon d'armes de sir John Falstaff (3), et le château de M. Demeuve, aux frontons allégoriques.

Comte G. de Contades.

(1) Cette année même, M. Canivet a fait adopter par le Conseil général de l'Orne, un vœu demandant à la Commission des Monuments historiques une somme, qu'il se propose d'augmenter, destinée à la réparation du donjon de Chambois.

(2) Voy. *le Roman de Rou et des ducs de Normandie*. Édit. de Heilbronn, t. II, p. 117.

(3) Voy. *Letters and papers illustrative of the wars during the reign of Henry the sixth*. Londres, Longman, t. II, p. 411.

L'ÉGLISE DE CHAMBOIS

L'église de Chambois pour ancienne qu'elle soit, n'attire pas les yeux des archéologues. Son style architectural n'a rien de saillant.

Et pourtant si ce monument pouvait parler, autant, sinon plus, que la Tour il pourrait faire l'histoire de ce coin normand.

En effet, la situation de Chambois, poste avancé avec Aubry-en-Exmes sur la ligne bornant les possessions des seigneurs d'Exmes, lui valut souvent des visites plus que désagréables, des ennemis ou des seigneurs turbulents des environs.

Et malgré son caractère sacré, l'église, par mégarde bien entendu, fut livrée aux flammes, si bien que les réparations successives empêchèrent le monument de conserver un caractère suffisamment tranché pour fixer les archéologues.

Église de Chambois.

D'après une photographie de M. H. Magron.

A l'heure actuelle, après un examen approfondi, il n'est permis que d'admettre des hypothèses.

Voici donc ce qui se peut dire sur l'église de Chambois.

Ce fut, à notre avis, une chapelle attenant primitivement au château, dont il reste encore aujourd'hui le donjon.

Quand, en 1568, le bourg fut brûlé et le château-fort endommagé, la chapelle seigneuriale, où les habitants venaient entendre la messe, se trouva elle-même en partie détruite. Dès que la tranquillité fut revenue, pour rendre Dieu plus favorable, on décida, surtout sur l'incitation du clergé qui devant les progrès de la Réforme avait fort à faire, de rebâtir la chapelle, mais sur un plan un peu plus grand.

Et c'est ainsi que l'église fut pour ainsi dire communale à partir de ce jour.

En dépit de cette sorte d'indépendance, les châtelains du château de Chambois, dont l'habitation fut rebâtie complètement seulement au début du XVIIe siècle, conservèrent une assez grande sollicitude pour l'église.

Un certain nombre de personnalités des environs et plusieurs prêtres de la localité ont été enterrés dans l'église, mais les pierres tombales usées par les chaussures des fidèles, ne laissent plus maintenant deviner les noms de ceux qui dorment là de l'éternel sommeil.

On peut dire que l'église a suivi à travers les siècles, les vicissitudes qui ont marqué l'histoire du bourg de Chambois et de son château.

En lisant la notice de M. de Contades, on pourra rapprocher les dates, et, les blessures, faites aux murs de l'église, puis réparées, prendront rang dans l'ordre chronologique.

Rien ne nous fait contredire l'idée de certains archéologues, qui prétendent que quelques pierres de l'église de Chambois proviennent des habitations châtelaines du sire de Chambois, puis de M. Demeuve.

L'intérieur de l'église, où se voit parfaitement la coupure entre la partie supposée plus ancienne et le vaisseau y rajouté, n'a rien qui puisse séduire l'œil.

On sent pourtant comme une vétusté, qu'aurait mal déguisée l'inopportune couche de lait de chaux ou de peinture, qui aujourd'hui cache à nos yeux les signes, les fresques, qui longtemps s'étalèrent sur les murailles saintes.

L'ignorant modernisme du commencement de ce siècle, a jeté un voile sur le passé de cette église en faisant disparaître les vestiges des siècles, que le temps n'avait que patinés.

Quoi qu'il en soit, il reste avéré pour nous que sur les dalles du chœur de cette église s'agenouillèrent Éléonore de Guienne, Duguesclin et cent autres notabilités de l'histoire, qui ont illustré notre cher pays normand.

GUSTAVE FABIUS DE CHAMPVILLE.

VILLEDIEU-LES-BAILLEUL

Lorsque l'on quitte Trun pour se diriger vers Argentan par la belle route départementale de Couterne à Vimoutiers, on se trouve aussitôt dans une magnifique plaine, au milieu de laquelle, en un étroit ruban que dessine une longue file de peupliers, court la Dives, qui va, elle aussi, après des méandres nombreux gagner Argentan.

Bientôt on arrive au village de Villedieu-les-Bailleul, qui a une histoire, encore qu'elle ne soit pas bien débarrassée des voiles de la légende.

Au moyen âge, Villedieu possédait une commanderie des Chevaliers du Temple certainement importante, dont aujourd'hui on a peine à retrouver les vestiges.

Comme construction, il semblerait que les mêmes ouvriers ont travaillé à la confection des murs et de l'abbaye de Saint-Benoît qui se trouve à six kilomètres, au lieu dit de Miguillaume et à ceux d'un château qui existait au lieu dit Montmilcent, à trois kilomètres de Villedieu. Ces deux endroits sont sur la commune de Tournai-sur-Dives, qui autrefois occupée à la fois par des hommes d'armes, des moines et plusieurs seigneurs, ne manqua pas d'être assez considérable.

Manoir des Templiers (le cellier).

D'après une photographie de M. H. Magron.

Les murs de l'ancienne commanderie, comme ceux des endroits précités, atteignent de 1 m. 50 à 2 mètres d'épaisseur. Ils auraient pu résister aux boulets de pierre des premiers canons.

Le château de la Commanderie, qui occupait une assez grande surface, était assis sur la colline de rochers, dominant un vallon, où se trouve le *Trou du Serpent.* Dans ce vallon, on voyait à cette époque un étang, où devaient tomber les cadavres des gens pendus aux potences qui agrémentaient les murs de défense tournés du côté de Tournai-sur-Dives.

Il reste une partie assez bien conservée de l'habitation de cette communauté militaire : c'est le cellier.

Il semblerait que Villedieu, par ses coteaux parfaitement exposés, eut autrefois quelque bon cru dont les moines chevaliers savaient apprécier les qualités.

La cave qui a résisté au temps, mesure environ dix mètres de long, six à sept de largeur et une hauteur de trois mètres. D'épaisses murailles supportent la voûte arrondie que soutient vers le milieu une très belle colonne cylindrique en pierre calcaire, mesurant deux mètres de circonférence.

Cette cave ne comporte qu'une ouverture orientée au nord, et se trouve dissimulée par un jardinet où une vingtaine de vieux arbres fruitiers quelque peu rabougris continuent à s'étioler.

Les habitants de ce village, que l'on se plaît à dénommer bourg dans les volumes qui ont trait à l'Orne, ne sont jamais à court d'histoires sur la Commanderie.

Ils vous conteront, pourvu que vous les y engagiez, que des trésors considérables furent enfouis dans cette cave, qu'au temps des Anglais on y a caché des fortunes. Et de fait, le site porte aux merveilleuses croyances; nous-même, avouons être parfaitement persuadé qu'il doit exister des souterrains conduisant de l'ancienne Commanderie dans la plaine. Ces sorties permettaient aux chevaliers et des tactiques de défense et des surprises. Elles leur devaient rendre la surveillance de leurs champs plus facile, en même temps qu'elles aidaient à entretenir les crédulités dans les mystérieuses légendes qui en ce siècle planent encore sur le vallon et le *Trou du Serpent*.

Nous reviendrons tout à l'heure à cette histoire fabuleuse du serpent.

Vue de l'Église et vue du roc suspendu au-dessus du vallon où est le *Trou du Serpent* (1).

D'après une photographie de M. H. Magron.

En cherchant bien, on retrouve, après avoir pénétré dans ce qui dut être l'ancienne Commanderie, par une très belle porte du XVe siècle, des restes de remparts fortifiés et d'antiques tourelles.

On se rend compte, par déduction, de ce que devait être le manoir en totalité, d'où les Templiers commandaient facilement les chemins environnants et la campagne d'alentour.

Si l'on veut pousser les recherches plus loin et que l'on entre dans l'église, qui fut, à son début, on ne peut guère en douter, la chapelle des Templiers, agrandie depuis, on se trouve en présence de nombreuses pierres tombales sur lesquelles furent autrefois gravés des portraits de chevaliers bardés de fer, et des inscriptions explicatives.

Les pieds des fidèles ont malheureusement usé les inscriptions et les gravures, et c'est maintenant, pour ceux qui reposent sous ces pierres, la tranquillité assurée.

Nul ne pourra jeter d'après ces monuments leurs noms dans la discussion.

* * *

D'après une tradition dont la source est difficile à fixer, Villedieu-les-Bailleul aurait été dans le moyen âge une ville de plusieurs milliers d'habitants; pas moins de mille feux, dit-on. Or l'on sait que du temps où chacun payait la dîme et autres redevances, c'était par feu que l'on comptait.

(1) La route que l'on voit sur la gravure est celle qui conduit de Villedieu-les-Bailleul à Tournai-sur-Dives.

Enfin, d'après les documents, les revenus de la Commanderie du Temple étaient de trois mille livres, somme assez considérable autrefois.

*
* *

Nous ne pouvons passer sous silence la légende du Serpent.

Dans le vallon que surplombait le manoir des Templiers, existe dans le rocher une ouverture dite le *Trou du Serpent*.

Cette ouverture correspondrait à une autre située dans les collines d'Auge. Le boyau qui les relie pourrait dans plusieurs endroits donner passage à un homme. En tous cas il serait assez large pour qu'un jeune homme puisse y ramper à l'aise.

Si cette version, que nul jusqu'ici n'a vérifiée, était vraie, nous serions en présence d'un conduit de plus de douze kilomètres, peut-être même de souterrains dus à la main des hommes et dont les autres ouvertures sont ignorées.

Ajoutons que dans le vieux manoir des Templiers, il semble qu'une oubliette avait été pratiquée, avec, comme fond, l'étang sur lequel s'ouvrait le *Trou du Serpent*.

La légende dit qu'il existait, mais cela à une date assez difficile à déterminer exactement, un monstre effroyable à plusieurs têtes, qui habitait la caverne pratiquée dans le rocher, et qui venait se baigner dans l'étang.

Il sortait parfois, courant dans la campagne.

Malheur aux villageois attardés et malheur surtout aux jeunes et jolies filles que le monstre rencontrait : villageois et jeunes filles étaient impitoyablement dévorés.

Dans leur désespoir les habitants du pays trouvèrent un moyen de sauver leur existence. On donna chaque jour une cuve pleine de lait au monstre et celui-ci, heureux de son nouveau régime, ne troubla plus la quiétude des familles.

Les jeunes filles, si elles disparaissaient, se retrouvaient toujours depuis que le monstre avait accepté le régime lacté.

Un jour pourtant, messire serpent, trouvant sa cuve vide, entra en fureur. Les paysans avaient oublié de lui apporter sa ration quotidienne.

Pour se venger, il s'en fut sur la route, et là, trouvant la plus jolie fille du pays, une châtelaine dont on disait merveille, Madeleine de Bailleul, sœur de Jean de Bailleul, le tyranneau, il la dévora.

Jean de Bailleul jura de se venger.

Il fit porter au monstre deux moutons et une cuve pleine d'eau-de-vie.

Les deux moutons engloutis et la cuve vidée, le serpent s'endormit, l'eau-de-vie l'ayant plongé dans un enivrement complet.

Jean de Bailleul, bardé de fer, s'en vint et d'un coup d'épée lui trancha la principale tête.

Le monstre, cruellement éveillé, se redresse, lance par les gueules qui lui restent des torrents de flammes et le chevalier, pour courageux qu'il fût, recule.

Il sort de la caverne. A ce moment un bruit formidable ébranle l'air, les rochers éclatent, l'étang est bientôt rempli d'une lave qui ruisselle de la caverne.

Le silence se fait lugubre.

Le lendemain, ceux des paysans qui osèrent s'approcher du sinistre endroit, furent frappés de stupeur. Le baron Jean de Bailleul, que l'on trouva calciné dans son armure, par sa mort délivrait ses vassaux de deux fléaux également redoutables, de sa tyrannie devenue légendaire dans le pays normand, et du serpent monstrueux qui désolait la contrée.

Bien entendu, la légende est trop jolie pour que nous y voulions mêler le moindre commentaire.

Le rapprochement avec le chevalier Saint-Georges des Anglais terrassant le dragon, pourrait sembler audacieux, et toute explication, pour logique qu'elle soit, affaiblirait la beauté de la fable.

Pourtant la légende anglaise a bien des chances d'être la fille de cet épisode normand.

Laissons donc l'histoire, embellie par la légende, subsister jusqu'au jour où quelqu'un d'audacieux ou de persévérant aura exploré d'un bout à l'autre le *Trou du Serpent*.

Gustave Fabius de Champville.

Cliché H. Magron — Héliog. P. Dujardin

CHÂTEAU DU REPAS

Orne — Pl. N° 56

LE CHATEAU DU REPAS

Sur le sommet des collines qui partagent les bassins de l'Orne et de la Rouvre, près de l'endroit où s'élevait naguère un télégraphe aérien, on aperçoit de longues lignes de hêtres séculaires, de brillantes nappes d'eau, de vastes prairies, et, çà et là, des bouquets d'arbres qui dominent la contrée.

Au milieu de ce cadre apparaît l'imposant château du Repas qui fut bâti d'un seul jet, de 1505 à 1515, s'il faut en croire le dernier baron de Cheux.

La façade principale, vue d'un peu loin, indique, par son ensemble, la pensée qui présida à la construction de l'édifice. Après les guerres sanglantes de la Ligue, un homme sage ne pouvait négliger les moyens de defense. Aussi le Repas possède-t-il des douves profondes, un pont-levis protégé par de puissants pavillons, et, au delà, des poternes habilement déguisées et des sauts-de-loup très largement établis.

La gravure ci-jointe nous le donne sous un aspect différent et permet de découvrir d'un coup d'œil les parties les plus intéressantes : en haut, les cheminées monumentales qui émergent des toits pointus; aux ailes, les lucarnes genre Louis XIII, qui font un heureux contraste avec celles moins riches du reste du logis; le bel entablement aux modillons réguliers, la grosse tour d'escalier, et les gracieuses tourelles d'angle encorbellées. Le visiteur seul peut avoir une idée de la terrasse, des jardins et surtout de la grandiose magnificence d'un domaine tout sillonné d'avenues.

Dans ce coin de la Basse-Normandie, a dit un seigneur des environs, nous avons des maisons et des demeures plus ou moins soignées; au Repas il y a un véritable château ; c'est même le seul du pays.

Il fut primitivement habité par les de Sallet, famille autrefois puissante que l'on retrouvait à la Héraudière, en Saint-Aubert-sur-Orne, au Bois, et autres lieux. Elle fut maintenue en 1666, lors de la recherche de la noblesse par de Marle. Ses armes (on les voit au portail de l'église à côté d'un autre écusson qui doit rappeler une alliance) sont : *d'argent à deux roses de gueules en chef et un cœur de même en pointe.*

Après avoir bâti, en 1656, près de la demeure seigneuriale, une modeste église où les fidèles de la région viennent prier saint Julien le Pauvre, pour les enfants malades, cette famille qui avait fourni à la France de nombreux et vaillants défenseurs, s'éteignit au milieu du siècle dernier.

Son héritage échut à François-Gabriel de Cheux, qui devint seigneur du Repas, Chênedouit, Chêne-Sec et autres fiefs. Ses armes portent une *croix de sable ancrée, sur champ d'argent;* la devise est : *Tout à Dieu et à l'honneur.*

Les premiers personnages connus de cette famille, déjà barons normands, préférèrent une position faite aux éventualités de la conquête, et eurent le tort de ne point suivre Guillaume le Bâtard dans son expédition d'Angleterre. Après sa victoire, le terrible duc se vengea en confisquant, au profit d'un de ses guerriers, la baronnie de Cheux, sise au delà de Caen, dans le canton de Tilly-sur-Seulles.

Les de Cheux eurent nécessairement pendant des années un rôle amoindri. Vers la fin du siècle dernier, à la mort de son père, arrivée le 10 janvier 1787, Charles-Alexandre-Anne, baron de Cheux, était contre-amiral des navires royaux et chevalier de Saint-Louis. Envoyé par Louis XVI à la recherche du malheureux La Pérouse, il fut porté, pendant la Révolution, sur la liste des émigrés, malgré les protestations de ses amis qui firent remarquer que l'amiral était au service de la patrie. Une partie de ses biens, sis à Sainte-Honorine-la-Guillaume, furent vendus.

Le Château du Repas.

D'après une photographie de M. H. Magron.

Après la tourmente, le baron de Cheux se retira à Cintheaux, dans l'arrondissement de Falaise. Le château du Repas, qui avait été pillé, saccagé et vendu, appartenait alors à l'abbé de Cheux. Il avait été racheté et rendu à ses propriétaires par un intendant fidèle et dévoué, Guérin d'Arpentigny. L'abbé, nous apprend son épitaphe, avait été vicaire-général et chanoine de Coutances dans les temps les plus difficiles. Fidèle à son Dieu et à son roi, il avait suivi l'exemple de ses ancêtres. Recommandable par toutes les qualités du cœur et de l'esprit, il fut nommé évêque de Séez. En quittant Cintheaux, où il était venu chercher les sommes qui lui étaient nécessaires pour son sacre, il tomba de sa monture et mourut des suites de sa chute le 20 septembre 1816.

Le contre-amiral, son frère et héritier, vint alors se fixer au Repas avec sa femme Françoise-Charlotte-Émilie, fille du marquis Hébert de Beauvoir, que l'amiral avait connu dans ses expéditions lointaines. Leur fils, Jean-François-Charles, devint page de Louis XVIII et officier de carabiniers sous Charles X. Démissionnaire en 1830, il a passé sa vie au château du Repas, où il est mort en 1884, âgé de 80 ans. Après sa mort, la fortune et le titre échurent au baron Georges de Banville.

Le jeune baron a malheureusement trouvé la mort au cours d'une excursion en Algérie.

Ses frères et sœurs, issus du mariage de Aymard de Banville et de dame Berthe de Beauvoir, sœur du respectable abbé de Beauvoir, curé de Saint-Godard de Rouen, se refusent à habiter la demeure qui appartint à leur infortuné frère.

C. Macé,
Curé-Doyen d'Athis.

Cliché Alfred Monod — Lemaire & [illegible] Havre — Héliog. P. Dujardin

LE PONT DE SAINT-AUBERT

Orne — Pl. N° 57

L'ORNE DE RABODANGES A SAINT-AUBERT

En juin.

Derrière nous le soleil s'est levé.

Nous sommes au bord d'une longue crête qui court du nord au sud. — A droite, un beau château moderne nous invite à admirer les splendides futaies qui l'encadrent. A gauche, sur la pente rapide qui regarde l'ouest, dégringolent les maisons d'un village au nom sonore comme une fanfare de guerre : Rabodanges.

Nom point trompeur. Batailleurs et violents furent longtemps les habitants de cette contrée sauvage. — Les blasons populaires de la Normandie, ces dictons satiriques, mordante contre-partie des blasons chevaleresques, nous ont gardé du passé de précieux souvenirs. — Ils savent en dire long dans leur brièveté.

Ici on entendait naguère répéter :

« Comme les chiens de M. de Rabodanges, ne pas mourir de récompense ! »

Ou, « comme les chiens de M. de Rabodanges, quand tu me verras passer, tu diras : Voilà mon maître ! » (1).

Exigeaient-ils donc l'hommage même de leurs chiens, les seigneurs de ce lieu ? L'avarice a-t-elle été leur moindre défaut ? Quoi qu'il en soit, voilà tout ce qui reste des marquis de Rabodanges. De leur château, toute trace a disparu (2).

Quand est survenue la Révolution, on a dit : « les Chouans de Rabodanges » pour désigner les habitants de ce village. Si on répète aujourd'hui encore ce sobriquet, on n'y fait pas attention et il ne correspond plus à rien de réel. Mais, en 1774, aussi réfractaires aux idées nouvelles, aussi enragés royalistes étaient les chouans de Rabodanges, qu'enragés républicains les patriotes du village voisin, Bazoches-en-Houlme. Les vieilles inimitiés de paroisse à paroisse se transformèrent à cette époque en haines politiques et en devinrent d'autant plus implacables. Du reste, quand nous aurons fait le trajet de Rabodanges à Saint-Aubert, nous ne serons pas surpris que ce pays ait servi de place d'armes à la chouannerie, lors de son grand effort, sous la conduite de Frotté. C'est bien là qu'était et devait être le réduit d'où ses bandes s'élançaient à l'attaque des bleus. C'est là que les derniers chouans devaient trouver leurs derniers repaires.

Avant de nous mettre en route, jetons un coup d'œil sur la contrée à parcourir. A nos pieds se

(1) Canel. *Blasons populaires de la Normandie.*

(2) Un de Rabodanges a été, sous François Ier, conseiller d'État et gouverneur du château d'Œuf à Naples. Louis XIV, en récompense des services rendus par Louis de Rabodanges, érigea en marquisat la baronnie de Culey-sur-Orne, qui est l'ancien nom de Rabodanges.

creusent les gorges tortueuses où l'Orne est parvenue à s'ouvrir un passage. Le cours de la rivière est dessiné par une traînée de bois d'un vert foncé qui frangent le sommet des parois à pic au pied desquelles elle coule. Paysage d'une austère et grandiose beauté, tout imprégné d'une mélancolique mais intense poésie. Ici, comme partout ailleurs, la forme est en rapport intime avec la structure géologique. Celle-ci impose à celle-là les lignes qui la caractérisent. Il ne saurait en être autrement, puisqu'elles ont une raison d'être tirée des vicissitudes par lesquelles, durant une suite de siècles sans nombre, a passé la surface de ce globe dans l'histoire duquel les annales de l'humanité ne tiennent qu'une place presque insignifiante.

A quelques kilomètres en amont de Rabodanges, l'Orne pénètre dans le bord d'un grand épanchement de granit relié à celui qui recouvre, sur une très vaste surface, les environs de Vire et, par celui-ci, à l'énorme massif granitique armoricain. En se refroidissant, le globe se contracte; l'écorce terrestre, que ne soutient plus la masse centrale en fusion, par places s'affaisse et, sur d'autres

La Roche sous Rabodanges.

D'après une photographie de M. Alfred Monod.

points, est violemment refoulée contre des parties plus résistantes qui font buttoir. A l'époque carbonifère, la nappe granitique qui flottait comme une scorie légère à la surface du noyau liquide, a profité des dislocations ainsi produites pour s'épancher sous les fondements de l'antique continent que nous foulons de nos pieds. Puis l'érosion infatigable a poursuivi son œuvre de lente mais sûre destruction, et elle a fini par mettre à nu le granit après avoir menuisé dans toute leur épaisseur les masses qui le recouvraient. Aujourd'hui nous avons devant les yeux un plateau nivelé d'où émergent, çà et là, des protubérances coniques presque toujours couronnées de sapins.

Descendons maintenant au fond de la vallée jusqu'au bord de la rivière, à Sainte-Croix. Tout de suite ce qui nous frappe, c'est la quantité de blocs de granit qui encombrent le lit de l'Orne. Ils se détachent des flancs des murailles de rochers qui resserrent le fleuve sur l'une et l'autre rive. Celui-ci, grâce aux graviers et aux sables que ses eaux tiennent en suspension, lime et polit sans relâche la surface de ces blocs; ils brillent au soleil et prennent des aspects fantastiques. Les flots qui courent entre eux sont d'un brun foncé. Comme sa sœur la Semoys des Ardennes, qui reflète les sites admirables d'une contrée appartenant à la même formation géologique que le Bocage normand, l'Orne fait partie de ces « courants noirs » dont l'eau est cependant limpide et transparente. On dirait du quartz enfumé qui coule au lieu de s'être immobilisé en cristaux.

Une route mal entretenue, pas du tout même dans le bas, nous amène à Sainte-Croix-sur-Orne. Nous franchissons le pont délabré qui s'ouvre devant nous et nous passons sur la rive gauche. A partir de là, plus de route : nous allons nous offrir le plaisir de parcourir une région qui, en 1894, au point de vue de la voirie, était encore au même état qu'en 1794. C'est par des sentiers praticables seulement aux bêtes de somme que nous atteindrons Saint-Aubert. On y marche sous une voûte de verdure formée des branches entrecroisées des arbres très serrés qui bordent ces curieux chemins creux, profondément encaissés. On y passe inaperçu. Le bruit même des pas est amorti par les

Les vieilles masures de Saint-Aubert.

D'après une photographie de M. Alfred Menel.

mousses. Rien n'était plus favorable aux brusques attaques des gars de Frotté. Soudain ils apparaissaient sortant on ne savait d'où; soudain ils disparaissaient, si leur coup manquait; ces voies mystérieuses leur fournissaient des moyens de retraite connus d'eux seuls.

Au bout d'une heure de marche, au moment où le cheminement dans ces sombres couloirs, où l'on n'est pas vu mais d'où l'on ne voit rien, commence à devenir monotone, nous débouchons soudain en pleine lumière sur une crête élevée d'où nous dominons une solitude du plus saisissant aspect. A nos pieds, au bas d'une pente presque verticale, l'Orne sort d'un défilé si étroit qu'il n'y a place que pour la rivière; la rive gauche est bordée par une clairière extrêmement sauvage. En face, sur la rive droite, faisant suite au défilé d'amont, une superbe paroi de granit se dresse à une grande hauteur. L'arête qu'elle décrit est couronnée de bouleaux dont les troncs blancs contrastent violemment avec le brun luisant de « la Roche ». Dans la direction d'aval, l'arête s'abaisse jusqu'au niveau de la rivière par une courbe merveilleusement dessinée. L'Orne coule à cet endroit à travers un véritable chaos de rocs tombés de la paroi qui s'écroule sous l'action combinée de la pluie et de la chaleur solaire, du gel et du dégel. Par places, en se détachant, les blocs de granit ont laissé ouvertes des cavités pleines d'ombre. Il règne un silence profond, solennel, qui laisse percevoir le doux frémissement de la rivière frôlant les rocs dont elle est semée.

Nous dévalons la pente rapide, nous traversons la clairière, puis nous gravissons une nouvelle crête dont le flanc opposé porte un bois épais. Quand nous en sortons, un des plus beaux sites de l'Orne s'offre à nos regards. C'est Saint-Aubert.

Au fond, frangeant la rive gauche, un pâturage d'un vert émeraude; en face un défilé de granit presque partout à pic; par places, les roches sont plaquées de bois qui s'accrochent péniblement à leurs flancs. L'Orne fait un coude à angle droit pour pénétrer dans cette vaste tranchée toute droite, longue de deux kilomètres, inondée de lumière. A l'entrée, des chaumières ruinées; à droite, une église ruinée elle aussi; les quelques habitations encore debout sont si vieilles, si usées par le temps, qu'on a peine à les distinguer de celles qui se sont affaissées sous le poids des années. Un pont, formé de planches branlantes jetées bout à bout d'un roc à un autre, unit les deux rives; le passant y a pour appui une barre de bois vermoulu prête à se rompre ; au milieu est clouée une croix de bois parce que là un homme a péri. Au-dessus, sur la rive gauche, un escarpement que dominent les pittoresques hameaux de la Goubinière et de la Buronnière. Pas d'auberge, et nous sommes en Normandie ! Mais si notre course nous a altérés, ne craignons pas de franchir le seuil d'une des vieilles masures encore habitées. Nous y serons accueillis avec cette courtoise réserve propre au paysan normand, mais tout de même bien accueillis. On nous offrira ce qu'il y a de meilleur dans cette très vieille maison dont le plancher est de terre inégale; aux poutres enfumées du plafond, pendent des réserves de lard et des grappes d'oignons qui sentent bon. Seules des photographies piquées aux murailles nous empêcheront de croire que nous sommes encore à deux ou trois siècles en arrière. Mais n'oublions pas que « le maître » qui nous reçoit se trouve notre égal et entend que nous le traitions comme tel. Remercions-le cordialement, mais n'offrons pas de rémunération. Avant de se séparer de nous, il nous donnera obligeamment toutes les indications grâce auxquelles, après avoir suivi tout du long le val de Saint-Aubert, nous arriverons près d'un nouveau coude que fait la rivière vers le nord, pour sortir du granit et entrer dans les grès et les schistes du terrain silurien, où elle sait que l'attendent d'autres sites magnifiques. Quant à nous, nous prendrons à notre droite un ravin au fond duquel murmure un ruisseau. A force de le remonter, nous finirons par nous retrouver à notre point de départ, à Rabodanges.

ALFRED MONOD.

LE CHATEAU DE CRÈVECŒUR

Le nom de Crèvecœur s'applique à un certain nombre de familles et de localités.

« Crèvecœur, *Crepicordium*, lisons-nous dans le Grand Dictionnaire de Moreri, est le nom d'une petite ville de France dans le Cambrésis, célèbre par la victoire que Charles Martel y remporta en 717. Ce n'est plus aujourd'hui qu'un bourg situé auprès du Mont-Revellon. « Il y avait aussi en Hollande une citadelle de ce nom, qui fut rasée par les Français en 1674. »

On peut citer encore le petit bourg de Crèvecœur, à l'entrée de la vallée d'Auge, dans le Calvados, réuni à la commune de Saint-Loup-de-Fribois. Il s'y trouve deux châteaux, dont l'un construit en briques et bois de l'aspect le plus pittoresque a été dessiné par M. de Caumont dans sa *Statistique monumentale*. De tous les Crèvecœur c'est incontestablement le plus connu. Sans doute, il ne rappelle ni les exploits de Charles Martel, ni les péripéties de la guerre de Hollande, mais il produit en abondance d'admirables volailles qui portent son nom et qui sont toujours fort appréciées des amateurs. Cognac doit sa notoriété universelle aux excellentes eaux-de-vie des Charentes, qu'il expédie dans le monde entier: par une raison analogue, c'est aux poulardes élevées dans les environs que la bourgade calvadosienne doit son légitime renom. Il n'y a pas lieu, après tout, de s'étonner : le commerce de ces intéressantes volailles, par cela même qu'il se continue, est une belle et bonne actualité et, à part les historiens de profession, qui se souvient des guerres de la Hollande et de l'invincible Charles Martel ?

Le château de Crèvecœur dans le département de l'Orne, situé dans la petite commune de Courteille, au canton de Putanges, n'évoque ni souvenirs guerriers, ni souvenirs gastronomiques.

La famille la plus illustre du nom de Crèvecœur que nous connaissions descendait de Baudoin, comte de Clermont-en-Beauvaisis et d'Adèle, sœur de Thibault, comte de Champagne. Ils vivaient en 974. La Chesnaye des Bois consacre de longues pages à cette famille historique, qui produisit beaucoup d'hommes distingués. Parmi eux on peut citer Philippe de Crèvecœur, maréchal de France, qui a mérité les éloges de Philippe de Commines et qui joua un rôle si important sous les règnes de Louis XI et de Charles VII.

Le seigneur de Crèvecœur, dont s'honorent les annales alençonnaises, appartient à une autre famille et n'a pas été mêlé à des événements politiques de même ordre. Ce n'en est pas moins un personnage de haute marque, intéressant à étudier et à connaître. L'origine de la fortune de sa maison a quelque chose de romanesque.

François, comte de Rabodanges, *seigneur de Crèvecœur*, chevalier des Ordres du Roi, grand-bailli d'Alençon, avait en effet pour quadrisaïeul un sieur de Rabodanges, de noblesse flamande, maître d'hôtel d'une reine douairière, que l'on présume être la duchesse d'Orléans, mère de Louis XII, et avec laquelle, suivant les bruits de la Cour, il était uni par un mariage secret. Sur quoi Brantôme écrit les lignes suivantes : « La reine Blanche vint à espouser son maistre d'hotel qui s'appeloit sieur de [illegible] danges, ce que le roi son fils, pour le commencement, trouva fort estrange, mais pourtant [illegible] qu'elle estoit sa mère, il excusa et pardonna au sieur de Rabodanges pour l'avoir espousée [illegible] que le jour, devant le monde, il lui servait toujours de maistre d'hotel, pour ne priver sa m[illegible] sa grandeur et majesté et qu'elle s'en servait ou de valet ou de maistre remettant cela à l[illegible] volontés et discrétions de l'un et de l'autre. »

Brantôme ajoute qu'il tenait cette histoire de feu le grand cardinal de Lorraine (1).

Château de Crèvecœur.

D'après une photographie de M. H. Magron.

Le fils de ce maître d'[illegible] fut Claude de Rabodanges, ch[illegible] bellan du roi François Ier et [illegible] seiller d'État, capitaine des g[illegible] de Lautrec qu'il accompagna [illegible] sa campagne de Naples, gou[illegible] neur du château de l'OEuf e[illegible] tard du château de Meulan[illegible] hardi capitaine mourut dans [illegible] âge avancé, après avoir re[illegible] Poissy, des mains de Françoi[illegible] le grand cordon de l'Ordre [illegible] Saint-Michel. Son petit-fils, [illegible] de Rabodanges, grand-bailli d[illegible] lençon et seigneur de Crèvec[illegible] avait épousé Jeanne de Sill[illegible] fut l'un des principaux chefs [illegible] calvinistes normands.

Bien qu'appartenant à la religion réformée, il réussit à délivrer Alençon des bandes protestan[illegible] qui s'en étaient emparées, en 1561, sous la conduite d'un nommé Thibergeau, sectaire féroce, d[illegible] la poitrine était ornée *d'une bandoullière d'oreilles de prêtres.*

Rabodanges fut chargé plus tard d'une mission délicate auprès du duc de Bouillon par la re[illegible] mère. Ce fut seulement en 1568, à la reprise des hostilités, qu'il adopta ouvertement le parti [illegible] réformés et se joignit à Montgommery.

Le seigneur de Crèvecœur était un chef énergique, d'un jugement sûr, et d'une bravoure à to[illegible] épreuve. Il était chevalier des Ordres du Roi. C'est par le mariage, en 1568, d'Anne d'Oilliamson a[illegible] son fils, que la terre de Culey, devenue plus tard marquisat de Rabodanges, entra dans la famil[illegible]

Le château de Crèvecœur, qui nous offre un ensemble assez considérable de constructions, [illegible] manque pas de cachet. L'impression favorable qu'il produit est due surtout aux tours rondes à [illegible] aigu qui se dressent à l'angle des constructions. Malgré quelques additions et de nombreux re[illegible] niements, la silhouette est celle d'un castel du XVIe siècle, moins majestueux, mais plus pittores[illegible] que celle des grandes habitations des époques postérieures. Les châteaux du reste, comme les liv[illegible] ont leurs destinées. Dans toutes les publications illustrées relatives à la Normandie, on cherche[illegible] vainement une ligne sur Crèvecœur. C'est une omission que nous avons tenu à réparer.

Le château de Crèvecœur appartient à Madame de Séguin.

(1) BRANTOME, t. III, éd. de 1740, p. 84. — Cf. *Les Médavy-Grançay*, par DES DIGUÈRES, p. 269

LA FORÊT-AUVRAY

Le château de la Forêt-Auvray rappelle à la fois la puissance des Vassy qui l'ont élevé, et le rôle qu'un des leurs a joué dans les guerres du XVIe siècle. Comme Creuilly il a encore l'aspect d'une véritable forteresse.

Son enceinte quadrangulaire, de 80 mètres de long sur 45 de large, est formée de murs épais de 2 m. 20 et d'une hauteur de 7 à 10 mètres, munis de parapets couvrant un chemin de ronde par lequel on peut circuler d'un bout à l'autre des remparts. Une trentaine de meurtrières alternant avec des ouvertures semi-circulaires ont été percées dans ce parapet. Aux quatre angles s'élèvent des tours communiquant avec le chemin de ronde.

Château de la Forêt-Auvray.

D'après une photographie de M. H. Magron.

La porte d'entrée n'a pas moins de trois mètres de largeur, les rainures du pont-levis et de la herse, qu'on abattait en cas de danger, sont encore visibles.

Des moulures sur pierre calcaire dont la blancheur tranche sur la couleur sombre du schiste et du granit qui compose toute la construction, ont été ajoutées maladroitement à cette façade au XVIIe siècle. Mais les mâchicoulis qu'on aperçoit au-dessus de la porte, à la hauteur d'environ six mètres du sol, et les meurtrières dont le corps-de-garde est garni ne laissent aucun doute sur la pensée du constructeur de ce château.

Ce vaste quadrilatère est précédé de fossés, larges de 9 mètres et de 4 mètres de profondeur, dans lesquels ont pris racine des frênes et des peupliers. Du côté du nord la muraille, complètement disparue, n'avait pas de fossés, parce qu'elle était bordée par la rivière d'Orne.

Situé au fond d'une vallée profonde creusée par l'Orne, dominé de l'autre côté de la rivière par des rochers abrupts et à droite abrité par des collines couvertes de hêtres, de chênes et de pins, le château de la Forêt-Auvray exerce encore aujourd'hui un prestige puissant sur l'imagination populaire.

Jacques de Vassy, seigneur de la Forêt-Auvray, fut un des chefs du parti protestant dans le pays, avec Payen de la Poupelière, Ph. de Sarcilly et Jean de Saint-Germain, seigneur de Rouvrou. On prétend que sa femme, Anne de Montgommery, pendant qu'il était occupé à guerroyer, aurait fait sortir de terre cette vaste construction qu'il aurait trouvée complètement achevée au retour de son expédition. On ajoute que la première dame de Vassy aurait été de la race des fées, comme la dame d'Argouges et aurait caché sa dot, trésor immense, dans un angle de la cour (1).

Le château féodal de la Forêt a sans doute eu pour premier constructeur un chevalier du nom d'Auvray, et ici nous sommes d'accord avec La Roque et La Chesnaye des Bois, mais nous nous écartons d'eux quant à la généalogie qu'ils ont donnée des Vassy. Ce que nous pouvons affirmer, c'est qu'il existe une charte d'Enguerrand de Vassy, de l'année 1197, contenant donation à l'abbaye d'Ardennes d'un lieu nommé le Champ de la Vionne, sur le territoire de la Forêt-Auvray. Philippe de Vassy, chevalier, apparaît plus tard, de 1207 à 1239, parmi les bienfaiteurs du prieuré de Saint-Nicolas-sur-Orne, dépendant de la même abbaye. Olivier de Vassy figure également dans le cartulaire d'Ardennes, en 1443. On trouve, au commencement du siècle suivant, Jean de Vassy, sieur de la Forêt, qui épousa Marguerite de Saint-Germain, puis viennent Gabriel, marié à Marguerite d'Harcourt, et Jacques de Vassy. Ce dernier, après avoir pris part à la surprise du château de Vire avec La Poupelière, eut à y subir l'attaque de Matignon. Après des prodiges de valeur, les capitaines huguenots, repoussés jusque dans le donjon, furent obligés de se rendre. La Poupelière eut la vie sauve, grâce au dévouement de sa femme, mais Vassy qui s'était rendu au sieur de Surlandes, fut tué par les soldats du capitaine à la garde duquel on l'avait confié.

Cette race puissante semble avoir repris une nouvelle vigueur après cette catastrophe. Les de Vassy avaient pour devise : *Nodos virtute resolvo*. Au XVIIe siècle, un autre Jacques de Vassy arrondit sa seigneurie en y réunissant, par droit de retrait féodal, moyennant une somme de 18,000 livres, prix de vente, la seigneurie de Ménil-Hubert-sur-Orne, possédée, après lui, par son fils, Jacques de Vassy.

Comme presque tous les descendants des conquérants, les sires de la Forêt-d'Auvray (*d'argent à trois tourteaux de sable*), qualifiés du titre de comte et de marquis, au XVIIIe siècle, avaient la passion de la chasse, qu'entretenait l'abondance d'excellent gibier dans la contrée. On raconte que Renty, baron de Beny, étant un jour allé voir son ami le comte de Vassy, sire de la Forêt, celui-ci lui fit admirer sa meute qui passait pour la plus belle du pays. Renty, qui avait d'autres goûts, lui répondit froidement qu'il en avait une plus belle encore. Curieux de s'assurer du fait, le sire de la Forêt se rendit au Beny, et son ami l'ayant fait entrer dans une vaste salle, le fit assister à une distribution de pain et de vêtements à une centaine de pauvres. — « Voilà ma meute, dit-il. Ne vous avais-je pas dit qu'elle était bien plus belle que la vôtre (2). »

Le Verrier de la Conterie, dans la *Vénerie normande ou l'École de la chasse aux chiens courants*, parle avec éloges de Saint-Jean, « piqueux » du marquis de Vassy. Un garde de la marquise de Vassy fut victime de son zèle pour la défense des droits de chasse, si chers à ses maîtres. Un habitant du Ménil-Hubert, en compagnie d'un Néel, écuyer, ayant eu la témérité de chasser sur les terres de la Forêt-Auvray, fut poursuivi par le garde, et se voyant menacé de son fusil, tira lui-même sur lui et le tua. Pour obtenir sa grâce, il dut lever la fierte de Saint-Romain.

LOUIS DUVAL.

(1) EUGÈNE VIMONT. *L'Orne pittoresque. Le Château de la Forêt-Auvray.* (Bulletin Flammarion, t. V, p. 38-65.)
(2) SÉGUIN. *Histoire archéologique des Bocains*, p. 79.

LE CHATEAU DE MÉNILJEAN

Le château de Méniljean, construit au bord d'un vallon dont les pentes rocheuses descendent brusquement à l'Orne, est l'une des plus agréables résidences des environs d'Argentan. Il s'élève au centre d'un vaste parc, où de larges avenues et des sentiers remplis d'ombre conduisent à des sites pittoresques et légendaires : la Pierre aux Fées, le Chêne à la Vierge.

La paroisse de Méniljean contenait autrefois deux fiefs distincts relevant tous les deux de la baronnie de Lougé : La Papionnière et la Touche (1). Le château de Méniljean occupe aujourd'hui la place du vieux manoir seigneurial de la Papionnière. Ces deux fiefs furent, en 1691, réunis en plein fief de haubert en faveur de Philippe de la Broise. Ils avaient appartenu auparavant à des familles diverses dont les premières furent celles de Méheudin, de Fontenay et de Beaumais (2). Puis, comme il faut que l'illustre maison d'Harcourt apparaisse en toute histoire féodale de Basse-Normandie, Marie d'Harcourt (3) était, en 1573, dame de la Papionnière. Elle donna son fief, le 3 juillet de cette même année, à Charles d'Harcourt qui, le 7 août suivant, le vendit à Guillaume Le Chevalier (4).

Ce nouveau seigneur appartenait à une maison noble, qui avait possédé primitivement la terre de Venoix, aux environs de Caen. Guillaume Le Chevalier fut le compagnon d'armes de son voisin et ami, le poète Jean Vauquelin de la Fresnaye,

> Quand ce seigneur vaillant,
> De Matignon, fut Damfront assaillant (5).

Barthélemy Le Chevalier, gentilhomme ordinaire de la Chambre du Roi, frère de Guillaume, eut, après lui, le domaine de Méniljean. Il le laissa à son second fils, Charles Le Chevalier, un *bandolier*, qui vit, après de dramatiques aventures, son fief confisqué au profit de sa suzeraine, Catherine-Angélique d'Harcourt, baronne de Lougé. Mais Claude Le Chevalier, troisième fils de Barthélemy, racheta, en 1630, le domaine confisqué et rentra ainsi en possession de la seigneurie paternelle. Sa sœur Diane, à sa mort, hérita de ses biens et la maison Le Chevalier finit ainsi en quenouille. La fille de Diane, Marguerite, qui était, depuis 1650, la femme de Nicolas de la Broise (6), apporta Méniljean à une famille nouvelle.

(1) Cette notice est extraite, pour la plus grande partie, de notre étude *Méniljean, notes et souvenirs.* (Alençon, Herpin, 1893, in-4°, 18 p.)

(2) Armoiries de la maison de Méheudin : *d'hermine, à un chevron de gueules, chargé de trois molettes d'or*; de la maison de Fontenay : *d'argent, à deux lions léopardés de sable, passant l'un au-dessus de l'autre, armés, lampassés et couronnés de gueules*; de la maison de Beaumais : *d'azur, au chevron d'or, accompagné en chef de deux molettes d'éperon et, en pointe, d'un membre de griffon, le tout du même.*

(3) Armoiries de la maison d'Harcourt : *de gueules, à deux fasces d'or.*

(4) Armoiries de la maison Le Chevalier : *de sable, au chevron d'or, accompagné en chef de deux éperons, les molettes cantonnées, et en pointe d'une épée en pal, le tout du même.*

(5) Vauquelin de la Fresnaye (Ed. J. Travers). *Satyres françoises,* t. I, p. 134.

(6) Armes de la maison de la Broise : *d'azur à deux fasces d'argent, à deux chevrons d'or, accompagnés de trois molettes du même, brochant sur le tout.*

Cette maison était originaire de l'Avranchin, où les La Broise, « barons d'Ardevon, jouissaient des privilèges du Mont-Saint-Michel et des droits honorifiques en qualité de chevaliers (1) ». Philippe de la Broise, fils de Nicolas, vit, nous l'avons déjà dit, réunir en plein fief de haubert les deux fiefs de son domaine. Méniljean passa après lui à son second fils, Jacques-Philippe de la Broise, qui le laissa à sa sœur cadette, Marguerite-Françoise de la Broise. Mademoiselle de la Broise, ne s'étant pas mariée, eut pour héritier Nicolas-Charles-Camille d'Orglandes, descendant du second fils de Nicolas de la Broise.

Nicolas d'Orglandes était issu d'Antoine-Louis-Camille d'Orglandes (2), comte de Briouze, grand bailli d'épée d'Alençon, et de Marie-Henriette-Cécile de la Broise. Il n'était âgé que de cinq ans

Le Château de Méniljean.
D'après une photographie de M. H. Magron.

en 1750, quand il hérita de la terre de Méniljean, et il ne cessa pas de résider avec son père au château de Briouze. La baronnie de Briouze avait été apportée à sa famille, en 1548, par Catherine du Pont-Bellanger, épouse de François d'Orglandes. Nous n'avons pas à retracer ici l'histoire de la maison d'Orglandes, l'une des plus anciennes de la province, où elle était comptée parmi les illustres familles. Nicolas d'Orglandes, qui avait épousé, le 20 octobre 1765, Marguerite du Four de Cuy, fut enlevé au château de Briouze, en mars 1766, par des fièvres paludéennes, quelques jours après son père. Sa veuve, bientôt mère d'un fils posthume, François-Dominique d'Orglandes, comte de Briouze et seigneur de Méniljean, se retira au château de Cuy. M. d'Orglandes épousa, en 1791, Mademoiselle

(1) Voy. dans le *Nobiliaire universel de France*, par SAINT-ALLAIS, t. VII, p. 235, une notice consacrée à la maison de la Broise.

(2) Armoiries de la maison d'Orglandes : *d'hermine, à six losanges de gueules, posées* 3, 2 *et* 1.

d'Andlau, fille d'Antoine-Henri d'Andlau, comte du Saint-Empire, et de Geneviève-Adélaïde Helvétius. Il vendit, en 1809, le château de Cuy à M. de Choiseul d'Aillecourt et se fixa définitivement au beau château de Lonné qu'il avait acquis quelques années auparavant.

Il ne cessa pas cependant de s'intéresser à la terre de Méniljean et il y faisait de fréquents voyages. Nous ne saurions présenter, dans cette courte étude, sa carrière politique. Rappelons toutefois que, conseiller général depuis le 29 pluviôse an IX et député de l'Orne en 1815, le comte d'Orglandes obtint la pairie par ordonnance du 23 décembre 1823.

Il mourut à Paris, le 24 avril 1857 (1), et, dans sa succession, la terre de Méniljean fut attribuée à sa seconde fille, Madame Clémentine-Adélaïde d'Orglandes, comtesse de Champagne-Bouzey. Elle était alors veuve du comte Charles-Gabriel de Champagne-Bouzey, lieutenant des gardes du corps, compagnie de Noailles, ce qui, sous la Restauration, équivalait au grade de maréchal de camp. Il appartenait à la maison de Champagne (2), l'une des plus anciennes de la Franche-Comté, qui remonte à Eudes ou Odon de Champagne, à qui l'empereur Frédéric Barberousse donna les terres de Liesle et de Quingey (3). Ces terres étaient restées, jusqu'à la Révolution, la propriété de la maison de Champagne. Les Champagne étaient alliés aux principales familles de la Franche-Comté et de la Lorraine, et ne comptèrent pas moins de onze chevaliers de Saint-Georges. Le premier avait été Simon de Champagne, reçu chevalier en l'an 1502. La terre d'Igey fut érigée en marquisat, en faveur de François-Xavier de Champagne, qui, le 7 octobre 1750, avait épousé Marie-Thérèse de Bouzey, fille de Nicolas de Bouzey, maréchal de Lorraine et du Barrois (4). Le comte de Champagne, gendre du comte d'Orglandes, avait, en 1830, fait, avec son beau-frère, le comte de Châteaubriand, partie de l'escorte qui accompagna fidèlement le roi Charles X, quand il se rendit à Cherbourg.

Élevée à Paris, dans cet hôtel d'Orglandes, où les traditions, les usages de la vieille aristocratie française avaient été scrupuleusement observés et maintenus, la comtesse de Champagne les transporta à Méniljean, dont elle fit sa résidence préférée, et elle sut les y conserver intacts. Le salon de l'hôtel d'Orglandes à Paris était, dans une publication récente, appelé avec justesse *le modèle des salons d'antan*. Et il paraît que Méniljean, dès que la comtesse de Champagne y vint chaque été passer quelques mois, présenta aussi un parfait modèle de ce que nos pères appelaient la vie de château : existence très grande, simple et bienfaisante, sans autres soucis que de faire autour de soi le plus de bien possible, sans autres ressources (à part les visites de quelques amis d'élite) que celles d'une famille très unie et très nombreuse. Après s'être fidèlement rendue, pendant trente années, dans sa chère demeure de Méniljean, Madame la comtesse de Champagne s'y est éteinte, le 4 janvier 1887, à l'âge de quatre-vingt-onze ans. Le château de Méniljean avait été, par ses soins, l'objet d'une restauration complète. Une chapelle gothique, l'une des œuvres les plus gracieuses de l'architecte Parent, fut attachée à l'un des pavillons. Il existe, semble-t-il, entre certaines demeures et ceux qui, sur cette terre, les ont particulièrement aimées, des liens que la mort même est impuissante à rompre : le souvenir de Madame la comtesse de Champagne reste ainsi attaché au château de Méniljean, encore aujourd'hui tout rempli de sa mémoire.

(1) Voy. *Notice biographique sur M. le comte d'Orglandes, ancien pair de France*, par le comte DE BEAUREPAIRE (*Annuaire normand*, année 1862).

(2) Voy. dans le *Dictionnaire universel de la noblesse de France*, par DE COURCELLES (t. IV, p. 341), l'article consacré à la maison de Champagne. Armoiries de la maison de Champagne : *d'or, au lion de gueules*.

(3) Une belle copie d'un portrait de Frédéric Barberousse, conservé à Francfort, a été, en souvenir de cette donation, placée dans le hall du château de Méniljean.

(4) Voy. dans le *Dictionnaire généalogique* de LA CHESNAYE DES BOIS et dans celui de MORÉRI (nouveau supplément), les articles consacrés à la maison de Bouzey.

Ayant hérité de cet amour pour la terre de Méniljean, son fils, M. le marquis Henri de Champagne (1), se plaît à embellir chaque année et le parc et le château. Il a transformé l'un des anciens salons en une vaste et superbe bibliothèque où sont classées, dans un ordre parfait, les anciennes archives du château de Méniljean. Celles de la maison de Champagne-Bouzey y ont été jointes et elles remontent à une donation faite en l'an 1249 par Étienne de Champagne et sa femme Pétronille. Le livre de raison de Louise de Beaujeu, qui épousa en 1534 Philippe de Champagne, orné de délicates et très curieuses miniatures, est déposé, près de là, dans une vitrine. Mais le fonds le plus précieux du chartrier de Méniljean provient de la comtesse Gabrielle de Bouzey, dame de cour de l'impératrice Marie-Thérèse. Il contient en effet, outre un recueil inestimable de lettres de la grande impératrice, la volumineuse correspondance de la comtesse de Bouzey avec les reines et les archiduchesses, filles de Marie-Thérèse. Dans la pièce, où sont conservés ces augustes souvenirs, un beau portrait de Marie-Thérèse occupe — et c'est justice — la place d'honneur.

De récents travaux, d'une véritable importance, ont encore accru le charme du domaine de Méniljean. De nouveaux et pittoresques sentiers serpentent dans la vallée de l'Orne, une spacieuse orangerie s'élève à l'entrée des jardins et un svelte campanile domine les toits du château. Et c'est ainsi que, par une très heureuse fortune, le *Ménil* des temps anciens, transformé en manoir vers le XVIe siècle, gentilhommière encore à la fin du siècle dernier, est devenu l'un des plus grands et des plus beaux châteaux de Basse-Normandie.

Comte G. DE CONTADES.

(1) Le château de Méniljean est actuellement habité par M. le marquis Henri de Champagne et par Madame la marquise de Champagne, née de Sainte-Aldegonde. Madame la comtesse Paul d'Armaillé, née de Champagne, y fait de fréquents séjours. Elle a bien voulu nous faire part de recherches, depuis longtemps commencées par elle, sur le château de Méniljean et sur la maison de Champagne, et nous tenons à lui en exprimer ici notre très vive et très respectueuse gratitude.

LE CHATEAU DE RABODANGES

On ne saurait s'imaginer quelle influence souveraine, les architectes du règne de Louis XIV, ont eue sur l'architecture civile en province. De même que l'on se modelait dans la bourgeoisie sur les manières de la cour, de même la noblesse de nos provinces et les riches bourgeois s'inspiraient des bâtiments du roi. Le palais de Versailles, les pièces d'eau, les jardins, les statues exerçaient sur les esprits une véritable fascination. Les copies étaient parfois bien pâles, souvent même peu dignes du modèle, mais malgré l'étroitesse des proportions et les défaillances de certaines parties de l'exécution, l'imitation était flagrante et se laissait deviner.

Il en est ainsi de Rabodanges, qui, simple rendez-vous de chasse, fut remplacé par le château actuel par les soins de Louis-César de Rabodanges, en 1648. Les plans furent dressés à Paris, les jardins furent dessinés par Le Nôtre, les grilles elles-mêmes sortirent des ateliers d'un serrurier employé aux travaux de Versailles, le sieur Chrétien. De toutes ces grilles d'une exécution artistique très soignée, il ne reste plus que celle de l'entrée. Les balustrades en granit ont été enlevées, le parc a été détruit, les longues avenues abattues; mais, malgré toutes ces suppressions et ces mutilations, il reste, dans l'ordonnance magistrale de ces grands bâtiments d'une correction solennelle et rigide, quelque chose qui évoque le souvenir des splendeurs du passé.

Le Château de Rabodanges.

D'après une photographie de M. H. Magron.

Nous n'avons pas ici à faire l'histoire de la famille de Rabodanges, mais à préciser ce qui la rattachait directement au château dont nous nous occupons.

Nous nous bornerons à ce qui est essentiel.

Par lettres patentes du mois de juillet 1649, le roi érigea en marquisat, sous le titre de marquisat de Culley, la terre de Culley-sur-Orne, composée des seigneuries de Rabodanges, de Neufvy, du Mesnil-Hermey, du Mesnil-le-Vingt, etc.

Il faut croire que le titre de marquis de Culley ne plut pas longtemps au titulaire, car sur sa demande, par lettres patentes du mois de mars 1650, le roi commua le nom de Culley en celui de Rabodanges, si bien que le marquisat s'appela désormais marquisat de Rabodanges. Les lettres patentes portaient en même temps création d'un marché le mardi de chaque semaine et de deux foires par an, la première le premier jour de mai, la seconde le 18 octobre.

Depuis, le marquis de Rabodanges acquit de François de Mue, écuyer, le fief de la Motte-en-Bazoches, relevant du roi à cause de la vicomté de Falaise.

Des lettres patentes du roi, datées de Fontainebleau au mois d'octobre 1693, autorisèrent l'union au marquisat du fief de la Motte, ainsi que des terres de Fumichon, et établirent dans le bourg de Rabodanges deux nouvelles foires, l'une le 22 mars, l'autre le 20 juillet de chaque année.

Par suite de ces adjonctions le marquisat de Rabodanges comprenait six fiefs en dépendant, et son revenu était estimé quinze mille livres.

Le marquis de Rabodanges était alors Guy Cyr de Rabodanges, le constructeur même du château, chevalier des Ordres du Roi et gouverneur de Lisieux. Il était fils de Louis, troisième du nom, qui prenait le titre de marquis de Crèvecœur, et qui avait épousé Marie de Longchamp.

Le marquis Guy Cyr de Rabodanges contracta mariage avec une demoiselle Charlotte de l'Escalopier. Son fils épousa Cécile-Adélaïde de la Ferté-Senecterre.

Le château de Rabodanges fut cédé, après la Révolution, par Mademoiselle de Rabodanges, à son neveu le marquis de la Carte, qui s'était retiré en Italie. A la mort de celui-ci, il fut vendu puis revendu en plusieurs lots.

Le château, avec une partie du domaine, appartient aujourd'hui à M. Beylard. Les bâtiments, qui se développent sur une assez grande longueur, se composent d'un corps de logis principal, élevé d'un seul étage, à cinq fenêtres de façade. Les deux pavillons qui l'accompagnent n'ont également qu'un étage éclairé par trois fenêtres. Le rez-de-chaussée présente le même nombre d'ouvertures. La monotonie des toits est égayée par la silhouette des cheminées, par les grandes mansardes des pavillons et par le clocheton placé au milieu de la partie centrale.

Les Rabodanges portaient : *Écartelé au 1er et au 4e d'or à la croix ancrée de gueules, aux 2e et 3e de gueules à trois coquilles d'or.* On distingue encore des vestiges de ces armoiries sur les frontons du château ; elles sont supportées par deux anges tenant chacun un *rabot.*

Cliché H. Magron — Héliog. P. Dujardin

CIMETIÈRE DE LA LANDE DE LOUCÉ

Pl. 55

LA LANDE-DE-LOUGÉ

A deux kilomètres au sud de la gare des Yveteaux-Fromentel, en allant vers Rânes, au bord de la route, à gauche, se trouvent le cimetière et l'église de La Lande-de-Lougé. Rien de remarquable à première vue que la position de ce lieu de rendez-vous vivant et posthume, presque au milieu d'une cour de ferme, et la verdeur presque juvénile de deux ifs séculaires, qui couvrent de leur ombre les tombes gazonnées et les croix qui les surmontent. L'intérieur de l'église n'a rien de monumental. Il faudrait peut-être remonter jusqu'aux Mérovingiens pour trouver un style applicable à ces piliers de châtaignier mal dégrossi et naïvement équarri, qui prolongent jusqu'au sol la charpente du clocher, à ces solives apparentes qui plafonnent bas, à cette voûte du chœur agrémentée de moignons de poutres. Çà et là de curieux vestiges d'ancien mobilier, le banc circulaire du meunier, un porte-luminaire cyclopéen taillé dans un tronc d'arbre. Des tableaux passables, une copie du Baptême du Poussin pour rétable. Derrière le banc du seigneur, modèle de simplicité rustique, un fragment de vitrail, dans lequel on devine plus qu'on ne reconnaît les armes des anciens patrons, tant le sinople et l'azur ont été, à diverses reprises, capricieusement sertis dans le plomb par le vitrier, qui a dû les accommoder et les raccommoder.

Intérieur de l'Église de La Lande-de-Lougé.

D'après une photographie de M. H. Magron.

Quels étaient les seigneurs du lieu? Au bas du petit sanctuaire, du côté de l'épître, une grande dalle de pierre blanche garde les traces d'une inscription presque effacée. C'est l'épitaphe de Catherine Guyon. Les actes de l'état civil de la commune de La Lande nous aideront à la déchiffrer. On y lit : « Damoiselle Catherine Guyon, fame du sieur du Coudré, *ma bonne mère*, décéda le vingt et uniesme jour de janvier mil six cent trente-deux et fust inhumée le vingt-troisiesme jour du dit mois et an..... La dite damoiselle estoit dame et patronne de La Lande près Lougy et est inhumée dans la nef de la dite église. »

Charles de la Haye, sieur de Villeneuve, était, depuis plus de vingt-cinq ans, pourvu du bénéfice de moyen rapport (1,800 livres), de La Lande-de-Lougé, quand il rédigea l'acte sus-mentionné. Le chapitre de Séez s'était sans doute empressé de le présenter pour la desserte de l'église dont sa « bonne mère » était patronne. Il y vivait dans son modeste presbytère, sans autre voisinage que le logis maternel que les de la Haye habitèrent pendant près de deux cents ans. Ils se suffisaient en famille; ils avaient pris racine dans le pays, la branche cadette ayant fait aussi bâtir sa maison, et ils vécurent ainsi paisibles et ignorés jusqu'à la Révolution française. L'historien des insurrections normandes, le regretté Léon de La Sicotière, raconte en détail le drame qui ensanglanta La Lande-de-Lougé en avril 1796.

La famille de la Haye, rassemblée au logis de La Lande, se composait du père, de la mère et des deux fils. Auguste-Bernard, le fils aîné, avait été garde-du-corps de Louis XVI. Le jeune, Emmanuel-Ferdinand, était resté à la maison, dans un état de réclusion plus ou moins absolue, nécessité ou justifié par le peu de développement de ses facultés intellectuelles. Les de la Haye de la Lande étaient un peu suspects à tous les partis. La mère était peu aimée à cause de son caractère hautain et difficile. On lui reprochait, à tort ou à raison, sa dureté envers « l'innocent ». Pendant l'hiver de 1795-1796, les hordes de massacreurs qui parcouraient le pays s'arrêtèrent deux fois au logis de La Lande et se contentèrent de piller. Dans la nuit du 24 germinal an IV (13-14 avril 1796), les brigands le prirent d'assaut et, après avoir tué Madame de La Lande et son fils aîné, s'en allèrent chargés de quelque butin et du peu d'argent qu'ils trouvèrent au logis.

Aujourd'hui, les deux logis de La Lande et du Tertre sont devenus la propriété de l'auteur de cette notice. Il occupe la plus grande de ces deux modestes maisons de campagne, qui n'ont d'autres mérites que leur agréable situation et leur entourage d'arbres séculaires.

GUSTAVE LE VAVASSEUR.

L'épreuve de la notice qui précède est parvenue au château de la Lande-de-Lougé, le 9 *septembre* 1896, *quelques heures après la mort de M. Gustave Le Vavasseur, conseiller général de l'Orne, lauréat de l'Institut.*

Sa dépouille mortelle repose dans le cimetière de la Lande-de-Lougé, à l'ombre de l'antique église qu'il a si bien décrite.

Aucune sépulture ne pouvait mieux convenir au poète chrétien, au littérateur d'élite qui a si admirablement chanté nos campagnes normandes, Dieu, la Famille, la Patrie, tout ce qui est grand, noble et élevé.

Vicomte DU MOTEY.

Cliché [illegible]	Héliog. P. Dujardin

CHÂTEAU DE LIGNOU

Pl. Nº 50

LE CHATEAU DE LIGNOU

Lignou est une petite commune du canton de Briouze qui compte, d'après les dernières statistiques, trois cent deux habitants. Sans son château, en dehors de ses paysages bocagers, elle n'offrirait rien qui pût retenir l'attention.

Pourtant, dans l'un de ses almanachs argentenais, un littérateur original, Chrétien de Joué du Plain, nous a révélé sur le compte des habitants de Lignou une particularité extraordinaire et tout à fait inattendue.

« Lignou, nous dit-il, vient de *Linea* et signifie ligne. Sans doute que les défrichements ont commencé par cette partie à une époque à laquelle on donnait le nom de *ligne* à ces sortes de travaux. »

Puis après cette explication tout à la fois naïve et embrouillée, contre laquelle s'insurgeront certains philologues, il ajoute la remarque suivante qui déconcertera, à leur tour, les physiologues :

« *Les habitants de Lignou ont la langue et le palais noirs.* »

Nous ignorons ce qui a pu porter Chrétien a émettre pareille assertion. Peut-être a-t-il voulu dire tout simplement que les habitants mangeaient beaucoup de cerises sauvages et de morets (fruit de l'airelle myrtil), ce qui leur noircissait l'intérieur de la bouche, d'où le prétendu dicton recueilli par lui et que nous avons reproduit. La remarque ne serait pas spéciale à Lignou, elle s'appliquerait, avec la même raison, aux autres localités avoisinant les bois et les forêts. Partout on cueille les *morets*, et ce petit fruit de saveur aigrelette est si abondant, à Mortain notamment, que de grands historiens ont prétendu que la ville en avait tiré son nom.

Le sol de la Normandie est encore couvert de ruines splendides : murailles à moitié écroulées, donjons crénelés couronnés de lierre, restes vénérables d'anciens châteaux de l'époque féodale ; ailleurs des habitations moins importantes avec leurs tours d'angles, leurs fossés remplis d'eau, perpétuent l'image de la défense et de la guerre. C'est un soulagement d'apercevoir ensuite les constructions de la Renaissance si pleines de charme et de caprice dans leur décoration, si variées dans leur plan, si mouvementées dans leur aspect général. La série des belles habitations rurales se clôt par les châteaux du XVIIIe siècle, qui pastichent, avec plus ou moins de bonheur, sur des proportions restreintes, les œuvres des architectes français du XVIIe siècle, imitateurs quelque peu serviles du cavalier Bernin et de son école. Toutes les constructions civiles du XVIIIe siècle, petites ou grandes, se sont ressenties de cette influence. On peut discuter sur le rang qui appartient à chacun de ces édifices de physionomie si différente, mais ils ont tous leur genre d'intérêt que l'on peut saisir et goûter successivement, sans faire preuve d'une absence de principe répréhensible, ou d'un éclectisme exagéré en matière architecturale.

Les châteaux du XVIIIe siècle, à défaut d'autre mérite, caractérisent un moment tout spécial dans l'histoire de la société française; ils respirent une sécurité insouciante, le goût des réceptions et la joie de vivre. Heure fugitive, hélas, et qui eut un terrible lendemain.

Le château de Lignou, par l'une de ses parties, tout au moins, appartient à ce genre de constructions.

La façade d'entrée, bien dans le goût du temps, nous offre un corps de logis principal à un étage éclairé par quatre fenêtres, surmonté d'un étage de mansardes à fenêtres en nombre égal et à fronton triangulaire. Le rez-de-chaussée présente au centre deux grandes fenêtres, et aux extrémités deux portes surmontées d'un fronton triangulaire. Ce corps de logis est flanqué de deux pavillons à deux étages, n'ayant qu'une seule ouverture au rez-de-chaussée et à chaque étage.

Une rangée d'orangers en caisse complétait, lors de notre visite, l'aspect de ce côté : c'est une mode encore suivie aujourd'hui ; elle l'était toujours au XVIIIe siècle.

La façade opposée, dont nous ne saurions indiquer exactement la date, a plus de mérite. Avec son appareil élégant et les teintes diversifiées des matériaux employés, elle prend une valeur nouvelle des eaux dans lesquelles elle se mire et des masses d'arbres qui l'encadrent. Cette description dans sa sèche exactitude est insuffisante ; mais si le lecteur veut bien jeter les yeux sur l'héliogravure qui accompagne ce texte, il comprendra, mieux que nous ne pouvons le lui indiquer, le charme de tout cet ensemble. C'est un décor varié qui enveloppe de la manière la plus heureuse les grandes lignes de la construction, et qui ajoute les séductions de la nature aux beautés de la conception architecturale.

C'est dans cette vision extérieure que gît le grand intérêt du château de Lignou, la connaissance des menus faits dont il a pu être le témoin ne saurait en rien l'augmenter.

Cette belle habitation appartient à M. Édouard de Vaucelles.

L'AFFILOIR DE GARGANTUA

Ce beau menhir, connu indifféremment sous le nom de pierre de Jarjantua ou d'*Affiloir* de Gargantua, est planté à la limite des communes de Chênedouit et de Cramesnil, mais sur le territoire de celle-ci, au milieu des joncs et des herbes marécageuses, à vingt mètres environ du ruisseau de Maufy. Il est formé d'un gros bloc quadrangulaire de granit rose, arrondi au sommet et mesurant 3 m. 30 de hauteur, 1 m. 45 sur les côtés nord et sud, et 1 m. 15 à l'ouest. Une mousse à filaments déliés et traînants croît sur cette pierre : les enfants et les paysans l'ont naturellement appelée la *barbe de Gargantua ;* les botanistes, gens d'imagination plus sérieuse, n'y voient qu'un lichen auquel ils ont donné le nom d'*Alectoria Jubata* (var. : *chalybei formis*) (1).

Mais la légende attachée à ce menhir n'en est pas moins curieuse. Gargantua, dit-on, fauchait ce pré en trois coups de faux. Un jour que cette pierre s'était brisée dans sa main, au moment où il aiguisait, le géant lança par-dessus son épaule le tronçon devenu inutile, et ce bloc de granit alla se ficher dans le pré de Grandouit, où nous le trouvons aujourd'hui.

L'enclume qui lui servait à battre sa faux est restée dans un tas de broussailles où on la voit encore. C'est un gros bloc de granit fruste.

Le fait se passait probablement à l'époque où le bon Gargantua, en compagnie d'Eudémon et de Ponocratès, parcourait le pays monté sur la vieille jument qui de sa queue, en s'émouchant, abattait les forêts de la Beauce, et au cou de laquelle il suspendit, en passant par Paris, et pour lui servir de grelottière, les grosses cloches de Notre-Dame.

Un tel homme était bien capable de pareilles prouesses; pourquoi douter ? Rabelais prend soin de nous le dire par ailleurs à propos de la naissance de son héros. « Un homme de bien, un homme de bon sens croit toujours ce qu'on lui dit, et ce qu'il trouve par écrit. » Or les gens du pays sont de l'avis de Rabelais, si l'on en croit M. Chrétien de Joué du Plain, qui, dans un travail rédigé vers 1835 et intitulé *Veillerys Argentoises,* raconte l'anecdocte que voici (2) :

« Un jour d'été des faucheurs étaient occupés à faucher le pré de Grandouit, et comme on leur avait servi d'excellent cidre pour les encourager, l'un d'eux qui commençait à s'égayer se vantait qu'après avoir bu du cidre semblable, il couperait à lui seul autant de foin que ses deux camarades ; ceux-ci lui répondirent que, malgré ses fanfaronnades, il ne ferait jamais aussi fort que Gargantua, qui fauchait sept acres à lui tout seul.

« Le faucheur reprit qu'il connaissait le secret de Gargantua, et qu'en affilant sa faux avec

(1) *Bulletin de la Société normande d'études préhistoriques*, 1896, p. 89. — G. LERON. *Mémoires des Antiquaires de Normandie,* 1835. — *Bulletin de la Societé scientifique.* FLAMMARION, Argentan, 1885, p. 59-60

(2) Ce manuscrit faisait partie de la bibliothèque du regretté M. de La Sicotière, récemment décédé.

l'herbe qui sert au pic-vert à aiguiser son bec, il en ferait autant que Gargantua, seulement qu'il ne voulait pas compromettre son âme par un pacte infernal en récitant les paroles magiques. »

Et voilà comment un scrupule de conscience empêcha le faucheur ami du bon cidre de renouveler l'exploit de Gargantua. — Il y a des gascons ailleurs que sur les bords de la Garonne.....

En 1864, des terrassiers, persuadés qu'il y avait un trésor caché au pied de ce monument, firent des fouilles ; mais ils n'osèrent continuer : des cris humains partaient du sol à chaque coup de pioche, dirent-ils plus tard, et ils se hâtèrent de décamper. La terreur superstitieuse avait dominé chez eux l'appât du gain. Le menhir fut sauvé et demeure debout.

L'Affiloir de Gargantua.

D'après une photographie de M. H. Magron.

Je viens de conter la légende païenne de Gargantua, mais ce menhir possède aussi sa légende chrétienne. Là, comme ailleurs, le clergé catholique et les populations devenues chrétiennes ont essayé de ramener aux héros du christianisme le culte et les traditions attachées aux vieilles pierres gauloises; Gargantua c'est le Diable ennemi de Dieu, et la scène qui s'est passée dans le pré de Grandouit et dont aucun témoin ne subsiste, sauf l'*affiloir* que nous admirons aujourd'hui, se serait déroulée entre saint Pierre et Gargantua. En voici le résumé :

« Or donc, voulant éprouver la puissance de saint Pierre qui se donnait comme le premier des apôtres, et comme tel jouissait sur terre d'un pouvoir surnaturel, Gargantua, c'est-à-dire le Diable en personne, proposa au saint concierge du Paradis de lutter ensemble, afin de voir qui faucherait le plus d'herbe dans le pré de Grandouit, dont le sol marécageux était encombré de pierres.

« Saint Pierre accepta ; après les compliments d'usage, les deux rivaux commencèrent à lutter, très courtoisement d'ailleurs.

« Saint Pierre abattait les ondins avec une rapidité étonnante, sans lever la tête, sans affiler le tranchant de sa faux. Gargantua venait assez loin derrière et voulait tenter de le ratteindre en donnant un coup d'affiloir à son outil. Il interpelle saint Pierre : *affilamus, Petre ;* — à quoi narquoisement saint Pierre répond : *Non affilamus, Diabole ;* — mais à peine la parole est-elle prononcée que saint Pierre avait coupé tout le champ. Furieux de sa défaite, Gargantua lance au loin son affiloir qui s'enfonce en tombant dans le pré où il est encore aujourd'hui, symbole éclatant et permanent, dit la légende, du triomphe du Christianisme sur le Paganisme. »

Et voilà comment chaque parti transforme la légende au cours des siècles, accommodant les faits les plus simples en eux-mêmes, pour les faire servir à la défense des conceptions religieuses et politiques, qui tour à tour ont marqué l'évolution de l'humanité dans la voie de la civilisation.

Peu importent les transformations de la légende. Ce menhir placé dans ce pré marécageux par une race d'hommes dont nous ignorons l'histoire et les mœurs, et qui ont vécu à l'époque de la pierre polie, a de tout temps préoccupé les esprits et surexcite la curiosité des populations au milieu desquelles il est resté comme une énigme. Les savants ne croient plus à la légende, et ils expliquent que ces monuments ont été élevés par des populations primitives pour conserver à la postérité le souvenir d'un événement important dont le récit se transmettait de génération en génération, dans un peuple ignorant de l'écriture. Mais quels sont ces événements? Nul ne peut le dire avec certitude. Plus hardie, l'imagination populaire fait appel au merveilleux, au surnaturel, et cache son aveu d'impuissance sous les fictions d'une allégorie pittoresque et souvent empreinte de haute moralité. L'esprit humain, par sa nature, cherchera à tout expliquer; mais quand le raisonnement est impuissant à donner la clef du mystère, avons-nous le droit de nous montrer sévères envers ces légendes naïves et charmantes, fleurs de poésie écloses au sein des populations ignorantes et crédules?

A. Montier.

LE MANOIR DE POMMEREUX

Le manoir de Pommereux, situé dans le village du même nom, se voit au bord de la route d'Argentan à Putanges. Il est orné d'une tour à six pans. Son style indique une construction des XVe et XVIe siècles. Dans son *Abécédaire d'Archéologie*, M. de Caumont le désigne sous le nom de Manoir de Cuy, sans doute à cause du droit de suzeraineté exercé par la baronnie de Cuy sur quelques-unes des terres appartenant à la famille de Guyon, qui possédait Pommereux. Malgré cette induction de l'éminent archéologue, le manoir de Pommereux a gardé son nom et son titre. Il fut habité, de 1484 à 1568, par Robert de Guyon et sa descendance.

D'après une photographie de M. H. [illegible]

« Robert de Guyon, écuyer, sieur des Buats, Corday (1), Frévent, Saussaux, Pommereux et Pubois, épousa, par contrat passé devant les tabellions d'Abloville, vicomté d'Argentan, le 13 janvier 1484, noble demoiselle Alix Terrée, fille de messire Pierre Terrée, chevalier, seigneur de la Lande-Terrée (2). »

Cinq fils naquirent de ce mariage. Le troisième, Gervais Guyon, était sieur de Pommereux.

Outre le domaine de Pommereux, qui s'étendait dans les paroisses de Montgaroult, Sentilly et Moulins-sur-Orne, il eut dans son lot : « l'héritage de Goulet, le prey de Mesnilglaise, le prey de Mesnil-Fortin, toutes les rentes assises aux dites paroisses (3) ».

A la mort de Gervais, Pommereux passa à son fils aîné, Olivier Guyon qui, le 13 septembre 1559, obtint dispense du vicaire-général de Sées et épousa sa parente, Françoise Guyon de Quégny.

Olivier Guyon de Pommereux augmenta sa fortune par une acquisition qu'il fit devant les tabellions d'Écouché, le 8 octobre 1558. La descendance du dit Olivier Guyon de Pommereux, se prolonge par la famille des Diguères dont un des membres, M. Victor des Diguères, est l'auteur de plusieurs ouvrages estimés et très curieux pour notre histoire normande : *Sévigny, ou une Paroisse rurale en Normandie* ; *Les Rouxel de Médavy-Grancey* ; *La Vie de nos Pères, en Basse-Normandie.*

Le chanoine J. Rombault.

(1) Le fief noble de Corday était situé dans la paroisse de Boucey.
(2 et 3) *Sévigny*, par M. Victor des Diguères.

Héliog. P. Dujardin

PORTE DE L'ÉGLISE DE MONTGAROULT

D'ARGENTAN A BRIOUZE

MONTGAROULT — ÉCOUCHÉ — BRIOUZE

MONTGAROULT

D'Argentan à Écouché la plaine et la prairie se succèdent sans monotonie. La bonne petite ville, comme au temps du poète des Miroirs,

De tous côtés a prairie, a campaigne.

Si la plaine a ses aridités et ses horizons chauves, au sortir de courtes tranchées, promptement franchies, l'œil se repose sur la verdure émaillée des prés fleuris et sur les méandres

Du petit fleuve où le poisson se baigne.

Ici, plus de bois épais, plus de souvenirs de chasses royales; la forêt est au Nord-Est et la locomotive nous entraîne impitoyablement vers l'Ouest.

Le premier petit castel aperçu à droite, couvert en tuiles, avec sa tourelle ou cage d'escalier surmontée d'un toit en ardoises, c'est Bellœuvre. Mannoury, dans ses notes sur le comté d'Alençon, parle de ce membre de fief, lequel, assis à Moulins, au hameau de Bellœuvre et s'étendant aux communes d'Occaignes et de Brévaux, fut repris en 1386, au moyen du retrait féodal, par Pierre II, comte d'Alençon.

En cette année 1386, le comte d'Alençon fut obligé de faire un bien autre retrait par puissance de fief. Le 22, suivant d'autres le 29 décembre 1386, eut lieu à Saint-Martin-des-Champs, à Paris, le fameux duel de Jacques Le Grix et de Jean de Carrouges. Jean de Carrouges avait été dépossédé en 1383 des seigneuries de Cuigny et de Pelleinville. Jacques Le Grix était baron de Goulet. Le chemin de fer laisse Cuigny à sa gauche et passe sur les ruines du château de Goulet. A peine reste-t-il quelques pierres de la magnifique demeure du favori de Pierre II. Le dernier baron de Goulet fut le maréchal de camp Joseph-Nicolas des Brosses, « si connu de nos pères », a dit quelqu'un, « par sa bravoure et son excentricité ».

Avant d'arriver à Écouché, l'on traverse des prairies basses et presque toujours inondées. On aperçoit à gauche le clocher de Méheudin dont l'église supprimée ne présente aucun intérêt archéologique. La famille de Méheudin était fort ancienne. Un arrêt de 1272, consigné dans les *Olim*, déboute l'évêque de Sées, Thomas d'Aunou, de ses prétentions à la garde-noble de Guillaume de Méheudin, fils de Robert. Dans la collection Bréquigny des « rôles normands » on trouve une lettre de Jean sans Terre en faveur de Payen de Méheudin (V. 1200).

A droite, une construction assez importante semble ponctuer le pied de la colline. C'est une simple ferme, l'abbaye de Montgaroult. Elle n'a guère d'histoire, non plus que la commune à laquelle elle emprunte son nom et dont l'église se devine plutôt qu'elle ne s'aperçoit au sommet du coteau. Celle-ci, bien qu'imprudemment rajeunie et scrupuleusement expurgée, mérite une visite.

« Au moyen âge », dit l'auteur de l'*Orne archéologique et pittoresque*, « Montgaroult était un plein fief, dans la possession des religieux de Saint-André ; il était tenu du roi sous Exmes. »

Sous les ducs normands et dès le XIIe siècle, les religieux de l'abbaye de Saint-André-en-Gouffern étaient tenanciers et gros décimateurs à Montgaroult. Une charte, de très peu postérieure à 1135, année de la mort de Henri Beauclerc, octroyée par sa fille l'impératrice Mathilde, donne à l'abbaye de Saint-André-en-Gouffern, pour le salut de son âme et celui de son père Henri, roi d'Angleterre, de Godefroy, comte d'Anjou, de Henri, duc de Normandie et de tous ses autres enfants, XLVI[l] VI[d], monnaie romaine que les religieux étaient tenus de lui faire annuellement en son domaine d'Argentan, à cause de la terre de la Gravcrie, paroisse de Montgarou (*sic*).

Par une bulle donnée à Vérone le XV[e] jour des Calendes de juin 1185, le pape Urbain III confirme la donation faite à l'abbaye de Saint-André de la dîme de Montgarou et du Grand-Mesnil du dit lieu.

C'est donc aux moines de Saint-André qu'il faut attribuer la construction de la bizarre église, du monument purement normand, construit en style roman bizantin par un architecte éclectique.

Église de Montgaroult.

D'après une photographie de M. H. Magron.

« L'église, placée sous l'invocation de Saint-Rémy, date du XIIe siècle », dit l'auteur cité plus haut. « Elle s'élève sur un tertre au milieu du village et forme une longue nef sans absides ni transepts. La partie qui sert de chœur est à la vérité une reconstruction du XIVe siècle, mais il est bien évident qu'elle n'a fait que remplacer des murailles plus anciennes et que le plan de l'église a été intégralement conservé. Une fenêtre ogivale éclaire cette partie. De petites fenêtres romanes sont percées dans des contreforts plats peu saillants et devaient laisser l'église primitive dans une obscurité presque complète.

« Autour du toit règne un entablement en damier et en étoiles. Au-dessous, des modillons fort curieux représentent, ici des têtes humaines, nues, casquées, encapuchonnées, accolées ; plus loin, des têtes de béliers, des loups, des ornements bizarres et de ces grossièretés qu'on n'explique guères, qu'on décrit encore moins et qui sont placées là tout exprès pour la désolation des antiquaires qui veulent voir un symbole dans chaque pierre sculptée d'un édifice religieux.....

« ..... Le portail est pratiqué dans le mur latéral droit. Il se compose de deux archivoltes à

Cliché L. Magron

Héliog. P. Dujardin

EGLISE D'ÉCOUCHÉ

Vue de l'Abside

Orne

Pl. N° 80

claveaux à peu près symétriques. Il est à remarquer que le nombre des colonnes de support n'est pas proportionné à celui des voussures..... »

Après avoir signalé une restauration à la partie inférieure du portail et la capricieuse profusion des cercles et des étoiles, l'auteur de la description constate la naïveté artistique des sculptures restées à l'état d'ébauche. Il s'arrête un instant devant les trois petits bas-reliefs de l'archivolte supérieure qui semblent symboliser de rustiques fiançailles, et il ajoute :

« Le tympan est plus remarquable encore que les archivoltes. Il se compose de petites pierres carrées posées diagonalement avec la plus parfaite symétrie. Elles sont chargées de rosaces, d'entrelacs, de lignes formant damier, de fleurs et de têtes humaines. »

Tel était il y a cinquante ans, tel on peut reconnaître encore dans ses lignes architecturales le curieux et rare, sinon unique, spécimen d'une œuvre composite, inspirée peut-être à un artiste normand rendu quelque peu indépendant par des souvenirs d'outre-Loire, ce qui semblera sans doute moins étonnant si l'on songe que cette Mathilde, une des premières bienfaitrices des fondateurs, avait épousé à Séez, en 1129, Geoffroy Plantagenet et que le sang des comtes d'Anjou coula désormais dans les veines des ducs de Normandie qui joignirent l'Aquitaine à leur patrimoine en 1137, le jour où Henri II épousa la reine Éléonore.

ÉCOUCHÉ

Scocium, Ecouchi, « bourg de France en Normandie », dit le lexique latin-français de Trévoux; *Villa de Estochi,* suivant une charte de Henri II.

Bourg ou ville, Écouché a son histoire et ses historiens.

« Le bourg d'Écouché », dit Alfred de Caix, qui a consacré à l'histoire de son chef-lieu de canton un petit livre plein d'érudition et d'intérêt, « situé à 8 kilomètres d'Argentan sur la route de Granville, dans une petite plaine très fertile, comprise entre la rivière d'Orne et ses affluents, la Cance et l'Udon, ressort sur un rideau de peupliers. Ses maisons sont serrées autour de l'église monumentale qui les domine et qui semble les protéger. Comme des sentinelles avancées, on aperçoit, au premier plan l'hospice et sa chapelle, et plus loin une autre chapelle s'élevant au milieu de sépultures. Ce sont autant de témoins de la foi des générations passées. »

Sauf quelques peupliers abattus, c'est bien là Écouché, tel qu'il se présente avant d'arriver à la station du chemin de fer.

Écouché, entre ses trois rivières, dut être le siège d'un établissement romain d'une certaine importance. Des débris de constructions, des sépultures, des monnaies attestent le séjour des Romains. Écouché était à l'intersection de plusieurs voies dont on peut encore suivre les traces.

Dès la fin du XIIe siècle, Écouché était un lieu fortifié. Hugues de Gournay fait, avant l'an 1200 vraisemblablement, à l'hôpital Saint-Thomas de Lisieux une rente de mille anguilles à prendre *in castro suo de Escochiaco.* Ce « castrum » était, suivant M. de Caix, tout simplement une « ville bateice », fortifiée de palissades, entourée de petits fossés avec des « diguets » en guise de ponts-levis et une « bretèche en bois pour château-fort ».

Les habitants d'ailleurs étaient vaillants et disposés à se défendre. En 1048, menacés d'être rançonnés et pillés par le cadet des frères Soreng, ils lui tinrent tête, le poursuivirent jusqu'à Fleuré et firent justice du brigand. En 1148, ils résistèrent courageusement aux gens de Geoffroy Plantagenet, mirent héroïquement le feu à leurs maisons et, avec l'aide de Robert de Médavy, dispersèrent et exterminèrent les Angevins.

Écouché n'eut pas, comme Argentan, à se faire pardonner la trahison de son gouverneur pendant la minorité du Bâtard. On sait comment le fils d'Harlette, ayant rassemblé

> Les hauts hommes et les plus sages
> Et que son père eut plus aimés.....
> Fit d'un baron bon chevalier,
> Loyal et preux et droiturier
> (Raoul de Gacé avait nom)
> De tout maître de sa maison,

et comment Raoul de Gacé déjoua la félonie de Toutain du Bois, s'empara de Falaise et sauva ce qui restait des ruines fumantes d'Argentan (1045). Raoul « teste d'asne », connétable de Normandie, était seigneur de Gacé et d'Écouché. Le château d'Écouché devait d'ailleurs dès ce temps présenter quelques moyens de défense ou ses défenseurs étaient doublement vaillants, puisque quarante ans après, ni Robert Courteheuse, ni Foulques le rêchin, si rêchin qu'il fût, n'osèrent (1090) déposséder l'occupant du fief, Gérard de Gournay.

Gérard de Gournay s'étant croisé (1090), mourut en Terre Sainte. Sa femme Édith, qui l'avait accompagné, se couvrit de gloire à la bataille de Dorylée (2 juillet 1097), revint en France et se remaria.

Les de Gournay restèrent seigneurs d'Écouché « en partie » jusqu'à la confiscation du duché de Normandie par Philippe-Auguste. Hugues de Gournay II, vaillant chevalier mais médiocre ou maladroit politique, fut dépossédé de son domaine par le roi de France, qui garda quelque temps le domaine en régie et en confia la garde à Jourdain, évêque de Lisieux.

Par suite d'arrangements entre le roi Philippe-Auguste et les héritiers du comte d'Alençon Robert III, le domaine de Hugues de Gournay fut adjugé à Ela, fille de Robert (1222). Il ne comprenait que la moitié des terres d'Écouché. Cette partie fut possédée dans le siècle suivant par l'illustre et malheureuse Jeanne de Penthièvre, comtesse de Blois.

Une autre partie du domaine était restée aux Tilly et aux d'Harcourt. Le domaine entier fut réuni dans la même main le 26 février 1619 par suite de l'acquisition, après saisie et surenchère, faite par le comte de Montgommery, de la partie du domaine possédé par les héritiers d'Urbain de Harcourt.

Gabriel II, comte de Montgommery, était le fils du fameux partisan, meurtrier de Henri II, pris par Matignon à Domfront et décapité à Paris par ordre de Catherine de Médicis. Gabriel II habita le château de la Motte en Joué-du-Plain et construisit à Écouché un logis seigneurial.

Écouché, après plusieurs vicissitudes, resta aux mains des Montgommery jusqu'à la vente de la baronnie d'Écouché par Louis de Montgommery à Claude Le Tonnelier de Breteuil, conseiller au parlement de Paris. Son second fils la revendit au marquis de La Motte-Lézeau.

Les domaines de La Motte et d'Écouché restèrent dans la famille de celui-ci jusqu'à la mort de Jean-Baptiste Ango de la Motte-Lézeau. Le 10 avril 1791, ils furent transférés au marquis d'Étampes, qui habita le château de la Motte jusqu'en 1818. A cette époque, les spéculateurs connus sous le nom de bande noire vendirent le domaine en détail.

En remontant dans son histoire, Écouché a quelques glorieux souvenirs à évoquer. Comme Alençon, comme Argentan, il supporta avec répugnance le joug anglais. Charles VII qui venait de rendre aux Penthièvre un domaine confisqué et possédé un instant par un chambellan de Henri V, séjourna à Écouché le 31 juillet 1450. C'est à Écouché qu'il signa les lettres de confirmation de l'Université de Caen, fondée par le duc de Bedfort en 1431.

Le nom de Montgommery explique la complaisance d'Écouché pour les partisans de la religion réformée. Le Béarnais y rencontra des cœurs fidèles et des bras dévoués. La tradition raconte qu'il avait pris gîte à Écouché dans l'hiver de 1589, et c'est de là qu'il dut partir, la veille de Noël, pour assister à Argentan à la messe de minuit et faire réveillon avec les échevins de la ville.

L'église d'Écouché, bâtie sur l'emplacement d'un ancien édifice, dont la nef existe encore en partie, offre à la curiosité du visiteur deux spécimens bien différents qui malheureusement menacent également ruine.

Au XIIIe siècle Écouché dépendait de l'abbaye de Saint-Florent de Saumur depuis deux cents ans, par suite de l'abandon fait par Guillaume de Briouze. A cette époque on dut remplacer l'église primitive. Au XVe siècle, par suite du grand élan religieux auquel on dut les églises d'Argentan, les habitants d'Écouché voulurent remplacer par un monument somptueux le modeste édifice élevé au XIIIe siècle. Une partie de la nef de celui-ci et deux pans de murailles du vieux clocher subsistent encore. « Cette ancienne nef », dit l'historien d'Écouché déjà cité, « est séparée de ses bas-côtés par un rang de colonnes monocylindriques, surmontées de chapiteaux unis, sauf deux ou trois assez élégants dont la volute est ornée de trèfles d'eau. Les bases sont enfouies à 70 centimètres au-dessous du sol qui a été exhaussé au niveau du pavage de l'église actuelle. Ces colonnes supportent des arcades ogivales sans moulures, dont les arêtes sont abattues en chanfrein.

Abside de l'Église d'Écouché.

D'après une photographie de M. H. Magron.

« Trois ouvertures percées dans le pignon ouest sont d'un style plus moderne et datent vraisemblablement de l'époque où, pour ne pas interrompre l'exercice du culte, on célébra les offices dans une portion de l'église conservée, tandis qu'on bâtissait à neuf sur l'emplacement de l'ancien chœur. Celui-ci, qui menaçait ruine dès 1394 et qui subsistait encore en 1416, disparut au temps de l'occupation anglaise pour faire place à l'édifice inachevé que nous voyons aujourd'hui, sans qu'on puisse déterminer de façon certaine à qui revient l'honneur de l'initiative de la construction.

« Cet édifice se compose du chœur terminé par une abside à trois pans, des transepts terminés de même et de la première travée de la nef, plus de quelques piliers commencés et pénétrant les arcades latérales de la vieille nef. Des bas-côtés sont accolés au chœur ; ils sont fermés au chevet qui prend naissance aux pans coupés de l'abside ; le bas-côté méridional se prolonge jusqu'à la travée de la nef. Des chapelles latérales s'ouvrent sur le bas-côté.....

« ..... L'édifice, à l'angle des transepts, mesure 36 mètres dans œuvre ; les parties terminées sont à voûte d'arête à une hauteur d'au moins 20 mètres sous clef. Elles sont couvertes de moulures prismatiques partant du sol et se rejoignant au sommet pour se ramifier en compartiments. L'intersection des voussures se trouve marquée par de lourdes clefs pendantes que relève une ornementation polychrome.

« Les croisées sont divisées par des meneaux prismatiques. Quelques-uns de l'étage inférieur appartiennent au style que l'on nomme flamboyant. Le plus grand nombre offre une décoration plus simple. Les meneaux verticaux se courbent en arcs plein cintre adossés à la hauteur de la naissance du cintre ogival de la baie. Cette disposition rappelle ce que les Anglais appellent *perpendiculary style*. Elle est très répandue dans les églises voisines. Quelques débris de verrières historiées figurent aux croisées de l'édifice, mais tellement mutilées qu'il est impossible de saisir un sujet.

« Les galeries ou claires-voies intérieures portent le cachet du XVIIe siècle. Leurs arcades plein cintre sont supportées par des pilastres cannelés. Elles sont calquées sur celles de l'église Saint-Martin d'Argentan et doivent avoir été dessinées par la même main. »

Une tour carrée surmontée d'une balustrade à jours et ornée d'une jolie tourelle à l'un de ses angles sert de clocher à cette masse imposante appuyée de contreforts construits dans le style primitif de l'église et surmontés d'ornements divers.

Le bénéfice de Notre-Dame d'Écouché, chef-lieu d'un doyenné dépendant de l'archidiaconé du Houlme, était estimé à un revenu de 2,400 livres.

Écouché possède un hospice fondé en 1336. La chapelle, sous le vocable de Saint-Mathurin, offre quelque intérêt. « Elle doit remonter au XVe siècle et porte la marque de nombreuses retouches du XVIe et du XVIIe. Elle a l'importance d'une église de campagne. » Bien qu'elle soit appropriée au service des malades, le rétable du chœur, éclairé par une vaste croisée, conserve quelques détails intéressants.

Les habitants d'Écouché ont été de tout temps fort industrieux, des commerçants émérites y ont pris naissance. Les agriculteurs demeurés au pays cultivent la terre avec intelligence. Les nombreux « hébergements » ou corps de ferme qui subsistent encore dans les faubourgs d'Écouché, témoignent de la richesse agricole du pays. Les chevaux de la plaine d'Écouché sont les plus recherchés de la Normandie et la foire de l'Angevine, déjà célèbre au temps de Philippe-Auguste, est demeurée l'une des plus importantes de la contrée.

En sortant d'Écouché, on quitte la plaine. Le bocage n'est pas loin. En attendant, la voie ferrée traverse de belles et pittoresques prairies. A droite, le château de Sérans, belle construction moderne, malheureusement en partie détruite par un incendie. Guillaume était seigneur de Sérans et de Montgaroult en 1168. Charles de la Ferrière donnait à l'abbaye de Cerisy-Belle-Étoile sa *Mallerie* (chanvrerie) de Sérans en 1265. Plus loin, à gauche, on aperçoit les restes d'une douve, quelques communs, une petite tourelle, une porte écroulée... ce sont les restes du château de Vigneral, dont les seigneurs possédaient la terre et le fief de Sevray, célèbre par sa gracieuse redevance du *Chapel de roses*, innocent et pastoral droit du seigneur que prélevait déjà sur ses vassaux Jean de Harcourt en 1451.

A droite un élégant clocher domine le coteau : c'est celui de l'église de Batilly. Construit il y a une trentaine d'années par les soins et sous la direction de M. Alfred de Caix, alors maire de Batilly, ce petit monument est un modèle de pur style et de goût éclairé.

Nous entrons bientôt sur le territoire de Lougé-sur-Mair dont le clocher est perdu à gauche dans les arbres qui commencent à couvrir le pays tout entier. La baronnie de Lougé faisait partie du domaine de la famille de Harcourt. Le premier qui fut seigneur de Lougé, du chef de sa femme Marie Mallet de Graville, fut tué à la bataille d'Azincourt. Le château de Lougé, aujourd'hui détruit, soutint un jour le plus singulier siège. Catherine de Harcourt y fut assiégée par son mari d'avec qui elle prétendait s'être « *démariée* », ce qui ne l'empêcha pas de réclamer son douaire quand elle fut devenue veuve.

Un peu à gauche, à l'horizon, s'étage la futaie de la Lande-de-Lougé. Son paisible logis évoque un souvenir sanglant et relativement récent. Dans la nuit du 14 au 15 avril 1794, une bande de partisans pénétra à la Lande. Après plusieurs actes de violence, les Chouans massacrèrent Charlotte-Élisabeth de Vigneral, dame de La Haye et Claude-Bernard de La Haye, son fils aîné.

De plus riants souvenirs s'attachent au château des Yveteaux, aperçu dans la verdure, tout près de la gare. Notre vieux poète Vauquelin de la Fresnaye fut seigneur des Yveteaux. Il en légua le titre et le nom à son fils Nicolas, dont on connaît les vers folâtres et les excentricités bucoliques.

Saint-Hilaire et Pointel étaient des fiefs rayonnant autour de la baronnie de Briouze. Vers 1150, Herbert de Saint-Hilaire signait comme témoin une donation de chapelle faite au prieuré par Guillaume de Briouze. Thomas Taillebois, de Pointel, compagnon de Guillaume le Conquérant et ses petits-fils, à l'imitation du seigneur de Briouze, donnaient à Dieu et à Saint-Florent leurs dîmes de Pointel, vers 1100.

BRIOUZE

Les auteurs de l'*Orne archéologique et pittoresque* pensent que sous les premiers ducs de Normandie, Briouze commença par être la retraite « d'une bande de North-Men, établis au milieu de marais fangeux sur une île étroite, à peine défendue des inondations par des retranchements en terre et des palissades ». Si *Houlm* vient de *Holm, îlot*, comme *Briouze* de *braium, boue*, la description peut être exacte. Toutefois, lorsque Guillaume de Briouze accompagna le Bâtard à la conquête d'Angleterre, c'était déjà un seigneur de quelque importance.

A son retour d'Angleterre, Guillaume voulait fonder un prieuré à Briouze. A cet effet, il fit diverses donations aux moines de Lonlay-l'Abbaye, à condition qu'ils construiraient une église sous le vocable de saint Gervais et de saint Protais. Les moines acceptèrent la donation et voulurent en éluder les conditions. Ils jetèrent les fondements d'une chapelle et se crurent quittes. Alors Guillaume s'estima justement dégagé de sa parole et par une charte datée de 1080, confirmée à Saint-Georges-de-Boscherville par le roi Guillaume, sa femme et son fils, le 30 janvier de la même année, transporta de bon gré (hilaris) à l'abbaye de Saint-Florent de Saumur les donations faites aux moines de Lonlay. Ceux-ci eurent beau réclamer, ils furent déboutés de leurs prétentions ; les moines de Saumur firent bâtir l'église demandée et le dimanche 10 décembre 1080, Serlon d'Orgères, ancien abbé de Saint-Évroult, récemment nommé évêque de Sées, la consacra ; Guillaume, Philippe son fils et Philippe Guillaume son neveu, donnèrent investiture par le couteau aux moines de Saint-Florent du prieuré qu'ils fondaient.

Philippe « de Brayeuse » prit parti avec le comte de Mortain pour Guillaume le Roux d'abord, pour Henri Beauclerc ensuite, contre Robert Courte-Heuse. Il était peut-être agenouillé entre deux coffres dans l'église de Carentan, le jour de Pâques 1106, quand son ami le fougueux et politique Serlon fit couper les cheveux et les moustaches de tous les nobles assistants.

De la vieille église consacrée en 1080, il ne reste plus que le très curieux pignon, l'abside en cul-de-four et la petite tour carrée à quatre faces, flanquée de contreforts plats qui attirent l'attention des archéologues. La partie conservée forme chapelle au milieu du cimetière, tandis qu'une église neuve fort élégante a été batie de l'autre côté de la voie ferrée, au milieu de l'ancien bourg de Briouze. Les abords de l'ancien prieuré de Saint-Gervais sont ornés et égayés par les deux clochers d'une chapelle conventuelle.

Saint-André de Briouze.

D'après une photographie de M. H. Magron.

Les barons de Briouze furent toujours fidèles à leurs seigneurs suzerains, ducs de Normandie et rois d'Angleterre. Lorsque l'infâme et malheureux Jean sans Terre fit enfermer son neveu Arthur de Bretagne, il avait résolu sa mort. Il confia la garde du prisonnier à Guillaume de Briouze, qui avait vaillamment combattu à Mirebeau et pris, dit-on, Arthur de ses propres mains. Jean, qui jugeait mal les honnêtes gens, crut trouver un complaisant dans un favori fidèle et comblé de faveurs, « mais Guillaume de Briouze, qui ne voulait être acteur ni complice dans la noire trahison », dit Guillaume Le Breton, et à qui sa perspicacité faisait à certains signes prévoir la catastrophe, dit au roi en présence de ses barons : « Je ne sais quel sort est réservé à ton neveu dont jusqu'ici j'ai été par ton ordre le gardien fidèle. Je te le rends avec tous ses membres intacts, plein de vie et de santé. Mets à ma place un autre gardien qui, le cas échéant, soit plus heureux que moi dans sa garde. Pour moi j'ai assez du souci de mes propres affaires. »

« Cela dit, le baron s'en retourna à Briouze. »

Jean tira de son honnête et rusé vassal une épouvantable vengeance. Mathilde de Saint-Valery, femme de Guillaume, était une belle, vaillante, sage et vigoureuse châtelaine, un peu avantageuse et haute à la main, qui se vantait, dit la chronique, d'avoir 12,000 vaches à lait et de posséder assez de fromages pour servir de projectiles pendant un mois aux défenseurs d'une citadelle garnie de cent hommes. Le roi dissimula d'abord. Au lieu de disgracier le loyal baron, il lui octroya, le 4 février 1104 une foule de privilèges pour le seigneur et d'immunités pour les vassaux, qui durent disparaître lors de la réunion de la Normandie à la couronne de France. Bientôt les revers aigrirent jusqu'à la folie le malheureux Jean sans Terre. Rongeant son frein, amassant dans son cœur la haine et le soupçon, outré de fureur, mais astucieux dans son délire, sentant venir avec l'excommunication du pape, l'abandon des siens, il eut l'idée de leur demander leurs enfants en otages. Guillaume s'offrit lui-même. La fière Mathilde répondit « qu'elle ne bailleroit point ses trois fils au roi Jean, lequel avoit honteusement occis son neveu Arthur ».

Le baron de Briouze, sa femme et ses enfants se réfugièrent en Irlande où la haine du tyran les poursuivit. Faits prisonniers dans l'île de May, Mathilde, son fils Guillaume et la femme de Guillaume, furent envoyés à Windsor et condamnés à mourir de faim.

Telle est la version de l'histoire. La légende est autrement dramatique. Elle parle d'une rançon énorme et dérisoire (40,000 marcs d'argent); elle raconte que Mathilde et l'un de ses fils furent enfermés par ordre du roi au château de Corf. On mit à côté de chacun des prisonniers une gerbe d'avoine et un morceau de lard cru avec défense de leur porter aucune autre espèce de nourriture. Le onzième jour on trouva le fils assis droit sur sa chaise, le visage tourné du côté du mur. Il était mort. De sa mère, morte aussi, le cadavre était debout, roide, entre les jambes du fils qu'elle tenait embrassé. Elle semblait avoir rendu le dernier soupir en lui donnant un baiser suprême. Mais « par détresse », dit la légende, « elle lui avoit toutes les joës mangiées ».

Guillaume avait pu se réfugier en France. Il mourut en 1214 à Corbeil, et fut enterré à l'abbaye de Saint-Victor, à Paris.

Vers la fin du XIIIe siècle, la maison de Briouze « faillit ». Faute d'héritiers au septième degré, le fief et la baronnie retournèrent au roi de France.

En 1306, Philippe le Bel inféoda Bellou à Briouze, réunit les baronnies de Messey et de Briouze et conclut un marché avec son favori Foucault du Merle, le même qui fut maréchal de France après la bataille de Courtray. Le roi céda à Foucault du Merle les baronnies de Messey et de Briouze en échange d'une pension de 200 livres que le dit du Merle avait à prendre sur le trésor royal. Il y avait lieu à soulte. Le sire de Bienfait fut nommé pour estimer les valeurs. Le revenu de la baronnie étant présumé de 339[l], 6[s], 4[d], la soulte annuelle était de 131[l], 9[s], 4[d]. Les clauses étaient d'ailleurs obscures, si bien qu'elles donnèrent lieu à une prétention de nullité, assez mal fondée, du reste, de la part de Philippe le Long et à d'interminables procès, au sujet de l'exercice du droit de cornage. Les du Merle conservèrent la baronnie de Briouze pendant toute la durée du XIVe siècle et la première moitié du XVe. Ils habitèrent leur maison seigneuriale et se défendirent vaillamment contre les ennemis du dehors et du dedans. Briouze, mal fortifié, était devenu le repaire des Anglais, quand il fut délivré d'une façon éclatante et inespérée.

Duguesclin qui, suivant Siméon Luce, chevauchait à travers le Perche et la Normandie, de 1360 à 1362, assiégeait Brézolles au Perche en novembre 1361. Il eut besoin d'un renfort et, en allant le chercher, il passa par Briouze, surprit l'anglais Hoppepin Dierre qui l'occupait, tailla en pièces la garnison, fit prisonnier le chef et cent des siens, puis s'en alla courir d'autres glorieuses aventures. Ce fut une leçon pour les défenseurs naturels du territoire. En 1368, « messire Jehan du Merle, seigneur de Briouze, renforcha la Motte Close à caux qui estoit en la ville de Briouze ». Quelques échecs et d'ennuyeux procès ne découragèrent pas les possesseurs, et cinquante ans après, Guy du Merle défendait le Mont Saint-Michel avec les cent-dix-huit chevaliers dont l'histoire a gardé les noms.

Soit accommodement aux difficultés du temps, soit acceptation forcée des faits accomplis, soit considération d'alliance, Jehan du Merle avait été maintenu dans ses possessions par mandement du roi Henri V, le 18 mai 1419.

Charles VII trouva la baronnie de Briouze entre les mains de Guy Affourch, gendre de du Merle et anglais de nation. Le roi de France la confisqua d'abord et la donna à Jean Bureau, qui la céda bientôt à Pierre de Brézé. Mais la soumission ne coûta pas plus au gendre anglais que l'accommodement n'avait coûté au beau-père français, et Gilles de Briouze, qui vendit la baronnie à Jean de Harcourt en 1537, était le petit-fils de Guy Affourch.

En épousant François d'Orglandes, la petite-fille de Jean de Harcourt porta la baronnie de Briouze dans la maison d'Orglandes.

Briouze tint-il pour la Ligue? Oui sans doute : François d'Orglandes avait trois fils qui guerroyaient dans l'armée catholique et qui soutinrent le siège d'Avranches en 1590. En tout cas, le Béarnais ne leur garda pas rancune. Il érigea Briouze en chef-lieu de vicomté; il y eut à Briouze un vicomte, un lieutenant général, un lieutenant particulier, deux avocats du roi, quatre procureurs et deux huissiers audienciers. Louis XIV y créa un siège de police, désunit la vicomté et érigea la baronnie en comté en faveur de Nicolas d'Orglandes. Un des derniers *vicomtes* de Briouze fut un rêveur et un utopiste. M. de Saint-Martin, « vicomte » de Briouze, ancien médecin consultant de Son Altesse Royale Monsieur, membre de plusieurs académies, poète à ses heures, est l'auteur d'une brochure intitulée : *La pierre philosophale, ou tous heureux, tous contents, tous à l'aise.* Ses vues, selon lui, s'appliquent à tout état monarchique, aristocratique, démocratique ou républicain. Cette brochure de 31 pages, imprimée à Domfront et mise en vente chez Lambleux, libraire, eut plus de retentissement que ne semblaient le comporter son volume et sa publicité restreinte.

L'histoire des marais ou « hazés » de Briouze mériterait un chapitre à part. Les anciennes « pêcheries » ne donnent plus lieu à ces règlements et à ces contestations qui troublaient la baronnie et agitaient les vassaux à la fin du XIVe siècle. Morcelés, exploités pour la plupart, les marais sont devenus des prairies de moyenne qualité. Les communaux restreints fournissent de mauvaise tourbe, sous laquelle gisent des troncs d'arbres, encore entiers, débris de forêts englouties. Malgré le passage du chemin de fer et les défrichements partiels, les bécassines y abondent.

A la fin du siècle dernier, au temps des insurrections normandes, Briouze fut le théâtre de plusieurs affaires d'ailleurs sans grande importance, dont on peut lire le détail dans l'excellent ouvrage de M. de La Sicotière. C'est à la suite d'un de ces petits combats que fut achevée la ruine du château, dont une muraille éventrée et noircie par l'incendie indique l'emplacement au milieu d'une vaste prairie.

Briouze est demeuré un centre agricole important; son beurre est renommé. Ses foires et ses marchés sont les centres d'un grand commerce de bestiaux et attirent une foule considérable. Il se fait à ces réunions une forte consommation de boissons de toute espèce. C'est ce qui explique sans doute une certaine réputation d'intempérance que la qualité de leurs poirés, l'humidité de leur climat et leurs traditions d'hospitalité ont fait attribuer aux Briouzains, sans que rien la justifie quand on compare leur régime à celui des autres habitants de la Basse-Normandie.

Gustave Le Vavasseur.

L'ÉGLISE DE VIEUX-PONT

Il existe en Normandie plusieurs localités du nom de Vieux-Pont, dont quatre dans le Calvados et une dans l'Orne, canton d'Écouché. Guillaume de Vieux-Pont figure dans la liste des Normands qui prirent part à la conquête de l'Angleterre (1). Orderic Vital fait mention d'un Robert de Vieux-Pont qui fut envoyé, en 1078, au secours de Jean de la Flèche, et qui fut tué en 1084, avec Richer de Laigle, dans la guerre que Guillaume le Conquérant dirigea contre les Manceaux révoltés (2).

Un autre Robert de Vieux-Pont fut du nombre des croisés qui suivirent Robert, duc de Normandie, à la conquête de Jérusalem en 1056 (3). C'est peut-être le même que mentionne Orderic Vital comme ayant échappé au désastre qui coûta la vie à Roger de la Principauté, en 1119 (4).

Pour trouver un document se rattachant incontestablement aux sires de Vieux-Pont (Orne), il faut descendre au XIIIe siècle.

A la date du 6 des calendes d'avril et au mois de mai 1212, nous trouvons deux chartes de Sylvestre, évêque de Sées, qui attestent que Guillaume de Vieux-Pont et Guillaume de Boucey, chevaliers, avaient donné à l'abbaye de Silly le patronage de l'église de Saint-Hilaire de Briouze, dont l'un et l'autre de ces seigneurs avaient la moitié. Par une autre charte de la même année, Guillaume de Boucé, chevalier, du consentement de son frère, confirma cette donation (5).

Guillaume de Vieux-Pont, chevalier, avait donné le patronage de l'église de Saint-Martin-l'Aiguillon aux chanoines de Sées, comme on le voit par une charte de l'abbé de Saint-Jean de Falaise, du mois d'avril 1233 (6).

La cure de Saint-Hilaire de Vieux-Pont était elle-même à la présentation de l'évêque de Sées, et le premier curé de cette paroisse dont le nom soit connu est messire Nicolle, « personne de Vieux-Pont, qui en 1314, le mardi avant la Chandeleur, figure dans une enquête faite au sujet du patronage de l'église de Sainte-Marie-la-Robert » (7).

Un procès-verbal de visite de cette église, par Guillaume Baroult, archidiacre du Houlme, en date du 16 juin 1499, nous a été conservé. On y voit que le chapitre de Sées avait les deux tiers des grosses dîmes de la paroisse et le curé l'autre tiers. L'archidiacre y déclare que la réparation de la nef, en totalité, est à la charge des paroissiens et que c'est à eux également de pourvoir l'église

(1) Du Moulin. *Hist. de Normandie*, p. 184, 230.

(2) Orderic Vital, éd. Le Prévost, t. II, p. 256 ; t. III, p. 197.

(3) Du Moulin. *Ibid.*

(4) Orderic Vital. *Ibid.*, t. IV, p. 245.

(5) *Cartulaire de Silly*. Bibl. nat. n° 2196 du fonds lat. — Ces documents n'ont pas été mentionnés par M. l'abbé Sourdel dans sa notice, *Saint-Hilaire de Briouze*, publiée dans le *Bulletin de la Société historique de l'Orne*, t. XII.

(6) *Copie du Chartraire de l'église de Sais*. Bibl. d'Alençon, III, n° 177.

(7) *Inventaire sommaire des Archives de l'Orne*, t. II, p. 45, col. 2.

de ce qui est nécessaire. Les trésoriers de la fabrique étaient alors Mes Jean Poulain et Jean Chesnel, qui présentèrent leurs comptes à l'archidiacre, en présence des paroissiens, et qui restaient reliquataires, le premier d'une somme de 8 livres 2 sous 3 deniers, le second d'une somme de 100 sous. On procéda à l'élection de deux nouveaux trésoriers, Mes Henri du Houlx et Pierre Corsel, auxquels il fut enjoint de fournir à l'église ce qui était nécessaire, à peine de 60 sous d'amende.

Le 27 mai 1525, Blanchet de la Hiboust, chanoine, archidiacre du Houlme, visita la même église en présence de Me Jacques-Alexandre, prêtre, vicaire, qui la desservait en l'absence de Me Guillaume du Boys, prêtre, curé non résidant. Il constata que le chanceau menaçait ruine et ordonna de le faire réparer. Ce qui vaut également la peine d'être constaté, c'est qu'à cette époque il y avait une école établie à Vieux-Pont, à la nomination de l'évêque de Sées. Parmi les revenus du curé, on mentionne la dîme des veaux et des agneaux. L'archidiacre ordonna de faire une information sur la dédicace de l'église et sur la construction des autels. Les trésoriers en charge étaient alors Pierre Poulain et Christophe le Sénéchal, qui rendirent leurs comptes et reconnurent être redevables d'une somme de 20 livres 15 sous. Me Nicolas Marie, prêtre, assista à cette visite avec Jacques Alexandre. Les trésoriers qui furent alors élus furent Simon Chesnel et Jean Morel, le jeune (1).

L'Église de Vieux-Pont.

D'après une photographie de M. H. [illegible]

Jean la Coursière, curé de Vieux-Pont, est mentionné dans divers titres du trésor depuis 1615. Il fut témoin, le 26 juillet 1629, de l'acte testamentaire d'Abraham le Sénéchal, contenant legs à l'église de Vieux-Pont et à la Charité de Boucé, plus donation d'une somme de 20 livres pour habiller six pauvres, et de 130 livres, à François de la Coursière, son neveu, étudiant aux Jésuites d'Alençon, pour lui aider à parvenir à l'état sacerdotal (2).

On trouve ensuite comme curé Léon Marescot qui, le 9 mai 1665, fut témoin du testament de Gaspard Chappé, inhumé dans l'église de Vieux-Pont « en la place de ses ancêtres » et qui, le 5 avril 1668, reçut la donation faite au trésor par Jacques le Marchand, sieur des Vaux, veuf de demoiselle Louise de Sainte-Marie.

Sur la fin de l'année 1698, le chœur de l'église fut pavé ; il fut fait don à la fabrique d'un tableau, et l'on restaura les niches des statues de saint Hilaire, patron de la paroisse, et de saint Mammert (3).

(1) Bibliothèque d'Alençon, M. n° 102.
(2) *Ibid.*
(3) Registres de l'État civil de Vieux-Pont.

En 1700, on fit des réparations au clocher, et l'on fit disparaître la séparation qui existait entre la nef et le chœur et les petits autels qui tombaient en ruine et que l'on rebâtit. On ouvrit en même temps deux fenêtres pour les éclairer.

Il existait dans la paroisse une chapelle de Sainte-Anne, célèbre dans le pays. On y allait en pèlerinage et la veille de la fête de sainte Anne, on voyait des malades y accourir pour demander leur guérison. Quelques-uns d'entre eux étaient même autorisés par l'usage à passer la nuit en prières autour de l'autel vénéré. On assure qu'il s'y fit des miracles.

L'emplacement de l'ancien cimetière est marqué, devant l'église, par une belle croix en granit, dont le fût d'un seul morceau atteint environ 4 mètres.

Louis Duval.

LE CHATEAU DE LA MOTTE-LEZEAU

La terre de La Motte n'avait pas à l'origine l'importance considérable qu'elle acquit dans la seconde moitié du XVIIe siècle. Elle appartint tout d'abord à une famille Le Lièvre, dont l'unique héritière, Suzanne Le Lièvre épousa, en 1558, Balthazar de Villers. Louise de Villers, issue de ce mariage, l'apporta en dot à Jean de Bauquetot, et leur fille, Suzanne de Bauquetot, qui contracta mariage avec Gabriel de Montgommery, en devint propriétaire.

Le décès de Suzanne de Bauquetot eut lieu en 1647.

La terre de La Motte devait bientôt passer dans d'autres mains. Le 14 avril 1654, en effet, elle fut vendue à demoiselle Cochin, veuve de feu messire Nicolas Ango, sieur de la Chaise, secrétaire du Roi, maison et couronne de France, pour le prix de 83,000 livres.

Cette acquisition inaugura l'arrivée dans notre pays d'une famille qui devait bientôt réunir dans ses mains les seigneuries les plus importantes.

Le fils de Catherine Cochin et de Nicolas Ango se nommait Jean-Baptiste. Il épousa demoiselle Lefebvre de Lezeau.

C'est après ce mariage que fut érigée en marquisat la terre de La Motte, pour Jean-Baptiste Ango, ses enfants nés et à naître en légitime mariage, avec les rang, honneurs et prérogatives attachés à ce titre. Les lettres patentes données à Marly au mois de juillet 1693, furent enregistrées à la Cour des Comptes de Rouen, le 25 août 1696, et au Parlement, le 20 septembre de la même année. Le marquisat est désigné sous le nom de marquisat de La Motte-Lezeau.

Le marquis suivit la carrière des armes et eut avec Voltaire une discussion à propos des arrérages d'une rente viagère qu'il lui devait. Il est question de cette contestation dans quelques lettres adressées par le célèbre écrivain à son correspondant habituel, M. de Cideville, conseiller au Parlement de Normandie, au cours de l'année 1758 et du mois de janvier 1759.

En fait de chicane, Voltaire, écrit M. de la Ferrière, en aurait remontré au plus habile procureur de son temps. Jamais avarice n'eut à sa disposition un esprit plus fécond en expédients, une plus déplorable adresse pour dénaturer les faits, une ironie plus naturellement insolente. Son procédé, il nous l'a fait connaître : il faut se remuer, se trémousser, agir, parler, s'emporter. Dans une question aussi simple que celle qui existait entre lui et le marquis de La Motte-Lezeau, toute cette agitation était assez inutile, et la demande de Voltaire n'eût rien perdu à être présentée avec plus de modération et sans être agrémentée des injures grossières qui l'accompagnent.

Voici, à titre de curiosité, quelques passages de cette curieuse correspondance :

« Aux Délices, le 4 octobre 1754.

« Que les Russes soient battus, mon cher et ancien ami, que Louisbourg soit pris, qu'Helvétius ait demandé pardon de son livre, qu'on débite à Paris de fausses nouvelles et de mauvais vers, que le Parlement de Paris ait fait pendre un huissier pour avoir dit des sottises, ce n'est pas ce dont je m'inquiète, mais M. Ango et quatre années qu'il me doit sont le grave sujet de ma lettre. Peut-être M. Ango me croit-il mort ; peut-être l'est-il lui-même ? S'il est en vie où est-il ? S'il est mort, où sont ses héritiers ? Dans l'un ou l'autre cas à qui dois-je m'adresser pour vivre ?

« Pardonnez, mon ancien ami, à tant de questions ; je me trouve un peu embarrassé, j'ai essuyé coup sur coup plus d'une banqueroute. Notre ami Horace dit tranquillement :

Det vitam, det opes, animum æquum mi ipsi parabo.

« Vraiment je le crois bien ! Voilà un grand effort ! Il n'avait pas affaire à la famille de Samuel Bernard et à M. Ango de La Motte. Ce petit babouin crut faire un bon marché avec moi parce que j'étais fluet et maigre ; *vivimus tamen* et peut-être Ango *occidit* dans son marquisat.

« Qu'il soit mort ou vivant, il me semble que j'ai besoin d'un honnête procureur normand. En connaissez-vous quelqu'un dont je puisse employer la prose ? »

« 28 du même mois.

« Mon cher ancien ami, j'ai peur que vous n'ayez pas reçu mon billet adressé dans la rue Saint-Pierre à Paris. Il s'agissait de savoir si votre marquis de La Motte-Lezeau est mort ou en vie, s'il a un domicile à Rouen, s'il faut écrire au château de Lezeau, où est ce beau château, en un mot comment il faut faire pour me faire payer d'une dette de quatre années d'arrérages de laquelle on ne me donne aucune nouvelle ? »

« 10 novembre.

« Mon affaire avec le marquis Ango est fort plaisante, mais vous l'avez rendue si plaisante par votre aimable lettre que je ne peux plus m'affliger. Le *constat de cadavere* me fait encore pouffer de rire. Je crois ce *puant marquis bien en colère que je vive encore et que j'aie douté de son existence. Je le ferai citer en droit de pardieu, fût-ce dans Argentan en Basse-Normandie.* »

Voltaire n'eut pas besoin d'en venir à cette extrémité ; le 12 janvier 1759, il apprenait à Cideville qu'il avait touché son dû ; mais le terrible homme n'était pas encore satisfait, le marquis ayant jugé à propos de le faire payer par un procureur sans entrer en relations directes avec lui.

« Votre odoriférant marquis, écrit-il, a fait un effort qui a dû lui coûter des convulsions : il m'a payé mille écus par les mains de son receveur des finances. Il faudra que je présente quelquefois des requêtes à son grand consul. Si *le marquis savait que j'ai acheté un beau comté il redouterait ma puissance et traiterait avec moi de couronne à couronne* (1). »

Le marquis de La Motte-Lezeau, deuxième du nom, père du débiteur de Voltaire, joignit au

(1) *Correspondance générale de Voltaire.* — Cf. *Hist. de Flers*, par M. le comte HECTOR DE LA FERRIÈRE, p. 295.

marquisat la baronnie d'Écouché. Son frère puîné, sieur de Villebadin et de Beaumont, devint seigneur de Flers par son mariage avec Antoinette de Pellevé. Cette seigneurie importante fut érigée plus tard en comté au profit de ses enfants (1).

Les membres de la famille de La Motte-Lezeau figurent au nombre des bienfaiteurs insignes de Saint-Germain d'Argentan.

Après Jean-Baptiste Ango, troisième du nom, La Motte-Ango passa entre les mains du marquis d'Étampes en vertu d'un contrat du 15 avril 1791. Le nouveau propriétaire traversa la Révolution sans être inquiété et sans voir ses biens confisqués. Il habitait encore le château en 1818.

Après lui, ce grand domaine fut dépecé : un lot important avec un beau pavillon, seule partie du château qui subsiste aujourd'hui, devint plus tard la propriété de M. David Deschamps, conseiller général, membre du Corps législatif. M. David Deschamps y continua les traditions de large hospitalité et de bienfaisance d'autrefois. La Motte-Lezeau est aujourd'hui la propriété de sa fille, Madame Marigues de Champ-Repus.

Les Champ-Repus appartiennent à la noblesse la plus ancienne. Ils tirent leur nom d'une commune de l'arrondissement d'Avranches, dont l'étymologie a donné beaucoup de tablature aux philologues. Quelques-uns ont déclaré que Champ-Repus se disait en latin *campus repulsus* et ils en ont conclu que cette localité avait été le théâtre d'une lutte militaire dont l'histoire n'aura pas conservé le souvenir.

En 1503, un gentilhomme de ce nom, Jacques de Champ-Repus, publia chez Reinart, à Rouen, une tragédie intitulée : *Ulysse*. Cette tragédie est suivie de poésies diverses, dont plusieurs adressées à la reine Marguerite de Navarre.

Ces poésies rarissimes ont été éditées il y a quelques années par M. Marigues de Champ-Repus.

(1) *Histoire du Bourg d'Écouché*, par M. Alfred de Caix, p. 68. — *Histoire de Flers*, par M. le comte Hector de la Ferrière, p. 128.

Cliché H. Magron | Héliog. P. Dujardin

CHÂTEAU DE RASNES

Orne | Pl. N° 62

LE CHATEAU DE RASNES

Le château de Rasnes s'élève entre une vaste cour d'honneur et une avenue de hêtres centenaires dont la route de la Ferté-Macé prolonge à perte de vue la majestueuse perspective (1). Il est surtout remarquable par un imposant donjon du XVe siècle, l'un des plus intéressants monuments du département de l'Orne. Un parc immense entoure le château et s'étend au loin entre des collines boisées dont des allées d'arbres verts dessinent nettement le profil (2).

Acheté au commencement du XVe siècle par les ancêtres de ceux qui le possèdent aujourd'hui, le château de Rasnes paraît avoir été, peu après cette acquisition, l'objet d'une construction nouvelle. De cette construction, le donjon seul est resté. Des réparations importantes furent faites au manoir de Rasnes en 1596, mais le château actuel, pour la grande partie, semble dater du XVIIIe siècle. Il fut en effet en 1719, à la suite d'un incendie, restauré et, pour ainsi dire, construit à nouveau par Louis d'Argouges, marquis de Rasnes.

Le vieux donjon à créneaux et à mâchicoulis, aux ouvertures carrées d'une forme particulière et qui rappelle l'architecture anglaise de l'époque, paraît avoir été construit à la fin du XVe siècle. Les titres du chartrier permettent de le penser et l'autorité de maîtres compétents, tels que M. Ruprich-Robert, confirme cette opinion.

L'histoire féodale de la seigneurie de Rasnes reste confondue pendant de longues années avec celle de la baronnie d'Asnebecq (3). Cette baronnie appartint successivement aux comtes de Warwick, barons de Neufbourg, puis aux maisons de Méheudin et de Saint-Germain. Elle passa ensuite à celles d'Harcourt, du Pont-Bellenger et d'Argouges (4). Ce fut en 1482, pendant que Samson de Saint-Germain était éloigné de son domaine confisqué par les Anglais, qu'eut lieu, près de Rasnes, un combat entre trente Anglais et trente Français. Tous les Anglais furent tués ou forcés de fuir et le champ où se livra ce combat aussi héroïque peut-être que

..........la bataille des trente qui fu faicte sans per (5),

s'appelle encore *le champ du massacre*.

(1) Plusieurs vues du château de Rasnes ont été données dans des ouvrages relatifs au pays. Voy. *Almanach Argenténois pour* 1846, par CHRÉTIEN, *Vue du château de Rasnes* (dessin de Lepage); *Le département de l'Orne archéologique et pittoresque*, par L. DE LA SICOTIÈRE et A. POULET-MALASSIS, p. 14, *le château de Rasnes* (lith. de Lancelot); *la Mosaïque de l'Ouest et du Centre*, année 1844-45, p. 377, *Château de Rasnes* (dessin d'Oudinot); *Album de Bagnoles*, pl. 20, *Château de Rasnes* (lith. de Tirpenne). Voy. aussi, dans la *Mosaïque de l'Ouest*, p. 133, *La fée d'Argouges*, dessin de Langlois.

(2) L'une des principales curiosités du parc de Rasnes est un remarquable berceau de charmilles. « Tous les pieds dont il se compose sont fort gros, et à l'intérieur leurs vieilles branches, en partie desséchées, se tordent, se croisent et s'entremêlent dans un incroyable fouillis, tout en formant une voûte magnifique. A l'extérieur, ils sont encore pleins de sève et de vigueur. » (M. DE LA SICOTIÈRE. *Notes pour servir à l'histoire des jardins dans le département de l'Orne*, p. 60).

(3) Voy. notre notice : *Rasnes, histoire d'un château normand.* (Paris, H. Champion, 1884, in-4°, 69 p.)

(4) Armoiries des maisons de Neufbourg : *bandé d'or et de gueules*; de Méheudin : *d'hermine à un chevron de gueules chargé de trois molettes d'or*; de Saint-Germain : *de gueules au chevron d'argent, accompagné de trois besants du même*; d'Harcourt : *de gueules à deux fasces d'or*; de Pont-Bellenger : *d'hermine à la bande de gueules*, et d'Argouges : *écartelé d'or et d'azur à trois quintefeuilles de gueules 2 et 1, celle du deuxième quartier cousue, celle en pointe brochant sur le tout.*

(5) *Poème du combat des trente*, cité par Pitre-Chevalier dans *La Bretagne illustrée*, p. 371.

A cette page militaire des annales de Rasnes, les membres de la maison d'Argouges ajoutèrent, en héritant du château, la triste et poétique légende de leur *faye*. « Il y a dans le peuple, — dit une vieille chronique, — touchant MM. d'Argouges, une fable singulière. C'est qu'on a voulu qu'ils soient sortis d'une de ces femmes prétendues enchantées que les anciens romans ont nommées fées, laquelle, ayant épousé un de leurs aïeux dont les affaires étaient en très mauvais état, lui donna une heureuse lignée et combla sa maison de toutes sortes de biens. Mais, ayant par hasard entendu prononcer le nom de la mort qui lui était fatal, elle abandonna son mari pour ne le revoir jamais (1). » Est-ce à Rasnes que le mot fatal fut prononcé ? Il faut bien le croire, car, au sommet du donjon, l'on voit encore sur un créneau de pierre la gracieuse empreinte du pied de la fée, laissée par elle à l'heure où, fuyant la mort, elle s'éloignait à jamais.

Mais elle semble être restée une protectrice fidèle pour les d'Argouges de Rasnes, qui se montrèrent tous dignes de leurs aïeux, « illustres dans les livres des Rois d'armes et remontant jusqu'au temps des ducs de Normandie ». Jean d'Argouges, le premier seigneur de Rasnes, fut député par la noblesse du bailliage du Cotentin aux États généraux tenus à Blois en 1576. Le Roi Henri III, en 1579, le remercia des grands services qu'il lui avait rendus « pour contenir ses sujets sous son obéissance et, peu de temps après, le gouverneur de Normandie, François d'O, lui demanda de lui accorder son amitié comme gentilhomme d'honneur et de valeur ». Il reçut, en 1587, une commission de capitaine général des chasses dans le duché de Normandie, et mourut à Rasnes, le 18 septembre 1597.

Charles d'Argouges, l'aîné de ses enfants, fut gentilhomme ordinaire de la Chambre du roi. Chargé, en l'an 1591, de lever cent arquebusiers à pied, il obtint bientôt une commission « pour faire une compagnie de chevau-légers. Henri d'Argouges, qui posséda Rasnes après lui, était premier veneur et chef de la vénerie de Gaston de France, duc d'Orléans. Il fut, le 18 septembre 1654, nommé bailli d'Alençon. Nicolas, son fils aîné, entra au service, le 13 mars 1657, dans le régiment du cardinal Mazarin; il fut présent au siège de Montmédy et à la bataille des Dunes. Il assista aux sièges de Dunkerque et d'Ypres en 1658 et obtint, le 20 septembre 1664, une cornette dans les chevau-légers de la garde; en 1665, bailli d'Alençon (2), il ne put, en raison de ses obligations militaires, se faire recevoir au Parlement de Normandie. Le roi Louis XIV, pour reconnaître ses services, érigea en marquisat la baronnie de Rasnes et d'Asnebecq. Le premier marquis de Rasnes sut se montrer digne de cette faveur royale. Il assista au siège de Maëstricht en 1671 et, en 1674, il prit part à la conquête de la Franche-Comté. Il servit ensuite en Allemagne sous le grand Turenne et le maréchal de Luxembourg. Créé maréchal de camp en 1675 et lieutenant-général en 1677, il fut, le 13 juillet 1677, « tué d'un coup de mousquet, en revenant de repousser les Allemands, par un dragon ennemi, qui s'était sauvé derrière un mur (3) ».

Son fils, Louis d'Argouges, maréchal de camp en 1708 et qui avait servi, comme lui, de la façon la plus brillante, se retira à Rasnes à la fin de sa vie. Grand amateur de chevaux et écuyer accompli, il fit construire les fastueuses écuries du château et placer à la voûte l'inscription suivante :

(1) *Nobiliaire manuscrit du comté de Mortain*, par Julien Pitard, seigneur de Saint-Jean-du-Corail. Voy. au sujet de la fée d'Argouges, *la Normandie romanesque et merveilleuse*, par Mademoiselle A. Bosquet, p. 98; *Contes populaires de l'arrondissement de Bayeux*, par Pluquet, p. 17; Louis Dubois, *Archives normandes*, p. 394; A. Leflaguais, *Neustriennes*, p. 180; Octave Féré, *Légendes et traditions de la Normandie*, p. 303, etc., etc. Louis Dubois voulant retenir pour notre folk-lore ornais la légende de la fée d'Argouges, l'a appelée *la fée Andaine*.

(2) *Chronologie historique des grands baillis d'Alençon*, par L. de Courtilloles, p. 25.

(3) *Histoire généalogique de la maison d'Argouges*, splendide manuscrit rempli de blasons et d'enluminures, conservé au château de Rasnes.

CE BATIMENT A ÉTÉ RÉÉDIFIÉ
PAR TRÈS HAUT ET TRÈS
PUISSANT SEIGNEUR, MESSIRE
LOUIS D'ARGOUGES, MARQUIS
DE RASNES, MARÉCHAL DE CAMP
DES ARMÉES DU ROI
L'AN 1730.

Charles-Louis, marquis de Rasnes, son fils aîné, après avoir servi dans les mousquetaires et dans les dragons en Flandre et en Italie, fut nommé, en 1728, mestre de camp du régiment de Languedoc. Il fit ensuite la campagne de Bohême, commanda un régiment, en 1744, à la conquête du comté de Nice et obtint le grade de brigadier. Ayant été employé en 1745 à l'armée d'Italie, et ayant concouru, en 1746, à la défense de la Provence, il fut, le 1er janvier 1748, créé maréchal de camp. Il considéra ce grade comme le couronnement de sa carrière militaire, et il renonça au métier des armes.

Il eut la douleur de survivre à tous les hommes de sa maison de la branche de Rasnes. Ses deux frères cadets étaient décédés avant lui et son fils unique, le baron d'Asnebecq, avait été tué en duel. Il mourut lui-même, en 1787, et laissa le marquisat de Rasnes à sa nièce, Marie-Louise-Victoire d'Argouges, qui, en 1774, avait été mariée à Charles-Claude-Olivier, baron de Montreuil (1). Leur fille unique, Charlotte-Françoise-Olive, épousa Victor-Amédée, prince de Broglie (2), le troisième fils du maréchal de Broglie.

Le prince de Broglie apporta à Rasnes, sa résidence préférée, l'un des plus précieux souvenirs de la carrière militaire du maréchal : le portrait de John Manners, marquis de Granby, peint par sir Joshua Reynolds (3). Le marquis de Granby, généralissime des forces anglaises que le maréchal de Broglie avait combattues, fut tellement touché des procédés courtois de son galant adversaire, qu'il lui donna son portrait peint par l'illustre maître. Ce portrait, qui est un chef-d'œuvre incomparable, occupe une place d'honneur dans le salon de Rasnes et y provoque l'admiration de tous les visiteurs.

Le prince Victor de Broglie n'eut qu'une fille, Marie-Victoire-Gabrielle, qui épousa Charles-Alphonse-Désiré-Eugène, vicomte et prince de Berghes, duc et pair de France (4).

La maison de Berghes, qui possède actuellement le domaine de Rasnes, tire son origine des anciens châtelains et vicomtes héréditaires de Berghes-Saint-Winock en Flandre. Nous rencontrons le nom de Berghes dans l'histoire des croisades, puis dans celle de toutes les guerres dont les Flandres furent, pendant des siècles, le théâtre. Eugène-Louis de Berghes, mort en 1688, capitaine général, grand bailli et gouverneur du Hainaut, chevalier de la Toison-d'Or, fut créé prince de Rache par le roi d'Espagne, Charles II. Le roi Louis XIV contrairement aux usages de l'ancienne monarchie française et par une rare exception, créa prince Philippe-Ignace de Berghes, déjà prince de Rache du fait de sa femme, Marie-Françoise de Berghes (5).

(1) Armoiries de la maison de Montreuil : *d'argent, à trois rencontres de cerf de sable.*
(2) Armoiries de la maison de Broglie : *d'or, au sautoir ancré d'azur.*
(3) Voy. notre étude sur *le Portrait du marquis de Granby par Joshua Reynolds.* Paris, Champion, 1894, in-4°, 12 p.
(4) Armoiries de la maison de Berghes-Saint-Winock : *d'or, au lion de gueules, armé et lampassé d'azur.*
(5) Voy. *Almanach de Gotha pour l'année* 1856, p. 156-158.

En 1827, le prince de Berghes fut appelé à la Chambre des pairs et y siégea au rang des ducs, le roi Charles X l'ayant autorisé à instituer un majorat de duc à raison de l'origine française de son titre de prince, titre qui ne faisait pas partie de ceux de la pairie.

Il n'eut qu'un fils de Mademoiselle de Broglie, Eugène-Joseph-Marie, vicomte et duc de Berghes, qui a épousé, le 24 mai 1844, Mademoiselle Gabrielle-Françoise-Camille Seillière. Deux fils sont nés de ce mariage : Pierre-Eugène-Marie, né le 7 juillet 1846; Ghislain-Richard-François-Marie, né le 23 mai 1849.

Pierre de Berghes, dont l'enfance s'était écoulée à Rasnes et qui y exerçait sur tous la séduction irrésistible de la douceur et de la bonté, était, en 1870, officier d'ordonnance du général Lebrun. Il se trouva à Sedan, ainsi que son frère, Ghislain de Berghes, qui à force d'audace et de courage, parvint, avec les débris de son escadron, à traverser les lignes prussiennes. Pierre suivait son général dans la mêlée, quand un obus lui brisa la jambe droite au-dessus du genou et tua le cheval qu'il montait. L'amputation de la jambe fut jugée nécessaire et, malgré cette opération douloureuse, l'on n'eut pas la certitude de sauver le blessé. Transporté à Givonne, puis à Bruxelles, Pierre de Berghes y mourut, le 23 octobre 1870 (1), entre les bras de sa mère, qui avait montré, en tendresse et en endurance, tout ce dont est capable une âme maternelle. Le corps de Pierre de Berghes fut rapporté à Rasnes où, près de la demeure familiale, une chapelle devait être élevée (2). Mais les habitants de Rasnes tinrent à ce qu'elle fût construite au centre de leur cimetière, à une place d'honneur, au milieu de leurs morts. Et cette communauté de douleur, en une si cruelle épreuve, rendit indissolubles entre le bourg et le château de Rasnes, les liens d'une affection déjà séculaire.

Cette mort, que craignait la *faye* de la légende, revint donc ainsi en l'histoire du vieux château. Mais que valent les légendes auprès de l'histoire, quand elle nous parle, en une héroïque réalité, de ceux qui sont tombés glorieux et jeunes ?

Comte G. de Contades.

(1) Voy. sur Pierre de Berghes : *Souvenirs de l'école Sainte-Geneviève. — Notice sur les élèves tués à l'ennemi*, par le R. P. Chauveau, t. I, p. 35-40; *Souvenirs écrits pour une mère* (1870) ; *Allocution prononcée dans l'église de Rasnes à la cérémonie des obsèques de Pierre-Eugène-Marie, prince de Berghes-Saint-Winock*, par l'abbé Provost, curé de Rasnes.

(2) La chapelle Saint-Pierre, d'un style sévère et noble, a été construite sur les dessins de M. Ruprich-Robert. Voy. *la Chapelle Saint-Pierre à Rasnes*, par M. Gustave Le Vavasseur.

LE CHATEAU DE BERNAY-SUR-ORNE

Bernay-sur-Orne paraît être d'origine gauloise. M. Alfred de Caix y a découvert une substruction gallo-romaine, dallée en ciment et remplie de débris attestant une destruction violente, tels que briques à rebords et autres échantillons variés; poteries, depuis les plus grossières jusqu'à ces petits vases rouges, portant l'estampille du fabricant, dont la forme est si élégante; une meule de moulin à bras en poudingue, etc. M. Alfred de Caix a signalé également, sur le même territoire, une voie antique se dirigeant probablement sur Jublains, qu'il a suivie depuis le pont d'Udon, à travers les paroisses de Sevray, de Bernay, de Batilly, de Montreuil-au-Houlme et de Faverolles, et qui était connue autrefois sous les noms de *Haute-Voie* et de *Rue Mancelle*.

Parmi les *villæ* possédées par Aldric, évêque du Mans, qui vivait au milieu du IXe siècle, on trouve la mention de quatre manses situées dans une localité ainsi désignée : *in Brinaico, in Oximense* (1).

Ces souvenirs, qui recommandent Bernay à l'attention des archéologues, sont en rapport avec sa remarquable situation dans la belle vallée traversée par l'Orne, au pied des collines pittoresques du Mesnil-Glaise.

L'église paroissiale de Bernay, où je me souviens d'avoir encore vu célébrer la messe, n'était dans le principe, qu'une succursale de Sevray, comme on le voit par une charte de Saint-Florent de Saumur, et, chose remarquable, quoique ces faits remontent au moins au XIIIe siècle, les traditions locales en ont conservé la trace. On rapporte que comme on portait un enfant de Bernay à Sevray pour le faire baptiser, cet enfant fut noyé dans le passage à gué de la rivière de Maire, grossie ce jour-là par un orage. Ce serait pour éviter le retour d'un pareil malheur que Bernay aurait été alors érigé en paroisse.

Les sires de la Ferrière étaient, à l'origine, seigneurs et patrons de Bernay. Une charte de Hugues, évêque de Sées, de l'année 1239, atteste que Jean de la Ferrière, clerc, du consentement de Simon et de Robert de la Ferrière, chevaliers, ses frères, avait cédé à l'abbaye de Belle-Étoile la chapelle de Bernay ou église de Notre-Dame, plus les dîmes croissant sur le territoire de cette paroisse, entre Treize-Saints et Batilly, et entre la Maire et l'Orne (2).

Au XVIIe siècle le fief de Bernay fut possédé par les Auvray. En 1664, Thomas Hardy, prieur de Bernay, céda à Charles Auvray, écuyer, sieur de la Gondonnière, seigneur et patron de Bernay, son manoir prieural sis au village de la Vigne, à la charge de fournir des matériaux pour la construction d'une maison nouvelle. C'est sans doute de cette époque que date le château actuel de

(1) Baluzii. *Miscellanea*, t. I, p. 63. — Cauvin. *Géographie ancienne du diocèse du Mans.*
(2) *Inventaire sommaire des Archives de l'Orne*, H. 199, p. 44.

Bernay. Charles Auvray, qui avait épousé Anne de Morchesne, maria son fils Isaac à une fille de Gilles Le Fèvre, sieur de la Poupelière (1). Sa sœur, Marguerite, avait épousé Charles Droullin, seigneur de Mesnil-Glaise, grand bailli d'Alençon, et fut mère de dix-huit enfants; elle jouissait en conséquence de la pension de 2,000 livres accordée par Louis XIV, en 1666, aux père et mère de douze enfants vivants, non prêtres, ni religieux.

En dépit de ces belles alliances, la qualité de noble acquise par les Auvray, à la suite des services qu'ils avaient rendus à Henri IV, pendant la Ligue, leur fut cependant contestée par un voisin jaloux, le sieur Gouhier de Bezion. Un procès ruineux s'ensuivit et les Auvray, poussés à bout, en vinrent aux voies de fait. Ils furent convaincus d'avoir chargé et assassiné en pleine rue, à Paris, leur ennemi, et l'un d'eux fut condamné à être rompu vif après avoir eu le poing coupé. C'est en 1692 seulement que les Auvray purent se laver des odieuses inculpations dirigées contre eux et rentrer dans leurs biens.

Au commencement de ce siècle, nous trouvons la famille de Caix établie à Bernay.

François-Hubert de Caix, fils de Charles, fut nommé adjoint au maire de Treize-Saints le 12 messidor an VIII, lors de l'organisation des municipalités.

Gustave-Hilaire de Caix, son fils, né le 27 novembre 1773, fut nommé maire de la même commune et remplit ces fonctions jusqu'en 1820. Il avait épousé Anne-Adélaïde Le Seigneur, dont il eut Alfred-Martin de Caix, né à Batilly le 13 mai 1807. Garde-du-corps de Charles X en 1830, Alfred de Caix fut un de ce ces « jeunes officiers, stricts observateurs de la foi jurée, qui rentrèrent alors dans leurs foyers, accomplissant avec une triste résignation un acte désapprouvé par quelques-uns, mais constamment honoré par tous ».

L'administration de sa commune, l'archéologie, l'étude de l'histoire locale furent dès lors sa seule occupation. Son crayon et son pinceau eussent pu rivaliser avec les plus habiles, au jugement de Gustave Le Vavasseur (2), et il restera de lui deux monuments religieux qui sont des modèles: la Chapelle des Ostieulx, et l'Église de Batilly. Ses monographies du *Prieuré de Briouze* et de la *Chambrerie de l'Abbaye de Troarn*, ont été, dans l'Orne, le signal du réveil des études historiques faites d'après les sources. Son *Histoire du bourg d'Écouché* nous a fourni les premiers éléments de la présente notice. M. Alfred de Caix, qui représentait le canton d'Écouché au Conseil d'arrondissement, est mort presque subitement le dimanche 1er avril 1872, au château de Bernay. Ce château, qu'il avait enrichi de toiles remarquables, de livres précieux, est aujourd'hui occupé par un de ses petits-neveux.

Louis Duval.

(1) Cte de la Ferrière. *Histoire du canton d'Athis*, p. 185-186.
(2) *Journal d'Alençon*, 6 avril 1872.

Héliog. P. Dujardin

PORTAIL DE L'ÉGLISE NOTRE-DAME, À MORTAGNE

P. 267

ARRONDISSEMENT DE MORTAGNE

L'ÉGLISE PAROISSIALE DE NOTRE-DAME DE MORTAGNE

L'église de Notre-Dame n'était primitivement que la chapelle du second château-fort bâti à Mortagne par les comtes du Perche, et connu, depuis le commencement du XIIIe siècle, sous le nom de Fort-de-Toussaint. Cet oratoire, situé dans l'enceinte même de la forteresse, était dédié à Notre-Dame-de-Bonne-Nouvelle.

Les familles nobles de la province et les bourgeois de Mortagne, quand le château fut bâti sur le sommet de la colline, ne manquèrent pas, selon l'usage de cette époque, de construire leurs habitations près de la demeure seigneuriale. Cette augmentation de population eut lieu sous Geoffroy III (1079-1100). Ce comte érigea alors sa chapelle particulière en église paroissiale, et il en donna le patronage aux religieux de Saint-Denis de Nogent-le-Rotrou.

Pendant le XVe siècle, du temps de Jean II le Beau, duc d'Alençon et comte du Perche, cette église fut presque entièrement ruinée par les Anglais, quand ils firent le siège du Fort-de-Toussaint dont elle faisait partie. Lorsque ces ennemis de la France furent chassés de la capitale du Perche, en 1449, ils laissèrent aux habitants les murs tout délabrés de Notre-Dame-de-Bonne-Nouvelle.

La disette des finances et les infortunes politiques de Jean II, rendirent impossible la reconstruction immédiate de cette église. Ce ne fut qu'en 1491, quarante-deux ans plus tard, que liberté fut donnée aux paroissiens de Notre-Dame de faire leurs préparatifs pour l'exécution de cet important travail. A cette époque, on était en paix, et ils en profitèrent pour demander à René, duc d'Alençon et comte du Perche, l'autorisation de rebâtir leur église. Le duc ne se contenta pas d'approuver leur projet par ses lettres patentes du 19 février 1491; il leur permit aussi d'abattre la partie du château qui menaçait ruine, et d'en prendre les matériaux pour construire une nouvelle église plus grande que l'ancienne. On mit près de trois ans à démolir le château, et ce ne fut qu'en 1494 que fut posée la première pierre de l'église actuelle, à la construction de laquelle on travailla pendant quarante et un ans. Elle ne fut entièrement terminée que le 9 novembre 1535; mais à cette époque elle n'avait encore ni tour ni clocher.

Tout près de l'église subsistait encore un vieux donjon, reste du fort, que l'on appelait la Tour de la sonnerie du Beffroi. Le 2 mai 1540, Henri d'Albret, roi de Navarre et comte du Perche, et Marguerite de Valois, sa femme, permirent d'abattre cette tour pour construire sur son emplacement celle de l'église Notre-Dame. Détail curieux : les fondations de cette tour du beffroi ont été retrouvées en 1893, en parfait état de conservation, lorsqu'on a reconstruit entièrement la tour de Notre-Dame, écroulée le 31 janvier 1890.

Les travaux de construction de cette tour, entrepris en 1542, furent interrompus d'abord par les guerres de religion, puis par celles de la Ligue. C'est, en effet, en 1560 que celles-là commencèrent dans le Perche, qui endura alors des maux innombrables. Pendant ces deux guerres, la ville de Mortagne surtout eut beaucoup à souffrir, car elle fut prise et reprise vingt-deux fois.

Façade nord avant l'incendie de 1887.

D'après une photographie de M. [illegible]

De ces guerres nous ne citerons qu'un épisode qui eut lieu dans l'église Notre-Dame.

Le 16 juin 1592, le baron de Médavid, gouverneur du Perche pour la Ligue, arrivait à Mortagne à la tête de quinze à seize cents hommes, pour reprendre cette ville aux partisans du roi. Il marcha droit au fort de Toussaint. Cette vieille forteresse ne fit pas longue résistance, mais il n'en fut pas de même de l'église Notre-Dame.

Faguet, lieutenant du gouverneur royaliste, la fit remplir de munitions et s'y barricada avec vingt-huit Mortagnais bien résolus à s'y défendre jusqu'à la dernière extrémité. Le baron de Médavid les somma de se rendre. Sur leur refus, il fit donner l'assaut. L'attaque eut lieu du côté du midi; les assiégés se défendirent courageusement, et renversèrent deux fois les échelles placées contre les croisées. A la troisième tentative, les ligueurs pénétrèrent dans l'église; mais, disputant le terrain pied à pied, les assiégés se retirèrent dans la tour et sur la voûte, d'où, par des ouvertures qu'ils avaient pratiquées, ils défendaient l'entrée de la tour. Deux pièces de canon furent braquées contre elle, et dix-huit volées furent tirées ; mais il n'y eut point de brèche de faite, sinon à la charpente. Irrités de cette résistance obstinée, les ligueurs imaginèrent d'allumer de la paille dans l'église, afin de la brûler ou de suffoquer les assiégés par la fumée. Ce moyen tourna contre eux : l'église étant toute en pierre, le feu ne prit point; les ouvertures faites par le canon à la charpente donnèrent issue à la fumée, qui n'eut d'autre effet que de dérober aux assiégeants la vue des ouvertures par lesquelles les royalistes fusillaient à coup sûr les ligueurs éclairés par la flamme. Rebuté déjà par cette défense opiniâtre, Médavid, apprenant qu'un corps de troupes cantonnées à Bellême se disposait à tomber sur lui, fit sonner la retraite sur les trois heures après midi, laissant sur la place cinq drapeaux, sept officiers et cinquante-cinq soldats, et sortit de Mortagne sans rien tenter contre les autres églises, pillant seulement les maisons qui se trouvaient sur son passage.

Le roi Henri IV ayant enfin rendu la paix à la France, les travaux furent repris; cependant la tour, avec ses deux rangées de fenêtres ogivales, son dôme massif, ses petites tourelles aux quatre angles, et ses niches à statues, c'est-à-dire telle qu'on la voyait avant son incendie, en 1887, ne fut achevée que vers l'an 1615. A cette époque on fit élever, au nord de l'église, un portail collatéral de la plus grande beauté et d'une élégance rare. Il est surtout remarquable par la richesse de son couronnement triangulaire. La pierre, délicatement découpée à jour, représente des animaux habilement travaillés, de gracieuses arabesques, des dentelles et des broderies d'un fini parfait.

Angle sud-ouest de la Tour, premier étage.

D'après une photographie de M. [illegible]

Ce magnifique portail fut entièrement achevé en 1619. Malgré les mutilations dont il a été l'objet sous le règne de la Terreur, il constitue encore un morceau d'architecture des plus remarquables et provoque la légitime admiration des connaisseurs.

C'est par ce portail, nommé la Porte des Comtes, que sortaient autrefois les processions. La grande fenêtre située au-dessus du fronton était garnie de vitraux coloriés fort anciens et d'un goût parfait. Le bas de la fenêtre représentait la Sainte-Vierge mourante et entourée des apôtres; au milieu on la voyait monter au Ciel, et, dans le haut de la même fenêtre, elle était représentée dans sa gloire. Ces beaux vitraux ont été enlevés vers 1820 par les marguilliers eux-mêmes de Notre-Dame, sous prétexte qu'ils rendaient l'église trop sombre. Plusieurs dames, dit-on, qui assistaient aux offices dans la tribune éclairée par cette fenêtre, avaient hautement réclamé un plus grand jour, et MM. les fabriciens s'empressèrent de déférer à leur desir. Que d'œuvres d'art, hélas! ont été ainsi détruites ou mutilées pendant le XIXe siècle!

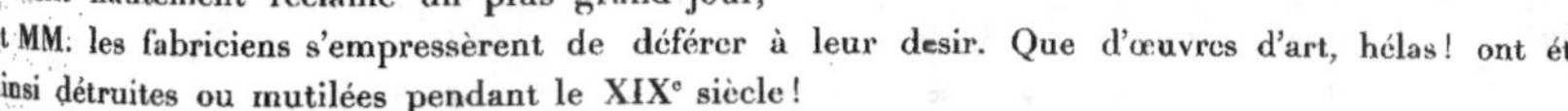

Il y avait sur le chœur un petit clocher très élégant que la Révolution a renversé, ainsi que le couronnement des portes latérales de l'église.

C'est dans la tribune qui se trouvait près le portail de la grande nef qu'était placé le bel orgue de Le Sellier, portant la date de 1642. Avant la Révolution, cet orgue était un des ornements de l'église de Toussaint. Il a été complètement détruit par l'écroulement de la tour en 1890.

L'église Notre-Dame, avant 1836, se composait d'une vaste nef et de bas-côtés avec chapelles latérales. Dans son état actuel, elle a 51 m. 62 de longueur, sur 23 m. 80 de largeur. La voûte de la grande nef est élevée de 13 m. 50 au-dessus du pavage, celle des bas-côtés de 9 mètres. Le faîte du toit, très aigu, est à 21 mètres au-dessus du même pavage.

Les piliers, dit l'*Orne archéologique et pittoresque,* ornés de nervures ou cannelures aux arêtes très vives, sans chapiteaux comme ceux des bas-côtés, supportent une suite d'arcades ogivales évidées en cannelures en prolongement de celles des piliers. Des nervures, se réunissant à celles qui partent du centre des piliers, s'élèvent perpendiculairement depuis leur base jusqu'à la naissance des arcades. Là elles se divisent en plusieurs branches divergeant à droite et à gauche pour aller revêtir les arêtes des voûtes et former à leur sommet des compartiments en forme d'étoiles, dont les sommets sont décorés de rosaces en culs-de-lampe, de festons ornés de feuillages délicatement sculptés, et de figures d'anges tenant des instruments de musique ou des banderolles à légendes. Une sorte de crête renversée, d'une rare élégance, règne tout le long de la voûte d'une extrémité à l'autre.

La Nef et le Chœur.

D'après une photographie de MM. [illegible], architecte, et [illegible], photographe.

Les fenêtres des chapelles, du côté de l'évangile, sont garnies de vitraux, sur lesquels la Renaissance a semé à profusion ses détails d'architecture, ses amours, ses rinceaux, ses guirlandes. Quelques-uns de ces vitraux sont excellents de couleur et de dessin. Malheureusement ils ont beaucoup souffert et peu de sujets restent entiers. Mais leur restauration est déjà commencée ; un vitrail bien restauré vient d'être replacé.

Les fenêtres des chapelles, du côté de l'épître, sont aussi ornées de beaux vitraux récemment offerts par de pieux donateurs de Mortagne. Seule, la chapelle de Sainte-Philomène attend son vitrail.

L'église, à l'origine, n'était pas aussi longue qu'aujourd'hui. Elle se terminait au milieu du chœur par un pignon droit, où l'on remarquait une fort belle fenêtre ogivale, conservant encore quelques vitraux, mais mutilés et tellement sales qu'on ne leur soupçonnait aucun intérêt. Ces vitraux avaient été donnés par Marguerite de Lorraine à l'époque de la minorité de son fils, et lorsqu'elle méditait de se soustraire à la couronne ducale, que son humble piété supportait avec peine. A ce pignon était adossé un maître-autel, à colonnes torses ornées de grappes de raisins, de feuilles de vigne et surmonté d'une Assomption qui fut brisée pendant l'époque révolutionnaire. Ce vieil autel en pierre a été remplacé, en 1856, par un autel en marbre blanc, orné de plusieurs bas-reliefs représentant des scènes de la vie de la Sainte-Vierge, patronne de l'église.

De 1836 à 1839, pour remplacer ce pignon et agrandir l'église, on a fait faire un rond-point derrière le chœur. Ce rond-point, que l'on a orné avec les sculptures sur bois qui décoraient l'église du Val-Dieu, lui a donné un relief immense, et l'on a admirablement imité en plâtre, avec un talent si remarquable, la voûte de l'église, qu'on ne distingue pas l'endroit où elle est suppléée.

Quant à la grande croisée du pignon du chœur, démoli en 1836, elle a été transportée et remontée dans l'église du Pin-la-Garenne et ses vitraux ont été restaurés autant que possible. On a été assez heureux, dit M. Patu de Saint-Vincent, « pour retrouver, presque intacte, la verrière où Marguerite de Lorraine s'était fait peindre sous un costume et des emblèmes qui ne permettent pas de la méconnaître. Vêtue d'un manteau d'hermine, le front ceint de la couronne ducale surmontée d'une couronne d'épines, elle médite devant son prie-dieu sur le néant des grandeurs humaines, et pense à déposer dans le silence du cloître cette couronne dont les épines seulement font l'objet de sa pensée ».

La nouvelle tribune.

D'après une photographie de MM. Rebond, architecte, et Lang, entrepreneur.

L'aspect de Mortagne a bien changé pendant la Révolution de 1789. Au commencement du XIXe siècle, la tour de l'église Notre-Dame dominait encore le pays à une très grande distance ; mais les flèches et les tours de Toussaint, de Saint-Jean, de Sainte-Croix et de Saint-Éloi qui l'accompagnaient si heureusement, cette foule d'aiguilles élégantes qui couronnaient autrefois la ville, et qui lui donnaient une physionomie si pittoresque, ainsi que les anciens plans nous permettent encore d'en juger, avaient disparu, et cette disparition ne cessera d'inspirer aux artistes aussi bien qu'aux archéologues, de vifs regrets.

Aussi, à la vue d'un tel changement, M. Pierre de Vieillard, en revenant de l'émigration vers 1802, s'écriait : « Je me crus illusionné par un songe en revoyant Mortagne tel que la Révolution l'avait fait. Des larmes de compassion inondèrent mon visage, et mon cœur se serra quand, de tant de richesses et de beautés que j'avais laissées à mon départ, je n'aperçus debout que le dôme de Notre-Dame. »

Hélas ! ce dôme de Notre-Dame que la Révolution avait respecté, un incendie l'a détruit le 2 juillet 1887 ; cette tour de Notre-Dame, à qui dix-huit volees de canon n'avaient pu faire une brèche, s'est écroulée d'elle-même le 31 janvier 1890, sous l'action du temps qui use tout.

L'incendie du 2 juillet 1887 avait causé de tels dégâts à l'église et à la tour, que le devis des restaurations s'élevait à plusieurs centaines de mille francs. C'était là une somme importante. Pour se la procurer, l'honorable M. Henri Chartier, alors maire de Mortagne, se mit activement à l'œuvre. Conjointement avec M. l'abbé Provost, curé de Notre-Dame, il organisa une souscription pour la reconstruction de l'église. Tous les Mortagnais répondirent généreusement à cet appel. Dans le département de l'Orne et toute la Normandie, en beaucoup d'endroits de la France, et même au Canada, se trouvèrent des bienfaiteurs qui envoyèrent de généreuses offrandes. L'abondance des dons activa les travaux avec tant de rapidité que, durant les années 1888 et 1889, les parties à refaire de l'église et de la tour furent entièrement reconstruites. Il ne restait plus à placer que le couronnement et la croix quand, le 31 janvier 1890, cette tour s'écroula, écrasant dans sa chute la tierce partie de l'église.

Au moment où nous écrivons ces lignes (8 septembre 1896), l'église Notre-Dame est entièrement restaurée. Une tribune en pierre, très élégante et richement sculptée, est prête à recevoir les orgues, mais la tour ne s'élève encore qu'à une vingtaine de mètres, et sa hauteur totale doit être de 65 mètres. Le commencement du XXe siècle sera donc encore moins brillant pour Mortagne que le commencement du XIXe, car la reconstruction du dôme de Notre-Dame ne devant pas, selon toute apparence, être terminée avant l'année 1900, il n'y aura plus dans la capitale du Perche, que la tour de Saint-Germain de Loisé, le clocher de l'ancien monastère de Sainte-Claire, aujourd'hui l'Hôtel-Dieu, et la flèche élégante de la belle chapelle bâtie en 1865-1867 par les Dames des Sacrés-Cœurs de Jésus et de Marie et de l'Adoration perpétuelle, plus connues sous le nom de Dames-Blanches.

L'abbé A.-P. Gaulier.

Corné & Xagron — Lemaître & ... du Havre — Héliog. P. Dujardin

MAISON DU XVme SIÈCLE, À MORTAGNE

Pl. 3?64

LES CHATEAUX-FORTS DE MORTAGNE

ET

LA MAISON DU XVe SIÈCLE

« Mortagne, de temps immémorial, dit Bart des Boulais, a été tenue pour la principale et capitale ville du Perche, en laquelle les comtes du Perche résidaient. Elle est assise sur une montagne environnée en partie de profondes vallées, qui lui servaient de premiers fossés..... Elle est remplie de très beaux édifices tous de pierre, de grandes et larges rues et de cinq belles et grandes places. »

Au moyen âge, c'était une ville très forte. Elle était ceinte de murailles très élevées et très épaisses, entourées d'un double fossé. On y entrait par cinq portes garnies de herses et ponts-levis, dites de Paris, de Saint-Éloi ou d'Alençon, de Saint-Langis, de Rouen, de Chartrage ou des Capucins.

C'est vers le milieu du Ve siècle que Mortagne apparaît pour la première fois dans l'histoire. La preuve que cette ville existait déjà, il y a quatorze siècles au moins, nous la trouvons dans des monuments historiques fort anciens que saint Adelin, évêque de Sées, découvrit dans le tombeau de sainte Céronne, près le château-fort de Mortagne, lorsqu'il fit l'élévation du corps de cette sainte pour l'exposer à la vénération des fidèles : *Adelinus..... corpus sanctæ Cerennæ quam Ceronnam vulgus appellare solet, prope Moritaniæ castrum inventum..... elevandum curavit.*

Or, les actes de cette sainte nous apprennent qu'elle arriva, vers l'an 440, dans le diocèse de Sées où elle choisit pour demeure, à peu de distance de Mortagne, un lieu solitaire et couvert de bois, situé entre l'ancienne ville romaine de Mont-Cacune et le Mont-Romigny, *non longe a Moritaniâ, in monte Romaniaco.*

Mortagne, *castrum Moritaniæ,* existait donc déjà vers l'an 440, mais ce n'était alors qu'un château-fort ou ville de second ordre. *Castrum,* en effet, chez les Romains, signifiait, d'après Ducange, une ville de second ordre.

Les Romains avaient élevé cette forteresse sur une hauteur très escarpée, à l'extrémité de la colline sur laquelle est bâtie la ville actuelle. Au pied de cette forteresse se trouvait le point de jonction de plusieurs voies romaines, venant de Mont-Cacune, Mézières-de-Tourouvre, Corbon et autres villes de la contrée.

Dans son histoire du diocèse et de la ville de Chartres, le savant J.-B. Souchet reconnaît aussi cette antiquité à la ville de Mortagne. « Du temps de nos anciens rois, dit-il, et probablement du temps de Jules-César, Mortagne n'était qu'une forteresse, ainsi qu'il se recueille des *Actes* de la vie de sainte Céronne. Depuis on a bâti des maisons au pied de la montagne sur laquelle ce fort était assis et plus tard sur le sommet même de la montagne, ce qui a donné naissance à la ville que l'on appelle : Mortagne sur montagne, le plus beau bourg de France. »

Les anciens chroniqueurs s'accordent à dire que Mortagne prit peu d'accroissement jusqu'au Xe siècle, mais elle s'accrut alors de la destruction de Corbon. Les comtes du Corbonnais choisirent alors Mortagne pour leur capitale et y portèrent *la Calende,* « qui se tenait auparavant à Corbon, dit Bart des Boulais, tandis que cette ville était en lumière ».

Cette translation fut faite par Rotrou III, dit le Grand (1099-1101). Ce comte fit élever à Chartrage de Mortagne une salle particulière pour y réunir, une fois chaque année, *la Calende* du Corbonnais, c'est-à-dire l'Assemblée des États de la province, où le comte, réuni au clergé, à ses principaux vassaux et même au Tiers-État, s'occupait avec eux de toutes les affaires du pays, tant ecclésiastiques que civiles ou judiciaires.

Il faut croire, dit M. O. des Murs, dans son *Histoire des comtes du Perche de la famille des Rotrou,* que depuis la ruine définitive de Corbon, vers la fin du Xe siècle, aucune réunion *de Calendes* n'avait eu lieu dans les États du Perche.

Pour relever sans doute l'éclat de son comté et en améliorer l'administration, Rotrou-le-Grand rétablit cette assemblée, dont la réunion eut lieu annuellement, suivant l'ancien usage, jusqu'à l'époque où elle fut transférée de Chartrage à la collégiale de Toussaint.

A l'époque où les *Hommes du Nord* exerçaient en France leurs ravages et jetaient partout la terreur, le roi Charles le Chauve signa, en 877 dit Michelet, l'hérédité des comtés. Louis II, dit le Bègue, successeur de Charles le Chauve, accorda aussi le même privilège aux seigneurs féodaux. Chaque baron dès lors retrouva quelque courage pour défendre sa propriété et les châteaux sortirent de leurs ruines.

« Il est probable, dit M. O. des Murs, que, dès 877, le Corbonnais ou Perche eut un comte. On en cite même deux, dont on a à peine retenu le nom..... Mais il faut aller jusque vers le milieu du Xe siècle, pour retrouver les traces historiques des véritables successeurs de ces premiers comtes. C'est à cette époque, en effet, qu'apparaît, pour la première fois, dans l'histoire du Perche, le glorieux nom de Rotrou (1). »

D'après quelques anciens chroniqueurs, c'est vers la fin du IXe siècle, ou dans les commencements du Xe, qu'on vit s'élever, sur l'emplacement de la vieille forteresse romaine, le premier château-fort de Mortagne. Voici la description qu'en donne Bart des Boulais, le plus véridique des anciens historiens du Perche.

« Anciennement, dit-il, il y avait au dict Mortaigne, et hors la dicte porte de Rouen, un chasteau artificiellement fait, basti et relevé en butte hors de terre en forme de doubles fossés et doubles murailles et un donjon au milieu eslevé en une haute motte de terre aussy artificiellement

(1) Nous donnons ici la liste chronologique des comtes du Perche de la famille des Rotrou. Nous l'avons extraite de l'*Histoire des comtes du Perche,* par M. O. des Murs, ancien avocat au Conseil d'État et à la Cour de Cassation. Cet ouvrage est généralement considéré comme l'un des meilleurs publiés sur le Perche.

Le peu de documents historiques que l'on possède sur le Xe siècle ne permet pas d'établir d'une manière régulière la date de l'avènement de Rotrou Ier au comté du Corbonnais (ou Perche), ni la date de sa mort. Son avènement eut lieu entre les années 943-961, et sa mort entre les années 990-996. Ce qu'on peut affirmer après M. O. des Murs, c'est que des documents certains prouvent l'existence de Rotrou Ier comme comte du Corbonnais.

Dix membres de la famille des Rotrou furent successivement comtes du Perche, mais on les appela d'abord comtes du Corbonnais, puis comtes de Mortagne, enfin, vers le milieu du XIe siècle, comtes du Perche.

Voici leurs noms : 1° Rotrou Ier, 943-961 — 990-996 ; — 2° Geoffroy Ier, 990-996 — 1005 ; — 3° Geoffroy II, 1005-1040 ; — 4° Rotrou II, 1040-1079 ; — 5° Geoffroy III, 1079-1100 ; — 6° Rotrou III, dit le Grand, 1100-1144 ; — 7° Rotrou IV, 1144-1191 ; — 8° Geoffroy IV, 1191-1202 ; — 9° Thomas, 1202-1217 ; — 10° Guillaume, évêque de Châlons, 1217-1231. Après lui le comté du Perche fut réuni à la couronne de France.

Ceux qui désireraient de plus amples détails sur les comtes du Perche de la famille des Rotrou, les trouveront dans le savant ouvrage de M. O. des Murs. Cet auteur y établit, par des preuves solides, que la généalogie qu'il donne de la famille des Rotrou, doit être regardée comme la plus exacte. L'historien du Perche sur lequel il s'appuie principalement, est l'abbé Leforestier, curé de Saint-Jean de Mortagne, dont l'ouvrage, encore manuscrit, et fort estimé, a été écrit en 1651. Ce précieux manuscrit de l'abbé Leforestier, nous le publierons prochainement avec des annotations. Le chanoine Souchet, de Chartres, qui vivait au XVIIe siècle, l'abbé Fret et plusieurs autres auteurs soutiennent la même opinion.

le relief des fossés finissant et se fermant à l'entrée et porte du dict chasteau en forme de ssant. Je ne pense pas qu'il s'en trouve un seul si artificiellement construit. »

Ce donjon, assis sur une motte artificielle très élevée, cette double ligne de fossés larges et fonds, avec cette double ceinture de murailles, c'étaient là des fortifications redoutables; mais travaux d'art, faits par la main des hommes, la nature avait encore ajouté des défenses particures. C'étaient de vastes étangs, alimentés par les sources qui donnent naissance à la rivière de ippe. Ils baignaient, de l'ouest à l'est, les ds de ce château et le rendaient vraiment pugnable.

Portail Saint-Denis. — Ancienne entrée de la Citadelle.

D'après une photographie de MM. Reboul, architecte et Long, entrepreneur.

A l'avènement des Capétiens, une querelle leva entre Hugues Capet, le nouveau roi, et offroy, comte de Mortagne, qui était du nombre seigneurs qui refusaient de lui rendre hommage. Pour réduire à l'obéissance ce vassal rebelle, bert, fils de Hugues Capet, vint assiéger le teau de Mortagne, et, après de rudes combats, prit d'assaut, et le détruisit en grande partie. Quelques restes de murailles des bâtiments de château, paraissant avoir été brûlés, dit Bart Boulais, subsistaient encore en 1613. » uverture de la grande route de Paris à Brest, 1789, a fait disparaître les derniers vestiges ce donjon, auquel la ville de Mortagne doit existence.

« Geoffroy II, fils et successeur de Geoffroy Ier, M. O. des Murs, fit reconstruire le château de Mortagne, détruit par le roi Robert II 31-1035); mais, au lieu de le rebâtir sur le me emplacement, il le plaça dans une position lui parut plus avantageuse, sur le sommet me de la montagne. »

A partir de la fondation de la collégiale de ussaint (1203), bâtie dans son enceinte même, nouveau château des comtes du Perche ne rta plus que le nom de Fort-de-Toussaint.

Son existence fut de trois siècles environ; il bsista jusque vers la fin du XIVe siècle. Le Charles V, pour empêcher qu'il servît de lieu refuge aux bandes de brigands qui, sous le m de grandes compagnies, désolèrent la nce au XIVe siècle, fit, l'an 1378, démolir les fortifications de la ville de Mortagne et raser ses teaux-forts.

Mais, treize ans après (1391), Jean Ier dit le Sage, comte d'Alençon et du Perche, fit relever le Fort-de-Toussaint et les fortifications de Mortagne, pour mettre à l'abri d'un coup de main cette place qui ne fut en état de défense qu'en 1416.

Les fossés et les ponts-levis ne furent rétablis qu'en 1419.

Le Fort-de-Toussaint avait la forme d'un enclos fortifié. Ses hautes murailles étaient flanquées de six grosses tours, dont quelques-unes existent encore aujourd'hui. Il y avait des fossés et des ponts-levis aux trois portes, qui étaient situées, l'une à l'entrée de la place Notre-Dame, près du portail nord de l'église; l'autre, dans la rue du Fort-de-Toussaint ou rue Bombée et se nommait la porte Dorée ou portail Pénicault. Ces deux portes furent démolies en 1753, selon quelques auteurs, et selon d'autres, en 1785. La troisième s'appelait le portail Saint-Denis; elle subsiste encore aujourd'hui. C'est une longue voûte à ogive aiguë que surmonte une construction à fenêtres étroites, ornées de rinceaux, de guirlandes et de figures, parmi lesquelles on distingue une femme ou sirène, placée entre un monstre et un fou. « Cette porte est assez remarquable par ce bas-relief qui la décore, dit M. Patu de Saint-Vincent, et je la recommande aux antiquaires. »

Le Fort-de-Toussaint renfermait la collégiale, le donjon, le château des comtes du Perche, l'église Notre-Dame et la demeure des gouverneurs de la ville et des vicomtes. Les rois de France y séjournèrent plusieurs fois. On cite en particulier saint Louis, qui y fit sa résidence lorsqu'il vint, en 1256 ou 1257, prendre possession du comté du Perche, et Henri IV, qui y séjourna en 1591.

* * *

La maison, appelée à Mortagne par les antiquaires *Maison du XVe siècle*, se trouvait adossée à la porte Dorée, la deuxième des portes du Fort-de-Toussaint et elle faisait partie de cet enclos fortifié. C'était là probablement que résidaient les gouverneurs de la ville. Depuis la Révolution, elle est devenue l'habitation de M. le Conservateur des hypothèques, dans le jardin duquel il faut entrer pour visiter ces beaux restes du château des comtes du Perche.

Cette maison est remarquable par ses élégantes guirlandes de raisins et de feuilles de vigne qui encadrent les fenêtres. On y voit une tour carrée, dont la construction paraît remonter au XVe siècle. Du haut de cette tour, on découvre tous les environs à plusieurs lieues à la ronde, et, en temps de guerre, cela permettait à la garnison du château de surveiller facilement les approches de l'ennemi. On montre encore la chambre qu'occupa le roi Henri IV, lorsqu'il séjourna, en 1591, dans la ville de Mortagne, où ses partisans l'accueillirent avec de grandes démonstrations d'allégresse.

L'emplacement où s'élevait jadis le Fort-de-Toussaint est occupé aujourd'hui par le Palais de Justice, les prisons, la place du Palais, le portail Saint-Denis, la maison du XVe siècle et l'église Notre-Dame.

Les armes de la ville de Mortagne sont : *d'argent à trois branches de fougère de sinople*, 2 et 1, et celles des Rotrou, comtes du Perche, étaient : *d'argent aux trois chevrons de gueules.* L'écu des Valois, princes du sang, ducs d'Alençon et comtes du Perche, portait : *d'azur aux trois fleurs de lys d'or*, 2 et 1, *bordé de gueules chargées de huit besans d'argent.*

L'abbé A.-P. GAULIER.

Cliché H. Magron — Héliog. P. Dujardin

CHŒUR DE L'ÉGLISE DE LOISÉ

Pl. N° 65

L'ÉGLISE PAROISSIALE DE SAINT-GERMAIN DE LOISÉ, A MORTAGNE

La paroisse de Saint-Germain de Loisé a fait partie, de temps immémorial, de la ville de Mortagne, et elle a toujours été regardée comme la plus ancienne des quatre paroisses qui y existaient avant 1789. Si l'on en croit plusieurs documents authentiques, tout le territoire de cette ville, tel qu'il existait avant la Révolution, à l'exception toutefois de l'enceinte du château-fort des comtes de Mortagne, relevait dans l'origine de la seigneurie et de la paroisse de Saint-Germain de Loisé. Cet état de choses dura jusque vers le IXe ou Xe siècle, époque où fut bâtie l'église paroissiale de Saint-Jean, qui a subsisté jusqu'en 1797. A la fin du XIe siècle, en 1090, à la demande de Geoffroy III, comte du Perche, Geoffroy Bastard, Gérard de Sassy et Gauthier Gruel, seigneurs de Loisé, donnèrent l'église de Saint-Germain de Loisé et celle de Saint-Jean aux moines de Saint-Denis de Nogent-le-Rotrou. L'église actuelle de Saint-Germain de Loisé, dédiée à Saint-Germain d'Auxerre, a été bâtie, vers le XIe siècle, sur l'emplacement d'une église plus ancienne, qui remontait, d'après la tradition, au Ve ou VIe siècle, et elle a été agrandie et restaurée à plusieurs époques.

Intérieur de l'Église Saint-Germain.

D'après une photographie de M. H. Hayron.

Au Ve siècle, les prédications et les miracles de saint Germain d'Auxerre et de saint Martin, évêque de Tours, exercèrent une grande influence sur les peuples des Gaules, et contribuèrent dans une large part à y propager la religion catholique.

Le prêtre Constans, de Lyon, quarante ans seulement après la mort de saint Germain, a écrit une vie fort estimée de cet illustre évêque.

Nous y lisons ce passage qui nous donne une idée des succès apostoliques de saint Germain, et de la manière dont se sont élevées, de son vivant, dans les Gaules, tant d'églises dont la plupart lui ont été dédiées après sa bienheureuse mort. Dans le seul diocèse de Sées, il y en a environ vingt-cinq.

« Avec la parole divine, dit le prêtre Constans, Germain semait sur son passage des miracles et des bienfaits de tout genre. Aussi, dès que l'homme de Dieu était signalé quelque part, les multitudes se précipitaient à sa rencontre, avides de le voir et de l'entendre. On lui présentait des infirmes, des malades, des possédés du démon pour qu'il daignât les guérir. Germain s'occupait d'abord des âmes, puis il répondait à la foi de ces infortunés par la guérison des corps. Son séjour, son passage même dans un lieu devenait un événement. Aujourd'hui encore, les lieux qu'il honora de sa présence et où il s'arrêtait pour prier ou adresser la parole aux peuples, ceux surtout où il avait opéré quelque prodige, sont marqués par des oratoires, par des croix érigées en ces endroits. »

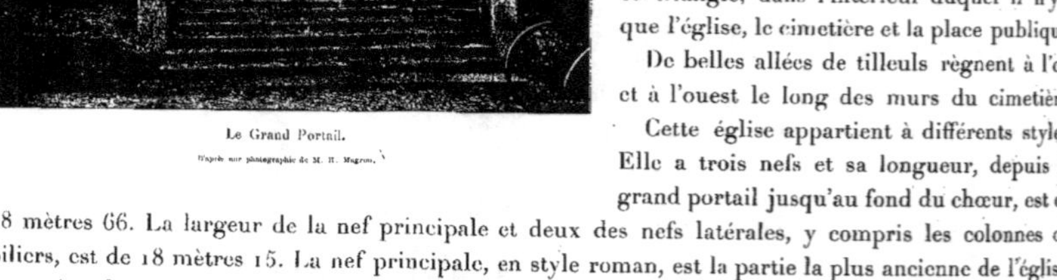

Le Grand Portail.

D'après une photographie de M. H. Magron.

Il est à croire que l'église de Saint-Germain de Loisé a été construite en reconnaissance de quelque miracle opéré en ce lieu même par ce saint évêque. Elle est située sur une élévation de terrain en partie artificielle, ayant la forme d'un triangle. L'église est placée au milieu de ce petit monticule; au nord et à l'ouest, se trouve le cimetière, toujours le même depuis douze cents ans environ, tandis qu'à l'est on voit une place publique, plantée de beaux marronniers. De larges rues entourent les trois côtés de ce triangle, dans l'intérieur duquel il n'y a que l'église, le cimetière et la place publique.

De belles allées de tilleuls règnent à l'est et à l'ouest le long des murs du cimetière.

Cette église appartient à différents styles. Elle a trois nefs et sa longueur, depuis le grand portail jusqu'au fond du chœur, est de 28 mètres 66. La largeur de la nef principale et deux des nefs latérales, y compris les colonnes ou piliers, est de 18 mètres 15. La nef principale, en style roman, est la partie la plus ancienne de l'église. La voûte de cette nef était autrefois en pierre, mais elle fut abattue durant les guerres de religion, et on lui a substitué la voûte en bois qu'on voit aujourd'hui.

La nef latérale, du côté de l'épître, au bas de laquelle se trouve la tour, est terminée par une chapelle dédiée à sainte Barbe. Elle est, ainsi que la nef, du style de la Renaissance, et on y voit, dit l'*Orne archéologique et pittoresque*, de belles fenêtres flamboyantes du XVe siècle, avec de magnifiques vitraux représentant le martyre de sainte Barbe.

Du côté de l'évangile, une chapelle consacrée à Notre-Dame des Sept Douleurs termine également la nef latérale, dont une partie, détruite pendant les guerres de religion, n'a pas encore été reconstruite.

Cette chapelle, de même que celle de Sainte-Barbe, est remarquable par ses fenêtres flamboyantes; elle a été restaurée, ou peut-être rebâtie au commencement du XVIIe siècle, car, à la clef de voûte, on lit la date de 1615.

Le chœur appartient aussi à l'époque de la Renaissance. De magnifiques boiseries, richement sculptées, qui ornaient autrefois l'église de la Chartreuse du Val-Dieu, y ont été placées, vers l'année 1850, par M. Mesnager, curé de Saint-Germain de Loisé (1833-1860), et le décorent parfaitement.

« La finesse et la délicatesse de leur exécution, dit l'*Orne archéologique et pittoresque*, les rendent vraiment dignes d'admiration. Elles représentent des trophées de fleurs, de calices, d'étoles, d'encensoirs, de livres, de chapelets, saillissant en relief sur de larges panneaux. »

Le grand portail, de forme romane, a été refait en 1760. L'entrée actuelle n'a plus le bel aspect qu'elle présentait avant 1789. A cette époque, on pénétrait dans l'église par un magnifique perron dont les larges dalles furent enlevées par les révolutionnaires, en 1792 ou 1793, et servirent à construire un *autel à la Patrie* sur la grande place de Mortagne.

La tour, dont les ouvertures sont aussi romanes, est surmontée d'un clocher en bâtière, et son style est à peu près le même que celui de la tour de l'église collégiale de Toussaint.

Au siècle dernier, cette tour possédait trois cloches; mais de ces trois cloches, l'une fut enlevée par les révolutionnaires en 1793; la seconde, *Marguerite-Françoise*, bénite en 1778, fait toujours entendre sa voix aux habitants de la paroisse; la troisième fut prêtée à l'église Notre-Dame de Mortagne, au moment de la réorganisation du culte catholique en France, après le concordat, à condition qu'elle serait rendue à une époque fixée. L'engagement, pris par la municipalité de Mortagne, dans une délibération du 23 octobre 1803, n'a pas été tenu. Cette cloche n'a pas été rendue à l'église Saint-Germain de Loisé, et ne le sera jamais, car, le 2 juillet 1887, elle a été brisée et presque entièrement fondue dans l'incendie de la tour de l'église Notre-Dame de Mortagne.

L'abbé A.-P. GAULIER.

LA COLLÉGIALE DE TOUSSAINT, A MORTAGNE

La collégiale de Toussaint fut fondée, en 1203, par Mathilde, veuve de Geoffroy, comte du Perche. Dans les premiers jours du mois de juin 1203, un an après la mort de son mari, cette princesse se trouvait au château de Longpont, situé dans de riantes prairies, sur les bords de la Sarthe, à deux lieues de Mortagne. C'est de cette résidence qu'elle expédia des lettres patentes, par lesquelles, du consentement de son fils Thomas, âgé de sept ans, et de son beau-frère Guillaume, chancelier de l'église de Chartres, elle concédait à la ville de Mortagne, dans l'enceinte même de son château, tout le terrain nécessaire pour y bâtir une église en l'honneur de Dieu, de la bienheureuse Vierge Marie et de tous les saints. En même temps elle y instituait deux chapelains, *à perpétuité*, chargés d'offrir pour elle, pour son mari, pour ses aïeux et ses successeurs, le saint sacrifice de la messe, et accordait pour cette fondation une rente annuelle de vingt-quatre livres, et tous les droits et coutumes de la foire Saint-André, qui était alors la plus considérable de toute la province.

Ancienne Chapelle souterraine de Saint-André.

D'après une photographie de M. H. Magron

Au comble de leurs vœux, les ecclésiastiques, les nobles et les bourgeois de Mortagne, qui désiraient depuis longtemps la création de la collégiale, rivalisèrent de zèle et d'empressement, et le nouveau temple fut bientôt terminé. C'était le plus beau monument de la cité. L'église était vaste ; elle avait trois nefs voûtées en pierre et un certain nombre de chapelles latérales. On y entrait par quatre portes : le grand portail situé au couchant, au bas de l'église ; le portail nord, qui se nommait la porte du Doyen ; le portail du midi, nommé la porte de Madame, parce que c'était par là qu'entraient ordinairement les comtesses Marie d'Armagnac et Marguerite de Lorraine ; enfin, une autre porte terminait la nef latérale du côté du midi.

Ses fenêtres étaient ogivales et ornées de vitraux coloriés d'une grande beauté. La plupart des sujets représentés étaient tirés de l'Écriture sainte. On voyait aussi sur plusieurs verrières les armoiries des comtes du Perche et celles des autres seigneurs, bienfaiteurs de la collégiale. Le vitrail, qu'on regardait comme le plus beau, se trouvait dans la fenêtre placée au-dessus du portail du nord : il représentait Adam et Ève mangeant du fruit défendu. On y admirait encore deux superbes rosaces, dont l'une était au-dessus du grand portail, et l'autre lui faisait face au fond du chœur.

La tour, de forme carrée, manquait d'élévation ; elle terminait la nef latérale du côté du nord. Il y avait dans cette tour quatre grosses cloches, d'un accord parfait, et, dans un petit clocher, situé au milieu de l'église, se trouvait une autre cloche plus petite, dite la cloche du Chapitre. En dehors de l'édifice, on voyait un très beau calvaire, adossé au bas de la tour ; son érection avait eu lieu à la fin d'une mission faite dans la collégiale, quelques années avant la Révolution.

Les chapelles, dont la plupart avaient été fondées et dotées par différents seigneurs, étaient très bien décorées, surtout celle de la Sainte-Vierge où l'on conservait le Très Saint-Sacrement.

Le maître-autel, situé au fond du chœur des chanoines, était tout en marbre. Le tableau, qui ornait le rétable, représentait la naissance de Jésus-Christ, adoré par les bergers ; il est aujourd'hui placé dans l'église Notre-Dame de Mortagne, au-dessus de la porte de la sacristie. Aux deux côtés de cet autel principal, se trouvaient deux grandes portes en fer d'un élégant travail, et s'ouvrant à deux battants sur les nefs latérales. Le chœur était séparé de la nef par un jubé, et, au-dessus des stalles des chanoines, il était fermé par des boiseries d'un travail remarquable.

Cette église monumentale fut vendue, en 1792, au profit de la nation, et, en 1796, le marteau des démolisseurs la fit disparaître en quelques mois. Le Palais de Justice s'élève aujourd'hui sur l'emplacement du chœur et le Tribunal civil en a pris possession en 1835. Quant à l'espace qu'occupaient les trois nefs, il est actuellement planté de quatre rangées de tilleuls et forme la *Place du Palais*.

Cependant, de cette magnifique collégiale il nous reste encore un précieux souvenir, c'est la belle chapelle souterraine, au-dessus de laquelle s'élève le Palais de Justice, et qui était située sous le chœur de l'église, et dédiée à l'apôtre saint André.

Sa voûte, tout en pierre, était soutenue par plusieurs piliers et arcades d'une grande hardiesse. Quoique les fenêtres fussent petites, la chapelle était cependant assez bien éclairée. On y descendait par deux escaliers en pierre, dont l'entrée était, de chaque côté de l'église, dans les nefs latérales, près du chœur des chanoines.

Il s'y trouvait plusieurs autels et le principal était dédié à saint André ; on y disait souvent la messe. Tous les ans, le 30 novembre, jour de la fête de saint André, le chapitre y célébrait l'office. C'était là aussi que se faisait le tombeau du jeudi-saint. Ce jour-là, aussitôt après la messe, les chanoines y portaient processionnellement la sainte Eucharistie, qui y restait jusqu'au matin du jour de Pâques.

Cette chapelle est actuellement bien conservée, mais employée à des usages profanes ; cependant, elle reçoit encore chaque année de nombreux visiteurs, heureux de voir ces beaux restes de la magnifique église de Toussaint.

Le premier doyen du célèbre chapitre de la collégiale fut Girard Dubouchet, mort dans la première moitié du XIIIe siècle, et le dernier, messire Charles-Jacques de Bonvoust, mort en 1805, en son château de Champaillaume, près l'église Saint-Germain de Loisé.

Sous le comte Pierre II, la Calende du Corbonnais, qui avait été transférée de Corbon à Chartrage, était tombée en désuétude. Ce prince ordonna, en 1356, que la Calende se réunirait à l'avenir dans l'église collégiale de Toussaint. En même temps, il décida que cette assemblée, autrefois politique, ne serait plus qu'une confrérie pieuse, dans laquelle on admettrait toute personne de bonne vie et mœurs, de l'un et l'autre sexe.

Le jour fixé pour la réunion de la nouvelle Calende fut le mardi dans l'octave de la Fête-Dieu. Ce jour-là, on faisait par les rues de la ville une procession solennelle du Saint-Sacrement, qui était porté par le doyen du chapitre. Les rues étaient tendues de draps, comme au jour de la Fête-Dieu, mais on ne faisait point de reposoirs, et on ne donnait la bénédiction qu'en rentrant à l'église. Tout le clergé de l'archidiaconé du Corbonnais assistait à la cérémonie, et les laïques, tant hommes que femmes, qui étaient membres de la confrérie, suivaient la procession un cierge à la main. Cette procession eut lieu jusqu'en 1789.

L'abbé A.-P. GAULIER.

LES MONASTÈRES ET ÉTABLISSEMENTS RELIGIEUX DE MORTAGNE

L'HOTEL-DIEU

L'Hôtel-Dieu fut fondé dans le XIe siècle. Geoffroy III, comte du Perche, doit en être regardé comme le premier fondateur. Cet établissement étant devenu la proie des flammes pendant les guerres de Robert de Bellême avec Rotrou-le-Grand, les réparations que ce comte y fit faire se trouvèrent insuffisantes. Geoffroy IV, son petit-fils, le fit rebâtir à neuf en 1195.

A l'exemple de Geoffroy, plusieurs seigneurs firent des dons à l'établissement. Leurs noms sont cités dans la charte qu'il octroya à l'occasion de cette seconde fondation. Henry d'Albret, comte du Perche, et Marguerite de Navarre, sa femme, donnèrent à l'Hôtel-Dieu des règlements et statuts, et ils signèrent à Verneuil, au mois de janvier 1530, les lettres patentes validant ces statuts. Un arrêt du parlement de Paris les confirma, le 19 août 1665; l'hospice possède encore le manuscrit autographe revêtu du sceau de l'État.

Au XIIIe siècle, le gouvernement des malades de l'Hôtel-Dieu fut confié aux religieuses hospitalières de l'ordre fondé par sainte Élisabeth, aussi dite Isabelle, sœur de saint Louis; ces religieuses continuèrent de le diriger jusqu'en 1530. A cette époque, Marguerite de Lorraine, veuve, en 1492, de René, comte du Perche, choisit la ville de Mortagne pour y passer les jours de son veuvage, et elle y résidait habituellement, à l'exception du temps qu'elle passait, pendant la minorité de ses enfants, au château de Mauves où elle les faisait élever. Lorsqu'elle habitait Mortagne, elle logeait à l'hospice même, dans la chambre qu'habitait avant elle sa pieuse belle-mère, Marie d'Armagnac. Soigner les infirmes, panser leurs plaies, leur prodiguer toutes sortes de consolations, faisait les délices de cette charitable princesse, qui consacrait ses journées entières à ces sortes d'occupations.

Ayant trouvé les religieuses trop peu nombreuses pour donner aux malades les soins nécessaires, Marguerite en fit venir d'autres du même ordre et les adjoignit aux quatre premières pour les seconder dans leurs emplois.

Peu de temps après, elle fonda le monastère de Sainte-Claire; puis elle y transféra quelques-unes des religieuses de l'Hôtel-Dieu. Mais celles qui étaient demeurées à l'hospice allèrent bientôt rejoindre leurs compagnes, et, pour les remplacer, la comtesse prit des filles vertueuses, qu'elle choisit dans la ville et elle leur confia le gouvernement de l'établissement. Cet état de choses se prolongea jusqu'en 1665, époque à laquelle les habitants de la ville redemandèrent des religieuses. Le 24 octobre 1666, Mgr de Médavid, évêque de Sées, y envoya deux religieuses de l'ordre de la Présentation; c'est leur institut qui servit de modèle aux nouvelles hospitalières.

Marthe et Madeleine Louvet et leurs compagnes, qui par un contrat conclu avec les administrateurs, s'étaient engagées à gouverner les malades, prirent alors le voile de la religion, et adoptèrent le même institut que les religieuses de Sées. Elles dirigèrent l'hospice jusqu'à la Révolution.

En 1791, le chapelain de l'Hôtel-Dieu ayant refusé de prêter le serment constitutionnel, un moine apostat, sorti de l'abbaye de Perseigne, fut nommé à sa place ; mais les religieuses ne voulurent pas assister à sa messe. Ce prêtre fit venir la garde nationale pour les y contraindre. Comme elles persévérèrent dans leur refus, la supérieure fut, le 15 août 1791, jetée dans une voiture, entre deux gardes nationaux, et conduite hors de la ville. A partir de ce moment toute communication au dehors fut interdite aux autres dames religieuses, qui ne pouvaient parler à personne qu'en présence d'un officier de la garde nationale. La persécution ayant duré pendant six jours, sans qu'aucune religieuse cédât à cette violence, quelques-unes d'entre elles furent mises en prison, le 21 août 1791, et les autres chassées de l'hôpital. Des femmes de la ville les remplacèrent auprès des malades, et pendant les neuf années qu'elles en furent chargées, elles grevèrent l'établissement de 86,000 francs de dettes.

Les religieuses de Sainte-Claire ayant été, en 1792, expulsées de leur monastère, bâti par Marguerite de Lorraine, on transféra, au mois de mai 1793, tous les malades de l'hospice dans cette maison devenue propriété nationale.

Au commencement du XVIIIe siècle, l'Hôtel-Dieu, dont les bâtiments ne comptaient pas moins de cinq cents ans d'existence, tombait en ruines ; mais on le rebâtit par le pied et, en 1793, c'était un beau monument. Après la translation des malades au monastère de Sainte-Claire, il servit d'abord de caserne et d'arsenal, puis enfin de sous-préfecture, et sa chapelle fut transformée en prison publique. C'est là que mourut, en 1816, le fameux Desgrouas, député de Mortagne à la Convention nationale.

LE MONASTÈRE DES RELIGIEUSES DE SAINTE-CLAIRE

Cette maison fut construite, en 1502, par Marguerite de Lorraine, veuve de René, duc d'Alençon et comte du Perche.

Vers l'an 1500, s'apercevant que le nombre des religieuses de l'Hôtel-Dieu de Mortagne s'était considérablement augmenté en très peu de temps, et que l'édifice ne suffisait plus pour les loger, la princesse chargea deux médecins de rechercher dans la ville un lieu sain et commode pour y bâtir un nouveau couvent. Les deux commissaires choisirent, près du premier château-fort et de l'église Saint-Jean, un endroit nommé les *Javelots*, où étaient plantées les fourches patibulaires. L'acquisition du terrain désigné fut faite en 1502, et, en 1505, l'établissement était en état de recevoir les religieuses auxquelles on le destinait. Aussitôt elles quittèrent l'hôpital et vinrent prendre possession de leur nouvelle demeure. La pieuse fondatrice dota généreusement la nouvelle maison, et chargea Jeanne de Montboissier, veuve de messire Louis des Barres, d'achever le monastère qu'elle venait de commencer. Cette dame d'honneur de la duchesse d'Alençon s'acquitta de la commission avec zèle, et elle affectionna même tellement la nouvelle communauté qu'elle s'y fit religieuse. Elle y mourut et y fut enterrée, dit Bart des Boulais, après l'avoir gouvernée en qualité d'abbesse.

Marguerite de Lorraine fit embrasser à ses filles la règle de Sainte-Claire, mitigée par le pape Urbain IV. Ce ne fut, suivant Odolent-Desnos, qu'en 1521 qu'elles firent profession de la règle de Sainte-Claire entre les mains de Marguerite elle-même, qui se rendit d'Argentan à Mortagne pour présider à cette cérémonie. Elle mourut à Argentan très peu de temps après.

Le cœur du duc René, mort en 1492, avait été déposé dans la chapelle Saint-Martin de l'église Saint-Léonard d'Alençon. Marguerite de Lorraine, sa veuve, le fit transporter, en 1505, dans un caveau de l'église du monastère de Sainte-Claire. Au-dessus de ce caveau, on lisait sur le mur, du côté de l'épître, l'inscription suivante :

CY GIST LE COEUR DE MONSEIGNEUR RÉNÉ
DE VALOIS, DUC D'ALENÇON ET COMTE
DU PERCHE, EN SON VIVANT ÉPOUX
DE MADAME MARGUERITE DE LORRAI-
NE, FONDATRICE DE CÉANS, DÉCÉDÉ LE
1er NOVEMBRE DE L'ANNÉE 1492.

Ce caveau est situé sous le chœur, proche le sanctuaire. En le réparant, le 15 mars 1732, on y trouva, posée sur une grille, une boîte de plomb, qui renfermait le cœur de ce prince.

L'église ne fut entièrement achevée qu'après 1515, et consacrée à Dieu, sous l'invocation de Saint-François d'Assise, par Jacques de Silly, évêque de Sées. En 1793, les révolutionnaires se contentèrent de la dépouiller sans la démolir.

Après le concordat, elle fut rendue au culte et devint la chapelle de l'Hôtel-Dieu.

Depuis une dizaine d'années, grâce à de généreux bienfaiteurs, elle a été parfaitement restaurée.

Parmi les personnages illustres qui y ont été inhumés, on compte Pierre de Catinat, doyen des conseillers du parlement de Paris, père du célèbre Nicolas de Catinat, maréchal de France et seigneur de Mauves, de la Fauconnerie, de Blavou, du Bourgis et autres lieux. Il mourut, le 13 février 1674, dans son château de Blavou-au-Perche On y voit encore, au milieu du chœur, la tombe en ardoise qui recouvre ses restes mortels.

Les révolutionnaires de Mortagne les respectèrent en 1793.

Au-dessus de son épitaphe figurent les armoiries de sa maison, qui portent : *d'argent à la croix de gueules, chargée de neuf coquilles d'or*. Au-dessus de l'écusson est un heaume ou casque de chevalier, surmonté de trois aigrettes. La fille de ce seigneur fut nommée par le roi abbesse de la communauté. Elle y mourut en 1701 et fut inhumée dans l'ancien chapitre, où l'on voyait encore son tombeau en 1830.

Depuis le mois de mai 1793, ce monastère est devenu l'Hôtel-Dieu de Mortagne. Dix religieuses hospitalières de l'ordre de la Présentation, réinstallées dans la Maison-Dieu, depuis le 29 septembre 1800, la dirigent avec un ordre admirable. « L'hospice de Mortagne est gouverné de telle « sorte, écrivait en 1820 M. Patu de Saint-Vincent, dans son *Voyage pittoresque et historique*, qu'un « sous-préfet de cette ville disait, que, *s'il tombait malade, il s'y ferait transporter.* »

LE MONASTÈRE DE SAINT-ÉLOI

Saint Éloi, évêque de Noyon, passa, vers l'an 654, à Mortagne et y opéra plusieurs miracles; il guérit notamment un énergumène et le délivra de la puissance du démon. Pour perpétuer la mémoire de ce miracle, le saint évêque fit élever une croix au lieu même où la guérison s'était opérée. Cette croix existait encore au XVIIe siècle et portait le nom de *Croix Saint-Éloi*.

Près d'un siècle après cet événement, un autre Éloi, nommé Éloi de Soliac, vint, en 733, s'établir à l'endroit même où le saint évêque de Noyon avait opéré un prodige. Une vieille chronique, citée par l'abbé Fret, rapporte le fait.

Ce lieu, alors couvert de bois, était aux portes de Mortagne. Après avoir obtenu le consentement du comte qui administrait la ville, et reçu l'approbation de saint Loyer, évêque de Sées, le nouvel anachorète construisit un ermitage et une chapelle sous l'invocation de la Sainte-Vierge et de Saint-Éloi. C'est là l'origine du monastère de Saint-Éloi. Au IXe siècle, il fut ravagé par les Normands, et les religieux prirent la fuite ou furent massacrés.

Quand la paix eut succédé aux horreurs de la guerre, les comtes de Mortagne le restaurèrent et les religieux qu'ils y placèrent devaient, outre le chant de l'office divin, s'appliquer à différentes œuvres de charité. Ils étaient particulièrement chargés de prendre soin des pèlerins qui se rendaient alors en très grand nombre au tombeau de Jésus-Christ, à Jérusalem, ou à Saint-Pierre de Rome, ou à Saint-Jacques en Galice. Pour les recevoir, il y avait, près du monastère, une salle isolée, sur le chemin de Mortagne à Sées. Mais des voleurs s'étant travestis en pèlerins pour profiter du droit d'asile, et faire de cette salle en quelque sorte leur repaire, celle-ci fut démolie, et les pèlerins furent reçus à l'Hôtel-Dieu de Mortagne.

A la fin du XIIe siècle, en 1199, saint Jean de Matha et Félix de Valois fondèrent à Cerfroy, dans les déserts de la Brie, un nouvel ordre religieux pour la rédemption des captifs.

Nicolas Sémilavie, qui était, en l'an 1204, prieur de la maison de Saint-Éloi, s'enthousiasma pour les services que ces nouveaux religieux allaient rendre à l'humanité. Aussitôt il demanda à la comtesse du Perche, Mathilde, veuve de Geoffroy IV, et à son fils Thomas, âgé seulement de neuf ans, ainsi qu'à Sylvestre, évêque de Sées, l'autorisation d'établir dans son monastère l'ordre des Trinitaires pour la rédemption des captifs. Ils y consentirent. Félix de Valois vint lui-même à Mortagne pour y jeter les fondements du nouvel institut et y établir les religieux qu'il amenait avec lui dans ce dessein. Cet établissement fut le troisième de l'ordre tout à la fois religieux et humanitaire jusqu'à l'héroïsme, dont la noble mission était de délivrer les chrétiens des chaînes musulmanes.

Dans cette occasion solennelle, Nicolas Sémilavie prit l'habit des Trinitaires, prononça ses vœux, et fut nommé aussitôt premier ministre du monastère. C'était un homme de tête; sous son administration la maison de Saint-Éloi ne pouvait que prospérer. La comtesse Mathilde, son fils le comte Thomas, les sires de Prulay et beaucoup d'autres seigneurs y firent des aumônes considérables.

A l'aide de ces largesses, Nicolas et ses frères jetèrent les fondements d'une vaste église qui devait remplacer leur petit oratoire; « elle était très belle », dit Bart des Boulais. Ils entreprirent en même temps, pour leur monastère, la construction de nouveaux bâtiments dont la plus grande partie existe encore.

Les titres de cette maison furent, pour la plupart, enlevés ou brûlés, en 1562, lorsque l'amiral de Coligny, suivi d'une armée de protestants, passa par Mortagne, et livra au pillage et aux flammes le monastère de Saint-Éloi, le plus ancien de toute la ville.

Chaque année, plusieurs religieux de la maison de Mortagne faisaient un voyage en Afrique pour y délivrer des chrétiens captifs chez les Turcs.

L'entrée du couvent était en tout temps interdite aux étrangers, excepté le jour de la Sainte-Trinité, fête patronale des religieux. Ce jour-là seulement, tout le monde avait la permission d'y entrer et de le visiter.

Cette communauté ayant été supprimée, comme toutes les autres, à l'époque de la Révolution, sa belle église fut abattue. Dans les bâtiments qui restaient on transféra l'école secondaire, et, sauf quelques courts intervalles, elle s'y est toujours maintenue jusqu'à nos jours.

LE MONASTÈRE DE CHARTRAGE

La communauté de Chartrage, située sur la paroisse de Saint-Germain de Loisé, était d'abord un prieuré, qui fut fondé, en 1090, par Geoffroy III, comte du Perche. Ce prince y joignit une léproserie. La maison était fort riche; elle était entourée de bois et de prairies qui en dépendaient.

Rotrou III, surnommé le Grand, fils de Geoffroy III fit à ce monastère des augmentations considérables, et mérita d'en être regardé comme le second fondateur et le principal bienfaiteur.

« Il y mit et institua, dit Bart des Boulais, un prieur et quatre religieux de l'ordre de Saint-Augustin pour y prier Dieu et avoir le soin et le gouvernement des lépreux et il leur laissa plusieurs biens. La maison où logeaient les lépreux était située en dehors de la clôture et de la demeure des religieux. »

Mais ce qui contribua principalement à donner une grande renommée au monastère, c'est que Rotrou y transféra, de 1099 à 1101, l'assemblée de la Calende du Corbonnais, qui se tenait auparavant à Corbon. Le comte y fit alors construire une vaste salle pour y réunir, une fois chaque année, cette cour plénière de son comté. A l'imitation de Rotrou, un grand nombre des seigneurs qui avaient droit d'y siéger, firent don à Chartrage de biens de diverses natures pour la provende et la nourriture de l'assemblée. Cet état de choses dura jusqu'en 1356, époque où la Calende fut transférée à la collégiale de Toussaint.

Les comtes du Perche, et leurs vassaux qui assistaient à l'assemblée, avaient fait peindre leurs armes sur les murs de la salle des réunions. — Bart des Boulais dit qu'en 1613, il ne restait plus qu'une faible partie de toutes ces armoiries, les autres ayant été effacées, soit par l'injure du temps, soit par un incendie qui avait détruit une partie de cette salle historique. Les armoiries qui existaient du temps de Bart des Boulais, se voyaient encore sur les murs au moment de la Révolution. Les chanoines réguliers de l'ordre de Sainte-Geneviève qui occupaient alors ce monastère, furent obligés de le quitter; leur église n'a été abattue qu'en 1813 ou 1814. Une grande partie des bâtiments subsiste encore, et, dans la salle des assemblées de la Calende, on voit le portrait bien conservé du dernier prieur de Chartrage.

LE COUVENT DES CAPUCINS

Le premier couvent de capucins que posséda le Perche fut celui de Nogent-le-Rotrou, fondé en l'année 1600. Deux ans plus tard un établissement du même ordre fut institué à Alençon. Mortagne, située à dix lieues environ de ces deux villes, ne tarda pas à connaître les capucins, et bientôt, dit l'abbé Fret, « ses habitants conçurent un vif désir de posséder quelques-uns des bons Pères dans l'enceinte de leur cité. On tint à cet effet une assemblée générale le dimanche 27 août 1606. Messire Rodolphe Faguet, sieur de Mauny, lieutenant-général de Mortagne, fut appelé à présider cette réunion nombreuse, composée du clergé, de la noblesse et des bourgeois de la ville. On y rédigea une requête qui devait être présentée au prochain chapitre des capucins de la province de Paris ».

Les habitants de Mortagne virent ajourner leur demande. Ce fut pour eux une déception; car, se croyant sûrs du succès, ils avaient déjà réuni les sommes nécessaires au premier établissement.

Dix ans plus tard, leurs persévérants désirs furent accomplis. Quand ils apprirent cette heureuse nouvelle, chacun s'empressa, suivant ses moyens, de contribuer à la fondation du couvent. Monseigneur Camus de Pontcarré, évêque de Sées, donna son approbation et seconda très puissamment les efforts de ses diocésains. Aux premiers dons vinrent s'ajouter les larges aumônes de Messire Rodolphe Faguet, de Me Simon Chastel, curé de Saint-Jean, de Messire Rodolphe de Catinat, prêtre, sire de Vaufroger. En reconnaissance, les capucins placèrent leurs portraits dans le réfectoire du couvent. La feuille où étaient inscrits les donateurs contenait, paraît-il, plus de deux cents noms, tant d'ecclésiastiques que de laïcs.

Messire Pierre de Catinat, conseiller au Parlement de Paris, bienfaiteur, lui aussi, des capucins et qui leur servait de syndic, acheta des religieux de Chartrage, représentés par frère Pierre du Chastel, leur prieur, le terrain nécessaire pour le premier établissement : « C'est assavoir dix boesseaux de terre assis en la paroisse de Saint-Germain de Loisé, les dites choses assises en la bourgeoisie de Mortagne. »

Tout étant préparé, les capucins prirent solennellement possession du terrain qu'on leur destinait, en y plantant, selon leur usage, une croix au milieu de leur futur cloître. Cette cérémonie eut lieu le 23 novembre 1619. Après l'érection de la croix, on posa la première pierre de l'église. Sept mois après, le 21 juin 1620, d'après le chroniqueur Delestang, la première messe y fut dite par un capucin, au milieu d'un concours immense de fidèles, venus à Mortagne de tous les lieux d'alentour, pour assister à cette édifiante cérémonie.

Cette église, consacrée sous le vocable de Saint-Joseph, était de petite dimension. Elle avait environ vingt mètres de longueur, sans y comprendre le chœur des religieux, situé derrière le maître-autel; sa largeur était de sept mètres, et quelques tableaux en faisaient la seule décoration. On y remarquait cependant deux jolies statues, l'une de saint François d'Assise, et l'autre de saint Antoine de Padoue, qui ont été transportées, après la Révolution, dans l'église de Saint-Germain de Loisé, où on les voit encore dans la chapelle de Sainte-Barbe.

Le couvent des capucins de Mortagne ayant été supprimé par les lois révolutionnaires, à la fin de l'année 1790, les six religieux qui s'y trouvaient se retirèrent, vers le mois de mars 1791, dans celui d'Alençon, dont la fermeture n'eut lieu qu'au mois d'avril 1792. Après le départ des capucins, leur maison et les cours, jardins, église, enclos et dépendances, estimés à 800 livres de revenu, furent vendus pour la somme de 20,100 livres.

Depuis cette époque, les bâtiments ont reçu différentes destinations : filature, pensionnat, fabrique, se sont succédé dans leurs murs; ils ont même abrité la loge du Mont-Liban. Aujourd'hui une partie de l'église a été convertie en maison d'habitation, ainsi que l'aile du couvent qui lui fait face. Le reste sert de caves, bûchers, greniers et remise; mais malgré les modifications que lui ont fait subir les différents propriétaires, il est aisé de reconstituer le couvent tel qu'il se trouvait au temps où les capucins l'habitaient. La voûte de l'église existe tout entière, ainsi que celle du chœur des religieux qui était plus basse. Enfin, au nord-est des bâtiments, le petit bois ou taillis planté par les capucins, et où ils se promenaient en priant seuls ou en conversant entre eux, offre toujours ses ombrages.

L'abbé A.-P. Gaulier.

Héliog. P. Dujardin

ÉGLISE DE LOISAIL.

Pl. N° 66

L'ÉGLISE DE LOISAIL

D'après une assertion de l'*Orne archéologique*, reproduite par Pitard (1), sans autres références, la bourgade de Loisail, autrefois très importante, paraît-il, aurait porté primitivement le nom de *Ville des Croisettes*. Cette ville légendaire n'a laissé aucune trace dans l'histoire. Les documents les plus anciens de nos archives percheronnes indiquent toujours le nom de Loisail et peu différent de la forme actuelle: *Loisael, Loyseel, Louaisael, Loisaiel, Loiseil* (2).

Au XIe siècle, nous voyons les seigneurs de Loisail, Payen, puis Hélie et Geoffroy figurer au nombre des principaux bienfaiteurs du prieuré de Chartrage (3). En 1230, Robert de Loisail prend à sa charge l'entretien du bas-chœur de la collégiale de Toussaint de Mortagne (4).

L'église de Loisail, comme toutes les églises du Perche construites vers la fin du XIe siècle, se composait primitivement d'une simple nef, terminée par une abside ronde, éclairée par d'étroites fenêtres très évasées à l'intérieur. Au XVe siècle et au XVIIe siècle, elle a subi des remaniements considérables.

Chœur de l'Église de Loisail.

D'après une photographie de M. D. [illegible]

Deux chapelles construites alors sur les flancs de la nef, communiquent avec celle-ci par deux arcades que supportent de lourds pilastres du style néo-grec. On remarque dans la chapelle de la Sainte-Vierge une curieuse madone de pierre, œuvre du XIVe siècle. Le maître-autel, très insignifiant lui-même, est surmonté d'un baldaquin de bois sculpté dans le goût de la Renaissance. Les pendentifs se terminent par des personnages soutenant des écussons dont les armoiries ne sont plus visibles.

(1) E. Pitard. *Fragments historiques sur le Perche*, p. 244.

(2) Archives de l'Orne, série H. Liasses 2765, 2766. — *Cartulaire du Val-Dieu*, ms. de la Bibliothèque municipale d'Alençon. — *Cartulaire de Saint-Denis de Nogent-le-Rotrou.*

(3) Bart des Boulais. *Recueil des Antiquités du Perche*, édité par M. Tournouër, p. 133.

(4) *Ibid.*, 164.

Les rétables de ce genre deviennent de plus en plus rares dans la contrée. On en trouve cependant de plus remarquables au Douet-Arthur, près le Sap, aux Moûtiers-Hubert, près Vimoutiers, à Gémages, dans l'église si curieuse et pourtant peu connue de la Ventrouze.

La tour de l'église de Loisail s'aperçoit d'assez loin, dominant, gracieuse, les futaies d'alentour. De proportions plus restreintes et d'une ordonnance moins régulière que sa voisine et contemporaine de Courgeon, couronnée comme elle d'un dôme à lanternon de pierre recouvert d'imbrications, elle s'élève plus élégante et plus élancée. La date de 1634, inscrite à son sommet avec le nom du curé bâtisseur, indique l'époque où elle a été terminée. La base remonte à une époque antérieure.

Au nord, et bordant la rue près l'église, se voit une construction du XIIe siècle, peut-être le seul morceau d'architecture civile de cette époque qui subsiste dans toute la contrée. Les habitants du pays l'appellent l'*Audience*, expression employée autrefois dans le Perche pour désigner les tribunaux. Les seigneurs du château voisin y tenaient leur cour de justice. C'est un édifice à peu près carré, étayé par des contreforts montant d'un seul jet jusqu'à la dernière assise. Des fenêtres géminées laissent à grand'peine pénétrer le jour à travers les énormes murailles dans une vaste salle, maintenant divisée pour les besoins d'une habitation particulière.

Au fond de cette salle, une cheminée gigantesque encadrée de deux colonnes de pierre, à base et chapiteaux romans, pouvait consumer des arbres entiers.

On prétend que dans les caves, des galeries souterraines, munies bien entendu des légendaires oubliettes, établissaient communication avec une autre construction du XVe siècle, située en face la porte de l'église, et qui serait elle-même le reste de l'ancien manoir féodal.

L'abbé A. Desvaux.

———

L'ÉGLISE DE COURGEON

Après les merveilleuses créations de l'époque ogivale et de la Renaissance, il est certain qu'appliquées aux édifices religieux, les conceptions architecturales en faveur au temps de Louis XIII étaient loin de réaliser un progrès. Ce n'est pas toutefois une raison pour accepter comme exemple de saine esthétique ce dédain de parti pris, renforcé des expressions les plus exagérées, avec lequel l'*Orne archéologique* parle de l'église de Courgeon. Quoi qu'on puisse dire, elle est au demeurant l'un des édifices les plus remarquables du Perche, et le visiteur s'étonnera toujours de trouver au milieu d'un simple village un monument de cette importance, le seul type complet de cette époque que possède le département.

Elle se compose d'une nef longue de trente-deux mètres, reliée aux deux bas-côtés par des arcades en plein cintre, que supportent dix-huit colonnes cylindriques, avec moulures et chapiteaux dans le genre classique le plus sévère. Un lambrissage d'effet très mesquin, exécuté récemment, recouvre la grande nef : les voûtes des bas-côtés sont en pierre à vive arête, avec quelques clefs armoriées. Douze fenêtres à baie unique et deux rosaces à compartiments géométriques répandent la lumière dans le pourtour. Au centre de ces deux rosaces on voit une tête de Christ et une Vierge-Mère qui permettent de supposer l'existence d'anciennes verrières malheureusement disparues.

Vers le bas de l'église, six petites ouvertures restées aveugles et placées au-dessus des arcades eussent avantageusement donné à la grande nef la lumière qui lui manque, mais la crainte d'une dépense plus considérable, ou la difficulté qu'entraînait la construction de combles particuliers pour les bas-côtés, a fait abandonner ce projet. On trouve dans l'église Notre-Dame de Mortagne une tentative de ce genre demeurée également imparfaite.

Beaucoup d'églises du Perche ont été dotées par le XVIIe siècle de rétables d'autel en pierre d'une ordonnance majestueuse et d'un travail généralement bien exécuté. La Rouge, Verrières, Courcerault, Saint-Mard-de-Réno, Feings, Sainte-Céronne, etc., en possèdent de curieux spécimens. Le maître-autel de Courgeon, complété par des crédences de même style, présente quelques-unes des qualités ordinaires à ces constructions, mais il en a les pires défauts : manque d'harmonie dans l'ensemble, surcharge dans les détails, absence de goût dans le choix des motifs d'ornementation.

Reléguée sous la tour, une statue de la Vierge-Mère, très rare échantillon de sculpture sur bois, remontant au plus tard au XIVe siècle. Dans la lourde pierre prismatique des fonts baptismaux se cache également une cuve en étain, avec contreforts saillants, anneaux sur les côtés, panneaux à parchemins racornis, tous les détails caractéristiques du XVe siècle. On en retrouve une semblable dans l'église de la Ventrouze, toutes deux sont inférieures à celle que possède l'église de Feings.

Cette description des principales lignes architecturales et de quelques objets du mobilier, ne laisse entrevoir sans doute qu'un ensemble d'église assez ordinaire, mais c'est avant tout par sa décoration extérieure que le monument de Courgeon mérite de fixer l'attention.

De nombreux contreforts prolongés par des gargouilles, reliés entre eux par une corniche saillante, surmontés de pinacles à aiguilles que soutiennent des acrotères heureusement décorés, dissimulent agréablement le défaut d'élévation des murailles et la hauteur disproportionnée des toitures. La belle tour se dresse à quatre étages, dont les deux premiers sont assez sobres d'ornementation. L'avant-dernier se termine par une galerie avec balustrade à jour, coupée sur les angles par des clochetons, que rattachent au dernier étage des arcs-boutants surmontés d'arcatures. Le tout est couronné par un dôme de pierre à imbrications avec une série d'arêtes à reliefs très découpés, que domine une lanterne à double étage. Considérée de loin, en particulier sur la route de Saint-Marc-de-Réno, alors que toutes les ouvertures se correspondent et laissent apercevoir le ciel, la tour de Courgeon provoque l'admiration par un ensemble à la fois imposant et gracieux.

L'Église de Courgeon.

De nombreuses dates gravées çà et là dans l'église renseignent l'archéologue sur l'époque exacte où furent achevées les différentes parties de l'édifice : les bas-côtés du midi, en 1618 ; celui du nord, en 1619 ; le premier étage de la voûte, en 1620 ; le second, en 1621 ; le troisième en 1623 ; le quatrième, plus ouvragé, demanda plus de temps, il ne fut achevé qu'en 1629, et la lanterne du dôme, en 1632, alors que Toussaint Durand était curé du lieu. Plus tard, en 1648, on construisit les voûtes des bas-côtés. Trois fois dans notre siècle la foudre s'abattit sur l'église de Courgeon ; les dégâts furent toujours réparés avec science et goût. On ne peut malheureusement apprécier de la même manière les restaurations exécutées par la commune en 1894.

Dans le cimetière, au chevet de l'église, un vieux calvaire tout chancelant présente sur une de ses faces effritées l'image de la Vierge-Mère, le tout surmonté de la colombe, emblème de l'Esprit-Saint. A la base, on lit l'inscription : « Faicte en 1559. — Refaite en 1639 » avec le nom des *imaygiers* du temps.

Il y aurait une curieuse étude à faire sur un collège fondé, en 1607, par Pierre Guillou, curé de Courgeon, en vertu d'un testament rédigé les 3 et 8 octobre et 30 novembre, et écrit de la main de l'historien percheron Bart des Boulais, pour lors notaire royal au siège de Mortagne.

Ce collège établi dans une modeste bourgade connut cependant des jours prospères sous les rectorats de Maîtres Pierre Laigneau, Pierre Vallée, Julien Tison (1), Pierre Saint-Lambert (2).

(1) Julien Tison fut depuis vicaire, puis curé de Feings. Après avoir confessé la foi dans l'exil et les prisons, il mourut à l'Ile de Ré, en 1799.

(2) Pierre Saint-Lambert devint également vicaire de Feings, puis curé de Villiers près Mortagne, où il fut loin d'imiter la courageuse conduite du précédent.

L'avant-dernier principal, Louis-Victor Roussel, défendit énergiquement les intérêts et l'existence de sa maison contre les décrets spoliateurs de l'Assemblée Nationale (1). Ayant refusé courageusement le serment à la constitution civile du clergé, ce prêtre intrépide vit séquestrer son patrimoine, et prit le chemin de l'exil. L'administration du temps le remplaça, comme régent, par un ecclésiastique de conscience plus souple, Jean Cyr Petit, sous-diacre, originaire de la Chapelle-Montligeon. Les élèves n'affluèrent pas, paraît-il. Le nouveau principal en eût fait aisément son deuil, mais comme les revenus du collège étaient devenus biens nationaux, il se plaignit d'être réduit à une portion par trop congrue. Le remède lui parut fort simple à trouver : le 21 mars 1793 (2), il s'engagea dans l'armée du Nord, où bientôt il obtenait les galons de caporal. Le pauvre collège survécut peu à cet honneur inattendu; il fut supprimé le 8 juillet 1793.

Le local où il était installé existe toujours près de l'église : il appelle l'attention du voyageur par ses murailles sévères, une haute tourelle, son portail solennel, tout un ensemble parfaitement harmonisé avec sa destination primitive.

L'abbé A. Desvaux.

(1) *Archives du Val-Dieu.* — 6me registre du Directoire du district de Mortagne.

(2) *Archives de l'Orne.* — 11me volume du Directoire du district de Mortagne.

LA CHARTREUSE DU VAL-DIEU

La chronique (1) du Val-Dieu, confirmée par des fouilles très sommaires, il est vrai, exécutées récemment, permettent de rapporter à trois époques bien déterminées les principales constructions dont se composait la chartreuse percheronne, la plus ancienne de la *Province de France*.

Ce fut le jour de la Saint-Pierre, de l'année 1170, que Rotrou II, comte du Perche, posa la première pierre de l'église primitive du Val-Dieu, en présence de son fils et successeur Geoffroy III, de sa femme Mathilde de Champagne, de son cousin, le futur archevêque de Rouen, Rotrou, pour lors archidiacre d'Évreux, et d'un grand nombre de seigneurs et de prêtres du pays.

Cinq religieux chartreux conduits par Simon, prieur du Mont-Dieu (2) et Ingelbert, prieur du Val-Saint-Pierre (3), étaient venus prendre possession du terrain. Les débuts furent précaires, l'installation plus que modeste. Le site était merveilleux sans doute, mais ces hautes collines couronnées de majestueuses futaies, ces fontaines, ces ruisseaux qui lui donnent aujourd'hui tant de charme, en faisaient alors un marécage impraticable, sans communication possible avec le reste du pays. La fondation fut un instant sur le point d'être abandonnée, lorsque la Providence suscita aux pauvres moines un protecteur inattendu. Pierre de Celles, abbé de Saint-Rémy de Reims, une des plus nobles figures monastiques du XIIe siècle, grand constructeur d'églises, s'était épris d'une vive admiration pour le nouvel ordre fondé par saint Bruno (4). Il prend en main la cause des solitaires du Val-Dieu. L'évêque de Sées, Froger, en délicatesse avec le comte de Rotrou, faisait opposition à l'établissement commencé par lui. Pierre de Celles signala en termes pressants cette résistance au légat du Pape, le cardinal Albert, et grâce à cette haute intervention, l'évêque de Sées se montra peu à peu plus favorable aux Chartreux.

État actuel des ruines du Val-Dieu. Vue prise du midi.

D'après une photographie de M. l'abbé E. Duval.

Devenu évêque de Chartres, en 1180, Pierre de Celles fut plus à même d'exercer sa protection sur ce monastère, dont le domaine s'étendait jusque dans son diocèse. L'année suivante, il assistait à la consécration de l'église de la nouvelle Chartreuse qui venait d'être terminée. De cette première

(1) Dans ces quelques lignes extraites d'un travail plus étendu, préparé par nous sur l'Histoire du Val-Dieu, nous suivons de préférence les documents inconnus des auteurs percherons et conservés aux archives de l'ordre des Chartreux, tels que les écrits de Dom Le Coulteux, de Dom Pierre Couturier (Petrus Sutor), le Ms. du Mont-Dieu, etc.

(2) Chartreuse près Sedan (Ardennes).

(3) Le Val-Saint-Pierre près Vervins (Aisne). Ingelbert devint par la suite évêque de Châlons-sur-Saône.

(4) Ep. XXIII, libr. I, act. Eskilum.

construction, il ne reste guère que des pans de murailles composées de blocages de silex. C'est toutefois à cette époque, que furent mises en œuvre les assises de grison roussâtre replacées çà et là, plus tard, dans les travaux des siècles suivants.

Les ravages des Anglais dans le Perche détruisirent à peu près l'œuvre du XIIe siècle. La restauration du monastère dut être entreprise à la fin du XIVe siècle. L'église, le petit cloître et les autres lieux réguliers furent complètement reconstruits en ce temps là. Ce fut par la munificence du comte du Perche, Pierre II, que ces travaux purent être conduits à bonne fin. Il fut le grand bienfaiteur du Val-Dieu. Le monastère, considérablement agrandi par ses soins, présentait l'aspect sous lequel il figure à la Grande-Chartreuse dans la galerie des principaux couvents de l'ordre. Cette peinture diffère peu d'ailleurs de la vue du Val-Dieu que l'on voit au coin de l'un des tableaux de l'Hôtel de Ville d'Alençon, et qui étaient autrefois au monastère dans la salle de réception des hôtes.

Un porche avec pont-levis et tourelle porta longtemps le nom de *Portail du comte Pierre*. Quoi qu'en disent plusieurs auteurs, il n'était pas du tout situé à l'emplacement de la construction actuelle, mais plus à droite et près de la douve dont on retrouve facilement la trace, au milieu de la première cour intérieure. Il fut détruit au XVIIIe siècle.

Le prince percheron fut inhumé ainsi que sa fille, Jeanne de Valois, sous le clocher de l'église ; car ce ne fut que vers la fin du XVe siècle, qu'une ordonnance du chapitre général interdit la sépulture des femmes à l'intérieur des maisons de chartreux. Ce clocher, comme dans toutes les églises de l'ordre, était au-dessus du chœur des religieux, un peu en avant de l'autel. A l'époque de la Révolution, ce tombeau fut profané par suite de la rumeur accréditée alors que les religieux, avant leur départ, avaient caché un trésor dans l'église ou la sacristie.

Au mois de septembre 1865, des fouilles furent exécutées en ce lieu par les soins de M. Patu de Saint-Vincent, maire du Pin-la-Garenne, assisté d'un notaire et d'un médecin. On découvrit trois fosses maçonnées où des ossements avaient été rejetés pêle-mêle avec d'autres débris.

De ces ossements, on composa deux squelettes assortis tant bien que mal, et on les transporta de confiance dans une chapelle souterraine de l'église du Pin-la-Garenne, pour y attendre que le bon archéologue pût obtenir l'admission à Saint-Denis de ces restes assez douteux de Pierre II et de sa fille. Ils y attendent encore.

L'année 1562 fut une année désastreuse pour les monastères et les monuments religieux du Perche. Les hordes de Coligny exercèrent cette année-là, au mois de mars, leurs ravages au Val-Dieu. Elles y firent des martyrs et y accumulèrent les ruines.

Rentrés dans leur saint asile, les moines ne purent le restaurer qu'au bout de longues années : successivement le mur d'enceinte, puis le grand cloître furent reconstruits, avec d'autres parties moins importantes. Le XVIIIe siècle voulut faire plus grand. Toute la partie du monastère qui était en avant de l'église et du grand cloître présentait une masse incohérente, de proportions disparates, sans unité, sans caractère ; elle fut démolie. Dom Miserey, religieux bénédictin, donna un plan plus monumental, plus régulier surtout, se rapprochant beaucoup par les grandes lignes et même par les motifs d'ornementation de ce que la congrégation de Saint-Maur venait de réaliser en particulier à Saint-Étienne de Caen, à Saint-Martin de Sées. L'enceinte fut augmentée, de grands jardins avec un vaste parc planté et dessiné à la française, furent tracés et en partie exécutés. L'église, transformée dans le goût de l'époque, reçut les boiseries célèbres d'une composition trop recherchée mais d'une finesse admirable de travail, qui ornent maintenant les églises de Mortagne, de Loisé, de Bellême et quelques autres.

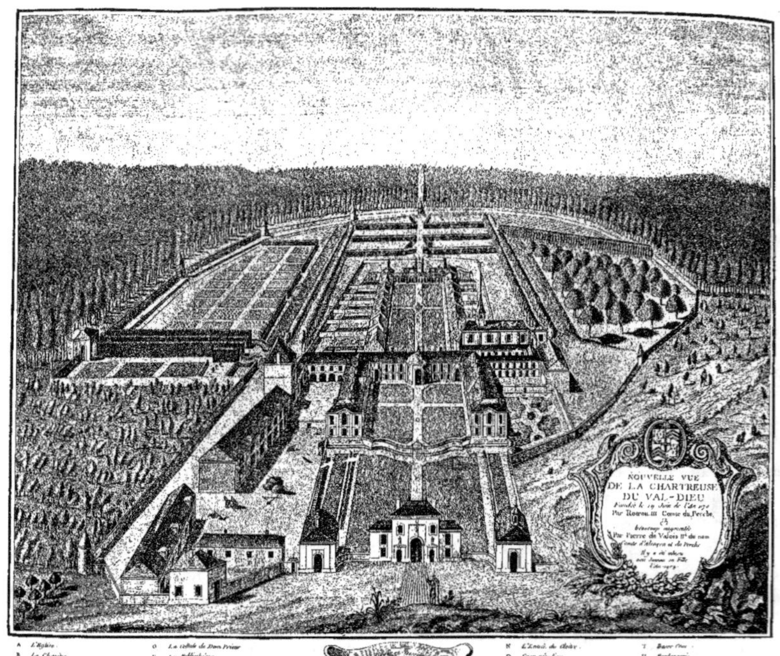

Le Val-Dieu au moment de la Révolution, d'après le plan de Dom Miserey.

Le prieur Dom Christophe Gerle, devenu trop fameux par la suite, commandait au sculpteur Laytié, qui jouissait à Paris d'une certaine réputation, un autel monumental en marbre, avec accompagnement de chandeliers et reliquaires de cuivre, qui n'étaient pas encore achevés au moment de la Révolution. En 1760, fut élevé le nouveau pavillon d'entrée, demeuré seul debout au milieu de la ruine générale. C'est un édifice d'aspect assez banal, flanqué de deux ailes moins élevées. Construit en briques avec ornements de pierre, il présente sur la façade nord des consoles merveilleusement conçues et délicatement sculptées. Au sommet du porche destiné au passage des voitures et maintenant muré en partie, il y a une grande statue de la Vierge-Mère, en demi-relief, avec la date 1760, et l'inscription : *Ecce mater tua*. Au-dessus des deux baies qui servaient à la circulation des piétons et qui sont à l'heure actuelle transformées en simples fenêtres, sont deux autres bas-reliefs de même genre, figurant saint Jean-Baptiste, patron et modèle de la vie érémitique, et saint Bruno, fondateur de l'ordre. Ces trois figures sont d'un style maniéré et manquent absolument de proportions. Les deux dernières, presque entièrement détruites par l'action du temps et du vandalisme, ont été restaurées en 1894. Sur les deux extrémités de la toiture, se trouvent les girouettes héraldiques, si souvent décrites et toujours à faux. Elles portent, trouve-t-on dans tous les auteurs qui ont écrit sur le pays, l'une l'écu des Rotrou, l'autre les armoiries des Valois-Alençon : « *d'azur chargé de trois fleurs de lys d'or à l'orle de gueules semée de besans d'argent.* » En réalité, elles sont semblables avec l'écusson *d'argent aux trois chevrons de gueules* des premiers comtes du Perche.

Reliées à l'édifice principal par une haute muraille et transformées en bâtiments d'exploitation, il reste à droite et à gauche deux autres constructions sans grand caractère. Celle de droite était la chapelle Sainte-Anne, où les gens du voisinage venaient entendre la messe. A l'intérieur elle a conservé la voûte de bois avec tirants et les larges baies telles qu'on les retrouve dans les églises rurales du pays. A gauche, figurant sur les plans avec l'indication de *Pharmacie des étrangers,* était en réalité une autre chapelle dédiée à saint Vincent, martyr, et réservée à l'usage des frères convers et des domestiques de la maison. Elle remplaçait la chapelle de l'établissement de la Courairie, situé de l'autre côté de la route, près de l'étang de ce nom et qui fut supprimé au milieu du XVIIIe siècle. Le reste du monastère a été détruit de 1795 à 1799.

État actuel du pavillon d'entrée, construit en 1760.

Depuis la spoliation des biens d'église, il avait été successivement la proie de plusieurs acquéreurs insolvables, dont le dernier en particulier, un nommé Toustain, de Châlons-sur-Marne, s'empressa de tout détruire au plus vite pour se faire argent des matériaux, avant d'être évincé, comme il le prévoyait. Lorsqu'en 1800, la semaine même, où, le 21 février, mourait en exil Dom Bruno Bascher, le dernier prieur du Val-Dieu, Jean-Armand-Henri-Alexandre de Gontaut-Biron se porta à son tour acquéreur du Val-Dieu; le monastère, dépouillé de ses trésors littéraires et de ses richesses artistiques, n'était plus qu'un monceau de ruines.

Dans la première partie du siècle, ces ruines devinrent comme une carrière publique, où les gens du pays venaient s'approvisionner pour leurs constructions. Ces déprédations sont maintenant heureusement arrêtées. Ce qui reste de l'ancienne Chartreuse permet encore de reconstituer le plan général et de se faire une idée de ses vastes proportions : on le conserve avec un religieux respect. Une des tours de la muraille d'enceinte, demeurée intacte, est transformée en oratoire rustique. Troublant seule le silence des grands bois, l'eau s'échappe toujours avec un mystérieux murmure des arcades restaurées des fontaines de Saint-Jean et de Saint-Bruno.

La dernière tour de la muraille d'enceinte, vue prise de la forêt.

Dans ce vallon tout empreint d'une poésie religieuse et grandiose, au milieu de ces tristes restes d'un passé prospère et glorieux, sur les décombres de l'ancienne église, à l'emplacement de l'autel renversé, près des tombes profanées, une grande croix récemment érigée, réalise d'une façon saisissante la devise de l'ordre des Chartreux : *Stat crux dum volvitur orbis.*

L'abbé A. Desvaux.

L'ÉGLISE DE FEINGS

Le nom de Feings a donné carrière à la fantaisie des étymologistes (1). Dans son orthographe actuelle, il se rapproche du mot *Fenagium*, expression de la basse latinité, employée au moyen âge pour désigner un terrain d'herbages où le foin se trouve en abondance (2). Cette explication concorde d'ailleurs avec le nom de cette localité tel qu'on le rencontre dans les plus anciens documents locaux. *Sanctus Gervasius de Fenis* (3). Vaugeois et plusieurs autres ont proposé le mot *fines*, confins, tout en se demandant de quelle région Feings pouvait bien être la limite, oubliant sans doute qu'avec le territoire de cette paroisse finissait le diocèse de Sées, et commençait celui de Chartres. Si plausible que soit cette explication, elle n'est cependant étayée d'aucun texte ancien.

L'église de Feings dans ses parties principales appartient au XIe siècle. Remplaça-t-elle une église plus ancienne, le manque absolu de documents sur l'époque de la fondation de nos paroisses rurales ne permet pas de répondre à cette question ; toujours est-il qu'en des temps plus reculés, ce lieu dut être le centre d'une agglomération considérable, comme le démontrent des tombeaux d'un âge antérieur trouvés en grand nombre dans tout le voisinage (4).

Contrairement au dire de l'abbé Fret, cette église a été modernisée, mais non rebâtie à une époque postérieure au moyen âge. Les murailles, où l'on retrouve en maint endroit l'appareil dit *opus spicatum*, les étroites fenêtres en meurtrières, dont une subsiste encore et les autres sont restées très visibles, malgré l'enduit dont on les a recouvertes, les étranges contreforts du mur septentrional, tout indique bien une construction contemporaine du curieux portail, qui ne figure pas du tout là comme une relique précieusement enchâssée dans un édifice plus récent. Ce portail se compose d'une baie de 2 m. 88 de hauteur, sur 2 m. 67 de largeur. Les pieds-droits sont ornés chacun de deux colonnes posant sur des bases cylindriques, couronnées de chapiteaux historiés, mais dont le sujet n'est plus visible, et supportent une arcade décorée d'un double tore en bâtons rompus. Au-dessus de ces tores, le sculpteur a voulu exprimer d'une façon très naïve l'idée de la chute originelle. Deux têtes, portant l'une de la barbe, l'autre des cheveux longs, figurent Adam et Ève. Au-dessus de la tête d'Adam, on reconnaît une pomme, et sur la tête d'Ève un serpent s'enroule autour d'une tige quelconque.

Toute cette ornementation est très fruste, et exécutée dans la pierre tendre du pays ; elle est par suite très avariée.

Le chœur, plus étroit que la nef, présente une déviation trop sensible sur l'axe de celle-ci. Au

(1) *Revue d'Anjou*, 1880, n° de septembre, p. 277. — *Orne archéologique*, p. 168. — Fret. *Pèlerine Percheronne*. — Vaugeois. *Histoire de Laigle*, p. 472, etc.

(2) Du Cange. *Glossarium*, etc.

(3) *Cartulaire du Val-Dieu*, Ms. de la bibl. d'Alençon. — *Cartulaire de l'Abbaye de la Trappe*. — L'abbé Métais. *Cartulaire de Saint-Denis de Nogent-le-Rotrou*.

(4) L'abbé A. Desvaux. *Découverte archéologique à Feings*. Documents sur la province du Perche. 5e série, avril 1896.

XVe siècle, cette nef fut recouverte d'une large voûte de bois, éclairée par une grande fenêtre à moulures et meneaux prismatiques (1). Le XVIe siècle orna cette fenêtre d'un vitrail représentant le martyre de sainte Barbe (2). Il a été détruit depuis.

A l'extérieur, une litre funèbre est encore visible sur tout le pourtour de l'église, mais il n'est plus possible d'en déchiffrer les armoiries, dont on voit cependant encore quelques couleurs.

Accolée à la muraille du chœur, du côté de l'épître, s'élevait primitivement une tour romane, surmontée d'une flèche en pierre qui, d'après les documents anciens, devait être assez remarquable, en tout cas, unique dans la contrée. En 1702, l'évêque de Sées, Louis d'Aquin, visitant Feings, et constatant l'état de ruine dans lequel se trouvait cette tour, ordonna de la réparer au plus tôt pour éviter une catastrophe. Il en résulta de grandes dissensions dans la paroisse. Les uns prétendaient seulement la restaurer, d'autres en refaire une nouvelle tout en pierre, d'aucuns présentaient le dessin d'un clocher de bois. Le bon curé, Louis Mestréau, qui savait à quoi s'en tenir sur la bonne volonté de ses ouailles, les excuse cependant de son mieux près de l'évêque. « Je demande à Sa Grandeur un expédient pour les faire s'exécuter, car je ne scay ce que c'est que procès, n'ayant aucune expérience de plaider des gens qui ont peine à respirer sous les charges qui les accablent (3). » En 1716, on discutait encore sur les moyens d'agir, lorsque, au mois d'avril, une bourrasque ébranla la flèche de pierre. Dans sa chute elle écrasa la tour et s'effondra sur le chœur, qu'elle remplit de ses décombres. Le nouveau curé, Thomas du Bois, ne trouva pas les esprits mieux disposés à une reconstruction qu'ils ne l'avaient été pour une réparation : on ne parlait rien moins que d'obliger le curé et son prédécesseur à la faire à leurs seuls dépens. Il fallut qu'un arrêt du Parlement, en date du 28 octobre 1723, condamnât les manants et les religieux du Val-Dieu, comme moyens et bas-justiciers de Feings, à rétablir les choses dans l'état primitif (4). Un devis fut arrêté, mais les travaux s'exécutaient avec tant de mauvais vouloir, qu'en 1742, le 17 septembre, l'évêque Néel de Christot, visitant la paroisse, ordonna que si tout n'était pas terminé à la Pentecôte prochaine, l'église serait interdite et le service paroissial transféré dans l'église de Villiers (5). Cette fois on se mit sérieusement à l'œuvre. Le chœur se termine tant bien que mal, le retable du maître-autel, achevé en 1638, est remis en état. On reconstruit l'autel de la Vierge, celui de saint Sébastien, dédié depuis lors à saint Roch, les fonts baptismaux avec leur cippe étrange, tandis qu'en avant du portail, pour remplacer l'antique chapiteau de bois, s'élevait la tour actuelle, très massive et dénuée de tout cachet.

L'église de Feings.

D'après une photographie de M. H. Magron

(1) *Archives paroissiales.*
(2) *Anciens comptes de la Fabrique.* Ibid.
(3) Archives de l'Évêché.
(4) Archives départementales, *série H,* et Archives municipales.
(5) Archives de l'Évêché.

L'abbé Fret et l'*Orne archéologique* signalent dans l'église de Feings des tableaux fort remarquables. En réalité, celui du maître-autel, d'une conception très bizarre et fortement retouché, présente un vrai mérite d'exécution et de coloris : la toile en est très gravement endommagée. Quant aux autres, ce sont des peintures très grossières, qui paraissent avoir été transportées à Feings, en 1795, en même temps que les personnages de bois figurant la scène du Calvaire et la vieille statue de sainte Anne, qui décoraient autrefois l'ancienne chapelle des étrangers au Val-Dieu (1).

Près de la porte latérale, et restaurée en 1894 pour servir de bénitier, une cuve baptismale en plomb avec contreforts, panneaux à parchemins racornis et autres ornements du XVe siècle, mérite davantage d'attirer l'attention.

Au pied de la muraille méridionale, et dans ce qui reste de l'ancien cimetière supprimé à la fin de 1895, on voit de curieux sarcophages de pierre, ainsi que la pierre funéraire de Nicolas-Noël Marre, chanoine de Sées et curé de Feings, auteur de *Mémoires* très intéressants à consulter sur la Révolution dans le Perche, la persécution religieuse à cette époque, l'émigration et la restauration du culte dans la contrée.

L'abbé A. Desvaux.

(1) *Archives municipales. Registre XII du directoire du district de Mortagne*, p. 12. (*Arch. dépt.*)

Cette statue de sainte Anne, restaurée en 1894, était jusqu'au milieu du siècle l'objet d'un pèlerinage très fréquenté pour obtenir un temps favorable aux moissons.

L'ÉGLISE DE CORBON

Corbon n'est plus qu'une petite commune, après avoir été jadis une ville. A quelle époque cette ville a-t-elle été détruite? Parmi les historiens du Perche, aucun ne nous l'indique d'une manière précise; mais, d'après l'opinion la plus probable, sa destruction a eu lieu vers la fin du Xe siècle.

L'église de Corbon, dédiée à saint Martin, est placée dans une des plus charmantes situations de tout le département de l'Orne; elle domine le cours de l'Huisne, et regarde la colline sur laquelle Mauves, autrefois faubourg de la ville de Corbon, s'élève en amphithéâtre.

« Cet édifice, dit le docteur Jousset, ne paraît pas assis sur ses fondations propres, mais sur les fondations d'une église qui aurait précédé. Il semble appartenir au XIIIe siècle. »

« Le portail ogival, dit l'*Orne archéologique et pittoresque*, est flanqué de colonnes dont les chapiteaux offrent des fleurs ouvertes en forme de coupe, à peu près comme la fleur du lotus antique. Au-dessus de ce portail se trouve une fenêtre ogivale; à côté, des fenêtres romanes bouchées. L'église est terminée par une abside ronde, romane, à fenêtres également bouchées et surmontées d'une moulure en zigzag. »

Portail de l'Église de Corbon.

D'après une photographie de M. H. Magron

A l'intérieur, le rétable en pierre du maître-autel, d'un très beau dessin, est un des plus remarquables de la contrée. Les rétables des deux autels latéraux sont également en pierre et d'un bon style; comme le maître-autel, ils sont ornés de belles sculptures.

La cloche de cette église remonte à l'an 1265. Elle a été l'objet d'une discussion très curieuse entre les archéologues.

D'après une notice communiquée en 1825 à la Société des Antiquaires de Normandie par M. Jules

Patu de Saint-Vincent, l'abbé Fret dit : « La cloche de cette église est peut-être la plus ancienne de France, ayant été fondue en l'an 1230, très probablement à l'époque même où fut construit l'édifice auquel elle appartient. » Au contraire, dans l'*Orne archéologique et pittoresque*, nous lisons : « Cette cloche est très moderne et porte la date de 1665. »

A quelle époque faut-il donc l'attribuer? Pour éclaircir ces contradictions, le meilleur moyen à prendre, c'était de monter au clocher et d'examiner l'inscription de la cloche. C'est ce que nous avons fait, en compagnie de quelques archéologues, désireux comme nous de découvrir la vérité.

Sur cette cloche on voit une large croix, ornée de rinceaux, de quatrefeuilles et de fleurs de lis, et on y lit cette inscription :

1265 — IESV MARIA

Le diamètre à la base est de 0 m. 73 et la hauteur totale de 0 m. 75.

Il est à remarquer qu'au premier coup d'œil, on lit : 1965 ; ce qui a fait croire à plusieurs archéologues que le second chiffre était un 6 à l'envers. Alors qu'ont-ils fait? Ils l'ont retourné et ils ont trouvé la date de 1665, époque à laquelle ils font remonter cette cloche.

Cette explication ne nous paraissant pas suffisante, nous avons, mes amis et moi, examiné attentivement cette inscription. Le jour où nous avons fait cette ascension archéologique, on faisait des réparations au clocher, qui était alors tout découvert, ce qui permettait de bien voir l'inscription. Nous avons alors reconnu que *le chiffre, qui nous paraissait un 9, était en réalité un* 2. Ce qui donne le change, c'est que le trait horizontal du 2 est plus qu'à moitié caché dans le filet qui est placé immédiatement au-dessous des chiffres de l'inscription. Il faut donc examiner de près ce trait horizontal du 2, et on peut ainsi en distinguer une faible partie qui ne se confond pas avec le filet. Dès lors on a la preuve : 1° que ce chiffre est un 2 et *non un* 9 *ou un* 6 *à l'envers*, et 2° que la cloche porte la date de 1265.

Malgré cette haute antiquité, la cloche de Corbon ne peut être considérée comme la plus ancienne de France, puisque celle de Fontenailles, conservée au musée de Bayeux, est de 1202.

Cependant, si elle n'a pas cet honneur, elle a du moins celui d'être la plus ancienne de toutes celles qui sont actuellement placées dans les clochers de France.

De l'antique capitale du Corbonnais, il ne reste plus que son église bâtie sur les ruines de l'ancienne. Le sol de cette cité n'a jamais été fouillé. Si l'on y pratiquait de ces tranchées où le savant abbé Cochet a trouvé une illustration, les ruines des vieux monuments de Corbon ne tarderaient pas sans doute à revoir le jour, et à nous redire l'importance du chef-lieu du *Pagus corbonensis*.

L'abbé A.-P. GAULIER.

Héliog. P. Dujardin

CHÂTEAU DE LA VOVE

Orne

Pl. N° 67

LE CHATEAU DE LA VOVE

Le vieux manoir de La Vove est situé sur le territoire de la commune de Corbon. Il passe pour le plus ancien du Perche (1) et existait déjà au commencement du XIIe siècle, peut-être plus anciennement. L'abbé Fret ne nous en parle pas cependant dans ses *Chroniques percheronnes ;* et pourtant des seigneurs, qui en portaient le nom, ont fait çà et là parler d'eux ; dès 1144, Simon de la Vove assista Rotrou, comte du Perche, à la fondation de la léproserie de Chartrages. Ces seigneurs avaient aussi le privilège de guérir la maladie du carreau.

L'escalier de pierre.

D'après une photographie de M. H. Magron.

La Vove est formée de deux corps de logis en équerre. Le premier, masse imposante, présente un pignon fort élevé, et de belles lucarnes, tandis que le second, beaucoup moins élevé et de construction postérieure, n'offre rien de remarquable à l'extérieur. Au point de jonction des deux bâtiments, mais attenant au premier, se trouvent les tours. En avant, une tour octogone, d'une extrême élégance, dont la porte, les fenêtres, la lucarne et le toit sont charmants. Elle renferme un escalier de pierre, en colimaçon, qui est absolument remarquable, et dont les sculptures, les nervures, les mille détails, mériteraient une plus ample description : on ne saurait trop en louer le mérite et la beauté. Attenant à cette tour est une petite tourelle en encorbellement, des plus gracieuses. Derrière se dresse la grosse tour, dont l'épaisseur des murailles justifie l'opinion qu'on a de son antiquité. Elle renferme de vastes et belles pièces, aux superbes cheminées de marbre, servant malheureusement aujourd'hui de grenier à grains.

A gauche du château, lorsqu'on fait face à la tour octogone, se trouve la jolie chapelle Renaissance, qui est actuellement transformée en fenil.

(1) J. Patu de Saint-Vincent. *Voyages pittoresques.*

Devenu aujourd'hui une ferme, ce beau groupe architectural, dont on admire de loin la noble et fière silhouette, est écrasé et à demi masqué par de grands bâtiments d'exploitation, granges, écuries, etc. Il est infiniment regrettable que personne n'ait jusqu'ici songé à en entreprendre la restauration, qui en ferait une demeure princière.

Cte DE MOUCHERON.

L'ÉGLISE DE MAUVES

Mauves paraît n'avoir été, au Xe siècle, qu'un simple faubourg de l'antique cité de Corbon. Après la destruction de la capitale du Corbonnais, dont il n'est distant que de quatre cents pas environ, dit M. Patu de Saint-Vincent, dans son *Voyage pittoresque et historique*, Mauves prit de l'accroissement. Les anciens historiens du Perche l'appellent *ville*.

Au commencement du XIIIe siècle, c'était une place importante, défendue par un château-fort. Pendant les guerres qu'il fit à Thibault, comte de Champagne, saint Louis assiégea Mauves et s'en empara. Mauves fut tellement maltraité pendant ce siège qu'en 1232, dit Bart des Boulais dans son *Recueil des Antiquités du Perche*, l'évêque de Sées réunit en une seule les deux paroisses qui subsistaient alors dans cette ville. La paroisse de Saint-Pierre fut conservée et celle qui était dédiée à Saint-Jean-Baptiste fut supprimée.

Quant à l'église Saint-Pierre, voici la description qu'en donne l'*Orne archéologique :* « Murs en calcaire appareillé ; contreforts plats ; abside ronde à fenêtres romanes ; chœur roman ; tour du XIIe ou du XIIIe siècle, avec des arcades bouchées et de longues fenêtres en lancette ; un seul transept ; à l'intérieur, un pupitre en bois assez bien sculpté, et la date de 1554 dans le transept. La cure, à la présentation de Saint-Denis de Nogent, valait 5,000 livres. Cette église renfermait une autre chapelle bâtie dans le XVIe siècle, par Jean Gouévrot, médecin de la reine de Navarre et de François Ier. Ses armes : *d'argent, chargé de trois targettes de sable*, en décoraient la voûte. Cette chapelle valait 360 livres et le patronage en appartenait aux seigneurs de Landres en Mauves. »

L'abbé A.-P. GAULIER.

LE CHATEAU DE PRULAY

Prulay, près de Mortagne, est un des beaux châteaux de notre région. Il a été reconstruit après 1770, par Pierre Poissonnier, célèbre médecin, membre de l'Académie des sciences, vice-directeur de l'Académie de médecine, conseiller d'État, nommé lieutenant-général honoraire des armées de Russie par l'impératrice Élisabeth, à laquelle il avait rendu la santé.

Le château primitif, dont il ne reste plus trace, était entouré de fossés profonds. Le château actuel a quatre faces, couronnées chacune d'un fronton, et la principale était ornée d'un péristyle avec quatre colonnes d'ordre dorique portant une très riche corniche et une galerie. Ses jardins dressés par Berthault, sont surtout célèbres; l'heureuse distribution des eaux, des bois et des gazons, ses élégantes fabriques, ses sites variés, en font un parc délicieux. Son étendue, avec les futaies, est de vingt-quatre hectares. C'est avec justice que l'auteur du poème des *Jardins,* lui a consacré quelques vers; le plan en avait été tracé d'après ses préceptes. « Cette campagne, a dit un écrivain du pays (1), se dessine tantôt mystérieuse et accidentée comme les détours et les berceaux ombreux d'un jardin de Kent, tantôt longue et majestueuse comme les grandes allées du parc de Le Nôtre. L'architecte, par une heureuse perfection, s'est emparé de la ville et des hameaux avoisinants, dont il avait su faire de gracieux points de vue. Les eaux ont été attirées à prix d'or dans cette demeure enchanteresse... Quelques bustes, entre autres celui de M. Poissonnier père, étaient jetés çà et là dans les clartés des nappes de gazon. Il y avait une laiterie de marbre blanc, et à travers un bouquet de sapins et d'ormeaux, pointait la chapelle du château. »

Cette chapelle, qui existe encore, n'est pas sans mérite, quoique construite dans le goût du XVIIIe siècle. Son plafond est orné de petites rosaces sculptées. L'autel, en marbre gris, est entouré de colonnes en marbre rouge et le dessus des portes est supporté, à l'intérieur, par des colonnes semblables.

Sur la porte d'une cabane qui se mire dans la rivière on lisait jadis quelques vers de Delille, assez médiocres, souvenir fugitif de la visite qu'il fit à Madame de Prulay en 1804, après avoir passé quelques jours à Landres, chez son collègue et ami, Dureau de la Malle, le traducteur de Tacite. D'autres vers, moins bons encore, de Louis-Joseph Poissonnier, que l'on pouvait appeler alors l'heureux châtelain de Prulay, se lisaient dans un autre endroit du parc. Châteaubriand lui-même y aurait, dit-on, laissé aussi des traces de son passage, par une pensée d'album qu'on n'a pas recueillie et pour cause, dans ses œuvres complètes.

Louis-Joseph Poissonnier, fils du membre de l'Académie des sciences, nommé baron de Prulay en 1810, fit d'énormes dépenses pour l'arrangement des jardins et l'embellissement du château qui

(1) Léon Guérin. *Chronique du Café de Paris*, ch. XII.

avait souffert en 1781 ou 1782 de trois secousses de tremblement de terre, en moins de huit minutes.

Il y menait une splendide existence. Sans doute, en sa qualité de régulateur du Gymnase Attique, il y donna quelques-unes de ces fêtes, renouvelées des Grecs, qui excitèrent si vivement la curiosité publique, où la salle était jonchée de fleurs, les convives des deux sexes couronnés de fleurs, les coupes elles-mêmes garnies de fleurs, et où l'on savourait le brouet noir des anciens spartiates, au bruit du premier chœur des *Nuées* d'Aristophane, exécuté par des chanteurs, sur l'air de la Préface avec accompagnement de pipeaux grecs ou de flûtes de Pan. Une brillante société passait chez lui toute la belle saison. La jolie salle de spectacle s'ouvrait, et Talma daigna parfois venir poser en toge de Néron, dans le château de Prulay, entre un Burrhus et une Agrippine de société, aux applaudissements de Delille. La fortune de M. Poissonnier finit par s'engloutir dans ces dépenses, et il mourut en 1817 à Paris, soigné et secouru par un de ses anciens domestiques. Son château a depuis appartenu à M. Aubin de Blanpré et aujourd'hui il est la propriété de M. le vicomte Paul de la Rivière (1).

Les noms des sires de Prulay se retrouvent à chaque pas dans les anciens chartriers des abbayes de la région (2).

Gilbert de Prulay, en 1105-1107, abandonna aux religieux de Saint-Denis de Nogent-le-Rotrou la dîme de Corbon dont il leur contestait la jouissance. Cette concession fut confirmée par Gervais de Prulay, dans le fief duquel étaient situées les dites dîmes (3).

Robert de Prulay fut témoin, en 1190, de la fondation de la Chartreuse du Val-Dieu et est cité également comme ayant été un des bienfaiteurs de la Maison-de-Dieu de la Trappe en 1194 (4).

Gervais de Prulay prit part à la croisade de 1190, avec Geoffroy IV, comte du Perche. Il fut témoin, en 1192, de la vente faite par le comte à Laurent de Champfaye, de deux métairies situées dans le bois des Clairets. Cet acte fut fait au camp des Croisés, devant Saint-Jean-d'Acre (5). Il fut également témoin, le 3 des ides de février 1114, de la donation faite par le même comte aux Bons-Hommes de Chênegallon, d'un denier par jour sur chacun de ses châteaux du Corbonnais et du Bellêmois et de la châtellenie de Nogent-le-Rotrou, afin de leur permettre d'acheter, pour se vêtir, des étoffes grossières appelées bougran, fabriquées dans le pays (6).

Il fut encore témoin, en 1200, d'une charte de Robert, comte d'Alençon, en faveur du prieuré de Saint-Martin du Vieux-Bellême, au sujet de l'église de Louze (7), et, en 1202, de la confirmation par Geoffroy IV, comte du Perche, de la donation faite à l'abbaye de la Trappe, des dîmes de Champs et de Lignerolles (8).

En 1205, par charte datée de Vernon, Philippe-Auguste lui donna le domaine de Moliherne.

(1) L. de La Sicotière. *Le département de l'Orne archéologique et pittoresque*, p. 252. — *Notes pour servir à l'histoire des jardins et de l'arboriculture dans le département de l'Orne*, p. 48. — Pitard (J.-F.). *Fragments historiques sur le Perche*, p. 241.

Vers 1859, M. le comte de la Rivière, alors propriétaire du château de Prulay, a fait revêtir le château d'une chemise de briques, et c'est à cette époque que le péristyle a disparu. Il existe un dessin de l'ancien château de Prulay, avec le péristyle, chez Madame la comtesse de Farcy, née de la Rivière, qui habite le château de la Ville-du-Bois, Mordelles (Ille-et-Vilaine).

Cette note n'existe pas dans l'ouvrage de M. de La Sicotière, mais j'ai vu l'ancien péristyle avant que mon père n'eût fait exécuter ce travail. — P. R.

(2) J. Pitard, dans les *Fragments historiques sur le Perche*, à l'art. Croisades (1169), cite parmi les chevaliers percherons qui prirent part à la croisade de 1095, Eudes de Poiley ou de Prulay, d'après Courtin. Mais le texte de Courtin, publié par MM. H. Tournouër et O. de Romanet, porte bien Poilley et non Prulay (*Documents sur la province du Perche. Histoire du Perche*, par Courtin, p. 169).

(3) *Archives du Diocèse de Chartres, Saint-Denis de Nogent-le-Rotrou*, n° XCIV.

(4) Bry de la Clergerie. *Histoire des pays et comté du Perche et duché d'Alençon*, p. 198. — Pitard, p. 241.

(5) O. des Murs. *Histoire des comtes du Perche*, p. 494. — Bry de la Clergerie, p. 203.

(6) Bry. *Ibid.*, p. 206.

(7) *Archives de l'Orne*. Fonds du Vieux-Bellême, rouleau n° 49.

(8) *Cartulaire de l'abbaye de Notre-Dame de la Trappe*, p. 201.

M. Léopold Delisle, qui a mentionné cette charte, n'indique pas l'emplacement de cette localité, mais on peut supposer qu'il s'agit du château de Moulissœuvre (dénommé Moulicœuvre dans la *Carte de Cassini)*, sur le territoire de Villiers-sous-Mortagne (1).

En 1208, Gervais de Prulay fut témoin d'un jugement de la cour du comté du Perche, rendu à Mortagne, et confirmant l'abbaye de la Trappe dans ses droits sur une métairie située à Ligny, contestés par Hubert Chevreuil (2).

Les actes précédents prouvent que Gervais de Prulay doit être compté au nombre des chevaliers percherons les plus considérables de son temps. C'est ce que prouve encore une charte datée du Mans, au mois de février 1212, par laquelle il donna caution à Philippe-Auguste, en même temps que Robert, comte d'Alençon, de la fidélité d'Amaury de Craon (3).

En 1214, il fit don à l'abbaye de la Trappe d'une rente d'un setier de blé sur sa métairie de Beauvoir (4). La qualité de chevalier lui est donnée dans deux chartes, les dernières le concernant que nous connaissions. Au mois de juillet 1216, Thomas, comte du Perche et Hellisende de Rethel, sa femme, concédèrent à Gervais de Prulay (*de Pruleio*), chevalier, le droit de voirie sur tout le territoire du Corbonnais (5). On voit par une autre charte, de l'année 1239, émanée de Gervais de Prulay, chevalier, son fils, qu'il avait pour femme Lucie et qu'il avait acheté, de communauté avec elle, une vigne sise à Nogent-le-Rotrou, dont il avait donné la moitié à l'abbaye des Clairets (6).

Les chartes du temps de Philippe-Auguste font encore mention de plusieurs membres de la même famille. C'est ainsi qu'en 1207, nous voyons Gislebert de Prulay faire un accord avec Henri de Bracqueville, abbé de Saint-Martin de Sées, au sujet du prieuré de Briéel (7).

En poursuivant ce dépouillement, on arriverait à reconstruire la suite des sires de Prulay. Les citations qui précèdent suffisent à l'objet qui nous intéresse, c'est-à-dire à démontrer l'antiquité et l'illustration de cette famille. Nous nous bornerons à rappeler qu'au XVe siècle, la terre de Prulay passa aux Bailleul, au XVIe aux Le Boulleur, puis aux Bonvoust, qui la firent ériger en marquisat. On possède des actes authentiques dans lesquels ces derniers prennent le titre de marquis, seigneurs, hauts-justiciers de Prulay, Saint-Langis et Longpont (8). François-Philibert de Bonvoust n'ayant laissé qu'une fille, celle-ci vendit Prulay à Pierre Poissonnier, en 1770, comme on l'a vu.

LOUIS DUVAL.

(1) *Catalogue des actes de Philippe-Auguste*, n° 912. — V. LA ROQUE. *Histoire de la Maison d'Harcourt*, IV, 2814. — L. DELISLE. *Cartulaire normand*, p. 289, n° 126.

(2) *Cartulaire de l'abbaye de Notre-Dame de la Trappe*, p. 206.

(3) *Catalogue des actes de Philippe-Auguste*, n° 1342.

(4) *Cartulaire de la Trappe*, p. 418.

(5) *Archives de l'Orne*, série E. Seigneurie de Prulay.

(6) *Cartulaire de l'abbaye des Clairets*, p. 100-101.

(7) *Gallia Christiana*, t. XI, col. 721.

(8) *Archives de l'Orne*, série E. Titres Bonvoust.

Héliog. P. Dujardin

ÉGLISE DE LONGNY

Pl. N° 68

L'ÉGLISE DE LONGNY

La petite ville de Longny, située dans un vallon très pittoresque, couronné de hautes collines à l'aspect sévère, offre aux visiteurs trois monuments dignes de fixer leur attention : la chapelle du pèlerinage de Notre-Dame-de-Pitié, l'église paroissiale, le château. Ce château qui logea successivement les seigneurs du nom de Longny, les Châteaubriand, les Croy, les d'Orléans-Longueville, les d'Ailly, les Gontaut-Biron et beaucoup d'autres, a été rebâti au XVIIe siècle. Il est flanqué de grandes tours appartenant à l'ancienne construction féodale et entouré d'un joli parc, sillonné d'eaux vives.

Une porte de ferme à Longny (1).

D'après une photographie de M. H. Magron.

L'église paroissiale, construite au XVe et au XVIe siècle, est accompagnée d'une tour carrée, dont la structure massive est agréablement dissimulée par une décoration riche sans surcharges : contreforts à pinacles, fenêtres aux compartiments finement sculptés, consoles portant des statues abritées sous des clochetons, véritables dentelles de pierre.

Dans le chœur, deux belles toiles : une *Adoration des Bergers*, de l'école espagnole ; l'autre, de plus grand style, représente une *Vision de saint Benoît*. Au bas, on lit cette inscription avec d'autant plus de surprise qu'elle n'a jamais été signalée : *Le Titien Vecelli* (sic) *pinxit anno* 1519. La tradition locale veut que ce tableau provienne du Val-Dieu. Il est certain pourtant qu'aucun des inventaires du mobilier dressés en 1791, non plus que les historiens locaux ne l'y mentionnent ; et lorsque, le 6 juin 1788, Madame de Genlis visitait cette Chartreuse avec les jeunes princes d'Orléans ses élèves, ceux-ci, dans une note de voyage, indiquent parmi les richesses artistiques que leur firent voir les religieux, un Philippe de Champagne

(1) Nous reproduisons ici cette porte non pas comme un monument de haut intérêt pour l'histoire de Longny, mais plutôt comme un spécimen de ces portails anciens qui se rencontrent encore très fréquemment dans le Perche. On en voit d'assez curieux à Courcerault, au Grand-Boulay, à Feings, à Bellon-sur-Huisne, à Boissy-Maugis, etc.

et un Restout, mais ils ne parlent pas de ce Titien réel ou supposé, dont le nom eût certainement davantage attiré leur attention.

A l'entrée du chœur, deux petits autels de bois sculptés dans le même goût et par le même ciseau qui a produit les belles boiseries de Notre-Dame de Mortagne, figuraient autrefois dans l'église du Val-Dieu, sous les vocables de saint Bruno et de saint Hugues. Le premier porte au centre de son rétable une *Annonciation*, le second le *Baptême du Christ*.

Dans l'unique bas-côté, à l'autel de la Vierge, un tableau, d'expression naïve et de mérite réel, représente l'*Institution du Rosaire*, avec ses quinze mystères entourant dans des médaillons la scène principale. Cette peinture porte la date de 1679, avec un sixain d'images et de style trop recherchés.

De chaque côté de cet autel, deux statues de bois mouvementées à l'excès, une Vierge-Mère dont l'Enfant Jésus caresse un oiseau, et sainte Madeleine portant le vase de parfum, méritent cependant d'être conservées.

L'abbé A. Desvaux.

LA CHAPELLE DE NOTRE-DAME DE PITIÉ, A LONGNY

Au commencement du XVIe siècle, une charrette attelée de plusieurs chevaux transportait au Val-Dieu une statue de Notre-Dame de Pitié, destinée à l'une des chapelles de ce monastère. En passant au pied d'un petit monticule, situé près du bourg de Longny, la statue devint tout à coup si pesante, qu'il fut impossible aux chevaux de faire un pas en avant. De nouvelles forces ayant été déployées en vain, on comprit que la Mère de Dieu voulait être honorée en cet endroit d'un culte particulier. Tel est, selon la légende populaire, l'origine de la chapelle et du pèlerinage de *la Bonne Notre-Dame de Longny*.

Chapelle de Notre-Dame de Pitié.

D'après une photographie de M. H. Magron.

Cette chapelle est un véritable joyau de l'art si décoratif de la Renaissance. La nef, composée de quatre travées, se termine par un chœur avec abside à cinq pans, et est flanquée de deux chapelles, qui donnent au plan général la forme d'une croix latine. La voûte de pierre, très richement ouvragée, est subdivisée entre les arcs ogives par des *liernes* et des *tiercerons*, au point d'intersection desquels des clefs de voûte présentent des armoiries. Au-dessus du maître-autel, on voit ainsi successivement figurer les armes des Gruel de la Frette, une des plus puissantes maisons du pays, l'aigle d'Alençon *éployé à deux têtes becquées de gueules*, — un *cerf courant de gueules à massacre d'azur sur une terrasse de même*, — et plusieurs autres dont les détails disparaissent en partie, noyés sous le badigeon. Sur un pendentif, une inscription difficile à déchiffrer relate le nom des donateurs avec la date de construction de cette voûte.

Les fenêtres, composées de trois arcatures surmontées d'une rosace, étaient ornées naguère encore de verrières anciennes, pour la plupart très curieuses au point de vue de l'histoire locale. Elles ont été malheureusement détruites, en 1877, pour faire place à des vitraux, comme on en voit partout, et où figurent les portraits des nouveaux donateurs, qui n'ont même pas le mérite vulgaire de la ressemblanche. Une seule de ces verrières a pu échapper à cette désastreuse restauration, qu'on ne saurait trop déplorer. La rosace du tympan représente la sainte tunique de la Vierge, vénérée dans la cathédrale de Chartres, avec l'inscription : *Carnutum tutela ;* elle est accompagnée, dans les compartiments voisins, d'anges jouant de la viole. Le milieu des trois arcades est rempli par la scène de la *Visitation* avec les paroles : *Magnificat anima mea Dn̄um,* — et *Unde hoc mihi ut veniat mater Dn̄i mei ad me* — inscrites dans les ogives, au-dessus des personnages de Marie et d'Élisabeth. En bas de ces mêmes arcades, sur un premier plan, deux ecclésiastiques à genoux sur des prie-Dieu, sont revêtus de l'ancien costume du chapitre de Chartres, au diocèse duquel Longny appartenait avant le Concordat. Les prie-Dieu sont ornés de deux écussons. L'un *d'azur avec une barrière d'or, accompagné en chef d'un croissant, en pointe d'une étoile de même ;* l'autre *d'azur au chevron d'argent, accompagné en chef de deux marteaux de même emmanchés d'or, et en pointe d'une tête de cerf d'or.* Entre les deux, sur un cartouche, l'inscription : 1536. *Summiperæ ecclesiæ Carnutensis canonici atq ; Longniaci rectores fuere.* 1634. Tout au bas, une inscription à moitié effacée est difficile à rétablir. Les autres verrières disparues représentaient toutes des scènes où figuraient les donateurs : près l'autel du côté de l'épître, une *Procession des Chartreux du Val-Dieu, venant en pèlerinage ;* vis-à-vis, *un sire de la Frette à genoux, en costume de chevalier ;* au fond de l'abside : *Notre-Dame de Pitié, autour de laquelle étaient agenouillés les membres d'une confrérie ;* au-dessus de la porte latérale, *l'arbre de Jessé.* Les débris de l'ancienne statue miraculeuse, brisée au temps de la Terreur, avaient été religieusement recueillis par les habitants de Longny. Au retour de la paix religieuse, ils ont servi à reconstituer le groupe actuellement vénéré au-dessus de l'autel.

L'extérieur du sanctuaire de Longny est particulièrement remarquable, avec ses contreforts décorés de clochetons, de consoles, de niches délicatement ouvragés ; avec sa façade ornée d'un riche portail, surmonté de bas-reliefs entourés d'arabesques, de chimères, de rinceaux, de cartouches, de pilastres, les plus merveilleuses fantaisies de la Renaissance ; ses nouvelles portes à scènes bibliques sculptées par M. l'abbé Vingtier, prêtre originaire de Longny ; les personnages et les épis en plomb, les fleurs en fer forgé qui terminent élégamment les toitures élancées, tout un ensemble qui donne au monument cet aspect de grâce et d'harmonieuse variété qui le distingue.

L'abbé A. Desvaux.

Cliché H. Magron — Héliog. P. Dujardin

RUINES DU CHÂTEAU DE GANNES

Orne — Pl. N° 63

DE BEAULIEU A GANNES

L'historien parfois s'arrête en ses recherches passionnées, tantôt perdant haleine à la poursuite d'une vérité insaisissable, tantôt vaincu par cette lassitude charmante d'un curieux dont la rêverie s'empare; c'est l'heure où le secret des temps disparus apparaît dans l'ombre en légende. L'esprit confiné sur le terrain étroit de la science, arrête sa marche; l'imagination, qui a l'infini pour domaine, prend son essor.

Ainsi en est-il de moi, lorsque du seuil de ma maison des champs je contemple le cours de l'Avre, qui de la forêt du Perche descend à Verneuil, derrière son rideau tremblant d'aunes et de fougères. Ce ruisseau, si faible qu'un chevreuil le franchit dans sa course, à peine assez gonflé pour courber une tige de reine des prés sur sa route, a joué un rôle considérable dans nos annales. L'histoire de l'Invasion anglaise fut écrite, jour par jour, sur les cailloux de son lit et sur le gazon de ses rives. Le sang des batailles a rougi son eau troublée, la voix de l'Étranger a fait vibrer ses échos; aux heures des trêves on l'a choisi pour frontière.

Que reste-t-il en ce lieu de tant d'événements, de drames si terribles, de ces pages mémorables de l'histoire? Pas une tradition précise, pas un débris de tour ou de pont, pas une pierre tombale; rien qu'un grand silence passant sur un peu de poussière.

Sur le coteau voisin, où les Anglais campèrent, pas un vestige révélateur du passé. Mon ermitage occupe, assure-t-on, l'emplacement d'un château féodal; les vieillards prétendent avoir vu de vagues apparences de douves; et certaines grosses pierres éparses pourraient être, avec beaucoup de bonne volonté, attribuées à quelque antique édifice. Assurément des contemporains de la Hire sont passés là, casque en tête; ils y ont aimé, lutté, souffert, soutenu peut-être un siège héroïque; qui nous dit que cette butte riante sur laquelle je taille mes rosiers ne marque pas la place où tomba quelque d'Assas inconnu? Près du bosquet paisible le cliquetis vengeur des épées n'éclata-t-il pas aux oreilles des Anglais comme un premier glas de leur défaite? Mais quels furent ces ancêtres? qui nous enseignera leur nom?... Il ne reste aujourd'hui, sur ce plateau peut-être glorieux, qu'une chétive maisonnette d'herbager dans un étroit enclos. La nature a recouvert les mystères du vieux temps sous son impénétrable tapis de verdure, comme le guerrier cachant ses morts sous leurs manteaux dépliés.

Laissez donc, puisque l'histoire est muette, votre imagination courir sur les bords de l'Avre : c'est d'une évocation qu'il s'agit; et peut-être, en errant dans cette campagne, retrouverons-nous le cadre, à défaut du tableau.

En aval de mon clocher de Beaulieu, je découvre deux bois que le ruisseau sépare. Voyez : celui de la rive droite, allongé sur la première croupe du Perche, est *le Bois de France;* l'autre, qui lui fait face, est *le Bois de Normandie.* Durant la guerre de Cent ans, hélas! la Normandie n'était plus la France; ses moissons dévastées restaient la proie de l'Étranger ; aux basses branches de cette futaie les Anglais attachaient sans crainte leurs chevaux. Bois de Normandie, bois des barbares. Après cinq siècles écoulés il conserve son nom, et peut-être s'en souvient lorsqu'il frémit au souffle du vent et laisse gémir ses ramées. *Sunt lacrymæ rerum.*

Le Bois de France, qui le contemple du haut de la colline opposée, c'est la partie inviolée, le berceau resté à la mère, l'asile conservé par Dieu aux jours d'épreuves. Quand les derniers soldats de la défense y postaient leurs mystérieuses vedettes, le grand chêne, fils du chêne druidique, réservait pour eux seuls son ombre protectrice, et les oiseaux de France chantaient l'espoir au-dessus de leur tête.

Entre les deux massifs, l'Avre s'écoule, mince filet d'eau plus puissant alors qu'un torrent puisqu'il avait le don d'arrêter la marche des armées ; son murmure alangui dominait la voix des capitaines ; c'était la limite qu'on ne franchissait pas. Image saisissante de la volonté, qui doit l'emporter ici-bas sur la passion.

A cet endroit le ruisseau commandait en maître; mais en amont ce n'était qu'un modeste rêveur couché dans l'herbe; en revanche, il cessait d'être neutre pour devenir Français. Ses capricieux méandres l'entraînaient trop au loin dans le val élargi ; nos ancêtres et leurs ennemis adoptèrent en conséquence une ligne de partage plus régulière et moins compliquée, et de gigantesques tranchées furent ouvertes. C'est ainsi que de Beaulieu jusqu'à Irai, vous pouvez encore discerner les traces de la grande guerre en parcourant *le Royau.* Ce mot, que beaucoup de savants expliqueraient par ce fait qu'autrefois *roïau* signifiait vallée, est beaucoup plus facile à comprendre : on a dit d'abord « les fossés royaux », puis, par simplification, « les royaux »; et enfin, par altération, « le royau »; ce léger accroc remonte au temps où nos paysans parlaient mal; de semblables fautes ne sont plus à craindre aujourd'hui qu'ils parlent trop bien.

Visitez ces fossés royaux, que plusieurs siècles d'efforts et de patience ont été impuissants à détruire. Le fond est un ravin, la crête une colline abrupte. Le temps et la végétation ont rendu le terrain immobile; on se demande involontairement s'il s'agit d'un travail humain ou d'une commotion du sol. Partout un bois épais couvre le royau, de la combe au faîte, et çà et là des arbres séculaires vous font songer au passé. Inaccessible aux cavaliers, impraticable pour les archers qui en auraient tenté l'escalade, cet étonnant rempart écarta les vainqueurs des vaincus, jusqu'à l'heure où Dieu fit surgir une petite bergère pour la revanche miraculeuse.

C'est ainsi que dans cette région ignorée des chroniqueurs l'empreinte du passé se retrouve, au bord de l'eau comme au coin des haies. Là s'est résumée la *Guerre de Cent ans,* nul ne l'a écrite; elle se révèle partout au penseur.

Nous avons reconstitué les campements par le nom de deux bois, le partage des plaines au temps des grandes trêves par les vestiges d'un fossé ; maintenant, si vous consentez à nous suivre, vous allez constater le dernier effort de l'Invasion par des ruines.

Franchissons l'Avre, entre le Bois de France et Beaulieu, et dirigeons-nous vers le joli village de Saint-Maurice. Avec votre permission j'éviterai la grand'route, où je ne pourrais vous montrer, sur la poussière, que le sillon moderne et niais des vélocipèdes. C'est vers la bordure escarpée et pittoresque de la forêt de Charencey qu'il faut tendre, dans les éboulements du sable et le fouillis des genêts. C'est par là que les compagnies anglaises se sont frayé un passage, afin de s'appuyer sur l'armée de Beauce, partie de Dreux et de Verneuil. La marche parallèle de ces bandes avait un double but : il s'agissait pour elles de gagner Orléans, l'objectif commun, et de détruire, chemin faisant, tous les châteaux fortifiés, dont la garnison eût pu les inquiéter sur leurs derrières. Nous avons déjà, par la connaissance de leurs projets, la date exacte de l'aventure : c'était avant le mémorable siège d'Orléans qui marqua l'heure de la délivrance, autrement dit, en 1428.

Suivons pas à pas cette chevauchée. Advenue au sommet du plateau, elle se fractionna en deux phalanges; l'une se jeta sur la gauche pour courir à l'attaque du château de Marchainville, l'autre continua sa marche en avant, et déboucha bientôt sur une lande immense, dont les affaissements ondulés expiraient aux pieds du manoir de Gannes. — « Voilà, fit le capitaine, un nid de gerfauts que nous avons l'ordre d'abattre avant de passer outre. »

Encore bien que l'Anglais parlât avec assurance, ainsi que doit le faire tout chef de troupe, l'entreprise, au fond, lui semblait ardue, car il ne possédait fauconneaux ni coulevrines, et la nature mettait Gannes à l'abri d'un coup de main. Son enceinte, en effet, se dessinait dans le fond du val, protégée à distance par les gradins circulaires de collines incultes; la seule coupure, creusée par le lit d'une rivière, était couverte d'un solide boulevard. Tout le cirque, inondé par des sources et par les pluies, formait un marais continu; à la première alerte la digue donnant accès au castel était coupée; et la rivière, arrêtée en aval par un barrage, refluait dans l'entonnoir; de telle sorte que Gannes, édifié au centre sur son vaste tertre, abrité d'ailleurs de solides murailles, apparaissait entouré d'un large étang. Pas de surprise possible, car nul ne pouvait descendre, à couvert, des crêtes dénudées.

La tour du guetteur, élevée sur la lande, était déserte; les Anglais trouvèrent sur le seuil les cadavres de leurs espions poignardés. Cet avertissement tragique dissipa leur dernière illusion; ils étaient attendus. Le capitaine déploya ses cavaliers, et cheminant par les hauteurs fit le tour de Gannes. Du côté opposé à son point d'arrivée, il se heurta contre des ruines fumantes : le seigneur français, afin de ne lui laisser ni vivres, ni abri, ni butin, avait incendié ses villages de Chamondot et de la Motte-d'Iversay, bâtis sur le flanc d'un des contreforts, et les habitants s'étaient réfugiés, avec leurs meubles et leur bétail, dans le château fortifié. Il fallait, au milieu d'un désert, faire le siège d'une île.

Le lendemain on tenta quelques approches, afin de juger des forces de la garnison; mais pas un homme ne se montra sur les remparts; le marais se chargea tout seul de la défense en engloutissant les plus audacieux dans ses tourbières.

Le capitaine, effrayé de cet inconnu, car le mystère glace le cœur des plus intrépides, aurait incontinent poursuivi sa route, n'eût été l'exprès commandement de Salisbury; mais la consigne était inflexible; il lui fallait faire tomber cette place. Se mettant donc à l'œuvre en toute hâte, il démolit les maisons brûlées de Chamondot, en transporta les pierres dans l'étang et recouvrit de fascines le chemin improvisé. Aussitôt, ses échelles construites, il donna l'assaut. Les assiégés se présentèrent alors en grand nombre sur la muraille, en saluant l'ennemi de leurs clameurs. Tous se mesuraient fièrement du regard avant le combat. Au milieu du rempart où la bannière de Gannes était déployée, un rude gentilhomme se tenait debout, appuyé sur son épée nue. L'âge avait parsemé sa barbe de fils d'argent, mais sa taille cambrée et son œil résolu annonçaient la vaillance qui survit à la jeunesse. Une large balafre étalée sur son front prouvait qu'il avait d'autres fois regardé les Anglais en face. Près de lui, calme et superbe, une fille de vingt ans souriait au péril. D'une main impatiente elle rejetait en arrière sa longue tresse noire; l'autre main soutenait une hachette que les rayons du soleil levant faisaient étinceler. Son opulente beauté se profilait sur le ciel, en apparition radieuse. Les narines frémissantes de la jouvencelle annonçaient la passion; son teint légèrement bistré, la longueur extrême de ses yeux faisaient douter qu'elle fût fille des Gaules.

Elle examinait un à un les Anglais avec une hardiesse dédaigneuse. Le capitaine attendait, nu-tête, qu'un écuyer lui présentât son casque, et rapidement supputait le nombre de ses adversaires. Les regards de la damoiselle tombèrent sur lui, en même temps que lui-même l'apercevait. Ils tressaillirent l'un et l'autre. Cet homme d'Outre-Mer n'avait point dépassé le printemps de la vie; sa haute stature n'en faisait pas un lourd géant; la finesse régulière des traits tempérait leur sombre énergie; chez lui la grâce s'alliait à la force. On devinait en lui le chef, à ses gestes nobles autant qu'à sa riche armure : la belle assiégée n'en pouvait détacher les yeux. « L'admirable créature! » murmura de son côté l'Anglais qui adressa au rempart le salut du glaive; et brûlant de montrer son courage à l'inconnue, il s'élança devant sa troupe, au cri de « Saint-Georges ». La demoiselle aussitôt agita son écharpe en lançant le mot de ralliement des Français : « Montjoie », et la bataille s'engagea. Du côté de l'assaillant les échelles furent dressées, des grappes humaines s'y suspendirent, la pointe des lances s'éleva jusqu'aux créneaux. Les défenseurs du château répondirent à l'attaque en accablant l'ennemi sous le poids des quartiers de roche, des barres de fer, des poutres enflammées; au-dessus de chaque échelle, ébranlée à coups de pique, étaient versées des tonnes d'eau bouillante; la victoire des Percherons fut complète. Le capitaine, affolé de colère, parvint à rallier une poignée d'hommes, et tenta une dernière fois l'escalade. Tous les coups furent alors dirigés contre lui, et deux assiégés robustes balancèrent au-dessus de sa tête un lourd bahut qui devait l'écraser dans sa chute. C'en était fait de lui, lorsque la jeune fille, d'un coup rapide de sa hachette, fit glisser l'échelle, et projetant ainsi de côté le chevalier anglais, lui sauva la vie.

Sorti à grand'peine du marécage, il dut renoncer aux attaques de vive force, et changea le siège en blocus. Tant de soudards et de paysans entassés dans un étroit espace devaient promptement y produire la famine; il résolut en conséquence de se borner à faire bonne garde et d'attendre. Rôdant chaque jour devant son cordon de vedettes, le capitaine observait le château, maudissait la fortune qui l'avait rendu imprenable, songeait à la fille du seigneur, dont la beauté l'avait ébloui le matin de l'assaut. Et souvent, comme en réponse à sa rêverie, la blanche apparition renaissait au bord des murailles, et le vent se jouait dans les plis de l'écharpe agitée. On eût dit d'un signal. Était-ce chimère, ou miracle d'amour? Un soir, voulant s'arracher à la poignante incertitude, l'Anglais fit avancer quelque peu son cheval dans l'eau, et galamment abaissa son épée : l'étoffe légère aussitôt s'agita sous la pression d'une main délicate. Le doute n'était plus permis : celle qui l'avait sauvé le saluait en amie. A dater de là, le siège de Gannes lui parut plein de charmes.

Cependant ses hommes d'armes, auxquels ne suffisaient pas, comme à lui, de lointains fantômes, se plaignaient de leur inaction jointe à la maigre chère; aussi ne se faisaient-ils faute d'aller piller au loin et d'enlever çà et là quelques bourgeois afin d'en tirer pitance ou rançon. C'est ainsi que leur chef eut plus d'une occasion d'interroger des gens des pays voisins. Il apprit d'eux ce qu'il avait intérêt à connaître. La garnison de Gannes était peu nombreuse, les vivres abondants, le seigneur incapable de capituler. — « Et cette demoiselle à longue tresse qui manie si bien la hachette? » — « Celle-là? Que Dieu nous en préserve! C'est sa fille. » — « Quel est son nom? » — « Raymonde; mais, dans le pays, on l'appelle la Sarrazine. » Et les explications d'abonder. Quelque deux cents ans plus tôt, un ancêtre du gentilhomme avait ramené de Palestine une mauresque de beauté majeure, mais bizarre et farouche, sorte de charmeuse diabolique dont il avait fait son épouse devant le chapelain. Depuis lors, en punition de cette coulpe, la famille n'avait plus été protégée du Ciel, et presqu'à chaque génération reparaissait le sang sarrazin parmi les femmes. La mère, aujourd'hui défunte, avait été de mine et vertu françaises; mais la fille rappelait de tous points sa terrible aïeule l'Infidèle, fougueuse, dure aux humbles, esclave de ses fantaisies ; la Raymonde, selon le mot naïf des paysans, avait été mal lavée par l'eau du baptême. Son père et ses jeunes frères, bons chrétiens tous les trois, tiraient d'elle moins aisément un baiser qu'une rebuffade.

De tels récits, loin d'exciter l'aversion du capitaine, surexcitèrent ses désirs et sa curiosité ; cet être déraisonnable qui s'appelle l'homme ne préfère-t-il pas toujours le démon à l'ange !

Il en était là, pensif et perplexe, lorsque certain soir, par un épais brouillard, son destrier bondit brusquement au pied de la lande. Il tourna la tête : un homme était debout derrière lui. — « Qui es-tu ? » L'inconnu montra du doigt le château. — « Je suis le fauconnier de Gannes. » La question était inutile, car les vêtements ruisselants du compagnon indiquaient assez quelle route il avait suivie. — « Un espion ! s'exclama l'Anglais. » — « Non ; un messager. Ne voyez-vous donc pas le signal ? » — « Peut-être... » — « Avez-vous donc peur d'y répondre de près ? » — « Moi, peur ? répondit orgueilleusement le capitaine, qu'une femme condamnait à l'audace ; j'irai demain, dès que la nuit sera tombée ; un feu allumé sur cette butte annoncera ma venue. »

Le chevalier prit pour confidents ses plus sûrs compagnons, les chargea de construire un radeau léger, et quand sonna l'heure du rendez-vous, se fit conduire par l'un d'eux jusqu'au bord des remparts. Raymonde la Sarrazine l'attendait près de la basse poterne. Cette fille hardie et fantasque, enfant de la race éclose sous un soleil de feu, puisant peut-être sa témérité dans son ignorance, laissa percer plus de joie que de trouble. — « Je viens, dit-il, rendre hommage à celle qui m'a sauvé la vie. » — « Vous la risquez pour moi ce soir, messire ; nous sommes quittes. »

L'ennemi s'inclinait, asservi, devant elle, lui prodiguant les flatteries et l'admiration ; elle prit sa propre défaite pour une victoire. Séparés par la palissade, ils pouvaient se voir de tout près, par-dessus, en se penchant, et la vision s'imprégnait d'un charme poétique aux lueurs mystérieuses du ciel étoilé. L'entretien fut de courte durée, car des pas résonnaient sur le chemin de ronde ; et Raymonde, regardant déjà l'Anglais comme sien, tremblait pour lui. Mais tout bas fut murmuré le mot aussi doux qu'une caresse : « A bientôt ».

Il disparut dans l'ombre, parmi les roseaux ; mais il revint. Il revint souvent. La damoiselle peu à peu lui parla de ses peines et de ses espoirs. On la condamnait, elle, une femme noble, à mener la vie d'une bête sauvage. Créée pour la parure, les fêtes et la tendresse, elle languissait — la hachette au poing — captive au milieu d'un marais. Dieu n'avait pu l'ordonner ainsi ! Mais il était apparu, lui, le chevalier de la délivrance. Nous nous aimons, le prêtre nous unira.

Tels étaient ses habituels propos. Le capitaine, quelque goût qu'il eût pris à l'aventure, se sentit effrayé. Que lui proposait-on, en effet ? Rien moins que de trahir sa compagnie pour s'allier à l'ennemi, en pleine guerre ! Raymonde, par ailleurs, si merveilleuse que fût sa beauté, l'inquiétait par son imagination orageuse, et semblait être de ces femmes plus faites pour être contemplées au clair de lune que pour être conduites à l'autel.

D'autre part, les chefs de l'armée anglaise le gourmandaient à raison de sa longue inaction et le pressaient de marcher sur Orléans. — « Je perds ici mes chances de fortune, pensait-il. Gannes est imprenable, et sa faible garnison ne s'avisera jamais de me poursuivre. Déjà ma troupe murmure, je dois partir. »

Tout pesé, le chevalier se résolut à décamper le surlendemain, sans autre souci des doux yeux de la Sarrazine.

Toutefois il ne se sentit pas la force de partir sans l'avoir revue, et pendant que ses soudards entamaient leur dernier souper d'assiégeants, il monta secrètement sur son radeau. Le feu du signal brillait sur la rive; la damoiselle épiait sa venue. — « Quel bonheur est le mien, messire! je ne vous attendais que demain. » — « Je n'aurais pu demain. » — « Et pourquoi ? » — « Mon coursier m'aura porté loin. Reine de beauté, je vous fais ce soir mes adieux. »

La fille du seigneur de Gannes demeura quelques instants anéantie. L'oiseau des rêves s'envolait! — « J'ai mal entendu... C'est impossible ? » — « Un chef de guerre ne s'appartient pas. » — « Et... Et la prise du château ? » — « J'y renonce. » — « Et moi ? » — « Je vous pleure, mais je pars. »

Raymonde comprit que tout espoir était perdu; et son regard de mauresque impérieuse devint terrible. Sa bouche resta muette; un violent combat se livrait en elle. Enfin ses mains s'appuyèrent, tremblantes, sur les palis. — « Messire, fit-elle d'une voix altérée, si je vous livre Gannes, me prendrez-vous pour femme? »

Il frémit à cette parole. — « Me rendre maître de la place ? Et comment! »

Raymonde courbait la tête et parlait à voix basse. — « La besogne est aisée. Nos vassaux, épuisés par la fièvre, n'ont plus la force de combattre; venez : je laisserai cette poterne ouverte. » — « L'étang est impraticable. » — « Non. Comptez cinquante pas à gauche du chêne blanc, et vous trouverez l'ancienne chaussée. Sauf la coupure facile à combler, elle vous servira de gué solide. » — « Cette nuit ? » — « Soit. A partir de la première heure, tous dorment. »

Le capitaine remercia d'un geste vague et se tourna vers son radeau. Elle lui saisit le bras, frissonnante, son visage frôla celui du guerrier. — « C'est un crime, balbutia-t-elle, mais je vous aime. La bénédiction du chapelain peut seule m'absoudre. Jurez-moi que demain je serai votre femme! »

L'Anglais, guéri de son caprice par le mépris, n'était plus, à cette minute, que chef de sa compagnie. Un château français à détruire, c'était une victoire; le reste importait peu. A ses yeux la déloyauté n'était qu'une ruse de guerre. Il jura.

A deux heures du matin ses routiers, armés à la légère, s'approchèrent un à un, silencieusement, par la chaussée, ayant de l'eau jusqu'à la ceinture. Leur commandant, le glaive au poing, marchait en tête. La poterne était ouverte; la Sarrazine avait tenu sa parole. Les premiers entrèrent, allumèrent leurs torches et gravirent à la hâte l'escalier tournant. D'autres montèrent sur leurs traces, d'autres encore, et bientôt le château tout entier fut envahi. Quelques cris isolés s'élevèrent : Trahison, trahison... Puis une immense clameur. Des hommes ayant à peine secoué le poids du sommeil et privés d'armures, couraient en tous sens, affolés; jetaient leurs coups au hasard; cherchaient à se réunir; recevaient la mort dans les coins obscurs. Le châtelain, par un effort suprême, rassembla dans le préau les débris de la garnison, et couvrant de son corps les deux fils que leur faiblesse laissait sans défense, se battit comme un héros des vieux âges. Mais que faire contre le nombre et contre la félonie? Le lion tomba, avec lui les lionceaux, et autour d'eux les braves loups du Perche. Les assiégés jusqu'au dernier furent passés au fil de l'épée : c'était l'habitude anglaise.

Le capitaine, éclairé par ses écuyers, parcourut lentement la salle des Gardes où, par son ordre, on avait apporté les cadavres. Il compta ses victimes, scruta leurs visages, et malgré sa nature cruelle frémit d'horreur. C'est alors qu'on lui amena, dans ce lieu même, celle que les paysans avaient surnommée la Sarrazine. Drapée dans une longue robe blanche, les cheveux épars, livide et raidie par l'épouvante, elle produisait l'effet d'un spectre. Les soudards, connaissant le secret des rendez-vous de leur chef, l'avaient seule épargnée.

Raymonde, incapable de parler, étendit vers l'homme d'Outre-Mer des bras suppliants. —

« Demoiselle, prononça gravement celui-ci, je pensais à vous quand vous entrâtes. Voyez votre œuvre. Les bons serviteurs de votre famille, les femmes des champs qui vous avaient demandé asile, tous ceux qui eurent foi en vous gisent sans vie à vos pieds. Ah ! vous vouliez m'avoir pour époux ? mais regardez donc ici le corps glacé du chapelain qui devait nous unir ; sa bouche, grâce à vous, est devenue muette. Et votre père, qui devait placer votre main dans la mienne, le voilà, avec un poignard dans la poitrine. Femme, apprenez que je ne suis plus pour vous qu'un juge. Or donc, mes routiers, apportez céans paille et fascines. Remplissez-en ce château jusqu'au toit, et mettez-y le feu sans retard. Cependant, deux archers vont faire baiser à cette créature les deux enfants — ses frères — dont elle fut meurtrière, et l'iront pendre ensuite haut et court à la maîtresse branche du chêne blanc. J'ai dit. »

Ainsi fut fait ; Gannes devint à jamais une ruine, et la Sarrazine rôde souvent la nuit parmi les décombres, sa corde au col. Ses cris s'entendent de loin ; elle demande aux chrétiens de prier pour elle.

*
* *

Cette légende, dont nous avons à dessein écarté les noms hypothétiques et les détails puérils, est demeurée jusqu'ici très vivante dans la mémoire des habitants. Bien que son origine historique et son caractère local paraissent incontestables, on n'en est pas moins surpris de sa frappante ressemblance avec certaines traditions étrangères. Qu'on en juge. Au temps de la Grèce héroïque, Amphytrion, roi d'Argos, alla assiéger dans sa capitale Ptérélaüs, roi de Téléboës. Or ce prince avait une fille très belle, nommée Comèthe ; et, chose plus rare encore, portait sur la tête un cheveu d'or qui le rendait invincible. Comèthe s'éprit d'Amphytrion, et pour lui assurer la victoire contre son père, coupa la chevelure de celui-ci à l'heure du sommeil. Ptérélaüs mourut de désespoir, et son armée prit la fuite. Le vainqueur, moins barbare que notre Anglais de Gannes, ne châtia pas la parricide ; il se contenta de l'abandonner, après avoir brûlé la ville.

Autre exemple recueilli en Perse par M. Edwards Stacks. Vers la fin du VIIe siècle, lors de l'invasion des Arabes, le prince Hadjât bloquait étroitement une cité défendue par le Chah Karan, dont la force extraordinaire défiait tous les assauts. Ce Karan avait une fille, que ses charmes avaient fait surnommer *la Perle de l'Asie*. Du haut d'une tour la jeune Persane aperçut Hadjât dans la plaine, et lui donna son cœur. Cet échange de regards fut suivi d'entretiens mystérieux, et finalement le musulman promit à la perle de l'épouser si elle lui livrait la place assiégée. Pacte conclu. Mais comment faire ? Tant que Chah Karan pourrait combattre, la ville resterait imprenable. Il fallait donc à tout prix lui ravir sa force. La fille épuisa dans ce but contre son père toutes les ruses de la femme, toutes les caresses de l'enfant, et le terrible général se laissa aller à livrer son secret. Les dieux l'avaient ainsi fait, que nul ne pouvait le vaincre ; mais si l'eau de la citerne du désert, mêlée au suc des fleurs de la montagne, mouillait jamais ses mains ou son visage, il deviendrait à l'instant même plus débile qu'un nouveau-né. Perle d'Asie alla cueillir les herbes sur le mont et puiser l'eau dans la citerne ; après quoi donna le signal au prince Hadjât. — « Mon père, j'entends un bruit de bataille, il faut vous oindre pour la lutte. Je veux y aider. Lavez-vous dans ce bassin d'or, j'en ai moi-même parfumé le contenu. Vite, seigneur, lavez-vous encore avant de prendre votre massue. »

Le père, après l'ablution, sentit ses membres s'engourdir; l'arme, devenue trop lourde, lui échappa. Les musulmans défirent sans peine la troupe privée de son général, envahirent le palais et mirent à mort Chah Karan. Hadjât vint ensuite. — « Ami, je t'ai donné la victoire », lui cria Perle d'Asie. — « Infâme, tu as tué ton père. » — « Arrête; tu as juré de m'épouser. » — « Oui », répondit l'Arabe, esclave de sa parole. Il l'épousa aussitôt suivant la loi de son pays, et dès que la cérémonie fut achevée, lui abattit la tête d'un coup de cimeterre.

*
* *

Les ruines de Gannes se dressent encore sur le tertre, dans leur muette éloquence, en face des hautes steppes de bruyères. Chamondot a été reconstruit après l'invasion anglaise, mais pour disparaître encore. Quelques fermes éparses s'élèvent aujourd'hui derrière la rivière, et plus loin le village de Lhomme. Mais c'est toujours le désert, partout le deuil du passé. Il y a peu d'années, on a trouvé encore des ossements blanchis sous les pierres amoncelées. Plus loin, sous la butte du gibet, la pioche a marqué son empreinte; c'est là que, suivant les anciens, est caché le trésor du seigneur, « à quinze coudées du chêne blanc ». Mais où fut le chêne blanc? Près de la petite fontaine qui guérit de la fièvre? Nul ne le sait, si ce n'est la Dame Blanche qui revient encore s'agenouiller à minuit, corde au col, sur l'emplacement de la chapelle.

Quesnay de Beaurepaire.
(Jules de Glouvet).

ÉGLISE D'AUTHEUIL.

L'ÉGLISE D'AUTHEUIL

Cette petite église, sans grande apparence extérieure est, sous le rapport architectural, l'une des plus intéressantes de notre arrondissement. Elle appartient au style roman le plus orné, et remonte à la seconde moitié du XIIe siècle, alors que l'ogive chassait déjà des villes le plein-cintre, religieux et guerrier, qui dès lors se réfugia dans les campagnes.

L'édifice est en forme de croix, et se terminait autrefois par trois absides. L'une est occupée par le sanctuaire; la seconde est détruite, et la troisième sert actuellement de sacristie.

Les murs de la nef offrent, dans leur partie supérieure, de jolies fenêtres romanes qui étaient autrefois garnies de belles verrières. Mais un curé jugea à propos de les vendre (1). Au-dessous des fenêtres court une rangée d'arcades 2 à 2, d'un joli effet et dont les chapiteaux sont très curieux. Un autre curé a eu malheureusement l'idée d'ouvrir à droite une énorme fenêtre, qui a le double inconvénient de briser la ligne des arcades et de jeter sur un point de l'église une lumière crue des plus désagréables.

Le chœur seul est voûté. Il est déplorable qu'on y ait installé des boiseries bleuâtres affreuses (2) et un autel sur lequel il sera inutile d'insister quand on aura dit que l'ornement principal du tabernacle est un miroir acheté pour une quarantaine de sous à la foire.

Le pignon du portail, qui avait beaucoup souffert, a été relevé récemment par les soins du Gouvernement. On ne peut que souhaiter ardemment que la Commission des monuments historiques puisse bientôt installer dans le chœur un autel plus digne de ce joli édifice.

A l'extérieur, le clocher n'offre aucun intérêt. On voit encore autour du monument une litre funèbre dont les écussons sont indéchiffrables. Il est à croire qu'elle portait les armes des sires de La Vove, qui étaient seigneurs de Tourouvre, de Bellegarde et d'Autheuil.

Cte DE MOUCHERON.

(1) L. DE LA SICOTIÈRE. *L'Orne monumentale.* — M. le comte de Charencey a également publié dans le *Bulletin monumental*, une intéressante notice sur l'église d'Autheuil.

(2) On a même voulu les peindre. On voit d'un côté le Sacré-Cœur de Jésus, et de l'autre le *Sacré-Cœur* (sic) de Marie.

L'ÉGLISE DE CHAMPS

Bâtie sur le flanc d'un coteau et dominant un gracieux vallon, l'église de Champs, dédiée à saint Évroult, est certainement l'une des plus intéressantes de la contrée. Elle fut élevée en souvenir d'un miracle opéré par le saint abbé, son titulaire, lorsque les troupes du duc d'Orléans, Hugues le Grand, après avoir pillé l'abbaye d'Ouche, campèrent en ce lieu de Champs, emportant au milieu du butin les reliques de saint Évroult et de plusieurs autres saints vénérés dans cette abbaye (1).

L'Église de Champs.

D'après une photographie de M. H. Magron.

Cette église appartient au style roman du XIe siècle, très nettement caractérisé par le portail en grison noir, orné d'astéries, de pointes de diamants, de bâtons rompus et autres motifs architecturaux de l'époque; les contreforts peu accentués et montant d'un seul jet; le chœur, dont le mur extérieur couronné d'une corniche à modillons sculptés diversement, percé d'étroites fenêtres, se termine à l'intérieur par une abside voûtée en hémicycle.

Plusieurs fenêtres à larges baies, divisées par des meneaux prismatiques, ont été ouvertes aux XVe et XVIe siècles; elles ont été garnies à cette dernière époque de verrières dont quelques-unes, assez bien conservées, sont de plus très remarquables. C'est ainsi que les quatre fenêtres du midi présentent successivement à l'admiration de l'archéologue et de l'artiste, au-dessous du clocher qui surmonte le chœur, dans les deux arcades d'une baie du XVIe siècle, saint Michel terrassant le démon et un personnage avec la crosse et mitré qui peut être le titulaire de l'église, saint Évroult. En descendant la nef, dans un tympan flamboyant, la représentation de la Trinité, la plus usitée au moyen âge, le Père Éternel, coiffé de la tiare, soutient le Fils en croix, dont la tête est surmontée

(1) ORDERIC VITAL, *Historia ecclesiastica*, éd. L. DELISLE, III, p. 93.

de la divine colombe. Des anges avec luth et rebec lui font cortège. Les deux arcades au-dessous sont occupées, l'une par une *Pietà*, l'autre par sainte Geneviève avec le cierge traditionnel allumé par un ange. Dans la fenêtre suivante, véritable œuvre d'art, se déroule, en quatre scènes, toute la légende de sainte Barbe. On la voit enfermée dans sa tour, battue de verges, suspendue au-dessus d'un bûcher, enfin décapitée par son propre père. Dans le tympan de la troisième fenêtre, la transfiguration du Christ, que l'on retrouve encore au-dessous, enseignant et désignant le saint Précurseur, lequel occupe l'arcature voisine et présente l'Agneau divin.

Du côté du nord, les vitraux sont beaucoup plus endommagés. On distingue encore cependant, représentée d'une façon très naïve, la naissance du Sauveur : saint Joseph éclaire avec une chandelle les bergers qui viennent l'adorer.

Dans la description qu'il a laissée de sa chère église, l'abbé Fret vante outre mesure le tableau encadré dans le rétable, œuvre très ordinaire exécutée, il est vrai, sur sa commande, et où saint Évroult, par un singulier anachronisme, est revêtu d'un rochet de dentelles, sous un aspect complètement en opposition avec les données traditionnelles (1).

Le rétable lui-même très primitif surmonte un autel de marbre veiné blanc et jaune dont le tombeau présente sur le devant une cavité destinée à recevoir un reliquaire, que protégeait une glace retenue par une décoration en cuivre doré au chiffre de Marie. Cet autel, auquel on a ajouté un joli tabernacle orné des statuettes de la Vierge et de saint Évroult, provient de la Chartreuse du Val-Dieu. Il fut cédé à la municipalité de Champs, lors de la dispersion du mobilier et de tous les objets d'art que possédait le célèbre monastère (2).

Dans le cimetière, près du chœur de l'église, tous ceux qui ont au cœur l'amour du sol natal saluent avec émotion la modeste tombe de l'abbé J.-B. Fret, curé de Champs, l'auteur des *Chroniques Percheronnes*. Cet humble curé de village, souffrant de l'isolement intellectuel où il était forcément réduit, privé par l'éloignement du secours des archives et des bibliothèques publiques, n'a pu donner à son œuvre toute la valeur scientifique et l'originalité que l'on serait en droit d'exiger à notre époque. Il gardera le mérite d'avoir été dans notre Perche l'initiateur des études d'histoire locale, dans un temps où elles étaient loin d'être appréciées, et surtout pratiquées comme elles le sont justement aujourd'hui.

L'abbé A. Desvaux.

(1) L'abbé Fret. *La Pèlerine Percheronne*, p. 48.
(2) Quatrième Registre des délibérations du directoire du district de Mortagne (15 octobre 1792). *Archives départementales*.

LE CHATEAU DU BREUIL

Sur la commune de Beaulieu, à la limite des départements de l'Eure et de l'Orne, le château du Breuil est agréablement situé dans un bocage de la vallée de l'Avre. La distance à parcourir, pour se rendre de ce château au bourg de Beaulieu ou à celui de Chennebrun (Eure), est à peu près égale.

Cette charmante habitation a été restaurée et embellie par le propriétaire actuel, M. Pelletier de Saint-Pierre ; mais ce qui la rend surtout remarquable, c'est un très beau parc anglais planté de hêtres séculaires. On retrouve, non loin de ce château, des vestiges fort curieux de l'occupation anglaise : nous voulons parler des *Fossés-le-Roi*, qui séparaient, dès le XIIe siècle, la France de la Normandie.

« Ces fossés, dit l'*Orne archéologique et pittoresque*, sont analogues à ceux que les Romains creusèrent sur quelques-unes de leurs frontières, et à ceux qu'en 1077, Robert de Bellême fit ouvrir à peu de distance d'Alençon, près de Saône (Sarthe).

« La tradition populaire veut qu'ils s'étendissent autrefois de Verneuil jusqu'à Alençon. On n'en signale pas de traces cependant entre cette dernière ville et Sainte-Scolasse, et, de Sainte-Scolasse à Bonmoulins, ils ne sont ni continus, ni remarquables.

« En revanche, de Bonmoulins à Notre-Dame-d'Aspres, sur une longueur de 7 à 8 kilomètres, ils existent encore sans interruption notable. Sur une ancienne carte du diocèse de Chartres, on les voit, sous la désignation de *Fossés-le-Roi*, tracés depuis Conturbie jusqu'au delà de Nonancourt, en passant par Irai, *Beaulieu,* Verneuil, Tillières et Nonancourt, et se terminant sur le bord de l'Avre, au Ménil-de-l'Estrée.

« Sur la commune des Genettes, dans les endroits les mieux conservés, ces fossés ont environ 12 à 13 mètres de largeur sur 3 de profondeur. Le rejet de la terre est au nord, du côté de la Normandie, et forme une masse de 10 mètres de largeur au moins à sa base, sur 3 et même 4 de hauteur. Le creux est presque partout comblé, surtout dans les champs cultivés.

« Par qui ces fossés ont-ils été construits ? Par les Anglais, répond la tradition qui leur prête beaucoup en ce genre, tant le souvenir des dernières invasions efface toujours celui des malheurs précédents ! Par Henri II, roi d'Angleterre, vers l'an 1168, dit la *Chronique Normande*, beaucoup plus digne de foi, pour repousser les pillards dont le voisinage de la forêt du Perche favorisait sans doute les incursions vers cette partie de la frontière normande, nue, plate et sans défense : *Fecit fossata alta et lata inter Franciam et Normaniam, ad prædones arcendos.....* »

Pendant les guerres des Anglais, et probablement aussi à d'autres époques, des combats nombreux eurent lieu près de cet antique manoir, car on y trouve encore, dans le sol des jardins et des pelouses, de vieux projectiles parfaitement conservés. C'était là, d'ailleurs, un lieu admirablement choisi pour une action militaire.

L'abbé A.-P. Gaulier.

Cliché H. Magron

Héliog. P. Dujardin

CHÂTEAU DE CHAMPTHIERRY

Orne

Pl. N° 71

LE CHATEAU DE CHAMPTHIERRY

Le château de Champthierry, situé sur la commune de Saint-Maurice-lès-Charencey, est entré par un mariage, depuis deux siècles, dans la famille Gouhier de Charencey.

Cette famille reconnaît pour auteur un chevalier, nommé Gouhier, qui vivait au commencement du XIe siècle. Le duc de Normandie, dit Guillaume de Jumièges (liv. VI), avait ce chevalier en très grande affection, mais Guérin, de Domfront, fils de Guillaume Ier, seigneur de Bellême, le tua par trahison vers l'an 1026.

Dans les XIIIe, XIVe et XVe siècles, la noble maison des Gouhier subsistait en Normandie, ayant des fiefs dans les diocèses de Bayeux, de Lisieux et de Sees. Il s'est même formé successivement onze branches de cette famille, toutes maintenues dans leur noblesse d'ancienne extraction par M. de Marle, intendant d'Alençon, en 1666.

La branche de Charencey a eu pour premier auteur Achille Gouhier, écuyer, seigneur d'Ectot, mort vers l'an 1573.

L'un de ses descendants directs, Charles-Guillaume Gouhier des Champeaux, premier du nom, chevalier, seigneur de Petiteville, épousa, en 1772, Catherine-Henriette de Carpentin, fille de Jean-Baptiste de Carpentin, seigneur de Charencey, du Parc, des Hayes et autres lieux. Un de leurs fils, Charles-Guillaume Gouhier, comte de Charencey, fut député de l'Orne de 1822 à 1830. Il eut pour fils Charles-Léonce Gouhier, comte de Charencey, membre du Conseil général de l'Orne en 1845 et député de l'Orne en 1848.

C'est son fils, Charles-Félix-Hyacinthe Gouhier, comte de Charencey, membre du Conseil général de l'Orne, qui est le chef actuel de nom et d'armes de cette ancienne maison.

La jolie habitation de Champthierry a été agrandie et restaurée par les différentes générations qui s'y sont succédé. Des trois tourelles qui ornent sa façade au couchant, deux ont été construites il y a une dizaine d'années. Une des ailes, surmontée d'une galerie italienne, est occupée par une riche bibliothèque, qui est décorée de fines sculptures Louis XIV du genre flamand, selon les dessins de l'architecte Louis Parent.

La salle à manger est ornée de vieilles boiseries Louis XIII provenant d'une ancienne gentilhommière, située près de Sées et appartenant à la famille de Charencey.

Un parc de cent hectares environne cette habitation. Primitivement dessiné à la française, il a été transformé de la façon la plus heureuse par Buhler qui y a percé de nouvelles allées; il renferme un vaste étang, alimenté par plusieurs rivières, et des arbres séculaires y font l'admiration des paysagistes.

Des fenêtres de ce château, on jouit d'une vue splendide sur le pays environnant. Au dernier plan s'étend la forêt du Perche dont les sombres masses de verdure encadrent le pittoresque village de la Poterie.

M. le comte de Charencey, propriétaire actuel de Champthierry, est membre du Conseil général de l'Orne depuis plus de 25 ans; dans cette assemblée, il a toujours vaillamment défendu les intérêts de son canton, et il a su conquérir, dans toute la région, une situation exceptionnelle.

M. le comte de Charencey s'est également fait connaître par de nombreux travaux littéraires, et les sociétés savantes l'ont en grande estime.

Par ses vastes proportions, son parc splendide, son site magnifique et surtout par l'exquise amabilité de ses châtelains, Champthierry est une des plus charmantes résidences du Perche et de la Normandie.

L'abbé A.-P. Gaulier.

ÉGLISE SAINT-MARTIN, À LAIGLE

L'ÉGLISE SAINT-MARTIN, A LAIGLE

Lorsqu'on pénètre dans l'église Saint-Martin, on peut constater qu'elle présente trois nefs et que celles-ci ont été construites à des époques différentes. L'aspect extérieur confirme cette impression : vers l'angle sud-ouest, on remarque une petite tour carrée surmontée d'une flèche très élégante, qui paraît dater du XIe siècle; la grande nef est la plus ancienne construction après celle-ci; il n'en reste que les deux extrémités, l'abside présentant les caractères du XIIIe siècle et la muraille placée vers l'ouest, qui paraît avoir subi des modifications ultérieures.

Plus tard, au mois de mai 1494, on construisit la nef du côté nord et aussi la tour. Enfin la nef méridionale donnant sur la place, vint, de 1546 à 1557, compléter l'édifice tel que nous le voyons aujourd'hui.

La partie la plus remarquable est à coup sûr la tour carrée. Les quatre côtés sont percés chacun de trois baies richement décorées, ainsi que chaque façade, par des sculptures d'un goût admirable, à la fois sobres et riches, ce qui n'exclut pas la finesse de l'exécution. L'angle sud-ouest de la tour porte une élégante tourelle octogonale en partie engagée dans la tour carrée; elle renferme l'escalier conduisant aux divers étages de la tour et à la galerie qui la termine à une hauteur de 32 mètres environ.

A l'étage supérieur, la décoration de la tour, de ses contreforts et de la tourelle est complétée par une suite de treize statues; les culs-de-lampe qui les supportent et les dais qui les couronnent sont très délicatement sculptés. Il est difficile de déterminer quels sont tous les personnages représentés par les statues, dont quelques-unes ont été sans doute placées là en l'honneur de quelques contemporains. On distingue néanmoins la Vierge portant l'Enfant-Jésus, saint Jacques le Majeur, saint Michel tenant le Diable enchaîné et le menaçant de son épée, saint Jean-Baptiste, saint Nicolas, saint Christophe avec l'Enfant-Jésus, saint Jean l'Évangéliste.

L'extérieur de l'église ne présente en dehors de la tour rien de bien remarquable. Nous pouvons cependant signaler la façade méridionale qui présente des sculptures bien mutilées. Quatre contreforts qui soutiennent la muraille portent sur chaque angle saillant des niches avec des culs-de-lampe et des dais finement sculptés. Ces niches renfermaient des statues de saints qui ont disparu au moment des guerres de religion.

L'intérieur de l'église nous présente aussi quelques sujets dignes d'être remarqués. C'est tout d'abord le maître-autel; le rétable en bois sculpté est d'un très bel effet; quatre colonnes, surmontées de chapiteaux d'ordre corinthien, encadrent au milieu un tableau attribué à Lebrun et de chaque côté des statues de saint Sébastien et de saint Roch. Les colonnes et l'autel sont ornés de sculptures remarquables, guirlandes de vigne, grappes de raisins, fruits, etc. Tout cet ensemble constitue une œuvre d'art qui mérite d'être admirée.

Nous signalerons aussi des vitraux très variés ; quelques-uns sont anciens et offrent des spécimens intéressants de ce genre de décorations. D'autres, plus modernes, représentent des scènes de la vie de saint Martin, patron de l'église, et de celle de saint Portien, qui a été et est encore dans cette ville l'objet d'un culte particulier.

Signalons encore, avant de quitter cette église, les deux autels modernes placés dans les deux nefs latérales et enfin de jolis pendentifs qui ornent la voûte de la nef méridionale.

L'église Saint-Martin de Laigle a été l'objet d'une étude très détaillée et très intéressante, publiée récemment avec l'histoire de la paroisse par le curé-doyen actuel, M. l'abbé Gontier (*Saint-Martin de Laigle,* 1896).

Le Docteur Rouyer.

L'ÉGLISE DE SAINT-JEAN, A LAIGLE

Cette église n'était dans le principe qu'une chapelle funéraire placée à l'entrée du cimetière qui était celui de Saint-Martin. L'accroissement de la population la fit ériger en église paroissiale vers l'année 1350; elle ne présentait alors qu'une seule nef.

Plus tard on ajouta une nef latérale du côté nord, pour l'agrandir en raison de sa nouvelle destination; on apporta aussi quelques autres changements à la fin du XVe siècle. Mais on constate néanmoins, à l'extérieur du chœur, un mur datant de la fin du XIIe siècle.

∴

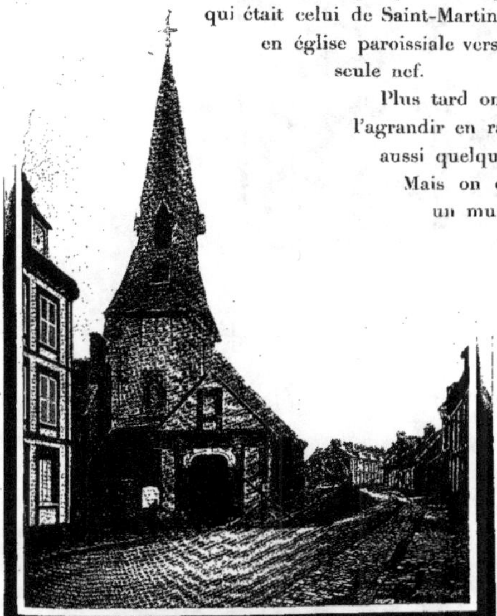

Église de Saint-Jean.

D'après une photographie de M. [illegible]

La partie la plus remarquable de l'église Saint-Jean est la tour dont la façade ouest, celle de l'entrée, est seule décorée de sculptures et de statues auxquelles on peut, malgré les détériorations, reconnaître un réel mérite.

Ces statues sont au nombre de cinq : une près du contrefort à gauche, représentant le Christ attaché à la colonne; trois auprès du contrefort de droite; une statue de femme dont la partie supérieure a été detruite par le temps; puis un saint Jean-Baptiste portant l'agneau et enfin une femme ayant un dragon sous ses pieds. La cinquième, saint Denis portant sa tête entre ses mains, est placée au milieu de la façade, au-dessous des autres, devant une fenêtre simulée.

En avant de cette façade, se trouve un porche de construction moderne qui pourrait être plus élégant.

A l'intérieur, on peut remarquer le maître-autel, avec quatre colonnes corinthiennes supportant

Le maître-autel.

D'après une photographie de M. H. Magron

un fronton coupé par une niche. Deux autels latéraux placés en avant du chœur sont ornés de sculptures en bois d'une exécution très soignée.

Le Docteur Rouyer.

LE CHATEAU DE LAIGLE

C'est en l'année 1010 que fut construit le premier château de Laigle, par un riche seigneur nommé Fulbert de Beine. On possède peu de détails sur la situation de la contrée à cette époque. On ne sait quelle était l'origine, franque ou normande de ce seigneur ; on ne sait pas davantage si une ville ou agglomération quelconque existait déjà en ce lieu. Les anciens auteurs rapportent que Fulbert possédait des terres très étendues et que, pour les défendre, il songea à construire un château-fort. Au moment des travaux, on trouva dans un chêne un nid d'aigle, et, pour conserver le souvenir de ce fait tout exceptionnel, on donna le nom du roi des airs non seulement à la construction nouvelle, mais aussi à la bourgade déjà existante ou construite depuis.

Le Château de Laigle.

D'après une photographie de M. H. [illegible].

Le château primitif de Laigle se trouvait placé devant et sur un endroit occupé maintenant par une belle allée de tilleuls qui domine plusieurs terrasses étagées au-dessus de la vallée. Sous les premiers arbres de cette allée, on a trouvé, au commencement de ce siècle, des vestiges de ce vieux château, les fondations du donjon et l'entrée de souterrains si solidement maçonnés qu'on a dû renoncer aux travaux de déblaiement et les recouvrir de terre.

La seigneurie de Laigle était une baronnie très importante et très étendue ; elle fut occupée pendant les premiers siècles (1010-1624), par quatre familles. La cinquième et dernière en prit possession à ce moment et la conserva jusqu'à la République.

C'est la famille des Acres ; le premier fut Nicolas des Acres, qui fut tué en 1628 au siège de La Rochelle ; son fils, Jacques, vingt-neuvième baron de Laigle, vit la baronnie de Laigle érigée en marquisat par lettres patentes du mois d'avril 1653.

Ce fut son fils, Louis des Acres, le deuxième marquis de Laigle (1669-1717), qui commença la construction du nouveau château de Laigle sur un terrain très irrégulier qu'il dut tout d'abord niveler.

Les travaux furent commencés en 1690, sur les dessins de Jules Mansard, mais ils ne furent terminés que vers 1732 par son fils et successeur, qui profita des vastes salons de cette nouvelle construction pour y organiser des réceptions fastueuses, où il appelait tous les gentilshommes des environs.

Le château de Laigle est bâti dans le style majestueux du XVIIe siècle; il présente deux façades; la principale, qui regarde le levant, donne accès à un vestibule spacieux dans lequel se développe un escalier lui-même très ample et d'un beau caractère.

Vers le nord, entre le château et la rivière se trouvent des communs d'une grandeur et d'une architecture remarquables. Tout près, et plutôt trop près du château, se trouvent des tilleuls d'une hauteur peu ordinaire, qui forment à la partie supérieure de la place publique, entre le château et les communs, un coup d'œil ravissant. Un deuxième rideau d'arbres de même nature se trouve un peu en arrière du premier, et de là on découvre la belle allée de tilleuls et le parc tout entier traversé par la Rille, dont la vallée se perd au loin vers l'horizon.

Le château lui-même est masqué en grande partie par des maisons qui forment un des côtés de la rue Saint-Jean. Quant à l'antique demeure seigneuriale, elle est actuellement occupée par plusieurs particuliers.

Le Docteur Rouyer.

Cliché H. Magron — Héliog. P. Dujardin

CHÂTEAU DE TUBEUF

Pl. N° 73

LE CHATEAU DE TUBEUF

Le château de Tubeuf est situé dans la commune de ce nom, près de l'église paroissiale, dédiée à saint Léonard.

Ce château remonte à la première moitié du XVIIe siècle. Bâti en briques et en pierres de grès, couvert en ardoises, avec un toit très élevé, il offre un élégant et très pur spécimen du style Louis XIII. Les cloches de l'horloge et les plaques des cheminées portent la date de 1643.

Il se compose d'un corps de bâtiment principal à deux étages et d'une aile regardant le sud. Une vaste orangerie d'un très beau style, de nombreux communs, un jardin potager, un autre jardin consacré à la culture des fleurs, un verger planté de toutes sortes d'arbres, accompagnent cette belle gentilhommière et en diversifient agréablement les abords. Un immense parc, enclos de murs et planté de beaux arbres, l'environne.

Sur l'emplacement occupé par l'habitation actuelle, existait au moyen âge un château-fort, dont l'enceinte est indiquée par des traces apparentes et par de larges fossés qui subsistent encore en partie.

La cour d'honneur actuelle est entourée de ces fossés, et pour y arriver on passe sur un pont qui les traverse et remplace le pont-levis de l'époque féodale.

Avant 1789, Tubeuf était une paroisse de l'élection de Verneuil, à deux lieues de Laigle, avec titre de baronnie.

Dans le récit des guerres qui éclatèrent, en 1356, entre Philippe de Navarre, soutenu par les Anglais, et Jean le Bon, roi de France, Masseville fait mention du château de Tubeuf. Après avoir raconté que le roi Jean poursuivit le duc de Lancastre jusqu'à Tubeuf, près de Laigle, cet historien dit que la paix fut conclue entre le roi Jean et Philippe de Navarre, au mois de mai 1365, « mais à la condition que le *Navarrois* emploierait ses forces pour faire sortir les garnisons anglaises des châteaux de Tubeuf, de Livarrot et des autres lieux qui étaient occupés sous son nom ».

Au XVIe siècle la baronnie de Tubeuf était très importante ; une dizaine de fiefs et des bois d'une étendue considérable en dépendaient. Dans l'aveu de la baronnie de Laigle, rendu en 1509 au duc d'Alençon, par Réné de Bretagne, se trouvent les noms de ces fiefs et des seigneurs qui les possédaient.

Le fief de Tubeuf relevait de la baronnie de Laigle, érigée en marquisat l'an 1654. Un procès-verbal dressé, le 10 mai 1664, par le garde des sceaux royaux de la vicomté de Verneuil, constate que Messire Jean Courtin, baron de Tubeuf, a rendu à M. le marquis de Laigle les « *foy et hommages qu'il lui doit* ».

Le domaine de Tubeuf, après avoir passé de la famille de Caradas du Héron dans celle du baron de Blanzard et dans celle du Vair, fut possédé, en 1750, par le marquis de Fribois. A sa mort, arrivée en 1752, il le laissa à sa fille, qui avait épousé, en 1739, Nicolas-Réné Berryer, lieutenant de police de 1747 à 1755.

Madame Berryer, devenue veuve, habita longtemps la terre de Tubeuf, et le chancelier Pasquier, dans ses mémoires, raconte que, dans sa jeunesse, il y venait souvent passer ses vacances.

Le Château de Tubeuf.

D'après une photographie de M. H. Magron.

Tubeuf a ensuite successivement appartenu à la famille des Caumont-Laforce, au marquis de Lillers, de 1803 à 1826 (1), à M. le comte de Beaufranchet, et à Madame la baronne de Maklot jusqu'en 1847.

Depuis cette époque, il se trouve entre les mains de la famille Beau. Le propriétaire actuel, M. Amédée Beau, a été nommé, en 1871, député de l'Orne à l'Assemblée constituante.

L'abbé A.-P. Gaulier.

(1) En 1812, l'empereur Napoléon Ier, à son retour de Cherbourg, s'arrêta une journée au château de Tubeuf, chez le marquis de Lillers, alors l'un de ses chambellans. En souvenir de ce séjour, une chambre du château porte encore aujourd'hui le nom de *chambre de Napoléon*.

L'ÉGLISE DE SAINT-SULPICE-SUR-RILLE

A deux kilomètres au-dessous de Laigle, on aperçoit, dans une situation pittoresque sur le versant gauche de la vallée de la Rille, l'église Saint-Sulpice.

Fulbert, premier baron de Laigle, fondateur du château, eut pour successeur Engenoulf; celui-ci eut la douleur de perdre son fils aîné en 1059; il en conçut un tel chagrin qu'il se retira à l'abbaye de Saint-Évroult. Plus tard il rentra dans son château de Laigle et fit construire à Saint-Sulpice une chapelle funéraire où il devait être inhumé, lui et ses descendants. Il appela pour la desservir des moines Bénédictins de l'abbaye de Saint-Lomer près de Blois, et un prieuré fut établi près de cette chapelle où nous le voyons encore aujourd'hui.

Engenoulf n'y fut pas inhumé; il avait suivi Guillaume le Conquérant en Angleterre, et fut tué à la bataille d'Hastings.

L'église de Saint-Sulpice occupe l'emplacement de la chapelle funéraire construite par Engenoulf; les murs sont en pierres dites *grisons;* et une partie, ceux du chœur, datent probablement de la fondation, mais la construction primitive a été agrandie et d'importantes modifications y ont été apportées successivement.

Dans la sacristie, qui se trouve en arrière de l'autel, on voit encore des restes de très beaux vitraux datant du XIIIe siècle. Ils étaient placés à des fenêtres hautes et étroites percées dans le mur du fond. Celle du milieu, la plus haute, n'a plus de vitraux; les deux autres fenêtres ont conservé les leurs, qui représentent deux évêques en pied, et l'un d'eux porte cette inscription : *Saint Lomer, saint du pays.*

Au-dessus de l'église, et en contact avec elle, du côté nord, se trouve l'ancien prieuré; le bâtiment principal porte des fenêtres de la Renaissance assez curieuses, mais bien détériorées. Aujourd'hui le prieuré est devenu une ferme, occupée actuellement par le propriétaire.

Le Docteur Rouyer.

LE CHATEAU DU FONTENIL

Dans les chroniques normandes, nous trouvons, au XIIe siècle, le nom des seigneurs du Fontenil.

« Au mois de septembre 1119, dit M. Vaugeois dans son *Histoire de Laigle* (liv. VI, chap. V), Louis le Gros, roi de France, vint en Normandie pour faire le siège de Breteuil, dont les habitants se défendirent vigoureusement; mais l'approche de Henri Ier, roi d'Angleterre, qui venait à leur secours avec une puissante armée, obligea les assiégeants d'abandonner leur entreprise. Pendant que

Le Château du Fontenil.

D'après une photographie de M. H. [illegible]

les deux rois étaient ainsi aux prises, les seigneurs particuliers pensaient à leurs propres intérêts et se faisaient réciproquement la guerre. Guillaume de Ray, *Guillaume de Fontenil,* Isnard d'Ecubley, ne s'occupaient que des moyens de s'enrichir en pillant leurs voisins. »

Des châteaux de ces trois seigneurs, un seul existe aujourd'hui, c'est celui du Fontenil.

Au commencement du XVIe siècle, la terre noble du Fontenil avait une certaine importance.

Dans l'aveu de la baronnie de Laigle, rendu en 1509 au duc d'Alençon, par René de Bretagne, il est dit :

« Est tenu de notre dite baronnie, à foi et hommage, le fief et terre noble du Fontenil, par un fief de haubert entier à cour et usage, duquel fief du Fontenil sont tenus par semblable plusieurs fiefs nobles à cours et usages, sçavoir est : le fief de Courtillières et du Theil ; le fief de la Lavellière ; le fief de la Hugoire, et le fief de la Boulangère. »

A la fin du XVIIe siècle, en 1698, d'après l'État de la Généralité d'Alençon, publié par M. Louis Duval, archiviste de l'Orne, « le fief du Fontenil, pour la portion aînée qui était un demi-fief de haubert, appartenait à M. René d'Érard, baron de Ray, président au présidial d'Alençon ».

Le château du Fontenil, autrefois fortifié, et dont la construction remontait à la fin du XIe siècle ou au commencement du XIIe, a été rebâti au XVIe siècle dans le style de la Renaissance. Les murs,

Ancienne Chapelle et Pigeonnier du XIIe siècle.

D'après deux photographies de M. H. Magron.

élevés sur des soubassements de belles pierres de taille, sont construits en briques rouges et noires, rangées en lignes diagonales et formant des losanges ; ils font un effet agréable à l'œil et fort régulier. Sur le linteau en pierre de la porte de la tourelle polygonale servant d'entrée, on voit encore figurer la date de 1544.

A l'époque de cette reconstruction, on conserva quelques anciens bâtiments. En effet, plusieurs bâtiments qui subsistent encore, principalement un pigeonnier de forme ronde et une chapelle, paraissent appartenir au XIIe siècle. Des fortifications de ce château au moyen âge, il existe encore un ancien et large fossé, qui en défendait l'accès de l'est à l'ouest.

Madame Lejeune, propriétaire actuelle de cet antique manoir, l'a fait restaurer et agrandir en 1872.

Le château du Fontenil est situé sur la commune de Saint-Sulpice-sur-Rille, à trois kilomètres de Laigle. Sa position est agréable ; il s'élève sur un coteau d'où la vue s'étend sur la vallée du Godet, renommée pour ses riches pâturages et ses beaux pommiers.

L'abbé A.-P. Gaulier.

LE DOLMEN DU JARRIER

Le domaine du Jarrier qui renferme ce dolmen est une ancienne gentilhommière, ainsi que le constate une armoirie incrustée dans une vieille construction, avec la date de 1578. Maintenant elle est à usage de ferme; elle est située à un kilomètre au-dessous de Laigle, sur la commune de Saint-Sulpice-sur-Rille.

Le Dolmen du Jarrier.

D'après une photographie de M. H. Magron.

Ces monuments d'origine celtique ne sont pas rares dans la contrée, mais celui-ci a le mérite d'être bien conservé, il est constitué par une roche siliceuse agglomérée de la nature de celles qu'on désigne sous le nom de *poudingue*.

Sa forme est ovalaire, et présente environ 10 mètres de tour. Sa plus grande longueur est de 4 m. 45 sur 2 m. 85 de plus grande largeur; son épaisseur varie de 25 à 85 centimètres; il est supporté par quatre piliers en grès, de 30 à 40 centimètres de hauteur. Sur l'un d'eux on a cru distinguer des figures représentant les phases de la lune; nous sommes obligé de reconnaître qu'il faut une bonne volonté excessive pour trouver une signification quelconque aux irrégularités naturelles de la pierre.

Des fouilles pratiquées sous le dolmen ont permis de constater que le sol y est formé de silex et de sable comprimés et solidement tassés. On aurait trouvé dans ces fouilles quelques charbons et un fragment de vase presque calciné.

Ce vieux monument est placé au coin d'un bois de sapins; il était ombragé autrefois par trois chênes majestueux qui ont disparu au commencement de ce siècle; il reste encore un vieux charme qui fut sans doute leur contemporain.

Le Docteur Rouyer.

LE CHATEAU DE LIVET

Dans le moyen âge, il y a eu un château-fort à Livet. A cette époque, en effet, Livet était un fief militaire.

Au *Recueil* qu'il nous a donné des anciens auteurs normands, M. Du Chesne a joint des listes assez curieuses des familles de Normandie qui possédaient des fiefs nobles et militaires en cette province au XIIe et au XIIIe siècles.

Sur une de ces listes, nous trouvons Jean de Livet parmi les seigneurs féodaux, jouissant d'un fief militaire du temps de Philippe-Auguste. Ceux qui possédaient ces fiefs étaient obligés d'aller en personne à la guerre, ou d'y envoyer un certain nombre d'hommes selon les droits et la grandeur de leurs terres.

Le château-fort, construit vers le XIIe siècle par les premiers seigneurs de Livet, a été rebâti dans le XVe ou XVIe siècle, comme l'indique une tour de ce manoir encore existante; cette tour est située près du château actuel.

Tour de l'ancien château de Livet.

D'après une photographie de M. H. Magron.

Le fief de Livet relevait du comté de Montgommery. Dans l'aveu rendu au roi, le 6 avril 1696, par Nicolas-François, comte de Montgommery, il est dit que « du comté de Montgommery, *est tenu nuement le fief de Livet... avec foy et hommage, reliefs treiziesmes, et aydes coustumiers* ».

Dans la *Coppie de la main-levée* de l'aveu du comte de Montgommery, nous trouvons mentionnés trois aveux rendus au comte de Montgommery par les seigneurs de Livet : le premier, le 18 mars 1579; le deuxième, le 8 mai 1629; et le troisième, le 18 juillet 1664.

Les titres de propriété conservés dans le chartrier du château de Livet et les aveux rendus au comte de Montgommery, indiquent qu'à différentes époques, avant 1789, le domaine de Livet a appartenu aux familles Belot, Amyot, Le François, Dumont de Champflour, de Veaumesle, de Rougemont, de Fontaine et de Raveton. Depuis la Révolution, les châtelains de Livet ont été M. Armey, avocat au Conseil d'État, le vicomte de Pitray, qui a fait bâtir le château actuel en 1859, et enfin M. de Fréville de Lorme, conseiller à la Cour des Comptes, qui s'est rendu acquéreur de Livet en 1891.

M. de Fréville a agrandi cette jolie habitation en élevant une grande tour carrée au côté Est du château; ces travaux ont été exécutés sous l'habile direction de M. Paul Bœswillwald, architecte des monuments historiques.

Dans la partie neuve du château, M. de Fréville a installé une bibliothèque lambrissée de panneaux sculptés anciens et tendue de vieux cuirs de Cordoue, et il y a réuni un certain nombre d'objets rares et anciens, dont plusieurs proviennent de fouilles faites à Lisieux en 1847.

L'abbé A.-P. Gaulier.

Cliché E. Kagren — Héliog. P. Dujardin

CHÂTEAU DE FALANDRE

Orne — Pl. N° 74

LE CHATEAU DE FALANDRE

Le château de Falandre, situé dans la commune de Mahéru, date du XIVe siècle. On vient d'y trouver, sous l'entablement, une pierre gravée portant l'inscription suivante : « Château fait l'an 1319 par Jean Frochat, né à Mont-Louis, près Tours, maître maçon. » Il est flanqué de deux tours carrées dont les murs, d'une épaisseur de 1 mètre 80, sont percés, de même que ceux du château, de nombreuses meurtrières. Sa toiture est très inclinée et mesure 15 à 16 mètres de hauteur.

A l'intérieur, un escalier construit en briques et en pierres, avec une voûte d'une grande hardiesse, constitue un morceau d'architecture fort remarquable; il ressemble beaucoup à celui du château de Saint-Germain-en-Laye. La grande salle à manger, d'une longueur de 12 mètres sur une largeur de 8 mètres, est ornée de vieilles boiseries Henri II, finement sculptées et parfaitement conservées.

Des fenêtres du château on jouit d'une vue splendide sur une partie des cantons de Moulins-la-Marche, de Bazoches-sur-Hoëne et de Courtomer. Au dernier plan apparaissent, à l'Est et au Sud-Est, les hauteurs de Soligny et la forêt du Perche, qui entoure de ses épais ombrages le monastère de la Grande Trappe.

Au moyen âge, il y avait à Falandre un château-fort sur l'emplacement duquel a été bâti le château actuel.

En 1144, Robert, seigneur de Falandre, donna au monastère de Chartrage de Mortagne la dîme de sa terre du Gué et un journal de terre.

Jean Patry, gentilhomme ordinaire de la chambre de François, duc d'Alençon, possédait le fief de Falandre en 1558. Son fils François, né le 23 décembre 1661, lui succéda comme seigneur de Falandre.

Ce François Patry était un ligueur déterminé. Il prit part à toutes les guerres de son temps et s'attacha au duc de Nemours, qui lui donna une compagnie de chevau-légers. Il s'empara de Châteauneuf-en-Thymerais, le pilla, fut fait prisonnier à Chartres et obtint le gouvernement de Dreux, qu'il défendit contre l'armée du roi. Enfin, fait de nouveau prisonnier à la bataille d'Ivry, il fut, dans la même année 1589, tué d'un coup d'arquebuse à l'assaut du château de Conches.

Le domaine de Falandre devint ensuite la propriété de la famille Férault, qui, originaire de la Provence, tenait, dès le XIe siècle, un rang distingué parmi la noblesse de cette province.

En 1129, un Férault de Barras, chevalier de l'ordre de Saint-Jean de Jérusalem, était grand commandeur des biens et des maisons du bord de la mer et de ceux de Belvès et de Beaulieu. C'était, on le sait, après le grand-maître, la première dignité de l'ordre, attachée de préférence à la langue de Provence.

La filiation suivie et authentique de cette maison, dressée d'après les archives de la famille, commence à Charles Férault, qui vint se fixer, en 1534, dans la généralité d'Alençon, aux environs de la ville de Sées.

Il eut pour fils Isaac Férault, seigneur d'Échassey, qui épousa Louise de Mallard, fille de Claude de Mallard, seigneur de Falandre et du Menilbrout.

Au commencement du XIXe siècle, cette maison était représentée par Louis-Raymond Férault, marquis de Falandre, né le 2 avril 1792, marié en 1828 à Mademoiselle Ernestine-Julienne-Charlotte Guyon de Quigny, fille de Charles-Hippolyte-Hyacinthe Guyon de Quigny, ancien garde du corps du roi Louis XVIII, et de dame Henriette de Moinet.

C'est son fils Henri-Raymond-Hilaire-Marie Férault, marquis de Falandre, qui est le chef actuel de nom et d'armes de sa famille.

L'abbé A.-P. Gaulier.

Cliché H. Magron — Héliog. P. Dujardin

RUINES D'UNE VILLE PRÈS DE BONSMOULINS

Orne — Pl. N° 75

RUINES D'UNE VILLE PRÈS BONSMOULINS

Le petit village de Bonsmoulins, situé à la limite de la Normandie et du Perche, fut jadis un centre important, ayant son église, fondée dès 1113 par l'abbaye de Saint-Évroult, son hospice ou Hôtel-Dieu richement doté, sa haute-justice, ses assises judiciaires et son château-fort redouté et envié. C'est à lui sans doute que Bonsmoulins dut son extension et sa prospérité, mais, après une période de revers militaires, il causa aussi la ruine complète de toute l'agglomération urbaine qui s'était formée à ses pieds, cherchant autour de lui secours et protection.

Nulle forteresse en effet n'eut à souffrir plus de vicissitudes. Relevé de ses ruines, vers 1100, par Henri Ier d'Angleterre, qui sur l'emplacement du vieux château fit construire une place forte redoutable, Bonsmoulins avait été donné à Richer de Laigle par Rotrou, gendre du roi, en 1137. Devenu un vrai repaire de brigands, il fut repris, treize ans après, en 1150, par Geoffroy d'Anjou.

Après plus de deux siècles de tranquillité relative, quand les luttes avec l'Angleterre recommencèrent, la forteresse déjà vieille subit le sort de toutes les places fortes du Perche et tomba au pouvoir de l'envahisseur. C'était en 1418 : Jean Triptofs, qui avait eu les honneurs de cette capture, s'empressa de remettre en état le château dont il venait d'être nommé capitaine; ce qui ne l'empêcha pas dix ans après, en 1429, d'être repris par le compagnon de Loré, le capitaine Ferbourg. Celui-ci, par ordre du duc d'Alençon, le conserva sous son commandement pendant quatre années, elles suffirent à peine à réparer les ruines causées par le dernier siège. En 1433, le comte d'Arondel s'empara de nouveau du château à la suite de combats longs et sanglants, et le fit complètement raser.

Les débris accumulés redisent la triste histoire de Bonsmoulins et les boulets en pierre trouvés dans ces ruines démontrent ce fait fort remarquable, de l'emploi du canon dans le siège des forteresses normandes, durant les premières années du XVe siècle.

Les boulets ne sont pas les seuls vestiges intéressants découverts à Bonsmoulins. Un chercheur, M. l'abbé Saffrey, alors curé d'une paroisse voisine, Saint-Aquilin-de-Corbion, a patiemment exhumé, il y a quelques années, ces restes curieux. Au milieu d'ossements d'hommes et de chevaux qui attestent combien le siège subi fut meurtrier, il a découvert des fragments de poteries en terre et en grès, des éperons, des étriers, des boucles, un petit poignard, une clef, une cuillère et un couteau, trois monnaies féodales du XIVe siècle (1359-1399), enfin un sceau, ou pour mieux dire la matrice en bronze du sceau de la châtellenie de Bonsmoulins. Fort bien conservé, ce sceau porte d'un côté les armes du duc d'Alençon, « aux fleurs de lys sans nombre avec un quartier à la croix ancrée », et la légende : « Sceau de la Chastellenie de Bonsmoulins ». En somme, toute une collection d'objets témoins des luttes qui ensanglantèrent la vieille forteresse.

D'un autre côté, certaines démolitions faites pour reconstruire des bâtiments de ferme, ont mis au jour des débris de colonnettes, des chapiteaux sculptés et des bases de piliers. C'est non loin de la grande muraille, auprès d'un reste de grande porte romane, que l'on a recueilli les objets les plus intéressants, et comme dans presque tous les châteaux détruits à cette époque, une épaisse couche de charbon et des morceaux de tuiles calcinées indiquent que le feu avait été le principal moyen employé par les assaillants pour réduire la garnison.

Les ruines actuelles, quoique considérables, ne peuvent guère donner qu'une vague idée de l'importance de cette place. Un grand pan de muraille fort élevé, avec un reste de tour, en forme la partie principale, un puits profond solidement construit en grison gris est également bien conservé. Entre la tour et le pan de muraille s'élève une haute butte de terre traversée en tous sens de murs épais, dont il est assez difficile de reconstituer le plan d'ensemble; cependant la partie qui longe le dernier fossé de l'enceinte laisse voir très visible la penture d'une des deux portes d'entrée.

On distingue également les murailles formant la seconde enceinte, auprès de laquelle on remarque les restes d'un bâtiment assez élevé et qui, d'après sa forme circulaire à une extrémité, pouvait être une petite chapelle; c'est contre cette deuxième enceinte que se trouve le second fossé communiquant avec la rivière d'Ilon; il est encore en partie rempli d'eau, et sert d'écluse à un moulin voisin.

Le troisième fossé, qui porte comme les deux autres le nom de Fossé-le-Roi, n'est plus maintenant, sur une certaine longueur du côté de Saint-Aquilin, qu'un petit ruisseau, limite des deux communes. Enfin, l'on rencontre à quelque distance de larges tranchées ou de vieilles routes se dirigeant vers Verneuil ou Essay; elles marquent l'emplacement de chemins qui conduisaient au château.

Aux environs, le *Champ de la Chapelle* auprès *du Gibet*, et le lieu dit *les Fourches*, suffiraient à attester, à défaut de documents historiques, l'existence de la haute-justice alors que Bonsmoulins portait le titre de ville.

Comment se fait-il que cette localité soit déchue rapidement de son ancienne splendeur et que les ruines d'un château si considérable aient disparu presque complètement. Leur histoire est hélas celle de beaucoup d'autres monuments importants; le vandalisme incessant de destructeurs inconscients a plus fait que les ravages de la guerre : on a trouvé là des masses de pierres faciles à employer et on s'en est emparé.

M. Louis Duval, l'éminent archiviste de l'Orne, a bien voulu nous communiquer un certain nombre de pièces qui nous racontent l'histoire de cette destruction méthodique et en quelque sorte autorisée. Ce sont des lettres de M. de Soalhat, subdélégué à Sées et de M. de Courteilles à l'intendant d'Alençon, traitant cette question; des demandes instantes de Madame de Préville-Férault et de M. d'Anneville (1), président-trésorier de France au bureau des Finances de Caen, et d'autres propriétaires, qui tous sollicitent la permission d'employer les pierres soit pour réparer la nef de l'église, soit pour entretenir les chemins ou reconstruire des bâtiments d'exploitation. Aussi, bien que ces murs « fussent faits de matière si bonne, qu'il était impossible d'en avoir qu'en cassant les pierres par petits morceaux (2) », la démolition marcha avec une rapidité effrayante, et si, par ordre, l'on n'avait conservé pour « bornages les trois murs situés au midy et qui formaient ci-devant un pignon », il est probable que rien ne resterait plus pour attester l'ancienne splendeur de Bonsmoulins.

P. de Longuemare.

(1) *Archives de l'Orne*. Série C. Liasse IV.
(2) *Lettre du 22 septembre 1759*.

L'ÉGLISE DE SAINTE-CÉRONNE

Vers le milieu du Ve siècle, une jeune fille noble de la Gaule Narbonnaise s'en vint fonder, aux environs de l'ancienne ville gallo-romaine de Mont-Cacune, une communauté de vierges, le premier monastère chrétien de nos contrées.

Témoin des pratiques superstitieuses auxquelles se livraient les habitants de Mont-Cacune, en l'honneur des ancêtres, sur la colline voisine, le Mont-Romigny, nécropole de leur ville, Céronna (*ou* Cerumpna) résolut d'y bâtir un oratoire pour sanctifier ce lieu. Peu de temps après sa mort, son corps fut déposé dans ce modeste sanctuaire. Vers la fin du Xe siècle, l'évêque de Sées, saint Adelin, biographe de la sainte, éleva sur son tombeau un édifice plus spacieux, centre d'une paroisse honorée de privilèges particuliers, comme étant la plus ancienne du pays (1). Cette église, dédiée à sainte Céronne et but d'un pèlerinage très fréquenté en son honneur, fut reconstruite au commencement du XIIe siècle. Elle est d'une structure très simple, terminée en abside ronde, comme le sont dans le Perche toutes les églises de la période romane, éclairée de fenêtres qui ne sont déjà plus les étroites meurtrières du siècle précédent. La muraille, où l'on retrouve au midi l'appareil à feuilles de fougère, est surmontée d'une corniche à tore simple, et accompagnée de contreforts peu saillants et montant d'un seul jet aux deux tiers de sa hauteur. Au XVIe siècle, d'autres contreforts plus puissants ont été ajoutés du côté du nord, pour assurer la solidité de l'église gravement compromise par la descente des terres entraînées peu à peu dans le ravin profond creusé à quelques mètres de la muraille.

Église de Sainte-Céronne.

D'après une photographie de M. H. Megron.

Cinq fenêtres caractéristiques éclairaient autrefois l'abside; elles sont maintenant fermées et dissimulées par le rétable de l'autel. Ce rétable en pierre, de style Louis XIII, est vraisemblablement l'œuvre de l'artiste qui a construit les autels de Saint-Marc-de-Réno, Feings, Comblot et Courcerault. La disposition générale, le choix des ornements, la façon dont ils sont traités, jusqu'à de simples

(1) L'abbé FRET, *Chroniques percheronnes*, III, p. 83.

détails, tout est identique. De chaque côté du tabernacle, deux anciens bustes-reliquaires contiennent des ossements de sainte Céronne, et, pense-t-on, de saint Adelin. C'est d'ailleurs tout ce que présente de curieux l'intérieur de cette église vaste et dénudée. Le tombeau de sainte Céronne, quoique dépouillé au XIIe siècle de son précieux dépôt, est resté l'objet d'une grande vénération. Plusieurs fois restauré à la suite de dévastations causées par le temps ou les guerres, il avait été recouvert, à une époque qu'il est assez difficile de bien préciser, d'une mosaïque à dessins géométriques, formés par une combinaison originale de pierres blanches et de ciments de différentes couleurs. Cette mosaïque a été remplacée, il y a une vingtaine d'années, par une dalle de marbre avec inscription en lettres d'or, le tout absolument dénué de cachet.

La haute tour, étayée de contreforts romans très élevés, se termine par un toit en bâtière, percé de fenêtres lucarnes, dans le goût de la Renaissance : c'est la partie la plus intéressante du monument. Sa base forme un vestibule, avec voûte de pierre reposant sur des colonnes trapues, ornées de chapiteaux à entrelacs. Le portail extérieur et celui qui la met en communication avec l'église, sont décorés d'archivoltes ogivales avec rudentures, billettes et tous les motifs d'ornementation du commencement du XIIe siecle.

L'aspect imposant qu'elle présente au sommet d'un monticule escarpé, les lignes sévères de son architecture, les vénérables souvenirs qui s'y rattachent, tout cet ensemble donne à l'église de Sainte-Céronne une physionomie à part et très impressionnante.

L'abbé A. Desvaux.

Héliog. F. Dujardin

MONASTÈRE DE LA GRANDE TRAPPE

Vue Générale

Pl. N° 76

LA TRAPPE-AU-PERCHE

Le plateau fertile de Laigle et les riants coteaux des Apres ont marqué les limites de la Normandie; voici le Perche à la physionomie sévère, aux lignes tourmentées. Les bruyères recouvrent le sol jusqu'aux crêtes où s'élèvent de vastes bois de pins; les étangs s'allongent dans les combes, derrière leur ceinture de roseaux, et l'immense forêt enveloppe de toutes parts le site sauvage, comme pour imprimer à cette tristesse un cachet de grandeur.

Pas de village, pas un bruit humain.

Bientôt le sol s'abaisse; une route serpente sous les vieux hêtres, au pied des contreforts, et l'ouverture d'une vallée apparaît. Ici la pioche et la charrue ont gravé leurs traces, mais la chanson joyeuse du moissonneur ne réveille jamais les oiseaux de la plaine. C'est le pays du silence.

Encore quelques pas. Des toits émergent au delà du lac et du ruisseau; de longs murs se profilent, un troupeau s'abreuve au pied d'une passerelle : l'homme est là.

Près du chemin, sur un tertre à demi couvert d'arbres amoncelés, de nombreux mendiants sont groupés dans l'affaissement de la maladie ou de la vieillesse. L'un cherche le sommeil sur l'herbe molle, pressant de ses deux mains une besace gonflée; l'autre, accoudé sur l'écorce blanche d'un bouleau, commence avec lenteur son repas frugal; celui-ci compte des pièces de monnaie, celui-là roule dans sa blouse la charpie, ou le remède salutaire qu'attend au logis une femme alitée; plusieurs, enfin, les yeux fixés sur la haute muraille, se demandent quand leur tour viendra; mais le visage de ces malheureux ne décèle point l'inquiétude. On sent que l'ange de la charité plane au-dessus de ce champ d'asile.

Soudain une cloche tinte; la petite porte est ouverte, et près du seuil s'efface un homme à large barbe, vêtu d'une robe brune que soutient la ceinture de cuir, chaussé de lourds sabots; son capuce rabattu laisse à découvert ses traits paisibles. Le chapelet à la main, il s'incline, et devant lui entrent un à un d'autres hommes pensifs, portant la faulx ou la pelle entre leurs bras repliés, majestueux dans leur costume blanc rehaussé du noir scapulaire. La deuxième heure sonne : ce sont les pères trappistes qui vont faire leur unique repas de la journée, après le travail des champs. Derrière eux marchent en file les novices, puis viennent les oblats, élancés sous le lin virginal; enfin les frères convers, enveloppés de bure sombre.

Dans un sentier voisin les cent orphelins adoptés par le monastère s'arrêtent pour saluer, et s'acheminent vers leur logis, situé à la naissance du lac.

La porte est refermée, mais une baie étroite, ménagée dans le cœur du chêne, permet de suivre encore la colonne qui s'éloigne. Cette ouverture porte pour grillage une tête de mort et deux os croisés.

Image symbolique. *Lasciate ogni speranza...* Mais non, rien en ce lieu ne saurait rappeler le vers du Dante; le véritable sens éclate aux yeux : Vous qui entrez, placez votre espérance au delà de la tombe.

C'est l'asile de la Foi.

La petite porte s'ouvre ainsi chaque jour... A la fin de notre siècle, à quelques heures de Paris. Qui le pourrait croire? De l'autre côté de la forêt sont les splendeurs de la civilisation, l'éclat des arts, la fête des peuples enfiévrés; de ce côté, au contraire, à peine un rideau d'arbres rustiques, l'obscurité d'une lande inféconde, un groupe silencieux de solitaires; au bout de la route, le combat retentissant des passions; au fond de ce vallon, la paix dans le renoncement; plus loin que la futaie, l'égoïsme et l'envie; en deçà, l'oubli de soi-même et l'amour des autres; là-bas, la haine des croyances et l'orgueil des fourmis humaines; ici, Dieu.

Quel merveilleux contraste et quelle leçon des choses! En face du monde éphémère, la nature éternelle; à quatre pas des meneurs de foules qui prêchent le néant après la jouissance, les anachorètes donnant l'exemple de l'immobilité dans la foi religieuse.

La vérité absolue est-elle du côté où tout tombe en poussière? N'est-elle pas plutôt où tout demeure et reverdit?

Le frère tourier ouvre de nouveau la porte, jette un regard discret vers les étrangers, et d'un geste leur annonce qu'ils sont les bienvenus.

Entre sans crainte, homme, et suis ton hôte. Qui que tu sois, on saura t'accueillir en frère. Réponds, s'il te plaît, que tu viens en ennemi : c'est encore comme un frère qu'on te saluera.

Mais ne t'attends pas à satisfaire céans ton goût pour la mollesse ou la bonne chère, car ces religieux ne se reposent qu'agenouillés sur les dalles de pierre, et n'ont à t'offrir qu'une part de leur pauvreté. Les gerbes dorées et les gras troupeaux qui t'environnent ne sont qu'un dépôt dans leurs mains : c'est le trésor des deshérités.

Façade de l'Abbaye.

Ne compte pas non plus sur les vains discours que la curiosité inspire ou provoque : ces hospitaliers ont fait vœu de silence; leur pensée va plus haut qu'eux et que toi.

De quoi, d'ailleurs, te parleraient-ils? Les bruits du monde ne pénètrent pas dans cette solitude; ces hommes ont tout oublié, même ce qu'ils aimèrent. Ici nul ne connaît l'histoire de ceux qui l'entourent, fût-ce leur nom; que ce nom ait été porté sous un toit de chaume, ou gravé en lettres d'or dans l'Armorial, il est remplacé par un vocable impersonnel de la légende, et ne sera pas même inscrit sur leur tombe.

Respecte, voyageur, ce recueillement et ce mystère; sache t'armer de patience. Voici l'un des pères qui s'approche, le droit lui est accordé de communiquer avec les visiteurs; suis-le. A défaut de ces âmes qui restent cachées, tu pourras du moins connaître les murs qui les abritent.

*
* *

Regarde. L'immense monastère vient d'être reconstruit tout entier. C'est, vu du dehors, un amas de pierres blanches, sans style et sans poésie; à l'intérieur une majestueuse résurrection du passé, le roman et le gothique alternés, dans leur primitive grandeur. Saisissante antithèse, image profonde de la ferveur des siècles antiques se dressant sous la lourde main des maçons du siècle présent.

Les vastes cloîtres sont reliés l'un à l'autre par la chaîne uniforme des arcades, mais chacun conserve son style propre et sa physionomie. C'est toute l'histoire ecclésiastique écrite âge par âge sur le granit. Ils rayonnent autour de l'église; l'un d'eux conduit à la nécropole des abbés. La basilique occupe le centre, imposante par sa simplicité. Là un pieux désir de propreté a fait multiplier l'emploi du marbre blanc. La partie antérieure est réservée aux pères, l'arrière appartient aux frères convers; deux chaires latérales sont destinées aux lectures des prières du vieux rite; une tribune se dresse au fond pour les malades et les visiteurs. C'est dans cette chapelle qu'à une heure du matin commence la journée monastique, et que s'élèvent ces chants dont la mystérieuse ardeur fait invinciblement courber les fronts.

Regagnez les cloîtres. Voici le reliquaire, disposé en oratoire, et qui, par l'éclat de ses richesses, fait songer aux temples byzantins; non loin s'ouvre la salle du Chapitre, où toute la vie temporelle converge. A chaque lever du soleil on y commente un article de la Règle; chacun y confesse publiquement ses fautes de la veille; les forts s'y font humbles, les faibles y puisent la force; l'autorité et l'obéissance ont trouvé sous ces voûtes leur dernier refuge. Dans l'après-midi, aux rares instants de repos, cet abri devient le lieu de lecture et de méditation. Les religieux, qui ne se parlent jamais, doivent toujours vivre ensemble, pour se souvenir, dans cette solitude partagée, qu'ils ont des semblables à aimer.

Chevet de l'Église et Hôtellerie.

Ne montez pas jusqu'au dortoir, où les dures couchettes ne vous apprendraient rien de plus sur cette existence de souffrances volontaires. Entrez plutôt dans le réfectoire, où la bonté la plus ingénieuse et la plus touchante s'allie aux plus rudes mortifications. Chacun a sa petite table, sur laquelle sont servis les légumes cuits au sel et à l'eau, près du morceau de pain pesé d'avance. Quand un trappiste meurt, on continue de le servir pendant un mois, et cette part appartient au premier pauvre qui passera devant la porte du couvent. De même, à certaines époques, lorsqu'on célèbre la mémoire des frères trépassés, quatre portions sont déposées sur chaque table : une pour le vivant qui l'occupe, les trois autres pour les indigents.

Sortez maintenant dans le jardin, parcourez-en du regard les cultures diverses, et admirez ce que d'infatigables travailleurs peuvent obtenir de la terre en l'arrosant de leurs sueurs.

Vous êtes arrivé derrière l'église, un petit mur vous arrête; ôtez votre chapeau : c'est le cimetière des trappistes. Sur la terre soigneusement nivelée, d'humbles croix de bois plantées en ligne, rien de plus; l'égalité dans la mort après la fraternité dans la vie. La tradition a toutefois admis, non des distinctions mais des différences, insaisissables pour tout autre que les initiés, afin de perpétuer le souvenir terrestre. C'est ainsi que les religieux qui furent ordonnés prêtres reposent tournés vers l'orient, image de l'officiant à l'autel, tandis que les simples moines sont placés dans la direction inverse, marquant la place du peuple en prière. Ainsi encore le nom monastique et la date du trépas sont inscrits en latin pour les pères, en français pour les frères lais; par là le suprême hommage leur est rendu dans la langue qui leur fut familière ici-bas. Mais les survivants qui viennent s'agenouiller sur la terre oublient l'inscription pour ne penser qu'à la croix.

Ce cimetière ne cause aucune impression de douleur ou d'émoi, comme font les nôtres; on comprend qu'il s'agit non d'une fin mais d'une étape. La mort ici n'est pas triste.

Arrivé là, saluez votre hôte que d'autres soins réclament, et poursuivez seul votre marche. Descendez cette vaste prairie, conquise sur le lit d'un étang; à l'extrémité du sentier s'étagent les arbres séculaires de la forêt. Le tronc d'un orme, jeté sur l'étroit ravin, en permet l'accès. L'ombre est épaisse, la mousse étouffe le bruit des pas. Seul le ruisseau se fait entendre, mais il ne murmure qu'à voix basse. Sous les rameaux penchés apparaît une grotte, dont l'homme, de sa main étendue, toucherait sans peine le sommet. Le temps a disjoint ses pierres grises, la nature les soutient sous l'étreinte verte du lierre. Dans la niche pratiquée au fond, la Vierge présente au passant l'Enfant-Jésus, et le saint groupe semble sourire aux rameaux de buis et aux fleurs des champs que la piété suspend à ses pieds.

Vue de l'entrée.

Cette solitude fut toujours chère aux trappistes ; c'est pour eux la source sacrée des inspirations. On raconte que saint Bernard y vint plus d'une fois se recueillir et préparer les destinées

Cliché H. Magron — Héliog. P. Dujardin

MONASTÈRE DE LA GRANDE TRAPPE

Le Cloître

Pl. N° 77

de son Ordre ; Bossuet souvent y chercha la solution des plus hauts problèmes de l'Église et les secrets de l'éloquence.

Du seuil de cette grotte, par une mystérieuse échappée, le regard embrasse à la fois le monastère et la forêt, ces deux grandeurs sereines. On n'y perçoit que les soupirs de l'onde ou du vent et l'appel des cloches ; si quelque être vivant laisse glisser son ombre sur la clairière, levez les yeux : c'est le majestueux oiseau des futaies, qui s'élève des cimes vers le ciel. Par l'effet d'une loi qui échappe à la raison, les soucis et les désirs de l'humanité ne pénètrent pas dans cette retraite ; on sent que cette harmonie révèle une vérité plus haute ; on se demande ce qu'il a fallu de générations de croyants pour rendre ces bois et ces murailles indestructibles. Dans cette stupeur humiliée où le Présent vous plonge, on évoque le Passé ; et pour mieux concevoir ces trappistes qui conservent leur unité parmi les métamorphoses du monde, on se redit l'histoire de leurs ancêtres.

*
* *

Rotrou, comte du Perche, troisième du nom, étant sur le point de périr en mer, fit vœu de bâtir une église et de fonder un couvent sur son fief, si la Mère de Dieu l'arrachait au naufrage. Le miracle s'accomplit, et le croisé reconnaissant acquitta sa dette. Le clocher s'éleva en 1122, dans le val sauvage, au milieu des forêts ; et dix-huit ans plus tard, les premiers moines se réunirent dans cette Thébaïde. Rotrou avait exigé que les toits eussent la forme d'un vaisseau renversé, pour perpétuer le souvenir de sa terrible aventure. C'est ainsi que Sainte-Marie de la Maison-Dieu de la Trappe prit naissance.

Entrée du Monastère.

L'abbaye fut soumise à l'ordre de Cîteaux, sa règle fut celle de Saint-Benoît. Son fondateur la dota de reliques apportées de la Palestine, et ses héritiers, bientôt imités par les grands vassaux, grandirent à l'envi son domaine. Ce fut la période de puissance et de calme.

Mais l'homme en vain cherche la paix au fond des déserts : les épreuves de la vie savent l'y rejoindre.

Deux siècles à peine s'étaient écoulés, que la guerre de Cent ans avait fait de la Normandie et du Perche un vaste champ de bataille. Les horreurs de l'invasion, sans cesse renouvelées autour de la Trappe, amenèrent fatalement le relâchement de la règle. Les moines, tantôt assiégés, se faisaient gens d'épée contre l'agresseur anglais ; tantôt obligés de fuir, étaient réduits à mener la vie brutale des rôdeurs ; tantôt conquis, devaient subir, dans leur monastère profané, le contact de la soldatesque. Ils y perdirent en grande partie leurs mœurs et leurs vertus.

Sous Charles VII, le couvent se reconstitua; mais la discipline altérée se prêtait mal à un retour vers les traditions primitives. L'esprit de révolte n'avait pas encore disparu, lorsque François Ier porta aux ordres monastiques un coup funeste en obtenant du pape Léon X le droit de nommer des abbés commendataires, c'est-à-dire des hommes de cour dispensés de la résidence.

C'était la destruction de l'esprit de famille et la ruine du principe d'autorité. Les religieux, n'ayant plus de chef devant eux, n'eurent plus de frein.

Peu après, la Réforme porta à son comble ce désarroi. Non qu'elle ait rencontré des adeptes dans nos monastères, mais les guerres civiles qu'elle déchaîna ramenèrent aux jours de la barbarie. Les pères de la Trappe, déjà trop enclins à s'abandonner aux souvenirs des Grandes Compagnies, furent excités plus que tous autres par les cris de la colère et par le cliquetis des armes. Les reîtres de Coligny prirent d'assaut Mortagne, presque sous leurs yeux, et les pillards débandés refluèrent jusque dans la vallée de la Maison-Dieu. L'œuvre de Saint-Benoît fut encore une fois submergée sous les leçons et les exemples de la violence triomphante.

A dater de cette époque, les moines percherons, dont la désertion, d'ailleurs, avait singulièrement réduit le nombre, rompirent avec les traditions d'austérité pour adopter l'existence des rudes gentilshommes forestiers. Au sanglier l'épieu, aux manants les coups de houssine; le portail ne s'ouvrait plus que pour livrer passage aux tonneaux de vin; les chevaux piaffaient sur les dalles des cloîtres; et devant la chapelle qu'obstruaient les ronces, le chant du plaisir grossier ébranlait des murs sanctifiés par cinq cents ans de prières.

Le Cloître et le tombeau des Abbés.

L'indigent, raillé ou menacé, évitait avec effroi le chemin du couvent. La consternation était générale, mais on n'osait parler que tout bas de ces vices; l'enceinte impénétrable des bois gardait les secrets de la Trappe. Ce triste état de choses se prolongea trop longtemps.

En 1635, cette maison, dont le bénéfice était devenu à peu près héréditaire dans la famille le Bouthillier de Rancé, échut à un abbé de neuf ans, Armand-Jean, pourvu en même temps d'autres sinécures semblables. Cet enfant, filleul du cardinal de Richelieu, ayant pour père le secrétaire de Marie de Médicis, appartenait au monde le plus puissant de la cour.

Sans autre souci de la malheureuse abbaye, on donna tout à la fois à son chef l'éducation d'un homme d'épée et d'un futur prélat. Rancé, chanoine de Paris avant d'avoir fait sa première communion, annonça bien vite une rare intelligence, et devint un des hommes les plus instruits de son temps. Helléniste hors de pair, il produisit à treize ans une traduction d'Anacréon, et les thèses soutenues par l'adolescent excitèrent la surprise et l'engouement.

Éloquent autant qu'érudit, beau, riche, doué d'une imagination ardente, il fut en butte aux avances du monde et trouva doux d'y céder. Son esprit chercheur et excessif l'avait entraîné jusqu'aux hypothèses bizarres de l'astrologie judiciaire, lorsque l'archevêque de Tours, son oncle, le ressaisit et obtint qu'il se fît ordonner prêtre. Mais le sacrement ne changea pas le gentilhomme énamouré de voluptés, et sa réputation devint assez bruyante pour lui concilier l'amitié de Gondi, cardinal de Retz, qui trouvait en lui un émule, après lui avoir peut-être servi de modèle.

Lorsque son père mourut, lui laissant, avec des terres considérables, le magnifique château de Véretz en Touraine, le jeune abbé devint roi de l'élégance par son luxe et son train de maison. Sa table était renommée, ses meutes étaient sans rivales; on se disputait ses faveurs. Les liens qui l'attachaient alors au monde lui paraissaient si indissolubles, qu'il refusa d'être évêque pour ne le point quitter.

Et cependant cette existence l'étourdissait sans le satisfaire. Parfois, pour remplir le vide, il retournait à l'étude; c'est ainsi qu'il passa sa thèse de docteur en Sorbonne. Mais il revenait au monde, et aussitôt cette âme vigoureuse sentait le néant des joies frivoles. Il projetait alors de s'enfuir, pour chercher plus haut et plus loin, en faisant le tour du monde. Rancé restait encore soumis à l'habitude; mais les liens se brisaient un à un.

Il avait çà et là, dans cette période initiale du détachement, des révélations dont un être vulgaire n'eût pas été frappé, et qui le plongeaient dans d'invincibles rêveries. Écoutons-le dans une de ses confidences naïves :

« Certain jour je joignis un berger qui conduisait son troupeau dans la campagne par un temps qui l'avait obligé de se retirer sous un grand arbre, pour s'y mettre à couvert de la pluie et de l'orage. Remarquant en lui, malgré son âge qui me parut être d'une soixantaine d'années, un air de satisfaction intérieure qui me surprit, je lui demandai s'il était donc bien content de l'état dans lequel il passait ses jours. Il me répondit qu'il y trouvait en effet une paix profonde; que les jours ne lui paraissaient que des moments; qu'il trouvait tant de douceur dans sa condition, qu'il la préférait à toutes les choses du monde; que rien ne manquait à son bonheur, et qu'il regretterait même de quitter la terre s'il n'espérait pas trouver au Ciel des campagnes et des troupeaux. »

Intérieur de l'Église.

Cette poésie simple ouvrait devant ses yeux de nouveaux horizons; déjà l'amour de la vie contemplative chantait en lui.

Enfin, après de longues et pénibles irrésolutions, il s'arrêta au dessein de rompre avec le monde, mais sans concevoir encore de projets certains pour l'avenir.

C'est alors, qu'au dire de certains chroniqueurs, il fut brusquement converti par le désespoir que lui causa la mort de la duchesse de Montbazon. De nos jours, Châteaubriand s'est appuyé sur cette fausse légende, démentie d'ailleurs par les contemporains les mieux renseignés, comme Saint-Simon. Il est vrai que Lacordaire a dit de l'auteur illustre des *Martyrs*, que l'histoire de Rancé n'était pas digne de sa gloire; le réformateur de la Trappe n'en demeure pas moins, aux yeux de beaucoup, une victime de la passion.

Il faut, pour soutenir cette opinion, méconnaître étrangement les lois de la nature humaine. Dans la passion, en effet, les sens et l'imagination ont autant de part que l'âme; aussi, quelle que soit son acuité, elle ne saurait posséder la durée, et le désespoir qu'elle inspire sera toujours fugitif comme elle. Pleurer et regretter, c'est encore appartenir à la terre; aussi est-ce vers ce terrestre paradis perdu qu'on retournera lorsque la source des larmes sera tarie. Ces fièvres de la jeunesse peuvent provoquer l'élan passager d'un novice; elles ne donneront jamais naissance au sacrifice d'une vie entière.

Ajoutons que l'histoire tout entière de Rancé proteste contre cette romanesque conjecture. La fin prématurée de Madame de Montbazon n'a pas frappé le mondain d'un coup subit, puisqu'au dire de Saint-Simon, Rancé était déjà en proie aux perplexités qui ont déterminé son détachement du monde; d'autre part on sait, par des dates certaines, qu'il a vécu encore plus de six années, tant à Paris qu'à Véretz, après la disparition de la duchesse, mettant ordre à ses affaires et cherchant sa voie; qui donc alors pourrait soutenir avec vraisemblance que son entrée à la Trappe fut le résultat d'une douleur soudaine? Avant, il avait fait une retraite chez les pères de l'Oratoire pour se recueillir et se consulter; après, il est allé solliciter les conseils de trois évêques renommés pour leur sagesse; et durant cette période de combats intérieurs, il manifestait autant d'aversion pour le cloître que d'éloignement pour son ancienne vie. Tout démontre donc qu'il y a eu, chez Armand de Rancé, une évolution accomplie de sang-froid et non un acte de désespoir.

Le Chapitre.

Mais allons plus loin. La discussion n'est pas permise, puisque Rancé lui-même, Rancé qui n'a jamais su mentir, explique dans ses écrits à quels sentiments il obéit. Laissons-lui la parole et inclinons-nous.

« La cause de ma conversion fut qu'après les plaisirs, de dix-sept à trente ans, je commençai à me dégoûter du monde et à m'en détromper. Je fus convaincu que tout ce qui y fait le fondement et le soutien de ce qu'il a de plus grand, n'a aucune solidité. J'étais souvent témoin des chagrins, des troubles, des ennuis et des faiblesses de ceux qu'on y croit les plus heureux. Je voyais leurs cœurs déchirés de mille manières différentes par les passions auxquelles ils étaient livrés. Je souffrais comme eux, parce que je m'abandonnais comme eux à des désirs déréglés. Je

Cliché H. Magron — Héliog. Dujardin

MONASTÈRE DE LA GRANDE TRAPPE

Le Réfectoire

Orne — F. N° 78

cherchais un bonheur imaginaire... Un vide affreux occupait mon cœur toujours inquiet et toujours agité... A cela se joignait quelque lumière de la foi, certains principes de piété que Dieu avait conservés en moi... »

Résumons tout d'un mot : c'était la vocation après les orages de la jeunesse. Qu'on ne rapetisse plus cette grande figure en faisant de l'abbé de Rancé un Werther.

Disons maintenant comment il fut conduit, malgré ses répugnances, à embrasser la profession monastique. Au cours de ses longues anxiétés, il eut honte de ne jamais s'être occupé de la Trappe, sinon pour en toucher les revenus, et entreprit le voyage, avec le projet d'y séjourner peu de temps, mais avec l'espoir d'y faire un peu de bien. L'état lamentable du monastère l'accabla de chagrin; c'était plus qu'une ruine : un lieu de scandale. Les moines se présentèrent devant lui, au nombre de sept, types sauvages de déclassés, qui répondirent à ses reproches en menaçant de le poignarder s'il essayait jamais de rétablir la règle. Rancé comprit tout à coup sa mission; c'est là qu'était le miracle à faire, le péril à affronter : c'est là qu'était le devoir. Son aversion fut surmontée; il se jura de purifier la Maison-Dieu et d'y passer sa vie sous le froc.

Il devait tenir son serment pendant plus de trente-sept années, sans une défaillance.

Ferme dans sa résolution, il retourne à Paris, obtient du roi que désormais les abbés de la Trappe seront élus, répudie ses bénéfices, dote son frère cadet et sa sœur, et distribue aux pauvres tout le surplus de ses richesses, subit avec stoïcisme le blâme des siens comme les railleries du monde, et va faire son noviciat à Perseigne.

Lorsqu'il rentre, moine, au couvent du Perche à la tête de huit religieux, son élection d'abbé lui semble indifférente; il ne songe qu'à prêcher d'exemple. On le voit à toute heure qui nettoie les étables, transporte le fumier, lave le linge, casse le bois ou défriche la lande; il passe le reste de ses journées à la chapelle. Une botte de paille jetée sur le sol lui sert de couche; un peu de pain et quelques herbes composent sa nourriture. Dépourvu de ressources, il vend les vases d'or et les ornements de l'autel pour rétablir l'antique charité des trappistes. Tout cède à ce spectacle; les révoltés, qui naguère avaient juré sa mort, s'avouent vaincus; les uns marquent leur repentir, les autres s'éloignent avec respect. Rancé alors sent l'heure venue : il remet la règle en vigueur et inaugure cette réforme qui sera la préoccupation et le but de sa vie.

L'abbé de Rancé, vainqueur de lui-même et maître aimé de son troupeau, trouva des adversaires où il n'aurait dû rencontrer que des appuis. Le supérieur général de Citeaux, trop porté vers les transactions avec le siècle, combattait de tout son pouvoir l'école de l'Étroite-observance. Les choses en vinrent à ce point que l'affaire dut être portée en cour de Rome. La réputation de « M. de la Trappe », comme on disait alors, était déjà si grande, que les abbés partisans de la réforme le désignèrent unanimement pour plaider leur cause devant le Saint-Siège. Rancé, désespéré de cette rentrée imprévue dans le monde, était en même temps en proie à un autre souci : pauvre comme Job, le grand seigneur d'autrefois ne possédait pas la première pistole pour entreprendre son voyage d'Italie. Cependant l'heure du départ allait sonner, son ennui s'était changé en angoisse, lorsqu'un matin, piochant avec ses religieux dans une brousse inculte, il mit à découvert, au milieu des racines arrachées, une cassette remplie de pièces d'or anglaises. Ce providentiel secours lui rendit le courage; il partit, et la cour de Rome put admirer son talent et son caractère dans cette lutte où pourtant il fut vaincu. Le pape lui fit même offrir un chapeau de cardinal, qu'il refusa pour retourner à la vie d'épreuves, dans sa chère forêt du Perche. Mais le coup était porté; aussi la réforme intérieure de son abbaye ne put jamais atteindre à la perfection qu'il avait rêvée.

Cependant la France étonnée avait les yeux fixés sur Armand de Rancé. La Trappe, au bout de dix années, comptait plus de cent moines, et, parmi eux, les hommes les plus distingués de l'époque. La cour et la ville, l'épiscopat, l'armée, la noblesse provinciale accouraient tour à tour au monastère pour solliciter les conseils et la bénédiction de l'abbé; tous les blessés de la vie venaient chercher près de lui des consolations. Les princes donnaient l'exemple. Jacques II d'Angleterre était l'hôte assidu de ce couvent. Les femmes de qualité s'empressaient avec la même ardeur; de nos jours, l'entrée de la Maison-Dieu est interdite à toutes, sauf aux reines. Rancé, le plus souvent, se cachait, refusait audience, ne voulait plus voir que ses pauvres, puis sa bonté naturelle le faisait fléchir. Au demeurant il devint un guide et un modèle pour l'élite du royaume.

La seule jouissance qu'il se soit permise consistait à s'enfermer, après les heures de travail, pour composer ces livres de morale qui le classent au rang des grands écrivains, et sont un monument élevé à son idéal : le moine primitif.

Le duc de Saint-Simon, cet historien sévère jusqu'à la malveillance, n'a que des paroles d'admiration et de respect pour le solitaire du Perche. Ses *Mémoires* abondent en détails : nous nous bornons à en citer un court extrait :

« ..... M. de la Trappe eut pour moi des charmes qui m'attachèrent à lui, et la sainteté du lieu m'enchanta. Je désirais toujours d'y retourner, et je me satisfis toutes les années et souvent plusieurs fois, et souvent des huitaines de suite; je ne pouvais me lasser d'un spectacle si grand et si touchant, ni d'admirer tout ce que je remarquais dans celui qui l'avait dressé pour la gloire de Dieu et pour sa propre sanctification et celle de tant d'autres..... Telle fut cette liaison singulière à mon âge, qui m'initia dans la confiance d'un homme si grandement et si saintement distingué..... »

Portrait de l'abbé de Rancé.

L'annaliste fait plus loin le récit de l'ingénieuse supercherie à l'aide de laquelle il obtint le portrait du père de Rancé : « Il y avait longtemps que l'attachement que j'avais pour M. de la Trappe et mon admiration pour lui me faisaient désirer extrêmement de pouvoir conserver sa ressemblance après lui, comme ses ouvrages en perpétueraient l'esprit et les merveilles. Son humilité sincère ne permettait pas qu'on pût lui demander la complaisance de se laisser peindre. » Le duc alors se concerte avec Rigaud, « le premier peintre de l'Europe », le présente à l'abbé comme un officier en voie de conversion, avide de le voir, mais incapable de lui parler à raison d'une blessure à la bouche. Rancé, bien que déjà fort malade, caus durant trois visites; Rigaud le contemple, l'étudie, et dans une galerie où l'on a improvisé un atelier, fait le portrait de mémoire. Ce fut un chef-d'œuvre. En quittant la Trappe, le larron laissa pour son vieil ami une confession écrite :

l'abbé, ajoute-il, fut profondément affligé ; il pardonna au traître, mais ne se consola pas de la trahison.

Rancé prouva au monde qu'il pouvait grandir encore. En 1695, il avait soixante-neuf ans d'âge et vivait dans les austérités depuis trente-deux années. Miné par la maladie, accablé d'infirmités, il ne pouvait plus partager les durs travaux de ses compagnons, ni même paraître régulièrement au milieu d'eux. Devenu impuissant, il se jugea indigne, et envoya sa démission au roi. Louis XIV le fit en vain prier de conserver son titre, ou tout au moins le laissa libre d'en disposer à son gré. L'abbé persista et désigna son prieur Zozime. Alors cet homme, qu'on avait tant de fois traité, au dehors, de despote et d'ambitieux, se fit porter au Chapitre, et tombant à genoux devant son inférieur de la veille, lui dit devant toute la Communauté : « Mon père, je viens vous promettre l'obéissance, et vous prier de me traiter comme le dernier de vos religieux. »

Il vécut encore cinq longues années, humble et silencieux, luttant contre les souffrances physiques pour se soumettre à la règle, et mourut le 27 octobre 1700, dans les bras de son évêque qui l'aimait comme un père.

Ouvrons une dernière fois Saint-Simon, pour apprendre quel fut le jugement du monde : « Je me contenterai de rapporter ici que les louanges furent d'autant plus grandes et plus prolongées que le roi fit son éloge en public, qu'il voulut voir des relations de sa mort, et qu'il en parla plus d'une fois aux princes ses petits-fils, en forme d'instruction. »

Le restaurateur de la Trappe était mort sur un lit de cendre. Pour obéir à son dernier vœu on l'enterra sans marque distinctive dans le cimetière commun. Jusqu'à ces derniers temps le visiteur ignorait la place occupée par celui qui avait été trop grand dans la vie, pour ne pas se faire petit dans la mort.

Portrait de l'abbé de Lestrange.

L'œuvre d'Armand de Rancé resta entière après lui, et le monastère vécut dans les pures traditions, pendant tout le cours du XVIIIe siècle.

Vint la Révolution. Aux premiers signes précurseurs de l'orage, quelques moines clairvoyants s'alarmèrent. Après les lois de 1790 ils songèrent à s'expatrier. Au nombre de ceux-ci était le père-maître des novices, Louis-Henri de Lestrange, alors âgé de trente-six ans, homme de haute valeur, qu'une éducation militaire avait préparé pour l'action. La résistance opiniâtre du supérieur les arrêta. Cependant les événements se précipitaient ; et Lestrange, ne pouvant plus douter du péril, décidé d'ailleurs à travailler quand même au salut de l'Ordre, invoqua l'appui de son parent l'archevêque de Besançon, qui, par l'entremise de l'évêque de Lausanne, obtint, pour un nombre fixé à vingt-quatre trappistes, un asile en Suisse. L'abbé était mort ; tandis qu'un des chefs de la Communauté émigrait pour son compte, le maître des novices disposait tout pour l'exode des religieux. Pas un qui ne réclamât l'honneur de le suivre ;

la séparation fut cruelle. Enfin, un soir d'avril, les fugitifs s'éloignèrent dans des charrettes couvertes, chargés — pour toute fortune — des reliques du couvent abandonné.

Après un voyage hérissé de dangers, les moines atteignirent enfin la frontière et s'arrêtèrent dans un bois pour remercier Dieu. Ce bois de l'étranger rappelait à leurs cœurs la forêt du Perche. Le Sénat de Fribourg les recueillit et leur abandonna le monastère de la Val-Sainte.

Lestrange, devenu bientôt abbé, ne se contenta pas de la réforme de Rancé, qu'il avait toujours jugée incomplète, et rétablit rigoureusement la règle antique de saint Bernard. En même temps, pour assurer l'avenir par le développement de l'éducation religieuse, il fonda le tiers-ordre, et compta bien vite autour de lui cent cinquante élèves, choisis parmi les pauvres et les orphelins.

Les moines affluèrent, et la Val-Sainte était déjà trop étroite, lorsqu'en 1798, l'entrée en Suisse de nos armées victorieuses força les trappistes à s'éloigner. N'étaient-ils pas des émigrés menacés de mort?

Dom Augustin de Lestrange part à la tête de deux cents religieux et de nombreux enfants qui n'ont pas voulu le quitter. Tous vont à pied, suivis de rares charrettes réservées aux malades. Les voici au bord du lac de Constance; l'abbé les divise en détachements et les échelonne sur des routes différentes. Ici on les insulte, là on les secourt; ils marchent droit devant eux, sans savoir ce qui leur est réservé, avec la foi.

Réunis près d'Augsbourg, point commun vers lequel tous avaient convergé, et repoussés comme Français, ils construisent des radeaux et se confient aux flots du Danube. A Munich on se borne à leur faire espérer l'hospitalité russe; plus loin, le prince-évêque de Passaw leur interdit l'entrée de ses domaines. Le pain fait défaut, on vit d'herbes et de racines. Les enfants seuls ne souffrent pas, grâce au dévouement des moines et à la compassion des paysans.

Atrium du Réfectoire.

La détresse les force à se diviser devant Lintz; Lestrange, à la tête de trente frères, se dirige sur Orcha; il compte gagner de là Saint-Pétersbourg afin d'y solliciter des passe-ports; la seconde colonne va s'établir aux environs de Prague; le surplus trouve l'hospitalité dans un couvent de Vienne.

Mais bientôt la secte des *Illuminés* d'Autriche organise contre ces derniers une véritable persécution; ils en sont réduits à fuir jusque sur les confins de la Pologne russe. Le froid paralyse leurs efforts, la neige arrête leurs pas; les trappistes dépensent une énergie surhumaine pour arriver jusqu'aux environs de Cracovie.

L'abbé les y rejoint, porteur d'une autorisation qui ouvre à son troupeau l'entrée de l'empire moscovite. Ils descendent tous la Vistule sur des radeaux, parmi les glaces flottantes, et vont fonder quatre couvents en Volhynie et en Lithuanie. Les exilés commençaient à respirer, lorsque le czar Paul, irrité de la défaite de ses troupes en Italie et en Suisse, rend — en 1800 — un ukase d'expul-

Héliog. F. Dujardin

MONASTÈRE DE LA GRANDE TRAPPE

La Chapelle des Reliques

Orne

F. N° 73

sion contre les Français réfugiés dans ses États. Les infortunés religieux reprennent alors leur vie errante, et s'embarquent sur le Bouck, avec l'espoir de gagner Dantzig. Des corps autrichiens et russes occupent les deux rives et s'opposent à toute descente. Prisonniers sur leurs bateaux, ils vont mourir de faim, quand Lestrange se dévoue : il atteint la rive et offre sa vie au chef des cosaques pour racheter celle de ses compagnons. L'officier attendri lui abandonne une grange pour abri, et lui envoie des vivres; les disciples de saint Bernard sont sauvés.

Les trappistes au travail.

Ce n'est qu'une courte accalmie. La Prusse leur refuse asile. De Dantzig, grâce à la générosité de quelques marchands, les trappistes font voile vers Lubeck et Altona. Leur abbé, que la fièvre consume, est transporté sur un brancard. La tempête les assaille, ils n'achèvent la traversée que par miracle.

Aussitôt on les expulse; plus de toit pour eux sur le continent. Dom Augustin, que soutient son énergie indomptable, parvient à les conduire en Angleterre, d'où ils essaieront d'atteindre l'Amérique. Peu de temps après, un premier convoi cingle vers le Kentucky.

L'abbé va les suivre avec tout son monde, quand le pape l'appelle à Rome pour la reconnaissance de son tiers-ordre. A peine a-t-il quitté le Vatican, que Napoléon, préoccupé de la restauration des congrégations religieuses, l'attire en France, le caresse, veut en faire l'instrument de ses desseins. Il lui offre un couvent au pied des Alpes en échange de la Trappe-au-Perche. La haine secrète de Talleyrand se jette à la traverse; les négociations vingt fois sont rompues et reprises; rien n'est résolu encore, lorsque Lestrange apprend la captivité de Pie VII; inaccessible à la crainte, il proteste, va porter ses hommages au captif, déclare Napoléon hors de l'Église... Poursuivi pour haute trahison, il disparaît à grand'peine,

La station au pied du calvaire.

déguisé, sur le cheval d'un paysan, et traverse l'Europe au milieu des policiers qui le guettent et des armées en marche. Arrivé par miracle à Riga, il prend la mer, arrive à Londres, et après une grave maladie causée par tant de fatigues, il gagne la Martinique, puis New-York, entouré de ses ouailles fidèles.

Il va s'enfoncer dans l'Ouest, quand lui parvient la nouvelle de la chute de l'Empire. Enfin ils reverront la France, ils reverront la Trappe. Encore quelques mois : ils sont de retour.

Ces pérégrinations étonnantes, qui rappellent la grande épopée biblique de la fuite d'Égypte, avaient duré vingt-trois ans.

L'abbé de Lestrange, parti avec vingt-trois religieux, en ramena près de mille. Il fonda des abbayes de l'ordre dans tous les pays, et sur tous les points de la France; créa trois établissements du tiers-ordre, maintint partout la règle primitive; racheta la Trappe vendue en 93 comme bien national, et s'y établit avec cent religieux.

La chocolaterie.

Les reliques reprirent au monastère leur place d'autrefois.

Ce devait être l'heure de la récompense; ce fut celle de la persécution. Cet abbé, qui avait égalé, sinon dépassé Rancé en souffrances et en vertus; laissé des lambeaux de sa santé sous tous les climats pour la défense de sa foi; qui avait si souvent couru, pieds nus, dans la neige pour décharger les faibles de leur fardeau et le porter lui-même en dépit des frissons de la fièvre; cet abbé fut accusé d'être un hypocrite et un voluptueux. On alla jusqu'à lui faire un crime « d'avoir trop voyagé ». Pas une amertume ne lui fut épargnée. Mandé à Rome comme un suspect, il y subit, sans un mot de révolte, les plus cruelles enquêtes. Lorsqu'enfin son innocence fut solennellement proclamée, il n'en tira pas avantage, pardonna à ses ennemis; mais, frappé au cœur, quitta le tribunal d'un pas chancelant pour envoyer à ses chers trappistes son testament religieux.

L'amour du pays lui donna encore la force de franchir les Alpes; mais c'était le dernier élan, et il vint tomber à Lyon, devant l'autel, au moment où il en montait les degrés pour célébrer la messe.

L'abbé de Lestrange et l'abbé de Rancé, les deux réformateurs de la Trappe, se ressemblent d'une façon singulière; si les événements ont tracé pour chacun d'eux une voie différente, l'énergie, l'esprit de renoncement et la constance les caractérisèrent l'un et l'autre, et l'on peut ajouter qu'ils les élevèrent à la même hauteur. La conscience des trappistes a porté sur eux le même arrêt, car aujourd'hui le grand reclus et le grand voyageur dorment côte à côte dans les cloîtres de la maison-mère.

Tant de naufrages issus du naufrage de Rotrou ont lassé la fortune adverse. Le monastère du Perche s'est enfin endormi dans le repos. Ses pieux habitants jeûnent, travaillent, donnent, sans que le bruit du dehors les trouble. Ils ont conservé leur foi, leur discipline, leurs souvenirs et leurs espérances au sein de la paix ; ils n'ont plus d'histoire.

* * *

Et maintenant, étranger, tu as vu, tu connais ce couvent placé si près de l'humanité et si loin du siècle, c'est assez. Salue avec respect, et passe en silence.

QUESNAY DE BEAUREPAIRE.
(JULES DE GLOUVET)

BAZOCHES-SUR-HOËNE

A six kilomètres de Mortagne se trouve l'église de Bazoches-sur-Hoëne, plusieurs fois reconstruite et malheureusement modernisée d'une façon à peu près complète. Son origine doit être fort ancienne; en effet, on découvre par places des restes de construction en arête de poisson et en forme de feuilles de fougères, mais tout cela est maintenant perdu dans les murs modernes. On sait d'ailleurs que l'église s'écroula presqu'entièrement au mois de décembre 1561; il ne resta debout

Portail de l'Église de Bazoches-sur-Hoëne.

D'après une photographie de M. H. Magron.

qu'un portail du XIe siècle. Celui-ci, fort intéressant, a été décrit et reproduit dans l'*Orne archéologique et pittoresque* de La Sicotière et Malassis; Patu de Saint-Vincent et Fret en parlent également. Il mérite en tous points d'être signalé, car les restaurations successives l'ont respecté. Cependant elles furent nombreuses et s'accomplirent lentement, l'église n'ayant été rebâtie qu'en 1673.

Ce portail est décoré de billettes, de zigzags et de têtes plates. Les colonnes dont il est flanqué de chaque côté sont à chapiteaux historiés de feuillages et d'entrelacs du plus gracieux effet. C'est en somme un spécimen intéressant et bien conservé du style roman pur.

P. de Longuemare.

L'ÉGLISE DE NOTRE-DAME, A PERVENCHÈRES

La légende raconte d'une façon gracieuse la fondation de l'église de Pervenchères. A une époque indéterminée, mais qui doit se référer au temps de la réorganisation du pays, après l'invasion normande, il fut décidé qu'on bâtirait l'église sur le sommet de la colline de Vauvineux près du château-fort, selon l'usage de ce temps. Le plan de l'édifice est tracé sur le sol, les tranchées sont ouvertes et déjà l'on y a jeté les premières assises des fondations. Le lendemain, à leur retour au chantier, les ouvriers trouvent les pierres arrachées et rejetées sur les bords. Ils croient à une mauvaise plaisanterie et recommencent le travail. La nuit suivante, une invisible main a de nouveau détruit tout travail. Trois fois, le fait se reproduit; au quatrième matin, le maître de l'œuvre est enfin découragé; désespéré de cette lutte contre l'invisible ennemi, il prend son marteau avec rage et le lance au loin dans la vallée. La colère passée, il veut le retrouver. A force de recherches, le marteau se rencontre tout au bas, au milieu d'une touffe de pervenches, à côté d'une statue de la Sainte-Vierge. A cette vue, tous de crier miracle! Le mystère s'explique, la Sainte-Mère de Dieu, patronne du village, veut que l'église s'élève ici et pas ailleurs, et l'on y construit avec un pieux enthousiasme l'église de Notre-Dame de Pervenchères. Une très vieille statue en terre cuite de la Vierge-Mère, conservée dans l'église de Pervenchères, se rattache à cette légende.

L'histoire la vaut presque. A la fin du XIe siècle, le noble châtelain de Vauvineux était Foucher Carrel, tige puissante d'une lignée de preux qui a imprimé ce nom dans vingt localités percheronnes et normandes, et l'a fait retentir sur les champs de bataille de la Pouille et de la Palestine.

Cette famille, à elle seule, mériterait une histoire et en fournirait largement les matériaux. Devenu vieux et infirme, Foucher Carrel voulut, suivant un usage très fréquent alors, finir ses jours sous la bure monastique et dans les exercices de la pénitence. Il choisit pour lieu de sa retraite le monastère de Saint-Vincent du Mans, et lui donna l'église de Pervenchères, avec la demeure du prêtre, le cimetière et les dîmes, et plusieurs autres droits et privilèges, du consentement de sa femme Basilie et de ses fils Eudes Carrel, Foucher et Yves (1).

Les conditions de cette donation, connues par un accord passé en 1208 avec Robert Carrel, furent que les religieux fonderaient à Pervenchères un prieuré où vivraient toujours au moins deux religieux prêtres, afin de prier pour les âmes des bienfaiteurs et pour leur postérité. Le prieuré fut en effet organisé; les religieux bâtirent à l'est de l'église plusieurs corps de bâtiments, qui, avec leurs dépendances, ont porté, jusqu'au commencement de ce siècle, le nom de « *Le Prieuré* ». Mais il ne resta pas longtemps conventuel. Dès le XVe siècle, on ne retrouve plus trace de la présence de religieux à Pervenchères. Le titre n'en subsista pas moins; à la date de 1755, un frère Hilaire

(1) *Cartularium Sancti Vincentii Cenomanensis*, n° 635.

Ratery était titulaire du prieuré, et, d'après un bail de 1729, les revenus en étaient de 771 livres 10 sols.

L'église de Pervenchères donnée à Saint-Vincent, avant la fin du XIe siècle, était donc antérieure à cette époque. En effet, elle montre encore, sous la fraîcheur toute récente de sa restauration moderne, quelques portions de murs avec l'antique appareil en feuilles de fougère. La porte d'entrée, avec un perron élevé ne manque pas de caractère. L'arcature plein cintre retombe, de chaque côté, sur une colonne évidée dans les pieds-droits, le chapiteau conique est fretté de bandeaux tressés en nattes, et sur les flancs du tailloir des personnages bizarres semblent se défendre contre des monstres.

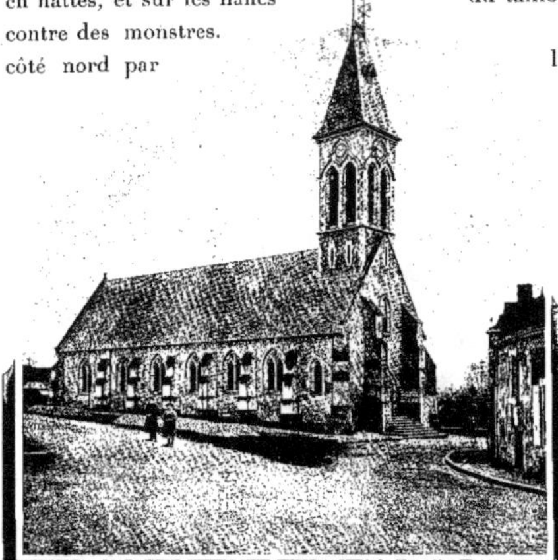

Église de Notre-Dame, à Pervenchères.

D'après une photographie de M. H. Magron.

La vieille église, jadis à moitié enterrée du côté nord par l'exhaussement progressif des terres du cimetière, dégagée depuis, a été restaurée et modifiée à plusieurs reprises. En 1483, le chœur et toutes les charpentes furent refaits. On accola, au midi, entre le chœur et la nef, une vaste chapelle, sur plan carré, aux larges fenêtres à meneaux flamboyants. Il ne paraît pas cependant qu'aucune chapellenie y ait été érigée. Sur le porche, s'éleva une légère aiguille en charpente, d'une hauteur et d'une hardiesse remarquables. Le maître charpentier, Jehan de More, fut content de son œuvre, et sur l'un des piliers qui soutenaient le clocher il a inscrit et signé son travail.

Un peu plus tard, l'un des curés de la paroisse dota son église d'un groupe de bas-reliefs en albâtre. On y voyait l'histoire de la Passion du Sauveur. C'était une variante de ces *Calvaires* ou Tombeaux dont la dévotion fut si populaire à cette époque. *Le Baiser de Judas*, *La Flagellation*, *Le Crucifiement*, *La Mise au*

Bas-reliefs en albâtre provenant de l'ancien rétable de l'église de Pervenchères.

Tombeau, *La Résurrection*, furent les scènes traitées par le ciseau du sculpteur. Celui-ci était plus hardi qu'habile. Le groupement est touchant, l'expression pieuse; mais les traits des figures sont gros, les membres grêles, les mains et les pieds mal dessinés. Telles quelles, ces images sculptées n'en restent pas moins un spécimen curieux de l'art populaire. Comme tant d'autres richesses artistiques, qui ont disparu faute d'inventaire et de surveillance conservatrice, elles ne figurent plus aujourd'hui dans l'église de Pervenchères, où un moulage de *la Mise au Tombeau* rappelle seul leur ancienne présence. Vendues on ne sait quand, elles ont du moins trouvé un asile honorable et conforme à leur ancienne destination dans la chapelle du château de Grandmont, appartenant à M. le comte Adrien Lecointre. Je dois à sa gracieuse bienveillance de pouvoir en donner une très bonne reproduction. On lit encore au bas, sur la plaque de marbre primitive :

« Ex dono M. P. BAILLE HVIVS ECCLĪE RECTORIS. 1551 » (1).

Ces dernières années, M. l'abbé Gaulard, curé-doyen de Pervenchères, a entrepris à son tour une restauration complète ; les travaux ont été dirigés par M. Prempain, architecte. De larges fenêtres de style ogival flamboyant percées entre les contreforts, et dont les ébrasements sont creusés de gorges profondes, donnent à la nef l'aspect d'un élégant vaisseau gothique ; la vieille chapelle a été respectée et a servi de type. De belles verrières, d'harmonieuses grisailles sorties des ateliers de M. Champigneulle, de Metz, y répandent une riche lumière. Préservé par son goût délicat des choses d'art contre cet engouement pour le clinquant moderne, souvent si déplorable, M. le chanoine Gaulard, a conservé de la vieille église tout ce qui pouvait utilement rester. Au-dessus de l'ancien autel de style Louis XIV, les visiteurs peuvent admirer encore une magnifique toile, copie contemporaine de l'Assomption de Rubens et sortie peut-être de son atelier. Un de nos officiers, doublé d'un artiste, restait, il y a quelques semaines, pendant une demi-heure en contemplation devant une statue de bois du XVIe ou XVIIe siècle, représentant Marie au pied de la Croix. L'expression de tristesse résignée, avec, par delà, je ne sais quel pressentiment de joie, le retenait en admiration. La statue de saint Jean est aussi un fort beau morceau. M. l'abbé Gaulard a eu la satisfaction méritée d'assister, le 17 octobre 1893, à la consécration de son église, par Mgr Trégaro. Il a su unir les traditions du passé aux nécessités du présent : faire une église neuve, en lui laissant la religion des souvenirs ; où je puis, comme d'autres, reconnaître les fonts sacrés où j'ai été baptisé, l'autel où j'ai goûté les premières douces émotions de la prière. Puisse-t-il trouver beaucoup d'imitateurs !

L'abbé P. BARRET.

(1) M. A. Montier veut bien ajouter à cette mention des albâtres de Pervenchères le résultat des recherches qu'il a faites sur les œuvres de même genre. Je le remercie de cet érudit complément qu'il apporte à mon travail. A tous les spécimens qu'il cite, on peut joindre un certain nombre de fragments plus ou moins mutilés, conservés chez M. l'abbé Dubois, curé de Notre-Dame de Verneuil.

« Dans ma notice sur les albâtres d'Écaquelon publiée dans le volume de l'Eure de *La Normandie monumentale* (II, p. 155 et 291), j'ai relevé, d'après le texte même de la description qu'en donnait M. de La Sicotière dans *L'Orne archéologique*, les grandes analogies que présentaient avec ceux-ci les albâtres de l'église de Pervenchères. Si l'identité n'est pas absolue, comme elle pourrait l'être seulement entre deux bas-reliefs de bronze ou de plâtre coulés dans le même moule, le groupement des personnages, la distribution de la scène indiquent une école commune, peut-être un atelier particulier ayant la spécialité de la fabrication des bas-reliefs de petites dimensions, et en fournissant les églises au fur et à mesure de leurs besoins.

M. Darcel, l'éminent conservateur du musée de Cluny, avait fait mettre à l'ordre du jour du Congrès archéologique de Besançon, à la séance du 28 juillet 1891 (*), la recherche de la nature et de la provenance des matériaux, ainsi que du centre de fabrication de cette catégorie de sculptures. Il tenait à savoir si un certain nombre de ces bas-reliefs grossiers, exécutés du XIVe ou XVIe siècle, pour la décoration des rétables et dans de petites dimensions sur pierre et sur albâtre, et peut-être sur une sorte de gypse, n'auraient pas été exécutés dans des ateliers francs-comtois ; mais aucun des membres présents ne put fournir d'indication à ce sujet.

La question est donc restée entière, et il devient de plus en plus nécessaire de noter les similitudes existant entre les divers albâtres répartis dans nos monuments publics et nos musées.

(*) *Congrès archéologique de France*, LVIIIe session, p. 76.

A titre de contribution à cette étude, il faut noter au musée des Antiquités de Rouen, les bas-reliefs suivants, représentant les scènes de *la Passion* dans le même esprit, le même style, et souvent avec le même groupement des personnages, que ceux d'Écaquelon et de Pervenchères :

Sous le n° 70, cinq panneaux venant de l'église de Rouvray près Forges-les-Eaux, et rehaussés de couleurs; ils figurent :

Le baiser de Judas au Jardin des Oliviers ;

La Flagellation ;

Jésus-Christ en croix (plus haut que les autres panneaux) ;

La Résurrection ;

L'Ensevelissement.

Ces tableaux diffèrent peu de ceux d'Écaquelon, mais la facture est un peu plus lourde. Ils ont, comme ceux de cette commune, fait partie d'un rétable.

Sous le n° 71, cinq albâtres provenant de l'église Saint-Denis-sur-Scie (canton de Tôtes, Seine-Inférieure). Ils reproduisent :

1° *La Résurrection des morts* ou *le Jugement dernier*, d'un style absolument différent de celui des bas-reliefs consacrés à *la Passion* dont nous nous occupons spécialement ;

2° *Le baiser de Judas au Jardin des Oliviers.* Malchus tombé occupe le bas du panneau exactement comme à Écaquelon, et la disposition des autres personnages est aussi la même ;

3° *Jésus-Christ sur la croix ;*

4° *La Résurrection.*

Ces deux panneaux, sans être identiques à ceux d'Ecaquelon, ont trop d'analogies et de similitudes sur certains points pour ne point sortir du même atelier.

Le musée de Rouen possède encore de très curieux et nombreux bas-reliefs en albâtre, notamment sous les n°s 84, 50, 57, 59, 118 (*Mise au tombeau du Christ*, dans le style et avec le même groupement de personnages que dans ceux d'Écaquelon et de Pervenchères), 102 (église du Tronq), 120 (provient d'Auffay), 69, 121 et 69 (tête de Père Éternel).

On doit encore noter un très beau bas-relief en albâtre représentant *Jésus-Christ devant Pilate.* Celui-ci est coiffé d'une mitre, et assis sur un trône. Le Christ, les mains liées, est entouré de ses gardes. Cette pièce, incrustée dans un piédestal supportant un chapiteau numéroté 88, est elle-même sans numéro d'ordre. Ces bas-reliefs, en grand nombre provenant des églises de la région rouennaise, ne semblent-ils pas indiquer que Rouen était un centre de fabrication de ce genre de sculpture ?

Au musée de Cluny, nous trouvons aussi des bas-reliefs représentant *la Passion*, analogues sinon identiques à ceux du musée de Rouen, et des églises d'Écaquelon et de Pervenchères : ils sont exposés dans la salle du rez-de-chaussée, près la porte donnant accès aux thermes et sous les numéros suivants :

505 *Baiser de Judas au Jardin des Oliviers ;*

514 *Flagellation ;*

506 *Flagellation.*

Cette permanence des types servant à la représentation de la même scène de la Passion est elle le résultat de canons hiératiques consacrés par un usage constant, imités et copiés servilement par des artisans sur divers points de la France, ou bien ne serait-elle pas la démonstration de l'origine commune de ces sculptures, fabriquées dans un même atelier par de nombreux ouvriers répétant constamment la même scène, et ne variant la donnée principale que par des détails insignifiants dans l'opération et des différences peu sensibles dans les mouvements des personnages ? J'inclinerais pour cette dernière hypothèse.

A. Montier. »

RUINES DU CHATEAU DE VAUVINEUX

Les seigneurs de Vauvineux avaient fièrement campé leur château sur la crête la plus élevée d'une colline en fer à cheval qui entoure Pervenchères. La position est forte, et domine un horizon immense.

De là, on aperçoit les grands massifs des forêts normandes : Écouves avec la butte Chaumont qui de cette distance affecte un air de mont Ventoux ; la ligne sombre de Perseigne ; le massif plus rapproché de Bellême ; et, par-dessus un coteau, la tour de Mortagne.

Ces robustes reliefs font, par un beau temps clair, un cadre magnifique à la plantureuse plaine, où les pâturages se succèdent ; d'abord distincts, bien séparés par leurs clôtures vives, puis enchevêtrés et fondus en une mer de verdure.

En ce point dominant, il dut y avoir un château pendant toute la période féodale ; d'abord au Xe ou XIe siècle une tour carrée à contreforts, aux étages à planchers de bois, et dont l'entrée était à plusieurs mètres au-dessus du sol.

Puis au XIIe ou XIIIe siècle un château plus grand, plus compliqué, avec une cour, une enceinte et des tours cylindriques.

Ruines du Château de Vauvineux.

D'après une photographie de M. H. Magron.

Il y a des traces de ce dernier château, et les escarpements au nord, une douve presque comblée à 80 mètres à l'ouest du château actuel, le vestige presque effacé d'une tour dominant le bord du coteau, peuvent en évoquer vaguement le tracé et l'aspect.

Le château actuel est de la fin du XVe siècle, du temps de Louis XII. On y arrive par un petit sentier cahoteux qui part du chemin d'Alençon à Pervenchères ; c'est un haut bâtiment de 24 mètres de long sur 12 de large, surmonté d'un comble aigu et compris entre deux tours.

L'une des tours à l'est, est cylindrique, à plusieurs étages non voûtés. L'autre à l'ouest, octogonale, est plus légère et renferme l'escalier à vis du château.

Le tout est de la même époque et du même style, celui de la deuxième moitié du XVe siècle, avant l'arrivée des architectes italiens et l'abandon de notre art national.

Sous Louis XII, les châteaux n'avaient déjà plus l'aspect robuste et rébarbatif des époques antérieures; le pays était plus sûr, et l'on osait ouvrir vers l'extérieur, d'autres jours que des meurtrières ou embrasures.

On pouvait y voir, dans les salles de Vauvineux.

Les façades, à l'est et à l'ouest, présentent des fenêtres élégantes, entourées de moulures et surmontées d'arcs en tiers-point. Deux d'entre elles présentent des croisillons, et l'une est surmontée d'un pinacle élégant.

La tour octogone est la plus ornée; sur la corniche, à mi-hauteur, sont perchés des sangliers et des lions, et de jolies ouvertures à pinacles donnent du jour à l'escalier.

Sur la façade nord, inachevée, une grande cheminée est encastrée dans le mur à hauteur du premier étage; cette cheminée était destinée à une salle qui n'a pas été construite. Sur cette façade, deux passages à voûte cintrée devaient faire communiquer la salle projetée avec l'escalier octogonal.

L'intérieur du château présente un aspect lamentable; les marches de l'escalier, qui est large et élégant, sont presque toutes brisées, et il pleut dans les salles lépreuses et inhabitables.

On y remarque encore des cheminées gothiques monumentales, en partie démolies ou masquées par d'affreux raccords, dont les piliers et les corniches sont ornés avec une sobre élégance, de moulures et de feuilles de chêne.

La plus belle, au premier étage, est surmontée d'un ange aux ailes éployées, portant sur la poitrine l'écusson à trois fleurs de lis.

Des cabinets noirs et des réduits voûtés, sont situés contre la tour ronde et communiquent avec les salles des premier et deuxième étages.

Il y avait un troisième étage, mais le plancher n'existe plus, et c'est du deuxième qu'on aperçoit la charpente du comble; cette charpente hardie, légère et élégante, porte bien la marque de ces constructions gothiques dont l'habileté technique n'a jamais été égalée, mais la crête en est arrachée et la ruine en est imminente.

En somme, le château de Vauvineux est un spécimen intéressant de l'architecture française du XVe siècle; il est dommage de le voir, sous le vent et la pluie qui y pénètrent en liberté, s'émietter un peu plus tous les ans.

Comte Lefebvre des Noëttes.

ÉGLISE DE LA PERRIÈRE ET CHATEAU DE MONTIMER

L'église de la Perrière est située au sommet d'une butte artificielle d'où la vue s'étend sur l'un des plus beaux panoramas du département de l'Orne. A l'est, la vaste forêt de Bellême forme l'arrière-plan plus sombre ; on devine les ondulations du vent dans les majestueuses futaies. De tous côtés se groupent les villages avec leurs clochers élancés, les châteaux et les métairies. Au nord, les deux flèches de la cathédrale de Sées tranchent sur le ciel azuré. Au sud-ouest, on aperçoit le Maine et la tour imposante de la basilique du Mans.

Comme Bonsmoulins, le bourg de la Perrière eut aussi son histoire et porta le titre de ville. Son château, situé sur la butte même où s'élève l'église actuelle, qui n'en était sans doute que la chapelle, vit des jours glorieux, et protégea longtemps le Perche contre les incursions des comtes du Maine. Maintenant il est entièrement rasé ; on dirait même que cette destruction a été intentionnellement complète et qu'une volonté implacable et brutale a fait disparaître jusqu'aux traces des ruines, effaçant ainsi tout souvenir du passé.

Église de la Perrière.

D'après une photographie de M. H. Magron.

La Perrière était jadis le chef-lieu d'un des trois doyennés de l'ancien archidiaconé du Corbonnais ; sa cure possédait un revenu de plus de deux mille livres, ce qui explique l'importance de son église. Malheureusement elle a été remaniée et, les travaux faits sous prétexte d'embellir ou de consolider le monument, l'ont singulièrement détérioré au point de vue artistique et complètement bouleversé dans son ensemble. La tour carrée et le clocher quadrangulaire ont été conservés, mais la porte romane à moulures concentriques de la façade méridionale a été murée ; on a même construit un contrefort au milieu, ce qui lui enlève tout son cachet. De même, lors de la construction des voûtes en briques à nervures ogivales qui remplacèrent le vieux lambris de bois, une chapelle latérale a été élevée sur la façade septentrionale auprès du clocher et vis-à-vis de l'ancienne chapelle seigneuriale ; elle forme maintenant transept. Enfin, l'on a accentué ces modifications en ouvrant une porte au pignon occidental. L'église n'a donc rien conservé de son plan primitif. Malgré cela, les détails signalés, plus que l'ensemble de l'édifice, méritent d'attirer l'attention de l'archéologue.

***

A quelque distance de l'église, en partie caché par les arbres, se trouve le petit château de Montimer, construction anglaise du XVe siècle, fort bien conservée. Une restauration récente, soigneusement faite, ne lui a enlevé ni son aspect ancien, ni son cachet particulier.

P. DE LONGUEMARE.

LE PRIEURÉ DE CHESNE-GALON

Au milieu des majestueuses futaies de la forêt de Bellême, dans un vallon très solitaire, sur le bord d'un étang, s'élève une construction d'aspect sévère, avec sa longue façade aux lignes uniformes, trop écrasée peut-être par le cadre qui l'entoure : c'est le prieuré de Notre-Dame-de-Chesne-Galon, de l'ordre de Grandmont, congrégation bénédictine qu'avait instituée au XIe siècle saint Étienne de Muret. Ce monastère, fondé au XIIe siècle, par Rotrou le Grand, reçut à plusieurs reprises les aumônes des comtes du Perche, ses successeurs. Plus tard on y avait annexé les revenus et aussi les charges des prieurés simples de Beaufai, Authon et la Chaise (1), depuis longtemps dépourvus de moines. Cette réunion ne formait cependant au total qu'un bénéfice relativement médiocre, et les religieux, pour acquitter aussi exactement qu'ils le faisaient les charges de leurs fondations, durent se résigner à n'être jamais qu'en petit nombre à Chesne-Galon. L'austérité de leur genre de vie les avait fait surnommer à l'origine *bons-hommes*, *boni homines de Quercu-Galonis*. Méritèrent-ils toujours par leur ferveur cette appellation qu'ils ont gardée à travers les âges ? Un chartreux, qui vivait en 1453, au couvent voisin du Val-Dieu, déclare dans un ouvrage sur la vie monastique, que les circonstances lui permettant des relations assez fréquentes avec des religieux de l'ordre de Grandmont, il a pu constater qu'ils étaient bien déchus de la régularité ancienne (2). A Chesne-Galon comme ailleurs, la mise en commende fut une ruine au point de vue temporel et plus encore pour les observances monastiques. Toutefois ce monastère avait recouvré la faveur d'être gouverné par des prieurs réguliers, bien avant 1642, époque où dom Charles Frémont rétablit tout l'ordre de Grandmont dans la rigueur primitive. L'un de ces prieurs, dom Julien Le Texier (1611), était, au témoignage de l'historien René Courtin, un homme

Le Prieuré de Chesne-Galon.

D'après une photographie de M. H. Magron.

(1) Le prieuré de Sainte-Catherine de la Chaise, situé à peu de distance et où l'on retrouve encore la chapelle avec sa vieille statue de sainte Catherine, fut plus souvent pour les moines du Chesne-Galon une charge qu'un revenu. Ils devaient y célébrer la messe chaque vendredi, et cependant nous voyons particulièrement, en 1709, un chanoine de Saint-Brieuc, Louis-Michel de Quingo, en possession de ce bénéfice (*Archives de l'Orne*, série H, 1925). En 1790, le dernier titulaire était un abbé Gaston, de Montpellier. Il percevait de ce chef 2,810 livres et 10 chapons. (*1er Registre du directoire du district de Bellesme*, p. 101. *Arch. de l'Orne.*)

(2) *Anonymi monachi cartusiensis Vallis-Dei, Dialogus de diversarum religiorum origine et earum temporibus ac legislatoribus*, etc. Ex codice ms. Vallis-Dei. Apud D. Martène, *Vet. script. amplissima collectio*, t. VI, p. 11-33.

rempli de mérite et de vertus. Il fut le restaurateur de la maison : faisant marcher de pair l'ordre dans les affaires temporelles et le zèle pour la discipline religieuse. En 1654, Charles du Hamel, curé de Saint-Merry, à Paris, janséniste ardent, exilé à Bellême, pensa qu'il lui serait facile d'exploiter l'estime dont jouissaient les religieux de Chesne-Galon, en faisant de cette maison un centre de réunion et de propagande pour la diffusion de ses doctrines, mais il trouva dans le prieur et ses confrères un accueil et des sentiments tout différents de ceux qu'il escomptait ainsi d'avance au profit de la secte (1).

Au siècle suivant, l'évêque de Sées, Néel de Christot, aimait à venir s'édifier à Chesne-Galon au cours de ses laborieuses visites paroissiales (2). Dom J.-B.-François Vittecoq était alors prieur de la maison; il fit rebâtir le monastère en entier, tel que nous le voyons aujourd'hui, et comme l'église continuait d'être très fréquentée par les pèlerins, qui venaient y vénérer la relique précieuse de la vraie Croix, rapportée autrefois d'Orient par un des comtes du Perche (3), il voulut la rendre plus digne de sa destination et de ce pieux concours. Le maître-autel et la chapelle de Saint-Jacques furent remis à neuf par ses soins (4).

En ce temps-là, une commission dite *des Réguliers*, instituée par décret royal de 1762, et présidée par un prélat incrédule, l'archevêque de Toulouse, Loménie de Brienne, de néfaste mémoire, commençait en grand, au nom du roi, la destruction des ordres religieux, que les décrets de 1790 n'avaient plus qu'à achever au nom du peuple (5). En 1772, l'ordre de Grandmont fut supprimé le premier (6). Comme préambule, toute profession fut interdite au couvent de Chesne-Galon. La communauté aussi réduite que possible se composait alors du prieur titulaire, dom J.-B.-François de Vittecoq, du prieur claustral dom Jacques de Vittecoq, de dom J.-B. Foulquier, et de dom Pierre Lampérière (7). En 1786, ces religieux furent dispersés (8). On avait statué en principe que les biens et revenus de Chesne-Galon seraient dévolus au séminaire de Sées. Mais comme la prospérité des séminaires n'était pas précisément le but que poursuivaient les jansénistes et les philosophes instigateurs de ces décrets, on nommait la même année, comme prieur commendataire, un abbé de cour, patronné par son oncle, M. d'Argentré, évêque de Sées. C'était M. de Couasnon, aumônier peu occupé du comte de Provence, qui devait, sa vie durant, jouir de ce revenu, à la condition de servir une pension alimentaire aux religieux expulsés. Survint la confiscation générale de 1790, et pas plus que le séminaire de Sées, l'abbé de Couasnon ne bénéficia d'une spoliation injustement exercée contre une communauté ancienne et vénérable.

L'abbé A. Desvaux.

(1) L. Aubineau. *Mémoires du P. René Papin, sur l'Église, la Ville et le Jansénisme*, etc., t. III, p. 48 et suivantes.

(2) L'abbé Lebailly. *Mémoires pour servir à l'histoire de l'église cathédrale de Sées*. Alençon, Malassis, 1775, p. 314.

(3) Dr Jousset. *Prieuré de Chêne-Galon*. Alençon, Thomas, 1860, p. 23.

(4) Archives de l'évêché de Sées.

(5) R. P. Prat. *Essai historique sur la destruction des ordres religieux en France*.

(6) Louis Guibert. *Une page de l'histoire du clergé de France au XIIIe siècle. Destruction de l'ordre de l'abbaye de Grandmont*. Limoges, veuve Ducourtieux, in-8°.

(7) L. Duval. *Inventaire sommaire des archives départementales*. Série H, t. II, p. 7.

(8) Dom Foulquier se retira à Rhodez et dom Lampérière à Corbeil. Le 29 novembre 1791, ils se plaignaient au district de Bellesme de n'avoir pas reçu, depuis 1789, l'indemnité qui leur avait été accordée, en 1786, par la Chambre apostolique du diocèse de Sées. — 1er *Registre du directoire du district de Bellesme*, p. 100. *Archives départementales de l'Orne*.

LA FONTAINE DE LA HERSE

La fontaine de la Herse (1), chantée par les poètes, analysée par les chimistes, préconisée par les médecins, célébrée par les touristes, objet de savants mémoires des académiciens et des archéologues, est située à l'extrémité de la commune d'Éperrais, tout près de l'ancien prieuré de Chesne-Galon, au milieu de la forêt de Bellême et non loin de cette ville. Son nom de *Herse* viendrait, paraît-il, du celtique *Ersia*, fontaine. C'est une source minérale, dont les eaux ont été classées, en 1852, par l'Académie de Médecine, dans la catégorie des eaux ferrugineuses proto-carbonatées et sensiblement arsenicales. Elles s'échappent de deux bassins d'inégales dimensions, séparés par une cloison de pierres, reposant sur des assises de grès. Deux de ces pierres, d'un calcaire dur et compact, placées au-dessus du plus grand réservoir, portent en caractères romains les inscriptions suivantes, que la tradition, d'accord avec tous les archéologues, fait remonter aux premiers temps de l'occupation romaine. On lit sur la première pierre :

APHRODISIVM

« *Consacré à Vénus Aphrodite* (c'est-à-dire *née de l'écume de la mer.* »)

Sur l'autre :

DIIS INFERIS
VENERI
MARTI ET MERCVRIO
SACRVM

« *Dédié aux Dieux inférieurs (ou infernaux), Vénus, Mars et Mercure.* »

Ces inscriptions ont donné lieu à des interprétations diverses et à de nombreuses dissertations dont l'exposé ne saurait trouver place en cette courte notice.

La fontaine de la Herse ne fut découverte qu'en 1607. Les historiens du temps font le plus

(1) Dans une notice plus étendue sur la fontaine de la Herse, nous avons donné une bibliographie aussi complète que possible de tout ce qui avait été précédemment publié sur le même sujet :

JEAN DE MEULLES. *Unellographie ou description poétique de la fondation de Bellesme*, 1634, publiée avec *introduction et notes historiques*, par l'abbé A. DESVAUX, et *préface* de M. GUSTAVE LE VAVASSEUR, in-8° de XXXVIII-70 pages, Bellême, G. Levayer, imprimeur, 1891.

La fontaine de la Herse, p. XXXI de l'*Introduction*.

Depuis lors, il n'a paru aucun travail apportant des données nouvelles et méritant véritablement d'être signalé.

son acquisition à René du Grenier, déjà possesseur de la Pellonnière et dont la descendance se maintint au Pin pendant près de deux siècles. La Pellonnière, pendant ce laps de temps, resta le préciput de l'aîné de cette famille, laquelle s'allia successivement aux Dammartin, aux Martel et aux Gognon.

Le Pin et les divers fiefs dont il a été question plus haut, en vinrent, dans la suite, à dépendre par intervalles des fiefs de Francvilliers et de la Ventrouze et surtout du grand fief de Chanceaux dont les tenanciers avaient le droit de haute et basse justice. Cet état de choses dura jusqu'en 1703, époque où la marquise d'Oléron, qui était dame du Pin, acquit du roi la haute justice de cette paroisse et les droits tant « utiles » que purement honorifiques qui s'y rattachaient.

Le château actuel de la Pellonnière fut restauré, augmenté et — disons le mot — enjolivé vers la première moitié du XIXe siècle par un de ses derniers possesseurs, M. Patu de Saint-Vincent (1), auquel il faut bien reconnaître, à ce propos, un sens aussi exquis du pittoresque qu'une absence à peu près complète de scrupules pour l'unité architecturale et les authenticités archéologiques.

L'entrée du Château.

D'après une photographie de M. H. Magron.

Ce n'est pas nous qui donnerons tête baissée dans un rigorisme absurde en présence d'une œuvre aussi délicate, fruit d'un éclectisme né du goût de la variété, et fait à doses égales de tolérance et de fantaisie. Rien de choquant, du reste, rien de heurté dans le ravissant décor à rideau de pierre encadré ici, d'une façon si prestigieuse, de majestueux ombrages et de vastes pelouses. La partie la plus ancienne est le corps principal de logis allant de l'est à l'ouest et flanqué d'une élégante tourelle d'escalier semi-octogonale ; ce bâtiment date vraiment du XVe siècle. L'aile à retour d'équerre vers le nord, avec pavillon terminal à réminiscences vénitiennes et mauresques, est d'une architecture aussi décorative qu'apocryphe. La tour du XIIe siècle, ancien ouvrage avancé placé en dehors du fossé de circumvallation, — laquelle devint peut-être colombier aux XVIIe-XVIIIe siècles, — a été entourée, sous les larmiers de sa toiture, d'une ceinture de créneaux et reprend, pour la forme, son poste d'observation, comme un guerrier de parade devenu concierge sous son harnais de guerre démodé. Le fossé défensif s'est changé en un parterre de rosiers. Une élégante courtine de créneaux se développe çà et là sous les corniches ; ce décor un peu théâtral ne manque ni de charme ni d'originalité. Dans le salon, parmi les tableaux d'ancêtres, une toile superbe, non signée, attribuée à Hyacinthe Rigaud, pourrait peut-être, sans trop de désavantage, servir de pendant au très beau portrait de l'abbé de Rancé, visible à quelques lieues de là, au monastère de la Trappe de Soligny.

ADOLPHE VARD.

(1) Cyrille-Jules Patu de Saint-Vincent était fils de Jean-Baptiste, ancien magistrat de la Chambre des comptes, lequel avait épousé Nicole-Renée-Louise de Gersant, fille de Dominique-Louis, qui eut pour père, Charles-François Le Conte de Gersant, conseiller du roi en sa Cour des monnaies, chevalier, seigneur du Pin, de la Pellonnière, Saint-Jouin-de-Blavou, Condé, la Rousselière et autres lieux. Ce dernier avait hérité de tous ces fiefs en vertu d'un testament fait à son avantage par son oncle, Charles-Louis Le Conte de Gersant, acquéreur de ces domaines.

Cyrille-Jules Patu de Saint-Vincent avait épousé Elisabeth-Pauline de Hémant ; il s'occupa de la restauration de l'église du Pin et fit bâtir les chapelles latérales de la dite église. Sa vie fut consacrée à l'étude et remplie d'œuvres pies et de bienfaisance ; il était chevalier de Saint-Grégoire-le-Grand et membre de la *Société des Antiquaires de Normandie* ; il mourut sans enfant et laissa le château de la Pellonnière à sa nièce par alliance, Louise-Isabelle-Marie de Hémant, laquelle avait épousé le comte Georges-Clair de la Rivière-Pré-d'Auge, d'une famille de vieille chevalerie normande, dont les ancêtres s'étaient illustrés à la première croisade, aux côtés de Robert Courteheuse. Un de la Rivière-Pré-d'Auge accompagna le duc Guillaume le Bâtard lors de la conquête de l'Angleterre : c'est ce dont fait foi l'inscription de ce nom sur la pierre de Dives, laquelle constitue, comme on sait, la page la plus authentique du livre d'or de la noblesse normande. Le chef actuel de la branche aînée de cette famille, fils des précédents, possède encore actuellement la terre du Pré-d'Auge, dans le Calvados. Les Patu de Saint-Vincent portaient : *d'azur au chevron d'or, accompagnés de trois colombes d'argent, dont une en chef et deux en pointe.*

LE CHATEAU DE LA PELLONNIÈRE

Au Xe siècle, Geoffroy Courthrill fondait l'église du Pin-la-Garenne, laquelle n'était à l'origine qu'une chapelle sous l'invocation de saint Barthélemy. Les vestiges du donjon à motte des seigneurs de cette localité ont été retrouvés dans le jardin d'une maison peu éloignée de l'église : il est vraisemblable que ces hobereaux transférèrent leur séjour à la Pellonnière dès le XIIIe siècle, à la suite d'un assaut donné à leur demeure dans l'une des nombreuses guerres locales dont Robert de Bellesme et ses émules désolaient à cette époque ce coin du Perche et la Normandie.

Au reste la configuration du site de la Pellonnière, lequel semble une vaste motte naturelle, se prêtait à merveille aux travaux défensifs, première condition de l'établissement d'une demeure seigneuriale dans ces temps de luttes féodales presque permanentes; et plus tard la beauté et la salubrité de ce même site, le nombre et le charme des aspects qu'on y découvre à chaque pas, contribuèrent sans doute à maintenir la maison de plaisance sur l'emplacement de la forteresse.

La Pellonnière.

D'après une photographie de M. H. Magron.

Au XVe siècle la Pellonnière appartenait à la famille Cochefilet, ainsi qu'il appert de lettres patentes données à une héritière de cette famille par Henri V d'Angleterre (1). Vers cette époque, la maison Havart acquit le Pin — et les autres fiefs secondaires qui s'y rattachaient — par un mariage; et ce fut par un autre mariage que, en 1497, Catherine Havart apportait ce douaire important dans la famille des Boulainvilliers, comtes de Dammartin et vicomtes de Dreux. En 1519, Philippe de Boulainvilliers vendit le tout à Robert de Champeaux, moyennant 2,040 livres tournois, et cinq ans plus tard, en 1524, ce dernier, pour une somme équivalente, céda

(1) Cette maison de Cochefilet s'allia dans la suite aux premières maisons de France : Rachel de Cochefilet devint la seconde femme de l'illustre Maximilien de Béthune, marquis de Rosny, duc de Sully; Charlotte-Élisabeth de Cochefilet de Vauvineux épousa, en 1679, Charles de Rohan, prince de Guéméné, duc de Montbazon, après avoir failli, étant endormie, périr dans un incendie, dont on trouve la relation dans une lettre célèbre de Madame de Sévigné en date du 20 février 1671.

Les pièces de ce genre sont assez nombreuses dans l'Orne et, comme on l'a fait remarquer dans un précédent article, Pervenchères devait posséder soit un atelier de fabrication, soit un dépôt de rétables en albâtre. Le rétable de Montgaudry est tout autre comme composition, style et matière employée. Entièrement en bois sculpté, de grand relief, et complètement peint, on ne saurait le faire remonter à une époque antérieure à la fin du XVIe siècle. Il était autrefois posé sur l'autel; il se trouve maintenant placé le long du mur de la nef au-dessus du confessionnal, mais il a été fort heureusement respecté et n'a pas souffert de ce changement.

Sa longueur est d'environ deux mètres cinquante, sa hauteur de cinquante centimètres pour les quatre panneaux placés deux par deux à côté du panneau central : celui-ci est, suivant l'usage, d'une hauteur double, soit un mètre environ. Le premier panneau à droite représente l'Annonciation. On y voit la Vierge assise sous un dais, tandis que l'ange Gabriel la salue dans la pose connue. Le dais porte les mots AVE MARIA. Le second panneau figure l'adoration des bergers. Sur le panneau central on voit le Calvaire, le

Le Rétable.

D'après une photographie de M. H. [illegible]

Christ crucifié entre les deux larrons. Des cavaliers l'entourent, tandis qu'au premier plan à la partie inférieure, la mère du Sauveur s'abîme dans la douleur. Cette scène est bien traitée et la pâmoison de la Vierge laisse peu à désirer. Au troisième panneau le Christ sort triomphant du tombeau au milieu des gardes effrayés. La quatrième scène est plus indécise, c'est sans doute l'apparition à Marie Magdeleine. Le Christ ressuscité se montre à une sainte femme ; celle-ci porte des parfums dans un vase qu'elle ouvre devant lui.

A part la légende du dais « AVE MARIA », gravée sur le premier panneau, aucune inscription ne peut être relevée. Aucune date, aucune signature ne fixent donc l'archéologue. Cependant les pilastres chargés d'arabesques, qui séparent les scènes entre elles et supportent une grande corniche, indiquent suffisamment l'époque où ce bas-relief a été fait; nous sommes bien en présence d'une œuvre de la Renaissance, œuvre toute locale, due sans doute à l'un de ces sculpteurs de passage qui laissaient dans les plus petites localités des traces de leur naïf génie.

En résumé, le rétable de Montgaudry peut être classé parmi les meilleurs de ce genre. Les scènes qui le composent, à cause de leur relief, des personnages qui se détachent presque du fond dans une pose heureuse, souvent étudiée, donnent à l'ensemble une vie toute particulière et montrent que leur auteur inconnu était doué de l'inspiration qui fait les artistes.

P. DE LONGUEMARE.

L'ÉGLISE DE MONTGAUDRY

Au premier abord l'aspect extérieur de l'église de Montgaudry trompe l'œil du touriste. Un examen superficiel l'inviterait à passer sans s'arrêter; il pourrait se croire en présence d'un monument dépourvu de cachet et de construction récente. Fausse impression cependant, car l'église date de la fin du XIIe siècle; mais elle a été restaurée si complètement et si peu heureusement qu'il faut regarder à deux fois pour découvrir les rares vestiges de son antiquité.

Du chœur nous ne parlerons pas; il est entièrement moderne. La nef conserve seule la trace de constructions anciennes de styles divers. C'est d'abord le portail occidental à grosses moulures concentriques, légèrement en ogive, que l'on peut dater du XIIIe siècle ou de la fin du XIIe. A la même époque remonte une petite fenêtre à meurtrière qui le surmonte. Ensuite, sur la façade septentrionale, on peut signaler une ouverture plein ceintre, respectée par les restaurations récentes. Sur la façade méridionale deux grandes fenêtres du style flamboyant ont conservé dans les tympans quelques vitraux Renaissance. On distingue entre autres des anges tenant des instruments de musique, et un Père Éternel assez bien préservé des injures du temps.

La première fenêtre, la plus rapprochée du chœur, contient encore plusieurs fragments de têtes, la seconde n'a plus que des rinceaux avec de petits personnages ailés et nus, qui, bien que n'ayant qu'une vague ressemblance avec les anges du style classique, doivent représenter ces figures célestes. L'arc triomphal de l'entrée du chœur est très élevé, gracieux et quelque peu ogival. Des bandeaux chargés de rinceaux sculptés remplacent les chapiteaux, ce qui lui donne un aspect particulier.

L'Église de Montgaudry.

D'après une photographie de M. H. [illegible].

En résumé, tout cet ensemble est disparate et ne donne aucun cachet à l'église, dont l'aspect perd encore par la perspective d'un chœur plus étroit, faisant suite à une nef unique. Cette nef, cependant, renferme un rétable remarquable, qui à lui seul explique l'intérêt que l'archéologue peut trouver à Montgaudry.

ne nous disent rien de rassuré ni de rassurant. La massive tourelle carrée d'escalier, couronnée de meurtrières, en dit long sur les usages du temps où elle fut élevée. Par ces percées étroites, juchées si haut, on pouvait faire pleuvoir une foule de choses désobligeantes sur la tête des indiscrets, dont la visite n'offrait rien d'attrayant et qui insistaient pour faire accepter leur intrusion soit avec l'épée, la hache d'armes ou la baliste, soit avec l'arquebuse. Ces épaisses murailles entourées de fossés profonds alors remplis d'eau, devaient constituer un abri sûr et capable de déconcerter les hordes indisciplinées du maître de Hongrie, la tourbe des routiers des « grandes compagnies » et très suffisantes pour constituer des chances de garantie contre les déprédations, exactions et violences de ces bandits féodaux, dont Robert de Bellesme — qui fut peut-être le propriétaire de Chanceaux — est resté dans nos contrées la plus notoire personnification.

La Porte d'entrée.

D'après une photographie de M. H. Magron.

On accédait à l'étage supérieur par deux escaliers situés aux deux extrémités, formés de marches monolithes, moulurées d'une saillie cylindrique, formant une colonne à l'axe, engagées de l'autre bout dans le mur inébranlé fait pour durer une suite de siècles sans nombre. Les vastes salles du premier étage ont, malgré tout, bon air et grand air avec leurs énormes cheminées en pierres taillées, sans ciselures, dont le manteau s'élève vers les hauts planchers à solives apparentes, lesquelles, étant en réalité autant de sommiers, semblent sveltes dans leurs rapports avec la masse de l'ensemble. On constate au reste à Chanceaux, bâti avec solidité et régularité, une nudité de cloître des premiers siècles; la partie décorative est presque nulle : c'est que les populations, qui venaient de doubler le cap redouté de l'an mil, remises à peine de leurs frayeurs, se reprenaient à croire dans la pérennité de la race, et s'attachaient à créer ce qui devait durer, mais réservaient les ornements et fioritures — rares et sévères du reste — pour les chapelles et les oratoires: ici ceux qui remontaient à la féodalité ont malheureusement disparu.

*
* *

Chanceaux était isolé de la terre ferme sur la déclivité du terrain, du côté de Saint-Jouin-de-Blavou, par une succession d'étangs au nombre de quatre, se déversant l'un dans l'autre par des écluses à bonde ; c'était, par rang d'élévation, l'Ardrillé, la Faye, le Milieu et les Hersées, au bas duquel résonnait le tic-tac d'un moulin mû par une roue à godets. Une poterne s'ouvrait au niveau de l'Ardrillé et conduisait à l'intérieur de l'habitation par un passage voûté qui se voit encore. C'était là, à n'en pas douter, l'une de ces issues souterraines ménagées alors très fréquemment pour assurer la retraite au cas où la garnison et les habitants se trouveraient dans l'impossibilité de se maintenir derrière leurs fossés comblés et leurs murailles ébréchées.

Chanceaux n'a pas qu'un aspect, comme il n'a pas qu'une date. Les bâtiments situés à droite de la porte d'entrée sont évidemment de beaucoup postérieurs aux autres. La chapelle qui les termine, dédiée à Notre-Dame, fut édifiée au XVIIIe siècle ; cette chapelle sert aujourd'hui de grenier à foin. Un pâtre désœuvré a retouché avec un clou le visage mutilé de la madone sculptée qui garnit encore le rétable en pierre tendre, de grain jaunâtre, surmontant jadis l'autel détruit à la Révolution.

Il y a bien d'autres ruines, tout aussi navrantes, autour de Chanceaux ; la nature elle-même semble y avoir fait en quelque sorte faillite et par sa déchéance, ajouter à la chute des droits féodaux renversés par les révolutions civiles. Les quatre étangs dont nous avons parlé sont à sec, les écluses ont été démolies ; l'eau elle-même a cessé de sourdre du sol ; à peine un léger ruisselet limpide, absorbé presque aussitôt par les terrains, traverse les Hersées et vient s'engloutir au pied d'un chêne magnifique plusieurs fois centenaire et dont chaque branche semble un arbre énorme enté sur un polype géant. On remarque au pied de ce vénérable ancêtre des forêts une carbonisation récente, qui provient d'un feu allumé par quelque palefrenier malfaisant pour enfumer un renard. Le chêne n'a, du reste, nullement pâti de cet acte stupide de vandalisme.

*
* *

Chanceaux a sa légende : tous les ans, dans la nuit de Noël, des clameurs et des gémissements — des bruits, tout au moins — s'élèvent de la chambre de la *Robinette*.....

L'accoucheuse que préconisait Madame de Sévigné, et qui avait alors une clientèle des plus aristocratiques, a-t-elle vraiment passé par là et s'y est-elle trouvée mêlée à quelque drame familial ?

Qu'est-ce que la Robinette ? Et quelle raison peut avoir un être passé de vie à trépas pour revenir d'outre-tombe se lamenter là, entre ces quatre murailles épaisses et nues, tout justement dans cette même nuit où tout l'univers — non pas seulement catholique, mais encore chrétien — se réjouit et pousse des clameurs chaque année renaissantes de joie et d'espérance.

Les plus vieux habitants de la contrée, questionnés par nous, n'ont rien pu préciser et ce n'est pas dans un ouvrage comme la *Normandie monumentale* qu'il est permis de suppléer aux lacunes de la tradition.

*
* *

Chanceaux, seigneurie de haute, basse et moyenne justice, tenue à foi et hommage avec serment de fidélité au roi, à cause de Bellesme dont le titulaire détenait la capitainie, relevait du duché d'Alençon et du comté du Perche ; l'investiture donnait aux feudataires des droits dont il est question plus haut, s'exerçant sur de nombreux fiefs et vavassories, lesquelles s'étendent sur les paroisses de Saint-Jouin-de-Blavou, Mauves, le Pin-la-Garenne, Eperrais, Basoches, Courcerault, etc. La possession de ce grand fief entraînait en outre l'exercice de menus droits, tels que patronages, tontes de denrées et de marchandises, droits d'épaves, forfaitures, aventures : énoncé formidable où tout Dumoulins passerait (1).

Le premier titre connu de nous qui fasse mention d'un propriétaire de Chanceaux, est l'aveu rendu au duc d'Alençon, le 1er mai 1452, par Georges Havart.

(1) Archives nationales et régionales, p. 824, pièces 83-88, f° 265 à 268, Legrand.

Sa fille Catherine, mariée à Charles de Boulainvilliers, vicomte de Dreux, paraît avoir reçu ce domaine considérable pour douaire ou l'avoir acquis par héritage : car elle vendit en 1519 le moulin du Pin à Robert de Champeaux.

Messire Jehan Poussart, maître d'hôtel ordinaire du roi, possédait les trois châtellenies de la Perrière, Bellesme et Mortagne, mouvant du comté du Perche, ancien ressort du bailliage de Chartres; il était titulaire du greffe tenu à Bellesme; il légua tous ses biens à noble et puissant seigneur Charles Poussart, chevalier, seigneur de Fors et de Chanceaux, élevé à la dignité de grand panetier du roi (1).

Jehan de Baral, chevalier, seigneur de Saint-Germain, et Louis d'Angennes de Rochefort de Salvert, marquis de Maintenon, vendirent Chanceaux, en 1649, à René du Grenier, seigneur de la Pellonnière, baron d'Oléron, lequel rendit hommage le 14 juillet 1653.

Le 18 juillet 1713, Charles-Louis Le Conte de Gersant acquit Chanceaux.

En 1735, le possesseur de Chanceaux et du Pin était Charles-François, neveu du précédent; nous avons indiqué à l'article sur la Pellonnière la transmission de Chanceaux, qui ne fut séparé de la Pellonnière qu'après la mort de M. Jules-Cyrille Patu de Saint-Vincent, lequel légua Chanceaux à Charles-Fernand Lefebvre du Grosriez, neveu de sa femme, née Élisabeth-Pauline de Hémant (2).

M. du Grosriez est le possesseur actuel du domaine.

ADOLPHE VARD.

(1) Bibliothèque nationale, mss. fr. 24-128, G : L V, p. 34, déclaration de 1640.

(2) Les Saint-Vincent portaient : *d'azur au chevron d'or accompagnés de trois colombes d'argent, deux en chef et une en pointe.*

NOTRE-DAME-DU-VIEUX-CHATEAU

OU

LA CHAPELLE DE St-SANTIN

Il semble que ce vieil édifice soit resté debout pour être en effet le *monument* du nom et de l'œuvre de l'homme extraordinaire qui a été dans notre contrée, et pour la Normandie et le Maine, la souche de l'une des plus célèbres familles féodales de l'histoire des XIe et XIIe siècles. Le château-fort d'Yves de Bellême est rasé; les Anglais l'ont détruit; le château-fort de Bellême, bâti par son fils Guillaume, est presque méconnaissable sous ses dernières ruines; la royauté a achevé de le démanteler. La magnifique basilique de Saint-Léonard de Bellême, élevée par le même Guillaume, pillée et saccagée dans la fureur de nos guerres religieuses, a complètement disparu et l'emplacement en est lui-même incertain. La chapelle du vieil Yves, du Xe siècle, la première qui ait été construite en pierre, dans ces contrées, donnant le branle à tout un système de constructions, est demeurée en son état premier, au moins pour d'importantes parties.

Intérieur de la Chapelle de Saint-Santin.

D'après une photographie de M. H. Magron.

Yves Ier de Bellême l'avait bâtie, entre 940 et 997, pour servir de collégiale à douze chanoines, et l'avait à cette fin enrichie de nombreuses aumônes qui, par la suite, passèrent avec l'église Notre-Dame elle-même sous la possession de la collégiale de Saint-Léonard de Bellême. Les premiers chanoines durent être une colonie venue de la collégiale de Toussaint d'Angers, car un accord, passé en 1145, nous fait connaître que cette communauté avait élevé des réclamations sur la propriété de cette église (1).

(1) Voir Cartulaire de Marmoutiers pour le Perche, nos 1 et 30, publiés dans les *Documents sur la Province du Perche*, 1894, par l'abbé Barret.

Les chanoines quittèrent, vers 1026, l'église Notre-Dame-du-Vieux-Château pour la collégiale de Saint-Léonard de Bellême, où ils furent à leur tour remplacés, l'an 1092, par les moines de Marmoutier. La vieille et primitive église devint une simple chapelle à la présentation du prieur de Bellême; elle a conservé ses chapelains jusqu'à la Révolution. L'un d'eux, l'abbé Laurent, obtint à Rome, de quatorze cardinaux, quatorze cents jours d'indulgence, en faveur de ceux qui visiteraient cette chapelle et y feraient quelque aumône le Vendredi Saint, le jour de « Monseigneur Sainct Laurens, le jour de la benoiste Magdeleine ». Pour mémoire du bienfait, il fit graver, en caractères du XVIe siècle, ce privilège sur une plaque de pierre qui fut incrustée dans le mur, à l'entrée du chœur, du côté de l'épître, où elle se voit encore.

« La vieille église, refaite ou plutôt restaurée à diverses époques, surtout au XVIIIe siècle, possède encore son portail roman, fort simple, ses fenêtres romanes, dont la petitesse et la profondeur suffisent pour faire remonter une partie de la construction certainement au XIe siècle » (1), ou plutôt à la fin du Xe. La crypte, voûtée en berceau, soutenue dans le milieu par un arc-doubleau plat et de peu de saillie, terminée par un mur rectangulaire percé de deux petites baies romanes, est, je crois, le seul exemple de ce genre qui subsiste dans le diocèse. La tradition rapporte que Yves de Bellême et sa femme Godehilde y furent inhumés. Si la tradition est véritable, leurs corps doivent y reposer encore.

« La chapelle de Saint-Santin (ce nom a remplacé depuis longtemps celui de Notre-Dame-du-Vieux-Château qu'on a trouvé trop long sans doute) est la propriété du marquis de Chennevières, membre de l'Institut, ancien directeur des Beaux-Arts. Elle ne pouvait tomber en de meilleures mains » (2).

L'abbé P. Barret.

(1) *Antiquités du Perche*, par Bart des Boulais, publié et annoté par M. H. Tournoüer, p. 77.
(2) *Antiquités du Perche, ibidem.*

Cliché P. Magron — Héliog. P. Dujardin

FONTS BAPTISMAUX DE L'ÉGLISE SAINT-SAUVEUR, À BELLÊME

Pl. N° 82

L'ÉGLISE SAINT-SAUVEUR DE BELLÊME

L'existence de l'église Saint-Sauveur, centre de l'unique paroisse de Bellême, depuis la suppression, en 1792, de l'église rivale Saint-Pierre-hors-les-Murs, est constatée dans les plus anciens documents de l'histoire percheronne.

Toutefois l'édifice actuel ne remonte pas au delà du XVIe siècle. Il se compose d'une nef très large, flanquée primitivement de trois chapelles au nord et de quatre au midi.

Les chapelles du nord, abritées sous la même charpente que la nef, paraissent antérieures à celles du midi, qui sont plus élevées et possèdent chacune une toiture particulière. Des actes de fondation et les dates inscrites sur les clefs de voûte indiquent que celles-ci ont été ajoutées successivement dans le cours du XVIIe siècle.

Ce fut vers la même époque, en 1678, que l'on éleva la grosse tour carrée, ornée de pilastres corinthiens, de niches, de guirlandes de feuillage, dont l'ensemble assez décoratif atténue l'aspect trop massif de la construction, tout en faisant regretter la présence de ce dôme à quatre pans, surmonté d'un lanternon d'ardoise qui la termine si disgracieusement. Quatre statues des évangélistes, que MM. de Chennevières et le Dr Jousset (1) pensaient avoir occupé autrefois les niches de la façade, sont venues dernièrement y prendre place.

Exécutées avec un complet dédain de tout art et de toutes proportions, elles sont l'œuvre d'un soi-disant sculpteur nommé Rascar, auquel la fabrique de Saint-Sauveur les avait commandées, en 1808, moyennant 600 livres, somme très exagérée pour l'époque, si l'on considère surtout le mérite du travail. Elles étaient alors en réalité destinées à garnir quatre piédestaux demeurés vides depuis la Révolution, et où on les voyait naguère encore près du grand autel.

A côté de la belle sonnerie moderne, cette tour renferme, depuis le XVIIIe siècle (2), une cloche très curieuse, ornée des images de saint Sauveur et saint Michel. Ainsi que l'atteste son inscription, elle a été fondue au mois d'octobre 1516, et « faicte à servir à aurloge pour les habitants de Bellesme, de leurs deniers ».

Le maître-autel, construit en 1702, occupe toute l'abside. Il est surmonté d'un baldaquin monumental, que supportent six hautes colonnes de marbre noir. Au-dessus du joli tabernacle, on remarque un tableau de la Transfiguration, copie de l'œuvre de Raphaël, peint en 1706, par Jacques Oudry, alors directeur de la maîtrise de Saint-Luc et artiste assez renommé, à son époque.

Formant le trumeau supérieur des portes de la sacristie et encadrées dans de belles boiseries

(1) PH. DE CHENNEVIÈRES. *L'église Saint-Sauveur, à Bellême.* Nogent-le-Rotrou. Imp. Gouverneur, 1869. — Dr JOUSSET. *Le vieux Saint-Sauveur de Bellême. Écho de l'Orne*, 1869.

(2) Cette cloche était autrefois dans le beffroi de l'*Audience* ou salle du bailliage. Son transfert à Saint-Sauveur donna lieu à une protestation et à un procès de la part des paroissiens de Saint-Pierre de Bellême.

apportées de la Chartreuse du Val-Dieu, deux petites toiles de bonne façon, dont le sujet indique bien la provenance. Dans l'une d'elles, saint Antoine, le plus célèbre anachorète des déserts d'Égypte, vient visiter dans sa solitude saint Paul, premier ermite, auquel un corbeau apporte la nourriture quotidienne.

L'autre représente saint Bruno, fondateur de l'ordre, prosterné sur le côté, à la façon des Chartreux, tandis qu'un de ses religieux creuse une fosse avec une pioche. Ces deux toiles, qui réclament une prompte restauration, sont l'œuvre d'un peintre qui jouissait à Paris d'une certaine réputation. Elles sont signées : *G. Martin de Montpellier fecit, inv.* 1768.

L'église Saint-Sauveur possède un bon nombre d'autres tableaux, dont quelques-uns méritent d'être signalés. *Sainte Geneviève guérissant une aveugle à Nanterre,* de Am. Ternante, de Châtillon-sur-Seine, et la *Naissance de la Vierge,* d'après Murillo, peinture sur porcelaine, par Mlle de Maussion, de Saint-Évroult-Notre-Dame-du-Bois, acquises au Salon de 1859, furent attribuées par l'État à l'église de Bellême, sur la demande de M. le marquis de Chennevières, alors conseiller général du canton. Dans la chapelle primitivement dédiée à Saint-Thomas, derrière une très laide statue enluminée du Sacré-Cœur, se cache une belle copie du tableau de Salviati conservé au Louvre, l'*Apparition du Christ ressuscité à saint Thomas.* En face, *le Christ au jardin des Oliviers,* de Gustave-Adolphe Chassevent, exposé au Salon de 1861. Dans la chapelle au-dessous, une *Sainte Famille,* de l'école italienne. Dans la chapelle vis-à-vis : *la Déposition de la Croix,* œuvre d'un maître normand, Charles du Fresne du Postel, ainsi que l'atteste l'inscription : *Du Fresne, pictor regis, Alenconii fecit,* 1699 ; puis *le Christ marchant sur les eaux,* peinture d'Eugène Isabey. A l'autel, près du chœur, excellente copie d'une Vierge de Rubens.

L'Église Saint-Sauveur de Bellême.

D'après une photographie de M. E. Magron.

Les fonts baptismaux ont été pendant deux siècles la principale curiosité de Saint-Sauveur. Construits en 1684, et ornés par un sculpteur du Mans, nommé Durand, ils se composent d'une vasque portée sur un piédestal avec les plus gracieux décors en usage sous le règne de Louis XIV. Cette vasque est adossée à un rétable divisé en trois compartiments par des colonnes corinthiennes et surmonté d'un fronton, que couronnent agréablement des chérubins soutenant une corbeille de fleurs. Au milieu de ce rétable un bas-relief de pierre représente le baptême du Christ par saint Jean.

Mais ce qui attire maintenant surtout les visiteurs, c'est la luxueuse chapelle du Rosaire, qu'en 1877, le fondateur bien connu des Magasins du *Bon Marché,* M. Aristide Boucicaut, originaire de Bellême, fit enrichir de marbres précieux et de très belles mosaïques. Ce fut dans notre pays, le premier essai de cette décoration si monumentale, qu'un autre Bellêmois, M. le marquis de Chennevières, pendant qu'il était directeur des Beaux-Arts, voulut acclimater en France par la création d'une manufacture et d'une école nationale de mosaïque. Le rétable de cette chapelle présente une reproduction sur cuivre d'un chef-d'œuvre de Bouguereau, *une Vierge à la chaise,* admirable copie exécutée sous la direction du maître.

Depuis 1884, l'église Saint-Sauveur a été complètement transformée par les soins de M. le chanoine Triboté, curé de Bellême. La construction d'une nouvelle chapelle meublée d'un gracieux autel de pierre et de marbre et que réclamait la symétrie du plan, de grandes verrières à sujets historiés, quelques peintures murales, le carrelage en mosaïque, un ameublement plus riche sont venus apporter à cet édifice, naguère froid et d'air ruineux, un aspect plus chaud à l'œil et un ensemble plus monumental. Mais ce que les archéologues et les artistes loueront sans réserves, c'est la décoration brillante et très harmonieuse appliquée à la voûte de bois, l'une des plus larges de Normandie et qui peut être proposée comme un modèle du genre.

L'abbé A. Desvaux,
Curé de Verrières.

LA PORTE OUEST DE BELLÊME

Du château de Bellême, bâti au milieu du Xe siècle par Yves de Creil, grand maître des arbalétriers de France, pris par Blanche de Castille et par saint Louis, encore enfant, après un siège mémorable, tombé au pouvoir des Anglais au XVe siècle, au pouvoir des Ligueurs au XVIe, repris la première fois par Jean II, duc d'Alençon, la seconde fois par Pierre de Fontenay, il ne reste plus que quelques vestiges encore apparents sur les flancs et au sommet de la colline d'où l'on voit se dérouler la forêt du Perche.

L'enceinte fortifiée qui défendait la ville est représentée encore aujourd'hui par une porte monumentale à arcature en ogive, dite porte de l'Ouest. De l'autre côté du donjon existait une porte semblable, dite la porte de l'Est, conduisant à l'Abreuvoir.

La porte Ouest de Bellême.

D'après une photographie de M. H. Magron.

La porte de l'Ouest se composait de deux tours élevées, terminées en cône, figurées sur un ancien plan de Bellême, gravé au milieu du XVIIe siècle. Dans l'épaisseur de ses murs glissait, au moyen de poulies, un assemblage de madriers fortement reliés entre eux et qu'on abaissait pour fermer la porte. Au-dessus, était établi un logement assez spacieux occupé par les gardiens de la porte. Dans l'épaisseur des murs existent encore de nos jours des boutiques de marchands. La porte de l'Est présentait les mêmes dispositions, et M. le Dr Jousset y a encore reconnu un logement complet d'ouvrier établi dans l'épaisseur des murailles (1).

Dans un des nombreux travaux qu'il a consacrés à sa ville d'adoption, *Bellême : comment les châteaux finissent* (Mortagne, Daupeley frères, s. d., in-8°, 1 op.), M. le Dr Jousset a mis au jour

(1) Dr Jousset. *Bellesme au Perche, sa création.* Mamers, G. Fleury et Dangin, 1883, in-8°, 17 p.

quelques documents relatifs à la destruction du château et des murailles. Voici ce qu'on lit dans une enquête faite à ce sujet, en 1725, devant François Leconte, seigneur de Souvré, trésorier de France, grand voyer de Normandie au bureau des finances et chambre des domaines de la généralité d'Alençon, contre Louis de Fontenay, seigneur de Sérigny, arrière-petit-fils du brave chevalier qui du temps de Henri IV avait enlevé Bellême aux Ligueurs :

« La vétusté des parapets, murs de clôture, circuit et enceinte du chasteau, a fourni, dans tous les temps, surtout lors des dégels et grands vents, une grande quantité de pierres de toute nature qui tombent journellement une à une et souvent par blocs, comme il arriva en 1690, qu'un pan de mur d'environ douze à quinze toises roula vis-à-vis la cour du répondant et tomba en masse, dès les fondements, dans le fossé et l'eau qui sert de tout temps d'abreuvoir aux chevaux de la ville, qui obligea tous les habitants, pour la commodité publique, d'en détacher les pierres pour en revêtir le contour dudit abreuvoir.

« Ce n'est pas d'aujourd'hui que la ruine et décadence est commencée; et il n'y a qu'à lire les anciens historiens qui ont parlé de ce château et dépeignent son donjon et ses murailles en ruine, fait si reconnu qu'information en a été faite en 1661 et 1672, par le lieutenant-général de Mortagne, commissaire départi en la cour.

« Au mois de juin 1707, fut dressé procès-verbal de visite par M. Le Guerchois, intendant de justice, police et finances en la généralité d'Alençon, à l'effet d'y mettre des prisonniers de guerre, par lequel est dépeint le mauvais état desdites murailles. Les prisonniers des batailles d'Alméda et de Marchienne qui y ont été enfermés pendant les années 1708-1712, ont achevé de ruiner les parapets et murailles, soit en en bâtissant des casernes et des lieux souterrains, soit en voulant se procurer la liberté, par des trous qu'ils pratiquaient dans les meurtrières, surtout à deux tours, l'une ronde, l'autre carrée, regardant le sud-ouest, placées sur le bord du glacis qui est en haut du jardin dudit répondant, dans lequel on n'a jamais pu se promener sans risque de sa vie, par la chute naturelle des pierres qui se détachent journellement par la vétusté, par celles que ces mêmes prisonniers ont fait tomber en travaillant la nuit à leurs desseins. »

Peu de temps avant la Révolution, Monsieur, frère du roi, comte de Provence, duc d'Alençon et comte du Perche, accorda aux habitants de Bellême l'autorisation de prendre des matériaux du château pour reconstruire la façade de l'hôpital. De plus, le 14 février 1789, un arrêt du Conseil d'État autorisa la concession faite par ce prince aux maire, échevins, notables et communauté d'habitants de la ville de Bellême, de la portion non accensée du château, cour et enceinte d'icelui, circonstances et dépendances, et contenant 1530 toises de superficie, tel qu'il est désigné au plan géométrique joint au dossier, pour en jouir à titre de propriété incommutable, avec autorisation de faire démolir les restes de l'ancienne tour carrée et de disposer des matériaux ainsi que bon leur semblerait, « à la charge, audit cas, de faire élever et édifier, sur l'emplacement de ladite tour ou sur telle autre plus apparente dudit terrain, une colonne ou pyramide en pierre de taille de cinq à six pieds de diamètre sur quinze à dix-huit de hauteur, sur laquelle seront gravées d'un côté les armes de France et de l'autre, celles de Monsieur, laquelle colonne ou pyramide sera destinée à indiquer le chef-lieu des fiefs mouvants du comté du Perche, à cause de la châtellenie de Bellême ».

C'est en vertu de ces concessions que le donjon et ses dépendances ont été démolis. Sous le premier Empire, MM. Martin et de Grandnos y avaient installé des filatures de coton qui prospérèrent pendant quelque temps et furent ruinées par suite de l'admission en France des cotons anglais, après la Restauration. Les débris du donjon ont servi à construire la halle actuelle de Bellême. L'entrée du château subsistait encore; elle fut détruite pour faire place à des échoppes informes, il y a une cinquantaine d'années.

La pyramide aux armes de France et de Monsieur n'a pas été érigée ; mais, au détour d'un ancien chemin de ronde du château, on aperçoit la silhouette aérienne du *Colin-Maillard* de M. Harivel du Rocher. La pensée qu'a eue M. le marquis de Chennevières, alors directeur des Beaux-Arts, en faisant ce gracieux cadeau à sa ville d'adoption est, ce me semble, assez transparente. En regard des restes encore imposants d'un monument d'un âge héroïque, cette apparition n'est-elle pas le symbole de la génération nouvelle qui, dégagée des lisières d'antan, rieuse, folâtre, riche d'illusions et d'espérances, ouvre les bras et d'un pied léger s'élance vers un avenir encore inconnu ?

LOUIS DUVAL.

SAINT-MARTIN DU VIEUX-BELLÊME

La maison priourale de Saint-Martin du Vieux-Bellême se composait, au siècle dernier, d'un grand corps de logis dont une partie refaite à neuf depuis peu d'années, et de trois autres corps de bâtiments, dont l'un, appelé le logement des prêtres, servait d'habitation aux chapelains. Entre ces corps de bâtiments, existaient trois grandes cours, dans l'une desquelles était et est encore une fontaine d'eau vive, qui alimentait un abreuvoir placé au-dessous.

La chapelle priourale était fort belle. Sa voûte remontait au XVe siècle. Elle avait dix toises de long sur vingt-six pieds de large. Le maître-autel, en bois doré était très propre. La sacristie de cette chapelle, située du côté de l'évangile, était voûtée. A son extrémité était un passage par lequel on entrait dans l'église paroissiale, dont le chœur avait vingt-deux pieds de long sur six toises de large. Il y avait une chapelle du côté de l'épître, construite après coup, de vingt-deux pieds de long sur dix-sept de large. On y entrait par une large arcade (1).

Saint-Martin du Vieux-Bellême.

D'après une photographie de M. H. Magron.

En 1839, des cloches nouvelles furent placées dans la tour ; elles furent payées en partie au moyen du capital provenant du remboursement de rentes affectées au prieuré et non chargées de fondations.

Le 18 mai 1846, il s'éleva un ouragan violent qui enleva la couverture et la charpente de la moitié de l'église. La voûte de la nef et celle du chœur en furent écrasées. Le beau clocher qui surmontait la tour et le plain-pied de cette tour demeurèrent intacts. Il en fut de même de la sacristie de l'église et de celle de la confrérie de la Charité.

Par suite de circonstances déplorables et du peu d'intérêt que l'administration supérieure montra pour la conservation de ce vénérable monument, c'est en 1858 seulement que les travaux de restauration furent commencés. L'extension qu'avait prise l'exploitation forestière avait amené la création d'un nouveau centre au village du Gué-de-la-Chaîne, sur la lisière de la forêt. On représenta au

(1) *Archives de l'Orne*, H. 2142.

préfet et à l'évêque qu'il serait préférable de bâtir une église nouvelle au Gué-de-la-Chaîne, sans s'occuper de relever l'ancienne. L'opposition énergique des habitants du Vieux-Bellême et en particulier de M. Vergé, médecin, de M. de la Léverie, de M. de Saligny, appuyés par M. de Fontenay, maire d'Iray, et par quelques amis de l'art, finit par faire prévaloir le droit et le bon goût. Nous lisons dans un mémoire rédigé par la minorité du Conseil municipal, à la suite d'une délibération en date du 21 décembre 1847, dictée par le maire d'alors, principal intéressé à l'établissement d'une église au Gué-de-la-Chaîne :

« Non, Saint-Martin ne périra pas !... Ce que nos pères ont institué et qui nous a été transmis comme un dépôt sacré par une succession de plusieurs siècles, nous saurons le défendre, s'il le faut, par toutes les voies légales, contre l'erreur ou les passions. »

Pendant tout le temps que dura cette lutte, qui ne se termina que par l'établissement d'un double devis approuvé par M. Ruprich-Robert, inspecteur des monuments diocésains, l'un relatif à la restauration de l'église de Saint-Martin, l'autre à la construction d'une église au Gué-de-la-Chaîne, le curé et les habitants du bourg de Saint-Martin n'eurent pour la célébration du culte qu'une pauvre cabane, abri provisoire dressé sur les ruines du cloître d'un des plus riches prieurés de Marmoutiers.

On trouva dans les fondations, à un mètre environ de profondeur, une grande quantité d'ossements, des sarcophages en pierre, des vases funéraires et quelques pièces de monnaies remontant au milieu du XIe siècle.

Le chœur actuel de l'église de Saint-Martin du Vieux-Bellême renferme encore plusieurs jolis bas-reliefs du XVIIe siècle, et des stalles en bois d'un assez bon travail. L'on possède quelques documents relatifs à leur exécution. Le 1er décembre 1650, frère Gaspard Regnoust fit marché avec Jacques Boyvin et Louis Monthéan, sculpteurs et menuisiers à Bellême, pour la construction du rétable, suivant le dessin qui leur fut remis. Au devant de l'autel il devait y avoir quatre colonnes torses, deux de chaque côté, avec une tête de chérubin entre elles, et un panneau élevé au milieu, destiné à recevoir une peinture.

En 1652, le même religieux fit marché avec Paul et Nicolas Monthéan, sculpteurs et menuisiers à Bellême, pour faire la réparation du rétable de l'autel, du côté de l'évangile et près la porte du cloître, et pour y ajouter quatre colonnes torses, avec feuillages, deux cartouches portant les noms de Jésus et de Marie, avec douze têtes de chérubins, festons, panneaux et autres ornements (1).

Le peu qui nous reste des richesses artistiques et paléographiques que renfermait cet important prieuré, nous fait d'autant plus regretter ce que le temps et les révolutions en ont fait disparaître.

Louis Duval.

(1) *Inventaire sommaire des Archives de l'Orne*. Série H, t. II. Introduction, p. 23-24.

LE CHATEAU DE LONNÉ

Le château de Lonné, situé sur la commune d'Igé, est de construction ancienne, mais il a subi d'importantes transformations sous le règne de Louis XIII et a été magnifiquement restauré dans ces dernières années en conservant son style primitif. Il est environné de grands bois, d'une belle pièce d'eau et de vastes prairies arrosées par la rivière la Même.

La seigneurie de Lonné remonte très haut, car, d'après le Père Anselme, un Riboulle, chevalier, appartenant à la famille des châtelains de Lonné, prit part à la bataille de Bouvines, en 1214.

La Château de Lonné.

D'après une photographie de M. D. Magron.

Cette terre noble appartenait, en 1564, à la famille de Billy, comme l'indique un aveu rendu par Jehan de Billy à Catherine de Médicis, comtesse du Perche, par suite d'un don que lui avait fait, comme supplément de douaire, le 5 décembre 1559, son fils François II. D'après un autre aveu rendu en 1571, à François de Valois, duc d'Alençon, comte du Perche, Guillaume de Brie, seigneur de la Roche-Serrant, en Anjou, était devenu propriétaire de Lonné par son mariage avec Denise de Billy. François de Faudoas, seigneur et baron de Sérillac, épousa le 6 novembre 1592, Rénée de Brie, fille unique de Guillaume de Brie et héritière de la terre de Lonné. Agrandie par plusieurs acquisitions faites entre les années 1644 et 1661, la seigneurie de Lonné fut vendue, le 5 avril 1661, par Jean de Faudoas, comte de Sérillac, fils de François de Faudoas et de Rénée de Brie, à messire Jean du Bouchet, marquis de Sourches.

Saisi par autorité de justice, le 28 novembre 1674, à la requête de Louis de la Planche, seigneur des Hayes, le domaine de Lonné fut acheté, le 9 février 1684, par Claude-Louis de Bullion, marquis d'Attilly. Celui-ci mourut en 1693, laissant la seigneurie de Lonné à Claude-Louis-Joseph de Bullion, son fils, âgé d'un an, sous la tutelle de Catherine de Beauvau, sa mère.

Ce seigneur augmenta considérablement l'étendue de la terre de Lonné par l'acquisition de la ferme des Rocs (1719) et de la terre noble de Marcilly (1730) et par de nombreux acquêts et échanges. Il épousa Marie-Madeleine de Rosnivinen-Chamboy, et de ce mariage est né, en 1723, Claude-Louis-François de Bullion, qui vendit Lonné, le 27 décembre 1779, à la comtesse de Ligniville, veuve de M. Baudon, secrétaire du roi. Madame Baudon revendit ce domaine en 1800, à Nicolas-François-Camille-Dominique, comte d'Orglandes, pair de France, gentilhomme ordinaire de la chambre des rois Louis XVIII et Charles X, né en 1767, mort à Paris, le 14 avril 1857, dans sa 91e année. Le comte d'Orglandes avait épousé, en 1791, Anne-Catherine d'Andlau, dont les parents possédaient le château de Voré, près de Regmalard. Armand-Gaston-Camille comte d'Orglandes, né de ce mariage en 1797 et mort le 11 février 1871, épousa en 1822 Albertine de Montblin. Il eut pour fils Camille-Arthur, comte d'Orglandes, né en 1827, et marié le 12 août 1856, à Mademoiselle Marthe de Savary de Lancosme, qui est le chef actuel de cette ancienne et illustre famille.

Le pavillon du Régisseur.
D'après une photographie de M. E. Magnan.

« Cette famille d'Orglandes, dit M. de Gerville, a l'avantage rare de s'être conservée en France et en Angleterre, depuis l'époque mémorable et reculée de la conquête, et d'avoir joui dans ces deux pays d'une considération qui n'a jamais cessé. »

La branche anglaise reconnaît pour auteur Richard *Oglander*, qui était à la conquête de l'Angleterre, en 1066 ; chargé par Guillaume le Conquérant, de s'emparer de l'île de Wight, il la soumit et y fixa sa résidence, au lieu appelé *Nunwel*. Depuis 800 ans, sa postérité a conservé sans interruption le manoir de Nunwell. Le dernier héritier mâle, sir William Oglander, baronnet, fils de sir William et d'une fille du duc de Grafton, est décédé il y a quelques années sans postérité.

La branche française n'a pas occupé une situation moins importante. Après avoir résidé jusqu'au milieu du XVIe siècle dans le château d'Orglandes, situé dans l'arrondissement de Valognes; après avoir possédé de nombreuses seigneuries dans le Cotentin, les d'Orglandes ont habité le château de Prétot, d'où ils sont allés s'établir, vers la fin du XVIe siècle, dans le pays du Houlme, à la suite du mariage de François d'Orglandes avec la petite-fille de Jean d'Harcourt, qui porta la terre de Briouze dans la maison d'Orglandes. Dès lors, les d'Orglandes devinrent comtes de Briouze, seigneurs du Mesnil, Cramesnil, Échalou, Ménil-Jean, Sainte-Marie-la-Robert et autres lieux.

Depuis le commencement du XIXe siècle, le chef de la branche française de la famille d'Orglandes habite le château de Lonné.

L'abbé A.-P. Gaulier.

CHÂTEAU DE CHÈREPERRINE

Orne

Pl. N° 81

CHÈREPERRINE

On a pu dire de certains domaines qu'ils avaient eu ce rare privilège de n'être jamais vendus, de s'être toujours transmis par cession ou par héritages à ceux qui les ont possédés. Tel n'est assurément pas le cas de Chèreperrine. Peu de terres, en effet, ont changé plus souvent de maître. Elle appartenait, à la fin du XIVe siècle, à noble et puissant seigneur Olivier de Baraton, qui la vendit le 2 mars 1505 à noble homme Jehan de Vaulager, procureur spécial de Jehan de Saint-Père, seigneur dudit lieu, de Clinchamp, de Sainte-Julite et de Courtenays. Mais les acquéreurs, n'ayant pu s'acquitter de la totalité des frais, bien que cette terre ne valût alors que sept mille livres tournois, la cédèrent de nouveau au premier possesseur, qui ne la garda d'ailleurs pas longtemps, puisqu'en 1539, le 24 septembre, René, vicomte de Rohan, prince de Léon, etc., songeait déjà à s'en défaire et la vendait à son tour à Martin de Chaurays, son trésorier, lequel ne la paya pas cher, car, il était créancier de son maître pour plus de seize mille livres. Ainsi, en moins de 35 ans, la terre de Chèreperrine avait été quatre fois vendue.

Le grand Salon. D'après une photographie de M. R. Magron

Martin de Chaurays, devenu châtelain, en profita pour se faire anoblir (1553); ce qui ne l'empêcha point, en mourant, de partager démocratiquement son domaine entre ses trois enfants, qui le divisèrent bien plus encore à leur tour entre leurs nombreux descendants. Nous trouvons en 1625 Chèreperrine entre les mains de Gilles de Talhouët, gouverneur de Redon, époux d'une des petites-filles de Martin de Chaurays, qui la vend cette même année à messire Pierre de Fontenay.

Sous cette puissante famille, le domaine s'accrut considérablement; mais ce fut une prospérité bien illusoire, car, dès 1696, obligé de le partager avec son frère et ses quatre sœurs, Claude de Fontenay, fils du précédent, fut réduit à s'en défaire, et messire Claude Pichot, marquis des Alleus, en devint acquéreur. Il passe plus tard entre les mains de ses fils qui le cèdent, en 1728, à Abraham de Moras. Les enfants de celui-ci le vendent à leur tour, en 1769, à François de Nogué, conseiller secrétaire du roi, et il passe enfin, par le mariage de Michelle-Laurence de Nogué, au comte de la Ferronnays qui s'empresse de le vendre à son tour. C'est alors que la terre de Chèreperrine fut acquise par M. le comte de Levis-Mirepoix, député du département de l'Orne, qui la possède encore aujourd'hui (1).

Avec ses murs de pierres aux tons chauds, ses larges terrasses, ses pelouses fleuries, son tapis vert, sa pièce d'eau, ses vastes jardins à la française, se terminant en d'imposantes avenues, et formant, dans l'ensemble, un magnifique parc que l'on dit avoir été tracé par Le Nôtre, et dont l'aspect rappelle en effet celui de Versailles; avec ses belles tapisseries allégoriques à l'intérieur, ses salons aux boiseries sculptées, sa bibliothèque admirablement organisée par le possesseur actuel, et sa modeste petite chapelle seigneuriale, Chèreperrine, encadré par l'opulente verdure des forêts environnantes, forme une des plus grandioses résidences de l'arrondissement de Mortagne. C'est bien la terre seigneuriale du grand siècle, le *Palazzo* ouvert et fastueux des temps où la cour était italienne, et qui forme un si grand contraste avec l'ancien château, le *Castellum* de la vieille France, cerclé de tours et de fossés, fait pour la bataille et non pour le plaisir. On y évoquerait en vain, dans un rêve héroïque, les rudes chevaliers bardés de fer, la dague au flanc, prêts à pourfendre les mécréants, et ce sont des talons roses qu'on croit ici voir disparaître aux carrefours parfumés des bosquets.

La Salle de Billard. D'après une photographie de M. H. Magron.

C'est ainsi qu'à l'encontre du proverbe : *Pierre qui roule n'amasse pas mousse*, la terre de Chèreperrine, malgré ses incessantes vicissitudes, n'a cessé de s'accroître. Ce fait ne détruit pas seulement un proverbe : il détruit une légende. Que de gens aujourd'hui, entretenus dans leur ignorance par des historiens malhonnêtes, se figurent de bonne foi que le paysan doit à la Révolution française l'avantage, dont il est à bon droit jaloux, de posséder la terre, d'en tirer sa subsistance et celle de sa famille. Rien n'est pourtant moins exact. Jamais le sol de ce pays n'a été plus morcelé qu'aux XIVe et XVe siècles; rarement la grande propriété s'est plus largement étalée qu'aujourd'hui. On peut le voir par l'histoire de Chèreperrine, qui, composée de 250 arpents et valant sept mille livres tournois au XVe siècle, forme aujourd'hui un si beau domaine. Il n'y a pas lieu d'insister. Ce recueil ne saurait se prêter au développement d'une thèse philosophique : le seul enseignement qu'il comporte, et ce n'est pas le moins éloquent, est celui qui se dégage de lui-même du simple examen des faits.

Comte DE MOUCHERON.

(1) Ce joli nom de Chèreperrine a fait supposer que la demeure qui le porte avait été construite par le Grand Dauphin pour Périnette, sa maîtresse. On a vu que les choses remontent beaucoup plus haut. En fait d'amours royales le castel dont nous nous occupons, et qui était alors un simple rendez-vous de chasse perdu au fond des bois, n'a vu que celles d'Henri IV et de la belle Gabrielle; nul ne saura donc jamais quelle est cette chère Perrine dont le nom désormais se trouve immortalisé et qui ne fut elle-même, peut-être, qu'un caprice local d'Olivier de Baraton.

LE CHATEAU DE BEAUVAIS

De toutes les vallées que baigne la rivière de l'Huisne, il en est peu de plus gracieuses que celle du Theil. Couronnée de coteaux couverts de bois, sillonnée par l'Huisne qui y reçoit les eaux de la Maroisse, venant de Ceton et du mont Avit, elle présente encore aux yeux de l'antiquaire des collines ornées des souvenirs du moyen âge.

C'est là, en effet, qu'en face du confluent de la Maroisse, s'élève sur la croupe d'une petite montagne le château de Beauvais, situé sur les confins de la commune de Ceton.

Ce château est placé dans une des plus charmantes positions du Perche, près d'une futaie qui le couvre à l'est de ses ombrages; il domine à l'ouest la vallée et le bourg du Theil, et du sommet de la colline où il est assis, on découvre, au midi, Avézé, la riche vallée de l'Huisne et les environs de la Ferté-Bernard. Au nord, la vue est bornée par la butte de Queux, couverte de cultures variées du plus agréable aspect.

Le Château de Beauvais.

D'après une photographie de M. H. [illegible]

La position de Beauvais devait, à l'époque de l'invasion des Gaules par César, attirer l'attention des Romains, qui, pour asseoir leurs camps, affectionnaient les promontoires étroits, accessibles d'un seul côté, et situés à proximité de sources et de rivières.

Aussi, un de ces camps destinés à servir de base d'opérations aux légions romaines (*castra temporanea*) paraît-il avoir été établi sur ce point. Le voisinage d'une voie romaine confirme cette hypothèse. La partie des Gaules qui correspond au territoire du Perche, couverte de bois et de forêts impénétrables, avec son sol tourmenté et ses nombreuses collines, offrait à la résistance des ressources particulières et imposait aux lieutenants de César la construction de retranchements et de fortifications dont on retrouve encore, çà et là, des vestiges significatifs.

C'est sur ce même emplacement de Beauvais que les seigneurs du lieu élevèrent, vers le XIe ou le XIIe siècle, le château-fort dont il est fait mention dans l'histoire locale.

Un moulin, appelé le moulin de Queux, installé sur la Maroisse et qui fait aujourd'hui partie du domaine de Beauvais, date de cette époque.

En 1087, le chevalier Chesnel, fondateur du prieuré de Ceton, accorda aux moines de Saint-Denis de Nogent-le-Rotrou le terrain nécessaire à la construction d'un moulin sur le ruisseau de la Maroisse, au pied du mont Tedbart, aujourd'hui connu sous le nom de butte de Queux.

Le fief de Beauvais était, au moyen âge, d'une certaine importance. Il en est fait mention dans le « *Raoulle et Assiette faicte, le 12 septembre 1541, sur les nobles et noblement tenans du comté du Perche,* de la somme de 300 escus d'or soleil vallans 675 livres tournois, à 45 sols tournois pièce, pour le don gratuit par eulx faict à nos Seigneur et Dame les Roy et Royne de Navarre pour subvenir aux grands frais qu'il leur a convenu et convient faire pour le mariage de Madame la Princesse leur fille, avecques très hault et très puissant Prince le duc de Clèves, de Mons, de Gueldres et de Juilliers ».

Sur cette liste générale des nobles du comté du Perche, on trouve le nom de Jacques Le Lièvre, seigneur de Beauvais, dans la châtellenie de Ceton, imposé pour cent livres tournois. Il y avait 248 nobles inscrits dans ce rôle, mais 42 seulement étaient frappés d'une imposition plus forte que messire Jacques Le Lièvre; l'assiette de cette répartition « *d'un don tout gracieux* » ayant évidemment pour base la fortune présumée des généreux vassaux, l'étendue du domaine de Beauvais devait, dès cette époque, être relativement considérable.

D'après le plan de la terre seigneuriale de Beauvais, levé géométriquement, en 1774, par Étienne Joly, arpenteur, par ordre de messire Pierre-Charles-Philippe de Rosnivinen et de dame Magdeleine de Neveu, son épouse, seigneur et dame du dit lieu, « cette terre se composait des fiefs « du grand et du petit Queux, de Malais, de Loisellerie, des Selleryes, de la Bretesche et autres « lieux, sis ès paroisses de Ceton, de Mâle et d'Avézé ».

Aujourd'hui, le domaine de Beauvais contient cinq à six cents hectares d'un seul tenant.

Par une exception bien rare, le château de Beauvais, avec ses vastes dépendances, n'a jamais été vendu depuis le XIIe siècle; il s'est toujours transmis, soit par des mariages, soit par hérédité, aux différentes familles qui s'y sont succédé.

Dans les dernières années du XIVe siècle, la famille des Le Lièvre contracta des alliances avec les Rosnivinen, qui ne devinrent propriétaires de la totalité de la seigneurie de Beauvais qu'à la mort du dernier des Le Lièvre, vers la fin du XVIe siècle. L'abbé Fret et plusieurs autres historiens du Perche racontent qu'un Jean de Rosnivinen, de la famille des sires de Beauvais, fut fait prisonnier, en 1412, au siège de Saint-Rémy-du-Plain, par le connétable de Saint-Pol, ennemi du duc d'Alençon. La famille des Rosnivinen, originaire de Bretagne, était venue s'établir dans le Perche à la suite de Jeanne de Rohan, fille de Jean, vicomte de Rohan, au diocèse de Vannes.

Le 5 avril 1374, cette princesse épousa Robert de Valois, comte du Perche, quatrième fils de Charles II, comte d'Alençon, qui était frère de Philippe VI, roi de France. Robert étant mort l'an 1397, ses héritiers assignèrent pour douaire à Jeanne, sa veuve, la châtellenie de Ceton. De leur côté, les Rosnivinen obtinrent de Jeanne de Rohan plusieurs fiefs dépendant de sa châtellenie, et ils s'allièrent aux premières familles de la Normandie et du Perche.

Jean de Rosnivinen, dont nous avons parlé plus haut, était, en 1442, premier échanson du roi Charles VII; il était aussi maître et réformateur des Eaux et Forêts des pays de France, Brie, Champagne, Lyonnais, Mâconnais, bailliage de Saint-Pierre-le-Mouflier et ressorts d'Auvergne. Il prit part à toutes les guerres de son temps, s'attacha d'abord à Artus de Bretagne, comte de Richemont, connétable de France, par l'ordre duquel il enleva, au château de Chinon, Georges de la Trémouille, favori du roi. En 1436 il assista au combat livré aux Anglais près de Saint-Denis, sur le chemin de Pontoise, et fit prisonnier Thomas de Beaumont qui les commandait. Il fut lui-même prisonnier des Anglais en 1443, et le roi le gratifia de quatre cents écus d'or pour l'aider à payer sa rançon. Il mourut en basse Bretagne, le 11 mars 1454, sans avoir été marié et fut enterré dans l'abbaye de Daoulas, où se voyait son tombeau avec ses armes qui sont : *d'or à la hure de sanglier posée en fasce, arrachée de gueules.*

Guillaume de Rosnivinen, neveu du précédent, fut pourvu de l'office de premier échanson du roi, sur la démission que fit en sa faveur Jean de Rosnivinen, son oncle, par brevet du 16 janvier 1446, donné aux Moutils-les-Tours, et ensuite de son autre office de maître des Eaux et Forêts, sur la résignation du 21 février 1454.

Il fut capitaine de Vire, en 1457, à la place du connétable de Richemont, mourut au château du Parc d'Avaugour, dans le bas Maine, vers la fin de l'année 1495, et fut enterré aux Cordeliers de Dinan.

Vers l'année 1453, Guillaume avait épousé Perrine de Meullent, baronne de Courseulles, dame de Bernières-sur-Mer, du Parc, de Sermental, de Saint-Célerin-Léger, de Régale, de Bény-du-Port, de Quesnay, de Villebaudon, de Villiers et de Condeville. Le 23 janvier 1471, il s'était remarié à Hélène de Bonenfant, fille de René de Bonenfant, chevalier, et d'Isabeau de Beaumanoir.

Olivier de Rosnivinen, autre neveu de Jean de Rosnivinen, épousa, vers 1454, damoiselle Marie de Tilly, fille de Jean de Tilly, seigneur de Chambois.

L'un des plus illustres, parmi les descendants d'Olivier, fut Pierre de Rosnivinen, gouverneur de Caen à l'époque de la Fronde, et seigneur de Chambois, comme héritier de l'ancienne famille des Tilly.

En 1649, Pierre de Rosnivinen prit possession du château d'Argentan au nom du duc de Longueville, et en chassa Guillaume Rouxel, comte de Maré, auquel on appliqua ce verset des psaumes : *Mare vidit et fugit.* C'est, dit-on, pour rappeler ce souvenir que Pierre de Rosnivinen fit frapper une médaille présentant d'un côté la figure entière d'un sanglier (il portait : *d'or à la hure de sanglier de sable*), et de l'autre cette légende : *P. de Rosnivinen, M. de Chamboy.*

Les Rosnivinen de Chambois étaient en même temps seigneurs de Beauvais et de plusieurs autres fiefs considérables situés à Gémages et autres lieux.

Vers la fin du XVIIe siècle, cette ancienne famille vendit le domaine de Chambois et revint habiter le château de Beauvais.

C'est à cette occasion que l'ancien manoir de Beauvais fut démoli et remplacé par le château actuel.

A la fin du XVIIIe siècle, la branche des Rosnivinen, établie dans le Perche et la Normandie, avait pour chef messire Pierre-Charles-Philippe de Rosnivinen, seigneur de Beauvais et autres lieux.

Celui-ci eut pour unique héritière Marie-Madeleine de Rosnivinen, mariée, le 28 octobre 1777, à Louis-François d'Avesgo, comte de Coulonges.

La comtesse de Coulonges mourut en 1844, laissant pour héritière de la terre de Beauvais Marie-Madeleine-Louise d'Avesgo de Coulonges, épouse de Charles-Malo Saraude de la Charpenterie. Leur fille unique Laure-Françoise-Louise, mariée à Bernard-Louis-Ferdinand de Cachelcu, mourut en 1877, sans laisser d'enfants, et en léguant l'antique domaine de Beauvais au marquis de Marescot, son cousin, qui avait épousé Marie-Charlotte-Hermine de Reverseaux. Il l'a transmis en 1883 à son fils Georges-Hyacinthe, marquis de Marescot, marié en 1873, à Gabrielle-Caroline d'Auxais.

Les armes des Marescot sont : *Fascé de gueules et d'argent de six pièces au lion léopardé brochant sur le tout, au chef d'or à l'aigle éployée de sable,* avec couronne de marquis.

Le château de Beauvais actuel est une belle construction offrant l'aspect régulier de l'architecture du XVIIe siècle. La salle à manger et plusieurs pièces de l'étage supérieur sont ornées de belles boiseries Louis XIII parfaitement conservées.

Comme pour perpétuer le souvenir de l'époque féodale, les angles de la cour d'honneur sont garnis de deux tours rondes qui donnent à cette habitation un aspect seigneurial.

L'une des tours servait de pigeonnier; l'autre, placée à droite du pont-levis depuis longtemps démoli, était consacrée à Dieu. On y voit encore une chapelle de forme ronde, ornée d'une très jolie voûte et de belles sculptures.

D'après les anciens registres de la paroisse de Ceton, plusieurs « *damoiselles de la famille des Rosnivinen* » ont, pendant le XVIIe et le XVIIIe siècle, reçu dans cette chapelle la bénédiction nuptiale.

L'abbé A.-P. Gaulier.

LE MANOIR DE COURBOYER

Non loin du bord de la route de Nocé au Buisson, à peu près à mi-chemin entre ces deux bourgs se trouve le manoir de Courboyer. On n'en aperçoit que les toits, car il est situé à mi-côte de la petite vallée que borde la route, et adossé à un mamelon à peine plus élevé que cette route elle-même. La situation de Courboyer, peut-être favorable jadis à la défense, car ce manoir a été sérieusement fortifié, ne l'est donc pas sous d'autres rapports, puisque son horizon, masqué d'un côté par le mamelon, est très borné aussi de l'autre, grâce au peu de largeur de la vallée, et ne présente à l'œil avide qu'une vue très limitée.

C'est un lieu recueilli, solitaire, qui conviendrait peut-être mieux à un ermitage, à un monastère qu'à toute autre espèce d'habitation.

Manoir de Courboyer.

D'après une photographie de M. H. Magron.

Celle que nous décrivons se compose d'un corps de logis rectangulaire du centre duquel se détachent, en avant, une haute tourelle octogonale renfermant l'escalier, en arrière, une forte tour cylindrique. Les toits de ces deux tours d'égale élévation, au lieu d'être isolés en pointe, sont réunis par une charpente, coupant perpendiculairement le toit de la maison, en sorte que, vue d'un ballon par exemple, la toiture de Courboyer semblerait en forme de croix : disposition qui n'est pas étrangère au caractère particulier que présente ce petit château. Quatre légères tourelles en encorbellement, jouant autrefois le rôle d'échauguettes, sont suspendues, pleines de grâce, aux angles du bâtiment, où elles semblent avoir été posées par quelque main de fée.

Cette demeure, silencieuse et cachée, paraît vraiment faite pour abriter un poète : et ce fut en effet un poète qui l'habita. Dans une petite salle située au haut de l'escalier et d'où l'œil se repose délicieusement sur un coin pittoresque de la vallée, on peut lire encore l'inscription suivante : *Musa-*

rum domus et Jacobi de Frebourg, in sede bellesmiensi patroni, hujusque domi generi, actum anno Domini 1589, *die vero* 4° *mensis septembris.*

Le plus ancien titre recueilli sur Courboyer paraît être de 1405 (1). Un siècle plus tard Jean de Bubertré était seigneur de ce lieu. Il passa ensuite en 1600 à la famille de Fontenay qui le conserva

La Chapelle.

D'après une photographie de M. H. Magron.

fort longtemps, puis aux Mésenge, aux Romanet, et fut enfin acquis, il y a quelques années, par son propriétaire actuel, M. Guimond.

Dans la cour de Courboyer s'élève une jolie chapelle qui paraît dater du début de la Renaissance. Elle est d'une grande pureté de style et se compose d'une seule petite nef à voûtes de l'époque, terminée par une abside percée de trois fenêtres remarquables. Sans doute ce ne sont là que des débris, de ternes vestiges du passé ; tel qu'il est cependant le domaine de Courboyer n'en reste pas moins l'un des plus intéressants et des plus gracieux de l'arrondissement de Mortagne (2).

Comte de Moucheron.

(1) H. Tournouer. *Excursions dans le Perche (Manoir de Courboyer).*

(2) Un architecte distingué, M. Wable, a relevé, il y a peu d'années, les plans et l'élévation de Courboyer. Il en a fait plusieurs épreuves qui permettent de comparer l'état actuel de ce manoir à l'état ancien, tel qu'il devait être au XVe siècle. M. Wable a exposé ces intéressantes études au Salon de 1891.

Cliché E. Magron — Héliog. P. Dujardin

CHÂTEAU DE LA BEUVRIÈRE

Pl. N° 82

LE CHATEAU DE LA BEUVRIÈRE

Le domaine de la Beuvrière, sur la commune de Dancé, appartenait au commencement du XIXe siècle, à Jean-Baptiste-Pierre-Nérée Poullain, chevalier de Brustel. — Il y mourut fort âgé et sans alliance en 1835.

La terre de la Beuvrière fut alors vendue et devint la propriété du baron Graffenried de Villars, qui la vendit plus tard au marquis de Turin. — A la mort de M. de Turin, elle fut de nouveau mise en vente et achetée, en 1877, par M. le comte de Malcissye.

L'Escalier.

D'après une photographie de M. H. Magron

Assis sur un coteau très élevé, le château de la Beuvrière domine le beau vallon que baigne la Delmée, et sa situation est une des plus pittoresques de toute la contrée; il a été agrandi et restauré sous la direction de M. Louis Parent, un de nos architectes les plus estimés. Sa construction présente une heureuse combinaison des styles Louis XIII et Louis XVI et offre dans son ensemble un aspect des plus séduisants.

En reconstruisant, ou à peu près, le château de la Beuvrière, M. de Malcissye a voulu qu'il devînt en quelque sorte, un sanctuaire particulier consacré à Jeanne d'Arc, son illustre grand'tante. Aussi, la statue de « *la Sainte de la Patrie* » domine le château, et dans l'escalier, un vitrail, représentant la glorieuse vierge de la Lorraine faisant son entrée dans Orléans, rappelle que l'unique petite-fille de Charles du Lys, dernier représentant mâle de la famille de Jeanne d'Arc, épousa, en 1684, Jacques de Tardieu, marquis de Malcissye.

L'abbé A.-P. Gaulier.

LES PERRIGNES

On ne peut guère donner le nom de château à cette charmante gentilhommière posée à ravir sur un coteau dominant un des plus jolis sites de la vallée de l'Huisne. Bâtie au XVIe siècle par les seigneurs de la Vove, sa fondation remonte à peu près, cependant, à l'an 1400. A cette époque, le propriétaire s'appelait Robin Lonait-Laisné, seigneur des Perrignes. Vers 1450, Messire Macé Louit en fit l'acquisition; ses descendants l'habitèrent jusqu'au milieu du XVIe siècle. Ce domaine resta toujours dans des proportions modestes et appartint longtemps, au commencement du dernier siècle, à l'abbé Brisard, conseiller de la grande Chambre du Parlement de Paris, et abbé commendataire de l'abbaye de Saint-Prix, au diocèse de Noyon. Il passa ensuite à la famille de Chevesailles, mais se trouve aujourd'hui divisé entre cinq ou six propriétaires. On y remarque une jolie tour carrée, renfermant la chapelle, et un colombier féodal assez important. On voit aussi, à dix mètres au-dessus du niveau de la rivière, une source très abondante et dont l'eau claire est excellente. Les gentilhommières sont très répandues dans cette partie de l'Orne; elles étaient habitées par de petits hobereaux ou d'opulents paysans; car le caractère percheron a paru répugner de tout temps à la grande ambition. Seigneurs et manants se contentaient d'une modeste aisance et ne faisaient que des efforts limités pour en sortir. N'ayant jamais connu la misère, ils n'avaient point la soif insatiable des parvenus et n'allaient guère tenter la fortune hors de leur pays qu'ils aimaient. Cela détruit un peu les légendes prétendues historiques des modernes publicistes, mais n'est pas moins conforme à la réalité des faits. Dès l'année 1611, René Courtin pouvait écrire : « Il faut reconnaître que la plupart des Percherons sont paresseux, appesantis sur leurs cendres, et à la douceur et commodité du pays, auquel ils s'attachent, faisant valoir et mesnageant chacun sa petite *closerie* ou *métairie*, sans pousser leur fortune plus outre, encore qu'ils soient de fort belle venue et qu'ils pourraient faire quelque chose de bon, tellement qu'il est tenu en proverbe d'eux : ce sont les poulains du Perche. Ils se défont au croître; ce qui ne s'entend pas, continue l'auteur, que l'âge venant rabaisser leur esprit les rend imbéciles; l'expérience nous donne la preuve de ceux qui se sont tirés du pays et ont brusqué la fortune aux autres provinces, hanté la cour ou le palais, où ils se sont fort avancés chacun dans la vocation qu'il avait entreprise; mais c'est qu'ils sont chatouilleux des délices du pays et s'y amusent, non de vérité en oisiveté, mais en la culture et mesnagement de leur patrimoine, dont ils se contentent sans désirer ni autres grandeurs ni richesses qu'ils pourraient trouver aux provinces. De vérité c'est une grande félicité de se contenter d'une médiocre fortune, vivre et mourir en cultivant l'héritage paternel. »

Comte DE MOUCHERON.

L'ÉGLISE DE SAINT-CYR-LA-ROSIÈRE

La paroisse de Saint-Cyr, qui est encore l'une des plus considérables de cette partie du Perche, était autrefois divisée en deux portions, dont chacune avait son curé. La première portion releva de la seigneurie ou comté de Clinchamps; les présentateurs de la seconde portion furent successivement les seigneurs de la Jalaise, de la Rosière, des Feugerets, etc. Cette répartition dura jusqu'au bouleversement révolutionnaire. Parmi les curés de Saint-Cyr, on compte, à trois époques différentes (1506, 1662, 1752), des membres de cette noble famille de Fontenay, si intimement liée à toute l'histoire du Perche, et dont le nom s'est encore tout récemment chargé d'honneur et de vénération par la vie et les vertus de M. l'abbé Théobald de Fontenay, supérieur du Grand-Séminaire de Sées, vicaire général, évêque nommé de Nevers (1).

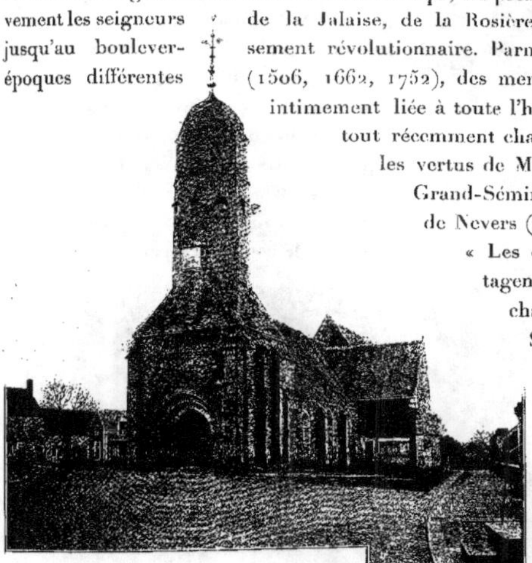

« Les deux curés ont un trait de dîmes qu'ils partagent également. Les autres décimateurs sont le chapelain de Saint-Syphorien et le prieur de Sainte-Gauburge. En outre une dîme inféodée. Les deux curés possèdent chacun quatre arpents de terre labourable, et du pré où venir une charretée de foin. Le curé de la deuxième portion est obligé de se loger à ses frais » (2).

L'Église de Saint-Cyr-la-Rosière.

D'après une photographie de M. H. Magron.

Saint-Cyr avait dans son voisinage le prieuré de Sainte-Gauburge, qui a relevé jusqu'au XVIIIe siècle du célèbre monastère de Saint-Denis-en-France. Est-ce le voisinage des religieux de cette illustre école qui a inspiré la construction de l'église paroissiale, dont le portail reste l'un des spécimens les plus gracieux des derniers temps de l'architecture romane? Le reste de l'église a été complètement modifié; par un bonheur exceptionnel, ce remarquable morceau nous a été conservé.

La porte s'ouvre au milieu du pignon occidental. L'épais ébrasement est décoré de chaque côté par trois colonnes courtes et trapues, surmontées de chapiteaux cubiques ornés de délicats rin-

(1) Sa santé, qui se trouva gravement compromise dans les jours mêmes de cette nomination, l'obligea à refuser.

(2) Pouillé de Sées.

ceaux de feuillages. Trois archivoltes les surmontent, s'abaissant vers l'entrée. Celle du milieu présente un gros tore qui semble retenu et serré par des dents de herse. C'est une idée originale et peu commune. Le plein cintre n'est pas parfait et déjà se manifeste la tendance vers l'ogive.

Une autre œuvre d'art de l'église de Saint-Cyr est son groupe de la chapelle du Sépulcre. Celle-ci fut fondée et dotée par Gilles de Montigni, prêtre. Le décret de fondation porte la date du 9 mars 1539. Le groupe en terre cuite est attribué par la tradition à Germain-Pilon. L'illustre sculpteur vivait en effet dans ce temps (1515-1590). L'ordonnance si harmonieuse de la scène, la grâce touchante de l'expression, l'élégance des formes sont dignes de cet habile artiste.

Portail principal.

D'après une photographie de M. l'abbé Barret.

Il a choisi cette partie du divin drame de la Passion où Jésus vient d'être descendu de la Croix. On a enlevé ce précieux dépôt aux bras de sa mère, pour l'étendre sur la pierre de l'onction. Marie défaille de douleur entre les bras de Marie, mère de Jacques, et de saint Jean. Nicodème et Jean d'Arimathie étendent sur la pierre le corps du Rédempteur. A gauche, Madeleine reconnaissable aux longues tresses de cheveux passées sur ses épaules, les mains douloureusement serrées, le corps tout penché en avant tombant sur les pieds du Maître adoré, s'apprête à verser sur ses membres glacés le vase de parfums déposé tout près d'elle. A droite, une autre sainte femme, assise sur un bloc de pierre, les mains jointes, contemple avec une calme et religieuse tristesse, la scène poignante qui se passe devant elle, attendant, elle aussi, son tour qui va venir de donner ses soins affectueux et d'envelopper dans les multiples bandelettes ce cadavre dont on a tant de peine à se détacher, mais que réclame le tombeau.

La Mise au Tombeau, groupe en terre cuite.

D'après une photographie de M. l'abbé Barret.

A quelque distance de l'église de Saint-Cyr s'élève une chapelle connue sous le nom de Notre-Dame-de-Clémence. C'est le centre d'un des pèlerinages les plus anciens et les plus populaires de la contrée. M. le vicomte de Broc, dans son travail sur *Les seigneurs des Feugerets*, en a raconté l'origine, expliqué la construction, et donné une description à laquelle on peut recourir.

L'abbé P. Barret.

CHEMINÉE DU PRIEURÉ DE SAINTE-GAUBURGE

LE PRIEURÉ DE SAINTE-GAUBURGE

Dans la petite commune de Saint-Cyr-la-Rosière, au sommet d'un vallonnement d'où la vue s'étend sur une plaine verdoyante coupée d'eaux vives, semée de bouquets d'arbres et limitée par un amphithéâtre de collines bleutées, se dresse, encore imposant, l'antique prieuré de Sainte-Gauburge.

Malgré leur état de détérioration, de dénuement et d'abandon, ce qui reste des anciens bâtiments fait encore l'admiration de tous les connaisseurs qui les visitent.

* * *

Intérieur de la Cour.

D'après une photographie de M. H. Magron.

Ce serait une longue histoire que celle du prieuré s'il fallait remonter huit siècles et se reporter à l'époque de sa fondation. A l'origine, simple demeure de bénédictins, le monastère passa vers 1064 aux mains de religieux dont la maison abbatiale était à Chartres. Leur direction ne fut guère brillante, des scandales éclatèrent, et les parchemins conservent le nom d'un certain Adéodat qui ne paraît pas avoir mené une vie exemplaire. Les procès-verbaux de la visite faite en 1250 par Odon Rigault comme métropolitain ne laissent pas de doutes à ce sujet. Ajoutons cependant que les faits reprochés par le sévère archevêque de Rouen se rapportent plus au manque de discipline ecclésiastique, à un goût immodéré pour la chasse, à la non observance des règles de jeûne et d'abstinence, qu'à des faits contraires à la morale.

Réformé et devenu une dépendance de l'abbaye de Saint-Denis vers le milieu du XIIIe siècle, le prieuré resta dans cette situation jusqu'à la fin, c'est-à-dire jusqu'en 1790, époque où il subit le sort commun.

Pendant cette longue période, son importance s'accrut rapidement grâce aux donations nombreuses qui lui vinrent des seigneurs voisins, et grâce surtout aux prérogatives qui lui furent concédées. C'est ainsi, notamment, qu'il possédait le privilège fort enviable de ressortir directement du parlement de Paris. En 1778, le prieur était un aumônier ordinaire de Monsieur, frère du Roi, mais le prieuré n'existait pour ainsi dire plus que comme bénéfice, et un seul moine y demeurait.

La Tourelle à cinq pans.

D'après une photographie de M. [illegible]

Depuis le jour de leur abandon par les religieux, les bâtiments n'ont plus été réparés, aussi le temps a-t-il commencé son œuvre néfaste; seule une partie du monastère subsiste encore. Quant à l'église convertie en grange au moment de la Révolution, elle s'est moins bien conservée. C'était cependant un très bel édifice gothique du XIIIe siècle, et l'un des spécimens les plus heureux de cette architecture que possède l'ancienne province du Perche.

* * *

Ce qui frappe d'abord les regards lorsqu'on étudie l'ensemble des constructions, c'est une gracieuse tourelle polygonale qui renfermait l'escalier et à laquelle une autre petite tourelle est suspendue en forme d'encorbellement. Les gravures ci-jointes permettent de juger de l'effet de ces tourelles. Les sculptures qui les décorent sont de la plus grande délicatesse; il y a là, sans conteste, un charmant échantillon de l'architecture civile du XVe siècle, et l'on en rencontre peu de sa valeur dans le département de l'Orne.

* * *

Porte et fenêtre de la Tourelle à cinq pans.

D'après une photographie de M. [illegible]

A chaque étage règne un cordon de feuilles de vigne et de raisins d'un excellent travail. Les quatre fenêtres, qui éclairaient l'escalier de la tourelle, formaient un carré long partagé par une croix. De chaque côté de ces fenêtres, des personnages sculptés avec naïveté, mais avec une grande finesse, complètent l'ornementation. Tout cet ensemble serait bon si l'on n'avait à regretter que les deux baies du haut soient entièrement bouchées et les deux du bas fermées dans leur partie supérieure, ce qui modifie fort désavantageusement leur aspect primitif. Quant aux autres ouvertures du bâtiment, elles sont encadrées par des guirlandes ou des moulures richement sculptées; des dessins analogues ornent la porte d'entrée. Cette dernière se distingue par l'espèce de dais élancé qui la surmonte : il est du travail le plus délicat et abrite une statue de la Vierge. C'est un véritable bijou, et comme le fait remarquer de La Sicotière dans l'*Orne archéologique et pittoresque*, « la pierre n'est pas seulement sculptée, mais ciselée, brodée à jour ». Malheureusement les mutilations commencées continuent avec acharnement. Le prieuré n'est plus qu'une ferme, et le souci de l'art n'a jamais hanté le paysan !

Dans ces bâtiments mêmes on peut voir encore les restes d'un joli cloître du XIVe siècle. Ce cloître en supporte un autre, dont les arceaux à voûtes prismatiques sont d'une

Bâtiment attenant à la Tourelle.

D'après une photographie de M. H. Magron.

époque bien postérieure. Enfin, comme faisant pendant au dais dont nous avons parlé, on doit signaler une piscine du style ogival flamboyant des plus remarquables, autre joyau dont l'écrin n'est, hélas, qu'une étable !

* * *

L'Église.

D'après une photographie de M. H. Magron.

L'église est un joli édifice du XIIIe ou du commencement du XIVe siècle ; un peu lourd d'extérieur à cause des contreforts qui le surchargent et malheureusement fort abîmé. Le chœur et la nef s'éclairent par de grandes fenêtres en ogive. Leurs meneaux longs et flûtés sont un peu grêles et leur légèreté effraie l'œil presque plus qu'elle ne le satisfait. Ce défaut se rencontre du reste dans d'autres édifices de la région, notamment dans la cathédrale du Mans.

La tour se trouve à côté de l'église et le dessous forme une sorte de transept ; elle est surmontée de frontons triangulaires avec clochetons fleuronnés aux angles et rosaces au milieu ; on peut aussi lui reprocher un peu de lourdeur dans l'ensemble.

* * *

Pour être complet, nous devons signaler, à l'intérieur du prieuré, quelques anciennes cheminées de style ogival, assez curieuses. Sur l'une figure un écusson ; sur l'autre la scène de l'Annonciation ; une troisième est ornée de figures d'animaux ; enfin une quatrième, la plus remarquable, aussi bien par ses proportions que par l'importance du sujet traité, représente la tentation d'Adam. Ce vaste bas-relief, presque trop monumental pour la cheminée qu'il surmonte, est divisé en trois scènes distinctes. Au milieu, Ève, dans l'arbre du bien et du mal, qu'enlace le serpent, tend la pomme à Adam. Les scènes de droite et de gauche doivent représenter le paradis terrestre avant et après le péché : dans l'une, en effet, l'on voit l'homme et la femme vivant familièrement avec les animaux qui les entourent, tandis que dans la seconde, ils fuient honteux, cachant leur nudité.

Malheureusement, à part celle d'Ève, les figures des personnages ont été presque entièrement détruites ; cependant ce qui en reste suffit à donner l'impression d'une œuvre intéressante dans son ensemble, malgré ses imperfections.

Tour de l'Église.

D'après une photographie de M. H. [illegible]

L'arbre traditionnel, par ses rameaux et ses frondaisons élevées, forme un centre heureux d'où part gracieusement le riche encadrement qui entoure toute la scène.

Ces bas-reliefs, il faut le reconnaître, n'ont pas le fini de beaucoup d'œuvres analogues, leur travail est à la fois grossier et naïf ; les proportions sont loin d'être respectées ; on sent la main inexpérimentée d'un artiste local, plus riche d'imagination que brisé aux trucs du métier. Mais cette naïveté donne de l'originalité à l'œuvre et rend son étude intéressante. Quant à l'époque où ces bas-reliefs furent exécutés, elle doit être la même que celle des bâtiments précédemment décrits, c'est-à-dire le XVe siècle.

P. DE LONGUEMARE.

LE CHATEAU DE VORÉ

« Regmalard est un beau bourg appartenant, à M. le prince de Condé, à présent à M. de Helvétius, où y a droict de chastellenie, sceaux, marcs, mesures et marchés au jeudy, sis sur la rivière d'Huigne, où y avoit anciennement tour et chasteau; la place et ruyne d'iceluy paroissent encore, avec une haulte butte, relevée artificiellement où estoit la tour du donjon du dict chasteau. Le seigneur de Nogent y avoit anciennement droict de guet pour le garder en temps de guerre, qu'il convertissoit, en temps de paix, à rente. Auquel Regmallard ressortissent, par appel, les causes des seigneuries de Feillet et autres lieux, et du dict Regmalard viennent, par appel, devant le bailly du Perche de Mortagne (1). »

Le Château de Voré.

D'après une photographie de M. H. Magron.

Le prince de Condé dont il s'agit ici est Henri de Bourbon, deuxième du nom, père du grand Condé, seigneur de Nogent-le-Rotrou, qui, en 1624, vendit ce domaine, avec les châtellenies qui en dépendaient, à Maximilien de Béthune, premier ministre de Henri IV. Ce n'est qu'environ cent vingt-cinq ans plus tard que Regmalard et Voré furent vendus par l'héritière de Louis Fagon, intendant des finances, fils du célèbre médecin et botaniste de ce nom, surintendant du Jardin royal, au fils unique d'un autre médecin de la Cour, comme lui membre de l'Académie des sciences, Helvétius, d'abord fermier général, puis maître d'hôtel de la reine, bel esprit et philosophe. La date précise de cette acquisition ne nous est pas connue, mais elle eut lieu nécessairement entre la clôture du testament de l'héritière de Fagon, Geneviève d'Ousseau, dame de Regmalard, Voré, Blandé, Dorceau, Maison-Maugis, la Moutonnière, Longny, etc., du 22 avril 1749, contenant legs d'une rente de 321 livres au profit du curé et de la communauté des habitants de Regmalard, et les baux à ferme des dépendances de ce domaine passés à Regmalard, le 13 février 1750, par Claude-Adrien Helvétius, chevalier, seigneur de Voré, Lumigny, Regmalard, la Malmaison et autres lieux.

(1) Bart des Boulais. *Recueil des antiquités du Perche*, p. 63, éd. de H. Tournoüer. Il est nécessaire d'avertir ici le lecteur que ce passage a été évidemment interpolé, puisque Helvétius n'a acheté Regmalard qu'au milieu du XVIIIe siècle.

Les premiers soins du nouveau seigneur, après le renouvellement des baux des droits de halle, de coutume, de marché, de péage, de banalité, de four et de moulins à blé et à foulon, après les réparations qu'exigeaient la halle des merciers et les étaux des bouchers, furent de pourvoir à son propre logement en reconstruisant en entier le château de Voré. Cette construction, dans le goût de l'époque, est des plus simples. Un fronton triangulaire décoré du chiffre du propriétaire en forme le principal ornement. Les beaux arbres que renferme le parc et dont plusieurs furent plantés par Helvétius lui-même, les bois de Voré et de Feillet, qui s'étendent assez loin du côté de Moutiers-au-Perche, donnent à cette habitation la parure qui convient le mieux à la demeure d'un philosophe. C'est à Voré qu'Helvétius écrivit son livre de l'*Esprit*, dans lequel il essaya de prouver que l'utilité générale est la mesure du bien et du mal et que l'art des moralistes et des politiques consiste uniquement à faire que l'instinct individuel se confonde avec l'intérêt social. Voltaire goûta peu cet essai de morale sociale et Diderot, lui-même, lui fit un assez mauvais accueil. C'est, croyons-nous, l'illusion généreuse d'un homme appartenant à la société la plus raffinée qui fut jamais, croyant de bonne foi, comme plus tard Saint-Simon, faire une œuvre utile en réhabilitant le culte du plaisir et en donnant pour base à la morale la doctrine abjecte de l'intérêt.

C'est dans les salons du baron d'Holbach qu'il avait conçu l'idée de son livre; c'est à Voré qu'il le composa, au milieu du silence des bois, dans l'enivrement des joies de la famille et dans ce retour au culte de la nature prêché par Rousseau. Son mariage avec Mademoiselle de Ligniville, d'une illustre famille de Lorraine, nièce de Madame de Graffigny, l'auteur des *Lettres Péruviennes*, avait eu lieu au mois de juillet 1751, et deux filles charmantes, qui devinrent plus tard Mesdames de Mun et d'Andlau, étaient nées de cette union. Sans son malencontreux écrit, Helvétius aurait été complètement heureux et il méritait de l'être par ses qualités personnelles.

Voré fut transformé par Madame Helvétius en un séjour enchanteur, animé par la société la plus élégante. Les hôtes de Voré furent souvent témoins de scènes dignes du pinceau léger de Berquin et de Florian. L'arrivée d'Helvétius et de sa famille à Voré était un événement pour le pays. Femmes, vieillards, enfants venaient l'entourer, l'embrasser. A son départ ses vassaux et ses voisins lui faisaient escorte et suivaient de loin son carrosse. Tous ceux qui étaient dans le besoin étaient sûrs de voir leur demande accueillie. Dès qu'un paysan tombait malade, il recevait de la viande, du vin et tout ce qui convenait à son état. Il avait fixé dans ses terres un chirurgien habile et y avait établi une pharmacie pourvue de tous les remèdes, distribués gratis aux nécessiteux. Lui-même allait souvent, avec Madame Helvétius, visiter les malades; il veillait à ce qu'ils fussent bien soignés et quelquefois les pansait de ses propres mains.

Le seigneur de Voré a pu ainsi fournir le sujet de deux comédies, l'une en prose, l'autre en vers : *Helvétius à Voré*, par M. Ladoucette, pièce en un acte, représentée pour la première fois à Paris, en 1798, par un de ses petits-fils et une de ses petites-filles; *Helvétius ou la vengeance d'un sage*, par Andrieux, mise au théâtre en 1802.

Le philosophe mis en scène dans cette pièce paraît, à la vérité, être plutôt un personnage de convention qu'un type réel. Mais ce qui donne un peu de vie et de mouvement à cette espèce de proverbe, c'est qu'on y a mis en relief quelques traits de caractère vraiment personnels. Helvétius, en effet, avec un grand fond de bonté naturelle était passionné pour la chasse. On comprend le parti qu'un dramaturge habile pouvait tirer de cette opposition. Nous avons la preuve, d'ailleurs, que cette passion lui faisait quelquefois oublier ses maximes humanitaires. On possède une lettre du contrôleur général, en date du 13 juillet 1765, par laquelle on apprend que trois braconniers de Regmalard furent, sur les procès-verbaux de ses gardes, arrêtés et conduits aux prisons d'Alençon. La même lettre nous apprend qu'à la demande du seigneur de Voré lui-même, il fut alors sursis aux poursuites commencées contre le chevalier de l'Étang, à cause des liaisons qui existaient entre sa famille et celle du philosophe (1). On voit par une autre lettre de Jullien, intendant d'Alençon, du 10 avril 1770, qu'un des braconniers arrêtés fut conduit à l'île de Rhé et mis entre les mains du major du régiment de recrues des colonies et qu'Helvétius paya les frais de conduite (2).

Les tentatives faites par le seigneur de Voré pour favoriser l'industrie dans ses domaines méritent surtout d'être signalées.

Helvétius essaya d'abord de faire faire à Regmalard du point d'Alençon; mais cet essai ne paraît pas avoir réussi (3). La fabrique de bas au métier qu'il établit dans la même localité, donna, au contraire, de bons résultats et continua de prospérer après sa mort.

En 1764, il demanda l'autorisation d'établir une forge à Voré pour la fonte du minerai qui abonde dans le pays et pour utiliser les 3,000 arpents de bois qu'il possédait. Une enquête administrative eut lieu; mais les propriétaires des forges en activité dans la région, notamment M. Le Riche de Chevigné, seigneur de la Ventrouse, auquel appartenaient la grosse forge de la Frette et le fourneau de la Motte-Rouge, mirent tout en œuvre pour s'y opposer.

Les bourgeois de Mortagne et de Bellême firent chorus, prétendant que l'entreprise nouvelle ferait enchérir le prix du bois dans le pays et que non seulement eux, mais les habitants de Maures, de Regmalard, de la Perrière, de Longny, de la Loupe, de Nogent-le-Rotrou, en ressentiraient les funestes conséquences. Le projet se trouva ainsi arrêté dès le début, et peut-être est-il permis de le regretter, car Helvétius aurait pu y employer d'immenses capitaux. Ayant voyagé, précisément à cette époque, en Angleterre, il eût été sans doute à même de réaliser dès lors quelques progrès dans une industrie jadis très importante dans l'Orne et que l'introduction en France de produits plus perfectionnés a malheureusement tuée.

Helvétius mourut à Paris, en son domicile de la rue Sainte-Anne, le 26 décembre 1771, âgé de cinquante-six ans. Ses immeubles furent partagés entre ses deux filles. L'aînée, la comtesse de Mun, eut l'hôtel de la rue Sainte-Anne et Lumigny; la cadette, Madame la comtesse d'Andlau, eut en partage Voré où elle mourut en 1817.

Un de ses descendants, le comte Richard d'Andlau, mort en 1893, légua le château et la terre de Voré à son fils, le comte d'Andlau, propriétaire actuel.

Louis Duval.

(1) *Archives de l'Orne*, C. 1136.
(2) *Ibid.*, C. 1137.
(3) Sautereau de Marsy. *Tablettes d'un curieux*, 1789, p. 162.

DOLMEN DU BOIS DE LA PIERRE

Ce dolmen, plus connu dans le pays sous l'appellation peu scientifique de « Grosse Pierre », se trouve près du village de Saint-Laurent, appartenant à la commune de Boissy-Maugis, sur l'ancien chemin de Regmalard à Longny, dans un bois, qui, précisément à cause de lui, a pris le nom de « Bois de la Pierre ».

Sans être très considérable, il n'en est pas moins intéressant à visiter et à étudier. Sa pierre horizontale, en grès, de couleur grisâtre et de forme à peu près ovale, est supportée par quatre pierres verticales, en guise de piliers, et est sensiblement inclinée du nord au midi. Elle mesure 4 m. 60 dans sa plus grande longueur, et 2 m. 70 dans sa largeur la plus grande; l'épaisseur varie de 0 m. 70 à 0 m. 50. Complètement unie par dessous, elle présente sur sa face supérieure de nombreuses rugosités, plusieurs petites rigoles et deux cavités. L'une de ces cavités, détail digne de remarque, figure assez bien, quoique grossièrement, la tête et le cou d'un animal, d'une brebis par exemple; de plus, elle se termine, à sa partie inférieure, par un trou perforé de main d'homme, qui traverse la table de part en part.

Le Dolmen du Bois de la Pierre.

D'après une photographie de M. H. [illegible]

Or cette cavité, affectant une telle forme, et surtout ce trou, ainsi percé, semblent être de précieux indices pour aider à fixer la destination probable de ce dolmen et, en même temps, de plusieurs autres; à savoir : la destination d'autel.

Sans doute la plupart des dolmens doivent être regardés comme les chambres sépulcrales d'anciens tumulus, débarrassés des amas de terre et de pierres qui les recouvraient. « De nombreuses fouilles, dit en particulier M. Bertrand, conservateur du Musée de Saint-Germain-en-Laye, ont mis hors de doute que la plupart des dolmens étaient des tombeaux (1). » On a retrouvé, en effet, dans ces fouilles des ossements, des squelettes complets même, des urnes cinéraires, des armes, des colliers et des parures diverses.

Toutefois, ajouterons-nous avec M. Bertrand, « peut-on dire que, parmi les tables de pierre, quelques-unes n'ont pas eu le caractère d'autels ? Ce serait aller beaucoup trop loin et dépasser par une généralisation anticipée les conclusions qui ressortent naturellement des observations publiées jusqu'ici. Il est, en effet, des dolmens qui, élevés sur des tumulus coniques, sont dans une situation telle qu'ils n'ont pu jamais être recouverts de terre, ni même facilement fermés d'une manière quelconque (2) ; il est peu probable que ceux-là fussent des tombeaux ; ils eussent été tout au plus des cénotaphes. Pourquoi ne seraient-ils pas des autels dressés sur des tombes ? »

Voilà donc d'abord, au dire du savant conservateur, des dolmens, qui, par suite de leur situation topographique, n'ont pu être les chambres sépulcrales d'anciens tumulus, mais qui ont été, tout au plus, des cénotaphes et peut-être même des autels dressés sur des tombes.

Or, il semble que, par sa forme particulière, le dolmen de Boissy n'autorise pas moins cette dernière supposition. En effet, cette sorte de bassin, que présente sa table, n'aurait-il pas été ménagé pour étendre et immoler plus commodément la victime ? De plus, ses rigoles et son trou peuvent-ils être plus vraisemblablement expliqués qu'en supposant qu'ils ont été creusés pour l'écoulement des libations ou du sang des victimes ? Quelques archéologues, il est vrai, insinuent que la légère dépression des tables a été produite par les intempéries de l'air, par les ravages du temps, etc. ; mais ils le font sans en donner aucune preuve ; et, alors, leur supposition ne saurait être d'une bien grande valeur. Dans tous les cas, les rigoles, et surtout le trou creusé de main d'homme du dolmen de Boissy-Maugis, demeurent sans explication.

D'ailleurs, il est hors de doute que, de tout temps, les différents peuples immolèrent des victimes sur les restes des morts afin d'apaiser leurs mânes. Pour ne citer qu'une autorité, Virgile, rapportant les traditions des Troyens et des premiers Romains, constate ce fait dans plusieurs endroits de son *Enéide*. Nous nous contenterons de deux de ces passages :

ERGO INSTAURAMUS POLYDORO FUNUS, ET INGENS
AGGERITUR TUMULO TELLUS, STANT MANIBUS ARÆ :
CÆRULEIS MOESTÆ VITTIS ATRAQUE CUPRESSO ;
INFERIMUS TEPIDO SPUMANTIA CYMBA LACTE,
SANGUINIS ET SACRI PATERAS,...

(Æn. III, 62.)

NEC NON ET SOCII, QUÆ CUIQUE EST COPIA, LÆTI
DONA FERUNT, ONERANTQUE ARAS, MACTANTQUE JUVENCOS.

(Æn. V, 100.)

Mais les dolmens qui, suivant l'opinion de M. Bertrand, auraient été des autels funéraires et expiatoires, n'auraient-ils pas pu être des autels commémoratifs ? Quoique cette seconde hypothèse ne soit appuyée que par une simple induction, on peut, ce semble, en tirer une conclusion sérieuse.

(1) *Archéologie celtique et gauloise* : 1re partie, chap. II.
(2) M. FERGUSSON est aussi de cet avis : il dit formellement « qu'il semble impossible de prétendre que tous les dolmens aient été primitivement couverts de terre ». (*Monuments mégalithiques de tous les pays*, ch. II.)

Il est constant, en effet, d'après l'histoire écrite, que, chez le peuple hébreu, c'était l'usage d'immoler des victimes pour remercier Dieu d'un événement heureux et d'élever un autel sur le lieu témoin de l'événement (1). L'historien sacré, chose digne de remarque, va même jusqu'à relater que, dans trois circonstances, « l'autel dut être composé de pierres informes et brutes, que le fer n'avait pas touchées » (2).

Or voilà, d'une part, des faits certains et positifs : nous savons d'une façon indiscutable que des autels en pierres brutes et informes ont été élevés par le peuple hébreu, mille ans environ avant l'ère chrétienne, c'est-à-dire dans les premiers temps de son existence, pour perpétuer le souvenir d'un fait important de son histoire. D'autre part, nous nous trouvons en face de monuments ayant la forme d'autel, composés également de pierres brutes et informes, construits, eux aussi, comme le veulent certains archéologues, par des peuples primitifs, et dont nous cherchons à établir la destination. N'est-il pas naturel de conclure qu'ils ont pu avoir une destination analogue ? D'autant plus qu'il est aussi hors de doute que les autres peuples empruntèrent au peuple hébreu beaucoup de ses coutumes et de ses traditions.

Enfin, on peut émettre une troisième supposition pour ceux qui ne veulent exclusivement reconnaître dans les dolmens que des tombeaux.

Les dolmens, enfouis, dans le principe, sous des tumulus, n'auraient-ils pas pu, une fois débarrassés des amas de terre et de pierres qui les recouvraient, être employés, plus tard, par les druides comme autels de sacrifices, soit pour consulter ou apaiser les dieux, soit pour conjurer quelque danger ou quelque maladie ? L'histoire écrite constate encore, d'une manière formelle, l'usage de ces sacrifices.

César dit expressément dans sa guerre des Gaules (3) : « *Qui sunt affecti gravioribus morbis, quique in prœliis periculisque versantur, aut pro victimis homines immolant, aut se immolaturos vovent administrisque ad ea sacrificia druidibus utuntur ; quod, pro vita hominis, nisi hominis vita reddatur, non posse aliter deorum immortalium numen placare arbitrantur ; publicique ejusdem generis habent, instituta sacrificia.* » Tacite dit également dans ses *Annales*, en parlant des druides de Mona (4) : « *Cruore captivo adolere aras et hominum fibris consulere deos, fas habebant.* » Nous savons, par ailleurs, que les empereurs Auguste, Tibère et Claude intervinrent successivement pour interdire les sacrifices humains dans les Gaules.

Dans ce cas, l'appellation de druidique, donnée pendant longtemps à ces monuments, se trouverait d'une certaine façon justifiée.

Donc, pour en revenir au dolmen de Saint-Laurent, on peut affirmer, ce semble, qu'il a été élevé par ses premiers constructeurs pour servir d'autel expiatoire, ou simplement commémoratif ; ou bien que, si, dans le principe, il a été la chambre sépulcrale d'un tumulus, il a été, une fois débarrassé de la terre qui le recouvrait, employé par les druides comme autel pour les sacrifices sanglants.

L'abbé MALLET.

(1) *Gen.* VIII, 20 ; XII, 7 ; *Exod.* XXIV ; *Deut.* XXVII, 5 ; *Jos.* XII, 10, 33 ; *Judith*, VI, 24 ; I, *Reg.* XIV, 35 ; III, *Reg.* XVIII, 31, etc.

(2) « *Quod si altare lapideum feceris mihi, non ædificabis illud de sectis lapidibus* » (Exod. XX, 25). — *Et ædificabis ibi altare Domino Deo tuo, de lapidibus quos ferrum non tetigit, et de saxis informibus et impolitis ; et offeres super eo holocausta Domino Deo tuo, et immolabis hostias pacificas* » (Deut. XXVI, 5). « *Tunc ædificavit altare de lapidibus impolitis, quos ferrum non tetigit ; et obtulit super eo holocausta Domino, immolavitque victimas pacificas* » (Jos. VIII, 31).

(3) *De bello gall.* VI, 16.

(4) *Ann.* XIV, 30.

Héliog. P. Dujardin

CHÂTEAU DE MAISON-MAUGIS

Pl. N° 84

Orne

LE CHATEAU DE MAISON-MAUGIS

Non loin du confluent de l'Huisne et de la Commeauche, sur le flanc de la colline qui sépare les deux vallées, s'élève en amphithéâtre, au-dessus de riantes prairies, parmi des ombrages séculaires, le château de Maison-Maugis.

Ancien séjour des comtes Rotrou, il a eu tour à tour pour possesseurs, par une destinée fertile en contrastes, des guerriers illustres et de faibles femmes, des hobereaux inconnus et des rois de France. Saint Louis visitait cette châtellenie lorsqu'il résidait à Longpont. Sous Louis XI, elle fut réunie à celle de Nogent, qui appartenait aussi à la couronne.

Tous les auteurs sont unanimes à faire dériver le nom de Maison-Maugis des mots latins *Domus-Maugisii*. C'était donc la maison de Maugis. Une paroisse voisine, de fondation plus moderne, s'appelle encore Boissy-Maugis, ce qui indique que Maugis y avait un bois à la même époque, qui est fort reculée. Mais là s'arrêtent les données positives.

Quel était donc ce Maugis? On en est réduit aux conjectures. Sans vouloir nous égarer dans les sentiers fleuris de la légende, il est certain que sa demeure était, dès le XIe siècle, une des quatre châtellenies du Corbonnais (1). Alors que le Perche n'était encore, dans son ensemble, qu'un amas de forêts, de bruyères, de landes incultes, le Corbonnais formait déjà un territoire fertile situé entre la Commeauche, l'Huisne et la Sarthe, et au centre duquel s'élevait l'antique ville de Corbon, aujourd'hui hameau délabré, jadis importante et bien fortifiée. Corbon fut détruite au IXe siècle, et il ne reste plus peut-être aujourd'hui que sa cloche pour attester son antique origine (2).

Maison-Maugis survécut à la ruine de sa capitale, et nous voyons que, vers le XIIe siècle, les comtes Rotrou y avaient un château féodal, bâti à pic sur un tertre élevé. « Ils venaient, dit l'abbé Fret, jouir des délices de la campagne dans ce lieu enchanteur, situé au milieu de riantes prairies qu'il domine, et d'où l'œil s'égare avec ravissement sur un horizon des plus pittoresques » (3). Lorsqu'après l'extinction de cette puissante famille, saint Louis voulut s'assurer la paisible possession du comté du Perche, en mettant un terme à toutes les autres réclamations qui n'avaient cessé d'exister depuis la mort du comte Guillaume jusqu'à ce moment, il traita, au mois de juin 1257, avec un de ses héritiers, Jacques, sire de Château-Gontier et de Nogent, et lui céda le château de Maison-Maugis avec toutes ses appartenances, bois et autres terres, jusqu'à concurrence de trois cents livres tournois de rente annuelle et perpétuelle pour lui et ses héritiers. Ce puissant seigneur s'engagea en revanche à tenir, lui et ses successeurs, Maison-Maugis et le reste en foi et hommage-lige de Sa Majesté.

(1) Les trois autres étaient Mortagne, Mauves et Longpont.

(2) Cette cloche passe pour la plus ancienne de France. Elle a été fondue en l'an 1230.

(3) *Antiquités et Chroniques percheronnes*, III, 507.

Jacques de Château-Gontier avait épousé Havoise de Montmorency, fille de Mathieu II, connétable de France et d'Emma de Laval. Il mourut en 1263, laissant son domaine à sa fille Emma qui resta sans postérité. A dater de cette époque, Maison-Maugis, qui dépendait de Nogent, dut subir toutes les vicissitudes de cette seigneurie et passer entre les mains de tous ses dominateurs, jusqu'au jour où elle fit retour une seconde fois à la couronne. Il ne reste d'ailleurs aucun vestige de son ancienne forteresse : elle fut détruite par les Anglais, l'an 1428, lors du siège de Regmalard par Warwick, comte de Salisbury; c'est alors que la terre de Maison-Maugis passa aux Rayer, puis aux du Crochet. Cette famille était fameuse dans la contrée et y possédait déjà de nombreuses terres.

Caves du Château de Maison-Maugis.

D'après une photographie de M. L. Magron.

C'est le lieu de remarquer que par un privilège bien rare, le domaine de Maison-Maugis n'a jamais été vendu et s'est toujours transmis par cession, héritage ou alliance aux familles qui l'ont possédé.

Un nouveau château fut dès lors construit sur l'emplacement de celui qui avait déjà lui-même remplacé la forteresse et dont il ne reste plus aujourd'hui que les souterrains. Ceux-ci méritent une mention spéciale. Ils se composent d'une galerie voûtée aux nervures ogivales de pierre, s'étendant dans toute la longueur du château et donnant accès sur les caves et sur une vaste salle aux arceaux majestueux dont chaque clef de voûte porte un écusson malheureusement gratté lors de la Révolution. Cette salle sert à présent de cuisine.

Sous la tour se trouve un second étage de souterrains : c'est une pièce circulaire voûtée en ogive sans aucun signe ni aucune inscription permettant de voir à quoi elle servait. L'écusson de la clef de voûte est bien conservé dans cette salle : on y voit distinctement un chevron et trois pommes de pin. Ces armes sont celles de la famille Rayer dont la dernière héritière épousa le sire du Crochet.

La destination de ces lieux était autrefois bien différente, mais l'imagination seule permet malheureusement aujourd'hui de se représenter ce qui pouvait s'y passer. La cuisine actuelle devait être une salle de gardes, peut-être une salle de conseil et la pièce voisine, sous la tour, un réfectoire pour les gens de service.

On a supposé que cette dernière pouvait être une chapelle, tandis que celle qui est immédiatement au-dessous aurait servi de caveau funéraire. Rien ne permet de l'affirmer. Tous les seigneurs de Maison-Maugis et leurs femmes reposant dans le chœur de l'église, on se demande qui serait inhumé au château. Il est certain encore que, dans ce cas, on trouverait, parmi les archives, des documents permettant de fixer l'époque où ces choses se passaient.

Au fond d'une sorte de corridor perpendiculaire à la nef principale, se trouve une petite cave voûtée, divisée d'abord en deux parties, puis en deux étages; celui du haut étant ménagé dans l'épaisseur de l'escalier, et masqué de façon à ce que nul ne puisse deviner son existence. Des anneaux et des crampons de fer, fixés solidement aux murs, l'absence de toute fenêtre et de toute lumière ; l'humidité sordide et l'impénétrabilité profonde de ces lieux, tout tendrait à faire croire qu'ils n'étaient qu'un de ces terribles cachots comme on en voyait tant à ces époques de guerres perpétuelles et d'intrigues incessantes entre provinces et entre châteaux.

La partie extérieure du château actuel date de la fin du XVIe siècle : elle présente un corps de logis rectangulaire posé sur un terrain inégal, de telle sorte que le rez-de-chaussée de la première façade paraît un premier étage du côté du parc, et flanqué d'un côté d'une tour de cent pieds, remontant au XVe siècle, de l'autre d'une tourelle en encorbellement. Dans les murailles se voient encore des meurtrières. La toiture, fort grande et sans lucarnes, est entièrement supportée par des corbeaux de pierre formant mâchicoulis et battant le pied de la tour.

Avenue conduisant au Château de Maison-Maugis.

D'après une photographie de M. H. Magron.

De chaque côté de la façade principale s'élèvent deux grands pavillons Louis XIV, flanqués chacun d'une tour, qui ont été jadis semblables, mais dont l'un est à peu près détruit.

La belle vue qu'on a de ce lieu élevé est malheureusement masquée d'un côté par l'église, ancienne chapelle du château, datant en partie des XIe et XIIe siècles, à laquelle on a ajouté, plus tard, une longue nef sans caractère pour le service de la paroisse. Dans l'intervalle, cette église avait été celle du prieuré de Saint-Nicolas, fondé par Geoffroy IV, comte du Perche en 1214, et dont le revenu était de 800 livres. Un cloître, ou tout au moins une chapelle latérale devait la relier au couvent, car on distingue nettement, à l'extérieur de la partie droite du chœur, d'élégants arceaux gothiques et un pilier qui se trouvaient alors évidemment dans l'intérieur du temple.

La famille du Crochet conserva Maison-Maugis jusqu'en 1692 : c'est alors que Pierre-Anthoine du Crochet n'ayant laissé qu'une fille, mariée d'abord au comte de la Jaille, puis remariée au comte de Durcet, son domaine passa aux Fontenay par le mariage de Barbe du Crochet, sœur de Pierre-Anthoine, avec François de Fontenay, seigneur de Vezors. Après les Fontenay, Maison-Maugis eut pour seigneurs les Perrochel de Morainville, par le mariage de François de Perrochel avec Louise-Élisabeth de Fontenay. Le dernier représentant de la famille de Perrochet habite lui-même actuellement le château de Grand-Champ près Saint-Paterne. C'est le frère du regretté marquis de Perrochel, député de la Sarthe, enlevé prématurément en 1885. Enfin en 1805, Marie-Françoise de Perrochel de Morainville, héritière de Maison-Maugis, épousa le comte de Moucheron; c'est ainsi que ce domaine est passé à la famille qui le possède encore (1).

ERNEST HAYES.

(1) Voir : *Maison-Maugis, son histoire, ses seigneurs, son château, ses environs*, par le comte de Moucheron. (Paris, librairie Dumont, rue de Grenelle.)

APPENDICE

LA BÉRARDIÈRE

La Bérardière en Saint-Bômer, ancienne habitation de la famille noble des Roussel, est un manoir reconstruit en 1627 et n'ayant subi aucune modification depuis cette époque. Il reste ainsi un type véritable des gentilhommières normandes du XVIIe siècle.

On accède à la porte d'entrée principale par un perron en granit d'un très bon style. Le vestibule, qui occupe toute la profondeur de la maison, renferme un vaste et très remarquable escalier en bois, genre Renaissance, dont les deux étages se profilent avec une ampleur imposante.

Le Château de La Bérardière.

D'après une photographie de M. Gervais.

Le grand salon, *la salle* d'autrefois, décoré en entier de boiseries Louis XV, avec panneaux de peinture en camaïeu, est encore garni de meubles anciens, recouverts en tapisserie ou en lampas.

Le petit salon, orné de boiseries Louis XVI, renferme douze panneaux peints représentant les attributs de la chasse, de la pêche, de l'agriculture, etc., en style du temps.

Dans les jardins, derrière le manoir, on remarque un curieux pavillon carré, style Renaissance, constituant un véritable donjon, une tour de refuge, où les habitants du logis pouvaient se retirer et attendre des secours, soit de leurs voisins, soit de la garnison de Domfront. Au XVIe siècle, l'insécurité des campagnes rendait encore ces précautions nécessaires, surtout durant les luttes ardentes occasionnées par les guerres de religion ou les troubles de la Ligue. Par un escalier en pierre, placé en dehors, on arrive au premier étage, simple chambre carrée, avec une grande cheminée en granit. Une porte étroite donne accès à l'escalier en tourelle, au mur percé de meurtrières dans toute sa hauteur. Le rez-de-chaussée de cette tourelle n'offre aucune ouverture. Au deuxième étage, même chambre, même cheminée et sept meurtrières, visant les approches du dehors. Les combles sont formés par une haute charpente quadrangulaire; cette charpente repose sur l'extrémité de poutres carrées, qui tout autour dépassent les murs de 40 centimètres et laissent entre elles des intervalles, constituant des mâchicoulis bien conservés.

La chapelle, simple petit oratoire, renferme un très bel autel en bois sculpté et doré, du temps de Louis XIV; il provient d'un château royal.

Autour de l'habitation, s'étendent de grands bois séculaires, le long de curieuses promenades sur des haies très fournies et très larges.

Telle est cette habitation des Roussel, qui ont fourni au clergé de pieux ecclésiastiques, aux armées royales nombre de valeureux soldats, à la magistrature plusieurs remarquables sujets parmi lesquels nous pouvons signaler surtout J.-H. Roussel de la Bérardière, professeur royal de Droit français à l'Université de Caen, conseiller honoraire au bailliage et siège présidial de cette même ville, mort à la Bérardière en 1801. Ce magistrat est l'auteur d'une *Dissertation sur les crimes et les moyens de les détruire*, couronnée en 1773 par l'Académie des sciences et belles-lettres de Mantoue, ainsi que de l'*Institution au droit de Normandie*. — Caen, Jean-Claude Poisson, 1782.

Le dernier représentant mâle de la famille, Henri-François-Anne de Roussel, professeur de médecine et d'histoire naturelle à Caen, né à Saint-Bômer le 11 juillet 1748, mort à Caen le 17 février 1812, a publié de nombreux travaux sur l'histoire naturelle et la médecine; parmi ces ouvrages nous citerons la *Flore du Calvados*, — Caen, Poisson, 1795. Une seconde édition a paru, en 1806, également à Caen. A l'extinction des Roussel de la Bérardière, leur héritage a passé aux mains d'un poète, continuateur de leurs traditions littéraires, M. Georges Bidard, qui a publié un gros volume de poésies : *Feuilles tombées*. Domfront, Liard, 1874.

Roussel : *D'argent au cœur de gueules accompagné de trois trèfles de sinople, deux en chef et un en pointe.*

Pendant la chouannerie, les royalistes commandés par Moulin séjournèrent quelques semaines à la Bérardière. C'est dans la salle du manoir qu'eurent lieu plusieurs entrevues du baron de Commarque, avec le général républicain Guidal, alors que les principaux chefs des deux partis conféraient à Pouancé. Dans son ouvrage sur *Frotté*, M. de La Sicotière s'étend assez longuement sur ces entrevues, dont Guidal profita pour soutirer, à deux reprises, une somme de cent louis chaque fois, à la caisse des partisans du roi.

Un officier royaliste, Roussel de Bois-Roussel, parent du propriétaire de la Bérardière, commandait alors en second la division de Flers.

J. Appert.

LE CHATEAU DE LYVONNIÈRES

Lorsque l'on va de Domfront à Mortain, on aperçoit à quelque distance de la route, au milieu des arbres, le château de Lyvonnières. Construit dans les dernières années du XVIe siècle, entre les collines du Valcendroux et les marais de Rouellé, ce manoir affecte la forme de beaucoup de gentilhommières datant de cette époque : un corps de bâtiment flanqué sur le devant d'un pavillon carré et par derrière d'une tour massive, auquel on a ajouté plus tard un second pavillon sur le côté. Entouré de bois et de prairies, agrémenté d'un parc étendu, de belles avenues et de jolies promenades, la situation de ce manoir en fait un des lieux de résidence les plus agréables des environs.

Le Château de Lyvonnières.

D'après une photographie de M. Paul [illegible]

L'intérieur du château doit à ses boiseries et à ses belles sculptures un cachet tout particulier. Parmi les plus belles pièces on peut citer la salle à manger, toute lambrissée de vieux chêne, le grand salon et la bibliothèque dont la vieille cheminée monumentale est des plus remarquables par son élégance et son originalité.

L'escalier de bois sculpté situé dans la tour, sa coupole et sa belle lanterne de fer forgé rehaussent le caractère artistique de cette vieille demeure.

L'importance de ce manoir s'est accrue depuis les restaurations et les travaux qu'ont fait exécuter peu à peu les Roulleaux Dugage, auxquels il appartient depuis plus d'un siècle.

LE CHATEAU DES HAYES

La commune de la Carneille est riche en souvenirs : elle eut pour seigneurs les d'Harcourt, et son territoire renfermait cinq ou six châteaux importants, au nombre desquels se trouvait celui des Hayes.

Parmi les titres conservés dans le chartrier du château des Hayes, figurent notamment des aveux de 1630, 1650, 1660 et 1680 et un document en parchemin, de 1486, qui renferme la concession du fief des Hayes à Jean des Hayes, premier du nom, par le comte d'Harcourt, seigneur chastelain de la Carneille.

D'après l'aveu du 12 novembre 1650, « Antoine des Hayes, sieur de Barlemont, chevalier, seigneur et patron de Boëcé, de Courthoisnon et des Moustiers, conseiller du roy, lieutenant-général d'épée du bailliage d'Argentan, tient, confesse et avoue tenir, par foy et hommage de très haut et très puissant seigneur Henry de Lorraine, duc d'Harcourt, lieutenant-général pour le roy, en la province de Normandie, seigneur, chastelain et haut-justicier de la Carneille, la noble et franche vavassorie des Hayes, où il y a manoir seigneurial,..... sous la chastellenie et haute justice de la Carneille ».

Le Château des Hayes.

D'après une photographie de M. B. Magron.

Cette haute justice, dit M. de la Ferrière-Percy dans son *Histoire du canton d'Athis*, s'étendait sur trente paroisses, et était administrée par un bailli, qualifié de bailli vicomtal. Cette charge était regardée comme très importante, et plusieurs membres de la famille des Hayes l'occupèrent au commencement du XVIIe siècle.

Nicolas des Hayes fut vicomte de la Carneille en 1621, et Jean des Hayes, sieur de Saint-Gervais, lui succéda en 1626.

La pierre tombale de ce dernier existe encore dans l'église de la Carneille.

Le château actuel, flanqué de trois tourelles à toitures très élevées, a été rebâti, en 1886, dans le style de la Renaissance, sur l'emplacement de l'ancien logis seigneurial, dont il existe encore deux portes assez remarquables. Sur un écusson, placé au-dessus du portail du vieux manoir, se voyaient les armoiries de cette famille qui sont : *une couleuvre d'or sur champ de gueules;* devise : *qui les Hayes attaquera, la couleuvre mordra.*

Une magnifique avenue d'arbres séculaires, d'une longueur de 900 mètres, conduit du château à la route de Messey à Athis.

De nos jours, l'habitation des anciens vicomtes de la Carneille, parfaitement restaurée par Mademoiselle Flaux, héritière en ligne directe de la famille des Hayes, est devenue l'une des plus belles résidences du canton d'Athis.

L'abbé A.-P. Gaulier.

LE CHATEAU DU GRAIS

Le domaine du Grais ou Grès (1) était autrefois, de même qu'aujourd'hui, un des plus beaux du pays du Houlme. De vastes étangs, une grande étendue de bois, des futaies, de beaux jardins environnent le château et lui donnent un aspect seigneurial. Mais ce qui est surtout remarquable dans le beau parc qui fait l'ornement de cette habitation, c'est une longue allée d'ifs, auxquels on s'accorde à donner plus de six cents ans d'existence. Vers l'an 1840, un architecte de Paris, à la vue de ces arbres magnifiques et de la nef qu'ils forment à leur sommet, s'écriait : « C'est dans la contemplation d'une avenue pareille que nos pères, au moyen âge, ont puisé l'idée du style gothique. »

Le Château du Grais.

D'après une photographie de M. H. Magron.

A huit kilomètres environ de cet antique manoir de la famille des Thiboult, se trouve la station thermale de Bagnoles-de-l'Orne, aujourd'hui très fréquentée. Le château du Grais est une des curiosités du pays, visitée par les baigneurs.

Au XIIe siècle, ce château était fortifié, et son donjon très élevé dominait tout le pays. Des fossés larges et profonds, toujours remplis d'eau, l'entouraient et le rendaient d'un accès assez difficile. Vers la fin du règne de Louis XIV, dit une tradition conservée dans la famille des seigneurs du Grès, M. de Thiboult, en récompense de ses services militaires, avait déjà reçu le brevet de lieutenant-général, mais il désirait le bâton de maréchal de France. Fort mécontent de ne pas le recevoir, il quitta la cour et revint habiter la terre du Grès, où son dépit lui fit abaisser de plusieurs mètres le château et le donjon qu'il tenait, disait-il, à mettre à son niveau. La même tradition dit encore que ce seigneur, voulant, même après sa mort, *bouder les domaines,* ordonna de l'enterrer dans une île de l'étang situé auprès du château. Ses dernières volontés furent exécutées.

« Cette famille des Thiboult, dit M. le comte de la Ferrière-Percy dans son *Histoire du canton*

(1) Le Grais s'écrivait autrefois le Grès.

d'Athis (1858), se rattache à Guillaume de Thiboult qui épousa, en 1350, Jeanne Blin, dame de Cramesnil; elle est alliée aux maisons de Samoy, de Fortenay; et l'une de ses branches, par une bien rare exception, possède encore aujourd'hui la terre du Grès, qui lui était venue, à la fin du XIVe siècle, par Jeanne du Grès, dame de Saint-André de Briouze. Les armes des Thiboult sont : *d'argent, à deux quinte-feuilles, et une fleur de lis en pointe, le tout de gueules* ».

Les archives nationales renferment un grand nombre d'aveux de MM. de Thiboult pour le fief du Grès, qui était un demi-fief de haubert. Nous nous bornerons à mentionner ceux rendus au roi, par Girard de Thiboult, le 13 avril 1450; par Pierre, le 4 juin 1501; par Jean, en 1538; par Jacques, en 1579; enfin par François, en juin 1663.

La branche directe des Thiboult, seigneurs du Grès, s'est éteinte, en 1872, dans la personne de Mademoiselle de Thiboult. Depuis cette époque, la terre noble du Grès est passée par héritage à M. le marquis de Maleyssie, cousin, du côté de sa femme, de Mademoiselle Thiboult. M. le marquis de Maleyssie est le descendant direct d'un frère de la Pucelle d'Orléans. Il a été décoré sur le champ de bataille de Marchenoir à la tête des mobiles d'Eure-et-Loir.

L'abbé A.-P. Gaulier.

LE CHATEAU DE SAINT-GERMAIN-DE-LA-COUDRE

Près de l'église de Saint-Germain-de-la-Coudre, on remarque un portail monumental qui par ses proportions rappelle celui du château de la Forêt-Auvray. C'est tout ce qui reste d'une demeure seigneuriale, connue, dit-on, autrefois, sous le nom de seigneurie des Villes, mais sur laquelle nous ne possédons malheureusement que peu de renseignements. Suivant Pitard, les seigneurs des Villes étaient tenus, chacun à son tour, à la garde du château de Bellême, et l'un d'eux aurait porté le nom de Jean de Calès. Il est à noter que la cure de Saint-Germain-de-la-Coudre était divisée en deux portions, l'une à la nomination du roi, l'autre à la nomination du seigneur. Or, le château dont nous nous occupons étant adossé au chevet de l'église, il est à supposer qu'il servait de résidence au seigneur de Saint-Germain-de-la-Coudre, patron laïque de cette paroisse. Fiacre de Saint-Berthevin, écuyer, seigneur de Ponthus et de Saint-Germain-de-la-Coudre, assista en personne à l'Assemblée des États pour la rédaction des coutumes de la province du Perche, en 1558. Il était probablement fils de Louis de Berthevin (ou de Saint-Berthevin), chevalier, seigneur de Ponthus, qui figure dans le rôle de la noblesse du Perche en 1541 (1).

Le château de Saint-Germain-de-la-Coudre passa, au XVIIIe siècle, à la famille de Taillefumyr de Saint-Maixent. Claude-Antoine de Taillefumyr de Saint-Maixent avait épousé Marguerite de Mésange, dont il eut Alexandre-Jacques-Nicolas, baptisé à Saint-Maixent (canton de Montmirail, Sarthe), le 23 avril 1724. Claude-Antoine-Alexandre de Taillefumyr, seigneur de Saint-Maixent, fut inhumé dans l'église de la même paroisse, le 10 avril 1740, âgé de quarante et un ans. Gabriel de Taillefumyr, capitaine au régiment de la Vieille-Marine, avait épousé dame Angélique Truguet, dont il eut Gabriel-André-Alexandre-Honorat, baptisé le 10 janvier 1755.

Le Château de Saint-Germain-de-la-Coudre.

D'après une photographie de M. H. Magron.

(1) V. *Rôle de la noblesse du Comté du Perche payant l'aide pour le mariage de Jeanne d'Albret avec le duc de Clèves*, en 1541, par le P. H.-M. Colombier, dans la *Revue historique et archéologique du Maine*, t. VIII, année 1886.

Quoique fixée dans le Maine, cette famille, à cause de son fief de Saint-Germain-de-la-Coudre, faisait partie de la noblesse du Perche. C'est en cette qualité que M. de Taillefumyr de Saint-Maixent figure parmi les signataires du cahier de la noblesse du Perche, en 1789. En 1821, cette famille était représentée par dame Marie-Renée-Charlotte du Moulinet d'Hardement, veuve de Gabriel-André-Alexandre-Nicolas-Honorat de Taillefumyr de Saint-Maixent, et par Auguste de Taillefumyr de Saint-Maixent, qui, à cette date, cédèrent une certaine portion de terrain faisant partie de l'ancien château, se réservant la propriété du portail (1).

LOUIS DUVAL.

(1) Minutes de Me Gémin, notaire à Saint-Germain-de-la-Coudre. Sur la famille de Taillefumyr, qui portait *de gueules à la bande d'argent chargée de trois têtes de lion arrachées d'or accompagnées de deux cotices d'argent*, voir *Généalogie de la famille de Bois-Guyon*, par le vicomte DE SOUANCÉ, p. 10 et 44, dans les *Documents sur la province du Perche*, huitième et dixième fascicules, année 1893.

TABLE DES NOTICES DU VOLUME DE L'ORNE

DEUXIÈME PARTIE

ARRONDISSEMENT D'ARGENTAN

ARRONDISSEMENT D'ARGENTAN (suite)

ARRONDISSEMENT DE MORTAGNE

APPENDICE

TABLE DES PLANCHES DU VOLUME DE L'ORNE

DEUXIÈME PARTIE

ARRONDISSEMENT D'ARGENTAN

ARRONDISSEMENT DE MORTAGNE

NOTES POUR LE RELIEUR

Placer toutes les planches à gauche, en regard de la page indiquée dans la présente table : les marges sont calculées de façon à ce que le titre des planches en travers soit dans le fond du volume.

Remplacer les pages 71 et 72 de la feuille 18, par les pages 71 à 72^{B} de la feuille 18*
» » 73 à 76 » 19, » 73 à 76 » 19*
Ajouter à la suite de la page 82 de la feuille 21, les pages 82^{A} et 82^{B} de la feuille 21 complément.

LISTE DES SOUSCRIPTEURS

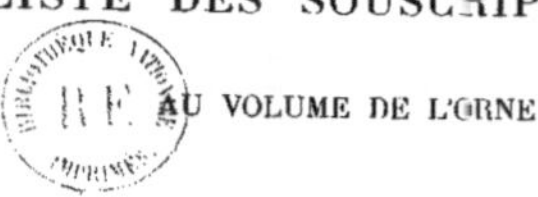

AU VOLUME DE L'ORNE

MINISTÈRE DE L'INSTRUCTION PUBLIQUE. — 14 *exemplaires.*

Félix Faure, président de la République française. — *Édition complète et sur Japon.*
Louis Brindeau, député, maire du Havre. — *Édition complète.*
Bon Piérard, ancien député, à Bolbec. — *Édition complète.*
E. Ambaud, au Havre. — *Édition complète.*
Cte Ansieu de Béarn, à Clères. — *Édition complète.*
Mis de Bailleul, à Angerville-Bailleul. — *Édition complète et sur Japon.*
Cte de Pomereu, au Héron. — *Édition complète.*
Mis E. de Pomereu d'Aligre, au château du Grand-Daubeuf. — *4 exemplaires de l'édition complète.*
Bon Paul Le Vavasseur, aux Ifs. — *Édition complète.*
Dr Macry, au Havre. — *Édition complète.*
Cte de Colbert-Laplace, député, à St-Julien-de-Mailloc. — *Édition complète.*
Mme A. Desgenétais, à Gruchet. — *Édition complète.*
Mis de Montault, à Baclair. — *Édition complète.*
N. Ribert, adjoint au maire du Havre. — *Édition complète.*
Vte de Beaurepaire de Louvagny, à Quesnay-Guesnon. — *Édition complète.*
Mme A. Delacour, à Paris. — *Édition complète.*
E. Dubosc, au Havre. — *Édition complète.*
Louis Desgenétais, à Gruchet-le-Valasse. — *Édition complète.*
Abbé Sontag, curé d'Imbleville. — *Édition complète.*
Léon Forget, au Havre. — *Édition complète.*
Alfred Duret, au Havre. — *Édition complète.*
Duc d'Audiffret-Pasquier, à Sassy. — *Édition complète.*
Cte Pozzo di Borgo, au château de Daugu. — *Édition complète.*
Duc de Broglie, au château de Broglie. — *Édition complète.*
Louis-Jean Boyenval, à Paris. — *Édition complète.*
Alex.-Hipp. Lair, à Paris. — *Édition complète.*
Cte de Lambertye, à Paris. — *Édition complète.*
Paul La Haye, à Caen. — *Édition complète.*
Édouard Rousselle, à Paris. — *Édition complète.*
Bibliothèque municipale de Caen. — *Édition complète.*
Daniel de Folleville de Bimorel, à Paris. — *Édition complète.*
Auguste Léo, à Paris. — *Édition complète.*
Duc de Mortemart, à Paris. — *Édition complète.*
Dulau et Cie, à Londres. — *2 exemplaires de l'édition complète.*
Ch.-Phil. Schlumberger, à Rouen. — *Édition complète.*
Paul Gambu, à Louviers. — *Édition complète.*
Louis Régnier, à Évreux. — *Édition complète.*
Émile Le Chevalier, à Paris. — *7 exemplaires de l'édition complète.*
Ernest Breton, député, à Envermeu. — *Édition complète.*
Em. Terquem, à Paris. — *8 exemplaires de l'édition complète, dont une sur Japon.*
Dr H. Taurin, à Louviers. — *Édition complète.*
Frédéric Foerster, au Havre. — *Édition complète.*
Marcel Le Grand, Villa Bénédictine, à Fécamp. — *Édition complète.*
Cte Léon Mniszech, chambellan de S. M. I. et R. Apostolique, à Paris. — *Édition complète.*
A. Madoux, à Bruxelles. — *Édition complète.*
Henri Tournouër. — *Édition complète.*
Augustin Le Marchand, à Rouen. — *Édition complète.*
A. Quantin, à Paris. — *Édition complète.*
Lestringant, à Rouen. — *3 exemplaires de l'édition complète.*
Ths Breckenridge, au Havre. — *Édition complète.*
Henry Lebon, à Versailles. — *Édition complète.*
Alph. Picard, à Paris. — *Édition complète.*
H. Champion, à Paris. — *Édition complète.*
J. Plihon et L. Hervé, à Rennes. — *Édition complète.*
Charles d'Ornant, à Vannes. — *Édition complète.*
Ctesse de Montessuy, aux Riffets. — *Édition complète.*
Mme Monbrial, à Trouville. — *Édition complète.*
Pce H. de Broglie, à Saint-Georges-d'Aunay. — *Édition complète.*
Mme Marie de Bunobel, à Breteuil-sur-Iton. — *Édition complète.*
L'Abbaye Saint-Nicolas, de Verneuil. — *Édition complète.*
Abbé Fossey, à Évreux. — *Édition complète.*
Bibliothèques roulantes, à Versailles. — *Édition complète.*
Librairies Imprimeries réunies, à Paris. — *9 exemplaires de l'édition complète. 1 exemplaire de l'édition sur papier de Chine.*
Ernest Villeroy, à Wallerfangen. — *Édition complète.*
Mlle C. Le Verrier de Piperey, à Rouen. — *Édition complète.*
Dr Lannelongue, à Paris. — *Édition complète.*
Jules Delafosse, à Paris. — *Édition complète.*
Georges Delattre, au Havre. — *Édition complète.*
Édouard Pupin, au Havre. — *Édition complète.*
Bon Maurice Gérard, à Maisons. — *Édition complète.*
William Wescop Peter Consett, au Neubourg. — *Édition complète.*
Librairie Havraise, au Havre. — *Édition complète.*
Henri Renard, adjoint au maire de Troyes. — *Édition complète.*
Maurice Chevrier, à Paris. — *Édition complète.*
Eugène Blanchet, architecte, à Paris. — *Édition complète.*
Prince Alexandre Bibesco, à Paris. — *Édition complète sur Chine.*
Mis de Versainville-Odoard, à Versainville. — *Édition complète.*
Cte Le Marois, à Lonray. — *Édition complète.*
Cte des Hays de Gassart, à Paris. — *Édition complète.*
Joseph L'Hopital, à Évreux. — *Édition complète.*
Mme Antoine Triquet, à Saint-Vaast-la-Hougue (Manche). — *Édition complète.*
Ch. Margat-Morin, à Paris. — *Édition complète.*
Hector Passéga, à Paris. — *Édition complète.*
Albert Dubourg, à Cricqueville. — *Édition complète.*
Gaston Dubois-Guchan, à Sées. — *Édition complète.*
A. de Formigny de La Londe, à Caen. — *Édition complète.*
Mis de Marescot, au château des Noës. — *Édition complète.*

Cte de Lévis-Mirepoix, député, au château de Chèreperrine. — *Édition complète.*

Ctesse de Maussion, à Paris. — *Édition complète.*

Tache Berthier, à Paris. — *Édition complète.*

Georges Dupavel, à Paris. — *Édition complète.*

Bibliothèque municipale de Honfleur. — *Édition complète.*

De Corcelle, au château de Beaufossé. — *Édition complète.*

Auguste Janvier. — *Édition complète.*

Bibliothèque municipale du Havre. — *Édition complète.*

Bibliothèque royale de Bruxelles. — *Édition complète.*

Cte P. Le Veneur de Tillières, au château de Carrouges. — *Édition complète.*

Mme P. Lebrun, au Havre. — *Édition complète.*

Pierre Hersent, à Paris. — *Édition complète.*

Larrey aîné, à Cauvains. — *Édition complète.*

Jules Adeline, à Rouen. — *Édition complète.*

Ch. Hettier, à Caen. — *Édition complète.*

Duc de Polignac, à Paris. — *Édition complète.*

Prince de Montholon, à Paris. — *Édition complète.*

Bibliothèque municipale de Vire. — *Édition complète.*

Ctesse P. Le Marois, à Paris. — *Édition complète.*

Mme Oct. Velay, au château de Sainte-Honorine-la-Chardonne. — *Édition complète.*

Mme la Maréchale Le Bœuf, au château de Bailleul. — *Édition complète.*

Bidard, à Paris.

Émile Léger, à Paris.

Cte de Charencey, à Paris.

Cte Conrad de Maleissye, à Paris.

Constant de Forceville, à Bourg-Saint-Léonard.

Vte de Banville, à Paris.

Auguste Canivet, à Paris.

Cte d'Orglandes, à Paris.

Descours-Desacres, à Paris.

Mme Br. de Séguin, à Paris.

E. Laporte, au château de La Touche.

René de Beauregard, au château d'Aché.

Émile de Marcère, sénateur, à Paris.

Vte de Brimont, au château d'Aussay-le-Bois.

Mis de Champagne, au château de Mesnil-Jean.

Duchesse de Berghes, au château de Rânes.

Eugène Gelée, à Silly-en-Gouffern.

Mme Beylard, au château de Rabodange.

Bon Camille de Caix de Chaulieu.

Maurice de Gasté, à La Genevraye.

Cte de Vigneral, au château de Ri.

Mme Pellerin des Fondis, au château du Prieuré.

Bonne de Mesnil-Durand, au château de Mesnil-Durand.

Henri Laniel, député, à Vimoutiers.

Cte T. de Maussion, à Saint-Évroult-N.-D.-du-Bois.

Vte de L'Espée, à Saint-Évroult-N.-D.-du-Bois.

Éd. de Vaucelle, à Lignou.

H. Magron, à Caen.

Eug. de Beaurepaire, à Caen.

Mis de Falandre, au château de Falandre.

Mlle Esther de Vaudichon, au château des Tourailles.

Jean Carrol, à Varennes.

Émile Pelletier de Saint-Pierre, au château de Breuil, à Beaulieu.

Amédée Beau, ancien député, à Paris.

Eugène Lecointre, à Alençon.

Évêché de Sées.

Mme Zoé Lejeune, à Paris.

L. Villermé, à Paris.

E. Corbière, à Paris.

Cte René d'Andigné, au Mans.

Mis de Frotté, à Couterne.

Mis de Neuville, à Vanville.

Alfred Fromageot, à Paris.

Mme de Champ-Repus, au château de la Motte-Lézeau.

Henri de Frileuze, à Alençon.

H. Le Faverais, à Mortain.

Léon Coutil, au Grand-Andelys.

Abbé Saffray, curé de Sarceaux.

Ctesse de la Rivière du Pré d'Auge, au château de la Pellonnière.

Ernult Descoutures, à Alençon.

L. Deglatigny, à Rouen.

Mlle des Montis, à Falaise.

Abbé L. Dumaine, chanoine, archiprêtre à Sées.

Léonce Bert, préfet de l'Orne, à Alençon.

A. Gibault, au château de la Ramée.

Cte de Brossart, à Versailles.

Cte d'Anblau, au château de Voré.

Émile Lechevalier, à Paris.

Bonne de Sainte-Preuve, au château de Boisbulant.

Robert de Maussion, à Senlis.

Bibliothèque municipale d'Alençon.

Mis de Grosourdy de Saint-Pierre, à Paris.

E. Achard, à Marseille.

Mlle F. Flaux, au château des Hayes.

Vte de Fréville de Lorme, au château de Livet.

Albert Christophle, député, à Paris.

Louis Duval, archiviste du département de l'Orne, à Alençon.

Vte de Motey, à Alençon.

Abbé Barret, à Sées.

Abbé Macé, curé doyen, à Athis.

Abbé Desvaux, curé de Vernières.

Levard, à Caen.

Cte de Contades, à Paris.

Florentin Loriot, à Alençon.

Le Vavasseur, à Paris.

P. de Longuemare, à Caen.

Cte de Moucheron, à Paris.

Montier, à Pont-Audemer.

Oscar Havard, à Paris.

Abbé A.-P. Gaulier, à la Chapelle-Montligeon.

Achevé d'imprimer

par LEMALE & Cie

au Havre, le 25 Septembre 1897.

www.ingramcontent.com/pod-product-compliance
Lightning Source LLC
LaVergne TN
LVHW020555110826
845149LV00002B/274

9782014515312